4000 Sprichwörter und Zitate

Langenscheidt

4000 Sprichwörter und Zitate

Von Elke Gerr

Langenscheidt

Berlin · München · Wien · Zürich · New York

www.langenscheidt.de

Umwelthinweis: gedruckt auf chlorfrei gebleichtem Papier
Umschlaggestaltung: Independent Medien-Design

© 1989, 1995, 2000, 2001 by Langenscheidt KG, Berlin und München
Printed in Germany
ISBN-13: 978-3-468-29967-4
ISBN-10: 3-468-29967-2

4. 5. 6. 7. 8. 9. ∗ 11 10 09 08 07 06

Inhalt

Vorwort

Ein Sprichwort ist ein kurzer Satz,
der sich auf lange Erfahrung
gründet.

Miguel de Cervantes

Sprichwörter und Redensarten, Zitate und Aphorismen: wir alle
bedienen uns ihrer bei passender, manchmal auch gerade bei un-
passender Gelegenheit; sie sind ein wichtiger Teil unserer Um-
gangssprache und pointieren viele unserer Aussagen.

Vieles davon ist jahrhundertealtes Kulturgut; – denken wir nur an
die *Bibel*, der wir einen guten Teil unserer Spruchweisheiten verdanken. Kurze scharfsinnige, oft auch bissige Bemerkungen wie
Aphorismen entlocken uns auch ein Schmunzeln, weil sie die
Sache so treffend auf den Punkt bringen!

Bekannte Zitate aus Werken großer Schriftsteller – ob aus der
deutschen oder einer *fremden Sprache* – lassen uns an vergangene
Schultage denken, zum Beispiel an Aufsätze, die wir einst darüber verfassen mußten.

Aktualität bringen *Bonmots* von Politikern, Künstlern und anderen Prominenten. Auch manchem zeitgenössischem Spruch gelingt es dann, in aller Munde zu kommen: Es sei erinnert an den
unvergessenen HANS ROSENTHAL und sein »Das ist Spitze!«.

Ja, auch die Werbung liefert *Slogans*, die im Lauf der Zeit Bestandteil unseres Spruchgutes wurden (Wissen Sie noch: »Er läuft
und läuft und läuft . . .«?). Zahlreiche Spruchsammlungen sind
bekannt; wer hat noch nie etwas von BÜCHMANNS »Geflügelten
Worten« gehört, einem Begriff, den er von HOMER übernahm,
und der seinerseits sprichwörtlich wurde?

Hinweise zur Benutzung:

Unser Lexikon der Sprichwörter und Zitate kann selbstverständlich nur eine kleine Auswahl präsentieren. Ein Auswahlkriterium war die Frage, ob der Spruch uns heute noch etwas sagt, ob wir ihn heute noch in unserer Alltagssprache verwenden können. Es fehlen natürlich auch nicht die bekannten Sprüche klassischer großer Schriftsteller; denen fremder Sprachen ist öfters das Originalzitat beigefügt, wobei der Spruch aber im Alphabet unter dem deutschen Sprichwort zu finden ist. Bei vielen Redensarten wird ihre oft etwas kuriose Entstehung erklärt. Das alphabetische Gerüst des Lexikons bilden Stichwörter. Jeder der insgesamt über 4000 Sprüche ist unter einem sinntragenden Stichwort eingeordnet (vgl. alphabetisches Verzeichnis der Stichwörter S. 9 ff.). Da viele Sprüche mehrere sinntragende Stichwörter enthalten, auf eine Mehrfachnennung aus Platzgründen aber verzichtet wurde, gehört als Ergänzung zum Lexikonteil das umfangreiche *Synonymenregister* (vgl. S. 295 ff.) dazu. Dort sind die übrigen sinntragenden Stichwörter aufgeführt mit der Angabe, bei welchem Stichwort im Alphabet der jeweilige Spruch steht. Sucht man also Sprüche zu einem bestimmten Wort, wie *Freundschaft, Liebe, Welt*, so wird man sowohl im Lexikon (vgl. S. 9 ff.) unter diesem Stichwort fündig, als auch bei zahlreichen anderen Sprüchen, auf die das Synonymenregister verweist.

Aber auch für viele Redensarten, die ihr Objekt nicht wörtlich wiedergeben, ist das Synonymenregister nützlich. So findet man bei *Hinterhalt* unter anderem den Hinweis auf das Sprichwort *Wer andern eine Grube gräbt . . .*

Die Register erleichtern also den Umgang mit dem Lexikon und helfen, daß der Leser sich rasch darin zurechtfindet.
Es gibt daher ein *Register der Bibelzitate* (vgl. S. 287 ff.), geordnet nach den Büchern der Bibel, ein *Register der Verfasser von Zitaten* (vgl. S. 248 ff.) – die Lebensdaten der Autoren lassen dann auch eine zeitliche Einordnung der Sprüche zu –, daneben ein *Verzeichnis der Bauernregeln* (vgl. S. 283 f.) – meist Wetterregeln für bestimmte Kalendertage –, ein *Verzeichnis für fremdsprachige Sprüche* (vgl. S. 281 f.) – wobei man auf einen Blick erkennen kann, welche auch in der Originalsprache aufgeführt werden –, ein *Verzeichnis für Sprichwörter und Redensarten* (vgl. S. 291 ff.) und ein *Register der Namen* von Orten und Personen, die in Sprüchen auftauchen, ohne den Hauptsinn zu tragen (vgl. S. 284 f.).

Die Register bilden somit einen wichtigen Bestandteil des Buches und erschließen den Zitatenschatz auf übersichtliche Weise. So wird jeder Leser rasch fündig werden!

Die Fülle von Angaben und Informationen zu den Verfassern, der Ethymologie und Kulturgeschichte sowie zu fremdsprachigen Zitaten wurde von uns nach bestem Wissen und Gewissen recherchiert und sorgfältig überprüft. Dennoch erhebt dieser Zitaten- und Sprücheschatz keinen Anspruch auf Vollständigkeit. Unser Buch versteht sich nicht als wissenschaftliches Werk, sondern als ebenso unterhaltsame wie informative Sammlung von Spruchweisheiten.

Wir hoffen, mit diesen Hinweisen den Aufbau des Buches deutlich gemacht zu haben, und wünschen allen Lesern angenehme Stunden beim Blättern in unserem Lexikon der Sprichwörter und Zitate.

Hinweis für den Leser:

Folgende Abkürzungen werden im Buch verwendet:

bayer.	bayerisch	**Joh.**	Johann
dt.	deutsch	**lat.**	lateinisch
engl.	englisch	**n. Chr.**	nach Christus
franz.	französisch	**preuß.**	preußisch
geb.	geboren	**sprichwörtl.**	sprichwörtlich
griech.	griechisch	**St.**	Sankt
hebr.	hebräisch	**u.**	und
Hl.	Heilige/r	**vgl.**	vergleiche
ital.	italienisch	**v. Chr.**	vor Christus
Jh.	Jahrhundert	**v.**	von (bei Adels-
jmd.	jemand		titel)

Alphabetisches Verzeichnis der Stichwörter

Wichtiger Hinweis: Das alphabetische Verzeichnis der Stichwörter dient als Inhaltsverzeichnis zu den Sprüchen, Zitaten, Aphorismen usw. im Lexikonteil, wo die hier aufgeführten Stichwörter aus Gründen der leichteren Orientierung halbfett hervorgehoben sind. Wer einen ganz bestimmten Spruch sucht, kann auch im Register der Sprichwörter und sprichwörtlichen Redensarten nachschlagen.

A

das A
Abbild
abblitzen
Abel
Abend
abends
Abendsonne
Aberglaube
Abhängigkeit
Ablaß
Abraham
Abrede
Abrüstung
Abrüstungskonferenz
Abscheulicher
Abschiednehmen
Absicht
Abstinenzler
abstrahieren
abwarten
acht
achten
Adam
Adamskostüm
Adel
Ader
Affe
Agatha
Ägid
Ägypten
Ahnen
das Ahnen
Aktien
Albernheit
alle
allein
Allerheiligen
alles
Allianz

Alliierte
allwissend
allzuviel
Alm
Almosen
alt
das Alte
der Alte
Alter
altern
Ameise
Amen
Amor
Amt
Amtsschimmel
Amüsement
der andere
anders
Andreasnacht
Anerkennen
Anfang
Angeln
angehen
das Angenehme
Angriff
Angst
Anmaßung
Anna
anno
Ansehen
Anständigkeit
Antiquität
Antonius
Antreiber
Antwort
anwenden
Äonen
Apfel
Apfelbäumchen
Aphorismen
Appetit

April
Aprilregen
Aranjuez
Arbeit
arbeiten
Arbeitgeber
Arbeitsessen
Architektur
Ärger
sich ärgern
Argusaugen
Argwohn
Arkadien
Arm
Ärmel
arm
der Arme
Armsein
Armut
Arsch
Arznei
Arzt
Ast
Athen
Auferstehung
aufgeben
Aufklärung
Aufopferung
aufschieben
Augapfel
Auge/Augen
Augenblick
Augiasstall
August
Augustin
auserwählt
Auskommen
der Ausländische
Ausnahme
Ausrede
außen

Außenpolitik
der Außerordentliche
Autorennfahrer
Autorität
Avantgardist
Axt

B

Bacchus
Bad
Balkan
Balken
Ball
Band
Bangemachen
bang/bänger
Bank
Bankier
Barbara
Bär
Bärenhaut
Bart
Bartholomäus
Bataillon
Bauch
Bauer
Bauernfang
Baum/Bäume
Beamter
bedenken
bedeuten
der Bedrängte
Bedürfnis
Beelzebub
Beförderung
Begehrlichkeit
Begeisterung
Begriff
Behagen
behalten
beharren
Behauptung
behüten
Beifall
Bein
Beinbruch
Beispiel
Bekenntnis
Beleidigung
bemühen
Benedikt
Benehmen
Beredsamkeit

bereuen
Berg/Berge
Berlin
Berliner
Beruf
berühmt
beschäftigt
Bescheidenheit
Beschränkung
Besen
der Besiegte
Besitz
das Beste
Besuch
beten
betrügen
Betrüger
Bett
betteln
sich betten
Beutel
bewegen
beweisen
bewundern
Bewunderung
Bewußtsein
bezahlen
Beziehung
Bibliothek
Biertrinken
bilden
Bild/Bilder
Bildnis
Bildung
bissel
bitten
blamieren
Blatt
blau
Blechnapf
Blei
bleiben
Blendwerk
blicken
blind
Blindheit
Blitz
Blücher
Blume
Blut
Bock
Bockshorn
Boden
Bogen

böhmisch
Bolle
borgen
borniert
das Böse
Bösewicht
Bosheit
Botschaft
Braten
Brauch
Braunbier
Braut
brav
Brett
Brigg
bringen
Brosamen
Brot
Brotkorb
Bruder/Brüder
Brunnen
Brust
Brutus
Bub
Büblein
Buch
Bücher
Buchdruck
Buchstabe
Bund
Burg
Bürgerpflicht
Bürokratie
Bürokratius
Bursche
Burschenherrlichkeit
Busento
Buße
Butler
Butter
Butterbrot

C

Cäsar
Canossa
Carlos
Cerberus
Champagner/-wein
Chaos
Charakter
Charakterbild
Charybdis
Chemie

Chemiker
Chimäre
Christ
Christenmensch
Christentum
christlich
Christnacht
Christus
Chronos
Clemens
Clown
Computer
Concordia
Courage
Credo
Creme

D

dahin
damals
Dame
Danaer
Danaergeschenk
Dänemark
Dank
danken
Dasein
dasselbe
Dementi
Demokratie
Demut
Denkart
denken
das Denken
Denkmal
Denkzettel
deutsch
Deutschland
Dezember
Dichter
Dichtkunst
Dichtung
dick
Dieb
dienstbar
Diktatur
Ding
Dionys
Diplomat
Diplomatie
Disziplin
Dolch
doppelt

Dorothee
Drachen
Drang
Dreikönig
drei
dreißig
du
dulden
dumm
Dummheit
das Dunkel
dunkel
Dunst

E

das Echte
edel
eener (einer)
Egoismus
Egoist
Ehe
ehebrechen
Ehefrau
Ehejoch
Ehemann
Ehre
Ehrfurcht
ehrlich
Ei
Eierkuchen
Eiche
Eicheln
Eifersucht
eifersüchtig
Eigenlob
Eigensinn
Eigentum
eilen
Einbildung
Eindruck
das Eine
Einfachheit
Einfall
Einfalt
Einkommenssteuer
einig
Einigkeit
Einladung
einmal
einsam
Einsamkeit
Einsicht
Eintracht

einzig
Eis
Eisen
Eisenbahn
eitel
Eitelkeit
Elefant
Element
Elend
Eligius
Elisabeth
Eltern
Emanzipation
der Empfindsame
Ende
enden
Energie
Enge
Engel
Engelszungen
Engländer
Enthaltsamkeit
Entrüstung
entscheiden
Entschlossenheit
entweder
Entwicklungshilfe
Erbe
erben
Erde
Erdenleben
Ereignis
Erfahrung
Erfolg
das Erfüllte
ergehen
das Erhabene
erhöhen
erinnern
Erinnerung
erkennen
erlauben
Erlebnis
erlösen
Erlösung
ernst
ernsthaft
Erotik
der Erste
erstens
erziehen
Erziehung
Esel
essen

Ethik
Europa
Evangelium
Ewigkeit
Ewigmorgiger
Experte

F

Fabian
fahren
Fall
fallen
der Fallende
Familie
Fanatismus
fassen
Fasson
faul
Faulheit
Faust
Fäustchen
Februar
Feder
fehlen
Fehler
fehlerfrei
Feiertag
Feigheit
Feigling
Feind
Feld
Fensterhöhle
Ferien
fern
die Ferne
Fernsehen
Fernsehkritiker
fett
Feuer
Feuerprobe
Feuertaufe
Finsternis
Fisch
Fischer
Fittiche
Fläschchen
Fleck
Fleisch
Fleiß
fleuchen
fließen
Flinte
Flirt

Floh
Florian
Flower
Fluch
Flügel
Flur
Form
Formular
Forscher
fortgehen
Fortschritt
Fortuna
fragen
Franz
Frau/Frauen
Frauenseele
Fräulein
Frechheit
frei
der Freie
freien
Freiheit
Fremde
fressen
Freude
sich freuen
Freund(e)
Freundschaft
Friede
Friederich
frisch
fröhlich
fromm
der Frömmste
Frucht/Früchte
fruchtbar
früher
Frühling
Frühlingsnacht
fühlen
fünfzig
Furcht
fürchten
Fürst
Fürstendiener

G

Gabe
gaffen
Galgenhumor
Gallus
Gänsemarsch
Garaus

Garde
Gasse
Gast/Gäste
Gastfreundschaft
Gattin
Gaukelspiel
Gaul
gebären
geben
Gebet
gebildet
geboren
Geburt
Gebot
Gedächtnis
Gedanke/Gedanken
Gedankenfreiheit
gedenken
Gedicht
Geduld
geduldig
Gefahr
gefährlich
Gefilde
geflügelt
Gefühl
Gegensatz
Gegenseitigkeit
Gegenwart
Geheimnis
Geheimrat
gehen
gehorchen
Gehorsam
Geige
Geist
Geistesherr
geistlich
Geistlichkeit
Geiz
Geizhals
der Geizige
Gelächter
Geld
gelehrt
gelobt
Gemälde
Gemüt
Genie
Genius
genießen
Gentleman
genug
Genügsamkeit

Georg
gerecht
der Gerechte
Gerechtigkeit
gering
Gertrud
Gesamtheit
Gesang
Geschäft
gescheit
Geschenk
Geschichte
Geschick
Geschlecht
Geschmack
Geschrei
Geschwätz
Geschwindigkeit
Gesellschaft
Gesetz/Gesetze
Gesicht
Gespenst
Gestalt
gestern
gesund
der Gesunde
Gesundheit
getreu
gewagt
Gewalt
das Gewaltige
Gewinn
gewinnen
Gewissen
Gewitter
Gewohnheit
Gift
Gipfel
Gipfeltreffen
Glanz
Glas
Glashaus
Glaube
glauben
gleich
Gleichgültigkeit
Gleichheit
Gleichmaß
Gleichnis
Glocke/Glocken
Glück
glücklich
der Glückliche
Gnade

Gold
golden
Goldwaage
gordisch
Gott
Götter
die Gottlosen
Götz
Grab
Grabstein
Gras
Grazien
Gregor
Grieche
Groschen
groß
Größe
der Große
Großmutter
Grube
Grünanlage
Grund
Grundstein
grüßen
Gunst
Gürtel
gut
das Gute
Güter
gütlich

H

Haare
haben
Hafer
Hahn
Haifisch
Häkchen
halb
halbgebildet
Hals
Hand/Hände
Händchen
Händedruck
Handschlag
Handwerk
hängen
Hänschen
hart
Hase
Hasenpanier
Haß
hassen

Häßlichkeit
Häuflein
Haupt
Haus
Häuschen
Haussegen
Haut
Hawaii
Hebel
Heerscharen
Hehler
Heidenangst
Heidenlärm
Heil
das Heilige
Heimat
Heimatland
Heinerle
Heinrich
Heinzelmännchen
Heirat
heiraten
Heiterkeit
Held
Heldenstück
Helene
helfen
Helfer
Helios
Heller
Hemd
herausnehmen
Herd
herein
Herkules
Hermann
Herr/Herren
herrlich
herrschen
Herz
Herzensgüte
Heuchler
heute
hierher
Himmel
Himmelreich
hingehen
hinlegen
Hinterhaus
Hinz
Hiobsbotschaft
Hirte
Hobel
hobeln

hoch
Hochverrat
Hochzeit
Hof
hoffen
Hoffnung
Höflichkeit
Holland
Hölle
Hopfen
Horcher
Hornung
Huhn
Hühnereier
Humor
Hund
das Hundertste
Hundstage
Hunger
Hungertuch
Hut
Hüter
Hütte
Hypothese

I

Ibykus
Ich
Ideal
ideal
Idealismus
Idealist
Idee
Iden
Ideologie
Igel
immerzu
Improvisation
Inhalt
das Innere/Innerste
Instrument
der Intellektuelle
interessant
Interesse
Intoleranz
Intuition
das Irdische
Ironie
irren
Irrfahrt
Irrtum
Irrung

J

Ja
Jagd
Jagdtag
Jäger
Jahr
Jahrhundert
Jakob
Jammer
jammern
Jammertal
Januar
Jesus
jetzt
Joch
Johanna
Johannes
Johannistrieb
Josef
Journalismus
Journalist
Jubel
Jubeljahr
jucken
Jugend
Juli
Juliregen
jung
die Jungen
Jungfernkranz
Junggeselle
Jüngling
Juni
Juniregen
Juniwetter
Jurist
Jux

K

Kaiser
Kamel
Kamerad
Kamm
Kampf
kannibalisch
Kanone
Kante
Kapitalist
Kappe
Karawane
Karl
Karte
Karthago

Kaserne
Kassel
Kastanie
Kathrein
Katze
Kauf
Kaufmann
Kavalier
Kaviar
kehren
Kelch
Keller
kennenlernen
Kerbe
Kern
Kilian
Kind/Kinder
Kinderstube
Kindheit
Kirche
Kirchenlicht
Klang
Klassenkampf
Klassiker
Klavier
Klee
Kleid
klein
die Kleinen
Kleinigkeit
Klemme
Klinge
Klotz
klug
der Klügere
Klugheit
Knabe
Koch
Kohlen
komisch
kommen
Kommunismus
Komödie
Kompromiß
Konferenz
König
Königskind
Konrad
Konservativer
Konversation
Konzept
Konzil
Kopf
kopieren

Korb
Korn
köstlich
Krach
Kraft
Krähe
Krankheit
Kraut
Kreis
Krethi
Kreuz
kreuzigen
Krieg
kriegführen
Kriegsbeil
Kritik
Kritiker
Kröpfchen
Kugel
Kuh
Kuhhaut
Kultur
Kummer
Kunigunde
Kunst
Künstler
Kuppelpelz
Kurfürstendamm
Kurve
kurz
Kürze
das Kürzere
Kuß
Küßchen
küssen

L

Lächeln
lächeln
Lachen
lachen
Lage
lakonisch
Lambert
Lämmlein
Land
Landgraf
Landstreicher
lang
Langeweile
Lärm
lassen
Last

Lästermaul
Laudatio
Lauf
laufen
Laurenz
Lauscher
Leben
leben
der Lebende
Lebensklugheit
Lebenskreis
Lebenskünstler
Lebenslicht
Lebensstandard
Lebenszweck
Leber
Leberwurst
leergebrannt
Legalität
Legion
Lehrjahre
Leiche
leicht
Leid
leiden
leidenfrei
Leim
Leipzig
Leitung
lernen
lesen
Leserlichkeit
der Letzte
Leuchte
Leviten
Licht
Lichtmeß
lieben
Liebchen
Liebe
Liebeserfahrung
Lied
Lilie
Linde
Linsengericht
Literatur
loben
Lobhudelei
Loch
Logik
Lohn
Lorbeer
Lorbeerreis
Lorbeerzweig

loslassen
Lotse
Love
Löwe
Lückenbüßer
Luft
Lüge
lügen
Lügner
Lunte

M

Macht
der Mächtige
Mädchen
Made
madig
Magdalena
Magen
Magister
Mai
Maid
Maikäfer
Mairegen
Malerei
Mammon
Mann
Mannsbild
Mäntelchen
Margret
Mark
Markus
Maria
Mars
Marschallstab
marschieren
Martha
Martin
Martina
März
Märzenferkel
Märzenfohlen
Märzenschnee
Märzenstaub
Märzenwind
Masse
Mathematik
Mathematiker
Matthäus
Mauer
Maul
Maus
Mausoleum

Max
Maxim
meckern
Medardus
Meer
mehr
Meinung
Meister
Melancholie
Memoiren
Mensch/Menschen
Menschenherz
Menschengeschlecht
Menschenleben
Menschheit
menschlich
Menetekel
Messer
messerscharf
Methusalem
Michael
Michel
Miete
Mikrophon
Milliardär
Million
Milljöh (Milieu)
Mime
Minna
Mißerfolg
Mißtrauen
mithassen
Mittel
Mittelweg
Mitternacht
Mode
mögen
Mohr
Mond
Monolog
Moral
Moralist
morgen
Morgenregen
Morgenrot
morgens
Morgenstunde
Möwe
Mücke
müde
Mühle
Mühlrad
Murmeltier
Musik

müssen
Müßiggang
Mütchen
der Mutige
Mutter
Mütterchen
Mutterglück
mutterseelenallein

N

Nachbar
Nachfrage
Nachkommenschaft
Nachricht
Nachsicht
der Nächste
Nächstenliebe
Nacht
Nachtclub
Nachtigall
Nachtlager
Nachwelt
Nacken
nackt
Nagel
nah
Name
Napoleon
Narr
Narrenhände
Narrenschiff
Narrheit
Nase
naseweis
Nation
Nationalismus
Nationalökonomie
Natur
naturgemäß
natürlich
Natürlichkeit
Neapel
Nebel
nehmen
Neid
Neidlosigkeit
Neigung
nein
Nektar
neu
das Neue
Neujahrsnacht

Neujahrstag
Neune
Nibelungentreue
nichts
Nieren
Nikolaus
Nimmersatt
Nimrod
Nippel
nirgends
nobel
Nord
Nordseeküste
Nostalgie
Not
Notwendigkeit
November
Novemberdonner
Novemberschnee
Nürnberger
Nuß
Nutzen
nutzen

O

oben
Oberhand
Oberwasser
Objekt
Obrigkeit
Ochse
öffentlich
Ohr
Oktober
Oktoberschnee
Okuli
Öl
Ölgötze
Olim
Oper
Opportunist
Opportunismus
Opposition
Optimismus
Optimist
Ordnung
Örindur
Oskar
Ostern
Österreich
der Österreicher
Othello

P

Päckchen
Palmsonntag
Pan
Pandora
panisch
Pankratius
Pantoffel
Papa
Papier
Pappenheimer
Papst
päpstlich
Paradies
Paris
Parisurteil
Paroli
Partei
passieren
Pastor
Pastorentöchter
Patriotismus
Pauken
Pauli
Paulus
Pech
Pegasus
Pelz
Perle
Persönlichkeit
Pessimist
Peter
Petri
Petto
Pfeffer
Pfeife
pfeilgeschwind
Pfennig
Pferd
Pfingsten
Pflicht
Pfund
Phantasie
Pharisäer
Philippika
Philosoph
Philosophie
das Philosophieren
Phönix
Pianist
Pistole
Plage
Plan

Platz
plaudern
plündern
Pöbel
Poesie
Polen
Politik
Politiker
politisch
Pontius
Port
Porzellankiste
Potemkin
Powerteh
Prä
Pranger
Prater
predigen
Prediger
Preis
Presse
Preuße
Prinzessin
Prinzip
probieren
problemo
Profit
Proletariat
Proletarier
prominent
der Prominente
Prophet
Protest
prüfen
Prüfung
Psychotherapeut
Publikum
Pulver
Punkt
pünktlich
Pünktlichkeit
Puppen
putzen
Pyramide

Q

Quacksalber
Qual
quälen
Qualität
Quark
Quartier
Quelle

Quintessenz
Quivive

R

Rabe
Rache
rächen
Rad
Radikalist
Rahm
Rang
Ränzlein
rasten
rastlos
Rat
raten
Rätsel
Ratten
Raub
Räuber
Rauch
rauchen
Raum
räuspern
Rebellion
Reben
Rechenschaft
Rechnung
Recht
das Rechte
Rede
reden
Redlichkeit
Redner
Rednerei
Reeperbahn
Reform
Regel
Regen
Regent
regieren
Regierung
Register
Reich
reich
Reichtum
reif
reimen
das Reine
Reise
reisen
Reiter
Reithosen

Reiz
Religion
rennen
Republik
Reseden
Resignation
Respekt
Retourkutsche
retten
Retter
Reue
Revolution
Rhabarber
Rhein
Ribbeck
Richter
rickeracke
Riegel
Riese
Riesenmaß
Rinde
Ring
Rippen
Risiko
Ritter
Rittersmann
Rock
Rohr
Rohrspatz
Roland
Rom
Römer
Rose
Rosenmontag
Roß
Rotwein
Rubel
Rückgrat
Ruf
rufen
Ruhe
ruhen
ruhig
Ruhm
Rummel
Rühr-mich-nicht-an
Rumpelstilzchen
Ruprecht
Rute

S

Saale
Sache
Sachertorte
Sack
säen
sagen
Sagenkreis
salomonisch
Salz
Salzsäule
Samariter
Samiel
Sand
Sanftmut
der Sanftmütige
Sänger
Satan
Satire
Satiriker
satt
Sattel
sauer
Sauerbrot
Säule
Sauseschritt
Schaden
Schaf
Schäfchen
Schale
Schandfleck
Schatten
Schatz
schauen
Schauspiel
Schauspieler
scheiden
Schein
Scheitel
Schelm
schenken
Scherben
Scheu
schicken
Schicksal
schiefgehen
Schiff
Schild
Schildbürgerstreich
Schlacht
Schlachten
Schlaf
schlafen

Schlafittchen
Schlag
Schlager
Schlagfertigkeit
Schlagwort
Schlange
schlecht
Schleier
Schleswig-Holstein
Schlinge
Schloß
Schmalhans
schmecken
schmeicheln
Schmerz
schmerzensreich
Schmied
Schmiere
Schnauze
Schnee
Schneekönig
Schneider
Schnippchen
Schnitzer
Schnürchen
schön
das Schöne
Schönheit
der Schönste
Schopf
Schoß
Schranken
Schraube
Schrei
schreiben
Schrift
Schriftsteller
Schritt
Schrot
Schuh
Schuld
Schulden
Schuldigkeit
Schulgeld
Schulweisheit
Schulter
Schuppen
Schuster
Schütze
schwach
der Schwache
Schwachheit
Schwalbe
Schwamm

Schwan
schwanen
schwärmen
schwarz
schwatzen
schwedisch
Schweigen
Schwein
Schweiß
Schwert
SDI
See
Seefahrt
Seemann
Seemannsgarn
Seele
Segen
Sehnen
Sehnsucht
sein
das Seine
Seite
selbst
Selbstbestimmungs-
  recht
selbstisch
Selbstüberschätzung
Selbstüberwindung
Seligkeit
Sentimentalität
September
Sesam
Sex-Appeal
sieben
Siebenbrüder
Sieg
siegen
Siegel
Sigismund
Signal
Silberstreif
Silvester
Simon
singen
Sinn
Sintflut
Sisyphusarbeit
Sitte
sittlich
Sitzfleisch
Skepsis
Sklave
Sklaverei
Skrupel

Skulptur
Snob
Sodom
Sohle
Sohn
Soldat
Sommer
Sonne
Sonnenschirm
Sonnenuhr
Sonntag
sonntags
Sophie
Sorge
Sorgen
Sowjetunion
Sozialismus
Sozialist
Sozialstaat
Soziologie
Spanien
Spanier
spanisch
sparen
Sparta
spät
Spatz
Speck
Sperenzchen
Spezialist
Sphinx
Spieglein
Spiel
Spieß
Spinne
Spion
Spitze
Splitter
Spott
Spötter
Sprache
sprechen
Spree
Spreu
Sprichwort
Springinsfeld
Sprung
Squash
Staat
Staatsbürger
Staatsmann
Staatsreligion
Stahl
Stamm

der Starke
Starlet
Stätte
Staub
staunen
Stecken
Steckenpferd
Stegreif
stehen
stehlen
Stein
Stephan
sterben
der Sterbliche
Stern
Sternenhimmel
Sternlein
Sternstunde
Steuermann
Stier
still
Stille
Stimme
Stirn
Stoff
Stolz
Strafe
Strand
Stränge
Straßenverkehr
Strategie
Sträußchen
Streich
Streit
streiten
Strenge
Streß
Streusandbüchse
Strich
Striptease
Strohhalm
Strom
Stück
Stuhl
Stunde
Stündlein
Sturm
Stütze
Süden
Sünde
Sündenbabel
Sündenbock
Sünder
Szene

T

tadeln
Tafel
Tafelrunde
Tag
Tagesordnung
Takt
Taktlosigkeit
Tal
Talent
Tand
Tanne
Tannenbaum
Tantalusqualen
Tapet
Tapferkeit
Tarantel
Tat
Täter
Tätigkeit
Taube
Taubenschlag
taufen
Taugenichts
Technik
teilen
Teilnahme
Tell
Tempel
Teufel
Theologe
Theorie
Thomas
Thron
tief
Tiefe
das Tiefste
Tier
Tierschützer
Tinte
Tirol
Tisch
Tischlein
Tischtuch
Tobak
Töchter
Tod
Tohuwabohu
Toleranz
Tollheit
Ton
Tor
Torheit
Toresschluß

tot
der Tote
töten
Tradition
Trägheit
Tragödie
Trainer
Träne
Trank
trauen
Traum
das Träumen
Träumerei
Traumgespinst
traurig
das Treiben
treu
Treue
treulich
Trieb
Tropfen
Trost
Trotz
das Trübe
Trübsal
Tschernobyl
der Tüchtige
Tugend
tun
das Tun
Tür
Tyrann
Tyrannenmacht

U

Übel
Übeltäterei
über
überflüssig
Übermaß
Übermensch
Übermut
Übertreibung
überwinden
Überzeugung
Übung
Ufer
Uhl
Uhr
umbringen
umgehen
Umleitung
umsonst

Umstand
umziehen
Umzug
der Unbekannte
das Unbeschreibliche
Undank
der Undankbare
Undankbarkeit
Unentschlossenheit
unersetzlich
Ungeduld
ungeschickt
ungeschrieben
ungläubig
Unglück
Unglücksrabe
Universalität
Universum
Unkraut
unmodern
das Unmögliche
UNO
Unrecht
Unschuld
Unschuldslamm
Unsinn
das Unsterbliche
Unsterblichkeit
unstet
untertänig
untreu
unverhofft
Unwissenheit
der Unzufriedene
Unzufriedenheit
Urahne
Urban
Ursache
Ursprung
Ursulatag
Utopie

V

Varus
Vater
Vaterland
Vaterlandsliebe
väterlich
Veit
verachten
verächtlich
Verantwortung
Verbannung

verbieten
verboten
Verdacht
Verderben
Verdruß
Verehrung
verflucht
vergangen
das Vergangene
Vergangenheit
vergeben
vergessen
Vergnügen
Verhängnis
verkaufen
Verkehr
verkehrt
Verlangen
verlassen
Verlaub
verlieben (sich)
verliebt
Verliebtheit
Verlieren
Verlust
Vernunft
Vernunftehe
Verrat
verraten
Verräter
versammeln
Verschwiegenheit
versprechen
Verstaatlichung
Verstand
das Verständliche
verstehen
Verstellung
verteidigen
vertrauen
Vertrauen
Verwandter
verwegen
Verwüstung
verzagen
verzweifeln
vie (la)
viel
vielleicht
Vinzenz
Virus
vis-à-vis
Vita
vital

Vogel
Vogelfänger
Volk/Völker
Völkerbund
vollbringen
Vollkommenheit
Vorabend
vornehm
Vornehmheit
vornehmen
Vorsatz
Vorschußlorbeeren
Vorsehung
Vorsicht
Vorteil
Vorurteil
Vulkan

W

wachen
Waffe
wagen
Wahl
Wahn
wahr
das Wahre
wahrhaft
wahrhaftig
Wahrheit
Wald
Walfisch
wallen
Walpurgisnacht
Walter
Wand
wann
Warnung
warten
was
Wasser
Wässerlein
Webstuhl
Wechsel
Weg
Weh
Weib/Weiber
Weiberherzen
weiblich
Weihe
Weihnachten
Weihnachtsmann
Weihnachtstage
Weihnachtszeit

weilen
Wein
weinen
der Weise
Weisheit
weit
Welt
Weltgeschichte
Weltkind
wenig
wenn
werden
Werk
Wert
Wesen
wesentlich
wetterwendisch
wichtig
das Wichtige
wider
Widerstand
wie
Wiedersehen
Wiener
Wille
Willenskraft
Willensstärke
willkommen
Willkür
Wind
Windmühlenflügel
Wink
Winter
winterlich
Wintersturm
Wirkung
Wirt
Wirtin
Wirtschaft
Wirtschaftsordnung
wissen
das Wissen
Wissenschaft
wissenschaftlich
Witwe
Witz
wohl
wohlbeleibt
Wohlgeruch
Wohlstand
Wohltat
wohltätig
Wohltätigkeit
Wohnung

Wolf
Wolfgang
Wolke
Wolkenkuckucksheim
wollen
Wort
Wunde
Wunder
Wunderhorn
wunderlich
wundern (sich)
Wunsch
Würde
Würfel
Wurm
Wurst
Wurzel
Wüterich

X/Y

Xanthippe
Xenius
Yankee
Yorick
Ypern

Z

Zahl
zahlen
zählen

Zahn
Zahnweh
Zappelphilipp
Zarathustra
Zärtlichkeit
Zauberfädchen
Zaubermantel
Zaubernacht
Zauberstab
Zehntausend
Zeichen
Zeilen
Zeit
Zeiten
das Zeitliche
Zeitung
Zeitungsente
Zeitverschwendung
Zensur
Zepter
Zeremoniell
zerstören
Zeuge
Zeugnis
Zeus
Ziel
Zieten
Zimmermann
Zinne
Zion
Zittern
Zivilisation

zivilisiert
Zoll
Zopf
Zorn
zornig
der Zornige
züchtigen
zuerst
Zufall
Zuflucht
zufrieden
Zufriedenheit
Züge
Zukunft
Zukunftsmusik
Zunge
zusammen
zusammenfügen
zutrauen
Zuversicht
Zwang
Zweck
Zweifel
Zweig
zweimal
Zwerg
Zwiebelchen
zwingen
zwölf
Zylinderhut
Zyniker
Zynismus

Lexikon der Sprüche

Ich bin das **A** (1) und O, der Anfang und das Ende.
Redewendung daraus: etwas ist das A und O einer Sache; nach der Bibel, Offenbarung des Johannes 1,8; im griech. Alphabet ist *A* (Alpha) der erste und *O* (Omega) der letzte Buchstabe

Wer **A** (2) sagt, muß auch B sagen.
Sprichwörtl. Redensart; nach altem Recht wurde der Ankläger in zweiter Instanz der Beklagte; Sinn: man muß die Konsequenzen einer Sache tragen

Drücken wir das **Abbild** der Ewigkeit auf unser Leben.
FRIEDRICH NIETZSCHE, »Zarathustra«

Jemanden **abblitzen** lassen.
Sprichwörtl. Redensart aus dem frühen 19. Jh.; Schießpulver brannte häufig weg, ohne daß es zum Schuß kam; Sinn: jmd. etwas abschlagen, meist auf Liebesbeziehungen bezogen

Wo ist dein Bruder **Abel**?
Bibel, 1. Moses 4,9; Gott zu Kain

Am **Abend** (1) wird man klug für den vergangenen Tag, doch niemals klug genug für den, der kommen mag.
FRIEDRICH RÜCKERT

Bleibe bei uns, denn es will **Abend** (2) werden.
Bibel, Lukas 24, 29

Ein guter **Abend** (3) kommt heran, wenn ich den ganzen Tag getan.
JOH. WOLFGANG V. GOETHE, »Lebensgenuß«

Es ist noch nicht aller Tage **Abend** (4).
Sprichwort nach LIVIUS; lat.: *nondum omnium dierum solem occidisse.*

Je später der **Abend** (5), desto schöner die Gäste.   Sprichwort

Abends werden die Faulen fleißig.   Sprichwort

Goldene **Abendsonne**, wie bist du so schön, nie kann ohne Wonne deinen Glanz ich sehn.
ANNA BARBARA URNER; eigentlich: *. . . nie kann ohne Wonne deinen Blick ich sehn.*

Der **Aberglaube** (1) ist die Poesie des Lebens.
JOH. WOLFGANG V. GOETHE, »Maximen und Reflexionen«

Der **Aberglaube** (2) ist ein Kind der Furcht, der Schwachheit und der Unwissenheit.
FRIEDRICH DER GROSSE

Abhängigkeit (1) ist heiser, wagt nicht laut zu reden.
WILLIAM SHAKESPEARE, »Romeo und Julia«

Abhängigkeiten (2)? Ja, durch Liebe, aber nicht durch Furcht. GERHART HAUPTMANN

Man lehre die Christen, daß, wer dem Armen gibt oder dem Bedürftigen leiht, besser handelt, als wer **Ablaß** übt.
MARTIN LUTHER, »95 Thesen«

Wie in **Abrahams** Schoß.
Redensart; nach der Bibel, Matthäus 8,11: *viele ... werden mit Abraham ... im Himmelreich sitzen;* Sinn: sorglos sein

Das ist wider die **Abrede**, Lady.
GOTTHOLD EPHRAIM LESSING, »Emilia Galotti«; FRIEDRICH V. SCHILLER, »Kabale und Liebe«

... dürfen wir nicht vergessen, daß nur das Schwert das Schwert in der Scheide hält, daß unter solchen Umständen für uns **Abrüstung** – anstatt des Wortes Abrüstung kann man mit gleichem Recht sagen »zu schwache Rüstung« – Krieg ist, der Krieg, den wir gern vermeiden wollen.
HELMUT V. MOLTKE, im Reichstag 1874

Abrüstungskonferenzen sind die Feuerwehrübungen der Brandstifter. JOHN OSBORNE

Abscheulicher, wo eilst du hin?
Aus der Oper »Fidelio«, nach BOUILLY V. SONNLEITHNER und TREITSCHKE; Musik von LUDWIG VAN BEETHOVEN

Morgen muß ich fort von hier und muß **Abschied nehmen** (1).
Volkslied aus »Des Knaben Wunderhorn«

Zum **Abschied nehmen** (2) just das rechte Wetter. Grau wie der Himmel steht vor mir die Welt.
VICTOR V. SCHEFFEL, »Der Trompeter von Säckingen«

So fühlt man **Absicht**, und man ist verstimmt.
JOH. WOLFGANG V. GOETHE, »Torquato Tasso«; meist zitiert: *man fühlt die Absicht ...*

Abstinenzler sind Leute, die vom Verzichten nicht genug bekommen können.
MICHAEL PFLEGHAR

Abstrahieren heißt die Luft melken. FRIEDRICH HEBBEL

Abwarten und Tee trinken.
Sprichwörtl. Redensart; nach der Sitte des »ästhetischen Tees« im frühen 19. Jh., wo der Tee stets sehr spät serviert wurde

Lieber um **acht** zu Haus, als zehn vor acht im Krankenhaus.
Unter Autofahrern bekannter Spruch

Achten die Menschen sich selbst, so achten sie gewöhnlich auch die fremde Persönlichkeit.
SAMUEL SMILES, »Die Selbstbeherrschung«

Adam (1), wo bist du?
Nach der Bibel, 1. Moses 3,9

Als **Adam** (2) hackt' und Eva spann, wo war denn da der Edelmann? SEBASTIAN FRANCK

Den alten **Adam** (3) ausziehen.
Redensart; nach der Bibel, Kolosser 3,9; heute übersetzt: *ihr habt ja ausgezogen den alten Menschen;* Sinn: sich von Grund auf ändern

Im **Adamskostüm** sein.
Redensart; Sinn: unbekleidet sein

Adel (1) verpflichtet.
Alter franz. Wahlspruch; franz. *noblesse oblige.*

Der **Adel** (2) sitzt im Gemüt, nicht im Geblüt.   Sprichwort

Jemanden gehörig zur **Ader** lassen.
Sprichwörtl. Redensart aus der Arztsprache, wo man bei bestimmten Krankheiten dem Patienten Blut abzapft; Sinn: jmd. Geld abnehmen

Ich denk', mich laust der **Affe** (1).
Berliner Redensart, zum Ausdruck von Entsetzen oder Überraschung

Es war mein Türkis, ich bekam ihn von Lea, als ich noch Junggeselle war; ich hätte ihn nicht für einen **Affen** (2) weggegeben.
WILLIAM SHAKESPEARE, »Der Kaufmann von Venedig«

Jemand hat einen **Affen** (3).
Sprichwörtl. Redensart; Sinn: man ist ziemlich betrunken

St. **Agatha**, die Gottesbraut, macht, daß Schnee und Eis gern taut.
Bauernregel für den 5. Februar

Wenn St. **Ägid** bläst ins Horn, heißt es: Bauer, sä dein Korn.
Bauernregel für den 1. September

Sich nach den Fleischtöpfen **Ägyptens** sehnen.
Sprichwörtl. Redensart; nach der Bibel, 2. Moses 16,3; Sinn: sich zurücksehnen nach etwas, das man zuvor gern aufgegeben hat

Ahnen sind für den nur Nullen, der als Null zu ihnen tritt; steh als Zahl an ihrer Spitze, und die Nullen zählen mit.
WILHELM MÜLLER, »Epigramme«

Überall geht ein frühes **Ahnen** dem späteren Wissen voraus.
ALEXANDER V. HUMBOLDT, »Kosmos«

Die **Aktien** steigen.
Sprichwörtl. Redensart aus der Börsensprache; Sinn: man hat wieder bessere Chancen

Die **Albernheit** ist eine Erholung von der Umwelt.
PETER BAMM

Alle (1) für einen, einer für alle.   Alter Wahlspruch

Kommt, laßt uns **alle** (2) für einen stehen.
FRIEDRICH V. SCHILLER, »Wallensteins Lager«

So machen es **alle** (3).
Dt. Übersetzung des Operntitels »Cosi fan tutte«; Musik von WOLFGANG AMADEUS MOZART; gemeint sind die Frauen

Es ist nicht gut, daß der Mensch **allein** (1) sei.
Bibel, 1. Moses 2,18

Wähl die eine, der du sagst: du
nur gefällst mir **allein** (2).
>OVID, »Liebeskunst«

Wenn's zu **Allerheiligen** (1)
schneit, halt deinen Pelz bereit.
>Bauernregel zum 1. November

Ist's zu **Allerheiligen** (2) rein,
tritt Altweibersommer ein.
>Bauernregel zum 1. November

Alles (1) schon dagewesen.
>Redensart; nach KARL FERDINAND
>GUTZKOW, »Uriel Acosta«

Nun muß sich **alles** (2), alles
wenden.
>LUDWIG UHLAND, »Frühlings-
>glaube«

Zwar weiß ich viel, doch
möcht' ich **alles** (3) wissen.
>JOH. WOLFGANG V. GOETHE,
>»Faust«

Eine **Allianz** ist eine Ehe, bei
der die Eifersucht größer ist als
die Liebe.   AMINTORE FANFANI

Kanzler der **Alliierten**.
>Damaliger SPD-Chef KURT SCHU-
>MACHER über Konrad Adenauer

Allwissend bin ich nicht, doch
viel ist mir bewußt.
>JOH. WOLFGANG V. GOETHE,
>»Faust«

Allzuviel ist ungesund.
>Sprichwort nach den Sieben Wei-
>sen der griech. Philosophie: »*Nichts
>im Übermaß*«

Auf der **Alm**, da gibt's koa
Sünd'.
>Sprichwort nach einem Volkslied

Wenn du aber **Almosen** gibst,
so laß deine linke Hand nicht
wissen, was die rechte tut.
>Bibel, Matthäus 6,3

Alt (1) ist man dann, wenn
man an der Vergangenheit
mehr Freude hat als an der Zukunft.   JOHN KNITTEL

Alt (2) werden steht in Gottes
Gunst, jung bleiben, das ist
Lebenskunst.   Sprichwort

Alt (3) wie Methusalem.
>Sprichwörtl. Redensart; nach der
>Bibel, 1. Moses 5,25−27; Sinn: ur-
>alt

Ich bin zu **alt** (4), um nur zu
spielen, zu jung, um ohne
Wunsch zu sein.
>JOH. WOLFGANG V. GOETHE,
>»Faust«

Man ist so **alt** (5), wie man sich
fühlt.   Sprichwort

Das **Alte** stürzt, es ändert sich
die Zeit, und neues Leben
blüht aus den Ruinen.
>FRIEDRICH V. SCHILLER, »Wilhelm
>Tell«; meist nur letzter Teil zitiert

Nehm'n Se 'nen **Alten**!
>Titel eines Couplets von OTTO
>REUTTER

Wie die **Alten** sungen, so zwitschern auch die Jungen.
>Sprichwort

Alter (1) ist die hoffnungslo-
seste aller Krankheiten.
>HEINRICH MANN

Alter (2) schützt vor Torheit
nicht.   Sprichwort

Das **Alter** (3) ist nicht trübe, weil darin unsere Freuden, sondern weil unsere Hoffnungen aufhören.
JEAN PAUL, »Titan«

Das **Alter** (4) soll man ehren.
Nach der Bibel, 3. Moses 19,32; eigentlich: *die Alten sollst du ehren.*

Eilig entschwindet die Zeit, unmerklich beschleicht uns das **Alter** (5).   OVID

Ich finde das **Alter** (6) nicht arm an Freuden; Farben und Quellen dieser Freuden sind nur anders.
ALEXANDER V. HUMBOLDT

Altern heißt, sich über sich selbst klarwerden und sich beschränken. SIMONE DE BEAUVOIR

Gehe hin zur **Ameise**, du Fauler! Siehe an ihr Tun und lerne von ihr.
Bibel, Sprüche Salomos 6,6

Ja und **Amen** zu etwas sagen.
Redensart; nach der Bibel, 5. Moses 27, 15 – 26

Alles besiegt **Amor**.
VERGIL, »Eklogen«; lat.: *omnia vincit amor*.

Ich hab' hier bloß ein **Amt** (1) und keine Meinung.
FRIEDRICH V. SCHILLER, »Wallensteins Tod«

Man muß die zwei weit unterscheiden, **Amt** (2) und Person.
MARTIN LUTHER

Wem Gott ein **Amt** (3) gibt, dem gibt er auch Verstand.
Sprichwort

Wem Gott ein **Amt** (4) gibt, raubt er den Verstand.
ERICH KÄSTNER

Tut, was Eures **Amtes** (5) ist.
FRIEDRICH V. SCHILLER, »Maria Stuart«

Den **Amtsschimmel** reiten/wiehern hören.
Sprichwörtl. Redensart; eigentlich gemeint: Schimmelpilz, der alte, lang lagernde Akten überzieht; Sinn: überholte Verordnungen

Amüsement ist das Glück derer, die nicht denken können.
ALEXANDER POPE

Was du nicht willst, daß man dir tu', das füg auch keinem **andern** zu.
Nach der Bibel, Tobias 4,16

Erstens kommt es **anders** und zweitens, als man denkt.
Sprichwort

Schau in der **Andreasnacht**, was für Gesicht der Winter macht; so wie es ausschaut, glaub's fürwahr, bringt's gutes oder schlechtes Jahr.
Bauernregel für den 30. November

Fordere kein lautes **Anerkennen**! Könne was, und man wird dich kennen.
PAUL HEYSE, »Spruchbüchlein«

Aller **Anfang** (1) ist schwer.
Sprichwort

Am **Anfang** (2) schuf Gott Himmel und Erde.
Bibel, 1. Moses 1,1

Das ist der **Anfang** (3) vom Ende.
Sprichwörtlich nach WILLIAM

SHAKESPEARE, »Ein Sommer-
nachtstraum«; auch von TALLEY-
RAND zitiert; engl.: *that is the true
beginning of our end.*

Es ist immer Zeit für einen
neuen **Anfang** (4).
KONRAD ADENAUER

Im **Anfang** (5) war das Wort,
und das Wort war bei Gott,
und Gott war das Wort.
Bibel, Evangelium des Johannes
1,1

Im **Anfang** (6) war die Tat.
JOH. WOLFGANG V. GOETHE,
»Faust«

Die Welt aus den **Angeln** heben.
Sprichwörtl. Redensart; nach AR-
CHIMEDES; Sinn: etwas völlig ändern

Wer **angibt** (angeben), hat
mehr vom Leben. Sprichwort

Das **Angenehme** mit dem Nütz-
lichen verbinden.
Redensart; nach HORAZ, »Ars
poetica«; lat.: *qui miscuit utile
dulci.*

Angriff ist die beste Verteidigung. Sprichwort

Angst (1) und bange werden.
Sprichwörtl. Redensart; nach der
Bibel, Hesekiel 30,16

Angst (2) ist das einzige, das
sich schneller vermehrt als Ka-
ninchen. Sprichwort

Wo **Anmaßung** mir wohlge-
fällt? An Kindern; denen gehört die Welt.
JOH. WOLFGANG V. GOETHE

Ist **St. Anna** (1) erst vorbei,
kommt der Morgen kühl herbei. Bauernregel für den 26. Juli

Von **St. Ann** (2) gehen die
kühlen Nächte an.
Bauernregel für den 26. Juli

Anno dazumal / anno Tobak.
Sprichwörtlich für etwas, was
schon lange her ist; von lat. *annus*
[Jahr]

Vor Gott gilt kein **Ansehen** der
Person.
Sprichwörtl. Redensart; nach der
Bibel, Kolosser 3,25; 2. Chronik
19,7

Anständigkeit (1) ist die Verschwörung der Unanständig-
keit mit dem Schweigen.
GEORGE BERNARD SHAW

Es gibt nicht zwei Sorten von
Anständigkeit (2), und was ein
anständiger Mensch nicht darf,
das darf auch ein anständiger
Staat nicht. THEODOR FONTANE

Antiquitäten sind das einzige
Feld, auf dem das Gestern
noch Zukunft hat.
HAROLD WILSON

Wenn an **Antonius** die Luft ist
klar, gibt's bestimmt ein gutes
Jahr.
Bauernregel für den 17. Januar

Ein guter **Antreiber** ist mehr
wert als zehn Arbeiter.
Sprichwort

Keine **Antwort** ist auch eine
Antwort. Sprichwort

Es ist nicht genug, zu wissen; man muß auch **anwenden**; es ist nicht genug, zu wollen; man muß auch tun.
JOH. WOLFGANG V. GOETHE

Es kann die Spur von meinen Erdentagen nicht in **Äonen** untergehen.
JOH. WOLFGANG V. GOETHE, »Faust«

In den sauren **Apfel** beißen.
Sprichwörtl. Redensart; Sinn: etwas Unangenehmes tun müssen

Wenn ich wüßte, daß morgen die Welt untergeht, würde ich heute noch ein **Apfelbäumchen** pflanzen.
MARTIN LUTHER zugeschrieben

Aphorismen entstehen nach dem gleichen Prinzip wie Statuen: man nehme ein Stück Marmor und schlage alles ab, was man nicht unbedingt braucht.
GABRIEL LAUB

Der **Appetit** kommt beim Essen.
Sprichwort nach FRANÇOIS RABELAIS, »Gargantua«; franz.: *l'appétit vient en mangeant.*

Donner im **April** (1) viel Gutes verkünden will.
Bauernregel

Quaken die Frösche im **April** (2), noch Schnee und Kälte kommen will.
Bauernregel

Wenn der **April** (3) stößt rauh ins Horn, so steht es gut um Heu und Korn.
Bauernregel

Warmer **Aprilregen** bringt großen Segen.
Bauernregel

Die schönen Tage von **Aranjuez** sind nun zu Ende.
FRIEDRICH V. SCHILLER, »Don Carlos«

Arbeit (1) macht das Leben süß.
Sprichwort nach GOTTLOB WILHELM BURMANN, »Kleine Lieder für kleine Jünglinge«

Arbeit (2) schändet nicht.
Sprichwort nach HESIOD, »Werke und Tage«

Erst die **Arbeit** (3), dann das Vergnügen.
Sprichwort

Nur in der **Arbeit** (4) wohnt der Frieden, und in der Mühe wohnt die Ruh'.
THEODOR FONTANE

Tages **Arbeit** (5), abends Gäste! Saure Wochen, frohe Feste sei dein künftig Zauberwort.
JOH. WOLFGANG V. GOETHE, »Der Schatzgräber«

Wenn gute Reden sie begleiten, dann fließt die **Arbeit** (6) munter fort.
FRIEDRICH V. SCHILLER, »Die Glocke«

Wer die **Arbeit** (7) kennt und sich nicht drückt, der ist verrückt.
Sprichwort

Gott sorgt, wir aber sollen **arbeiten** (1).
MARTIN LUTHER

Wer nicht **arbeitet** (2), begeht keine Fehler.
Sprichwort

Wer nich **arbeetet** (3), der soll wenigstens jut essen.
Berliner Sprichwort; als Umkeh-

rung des Bibelwortes 2. Thessalonicher 3,10: ... *der soll auch nicht
essen.*

Der Arbeiter soll seine Pflicht
tun, der **Arbeitgeber** soll mehr
tun als seine Pflicht.
MARIE V. EBNER-ESCHENBACH

Arbeitsessen ist eine Mahlzeit,
bei der man die Arbeit gleich
mitverspeist, damit sie nicht
mehr stört. ROBERT PEYREFITTE

Architektur ist erstarrte Musik.
FRIEDRICH WILHELM SCHELLING,
»Vorlesungen über Philosophie
und Kunst«

Bemüh dich nur und sei hübsch
froh, der **Ärger** kommt schon
sowieso. WILHELM BUSCH

Wer sich **ärgert** (1), büßt die
Sünden anderer Menschen.
KONRAD ADENAUER

Wer sich über etwas eine Mi-
nute lang **ärgert** (2), sollte bedenken, daß er dadurch sech-
zig Sekunden Fröhlichkeit
verliert. ROBERT STOLZ

Mit **Argusaugen** hüten.
Sprichwörtl. Redensart; nach der
griech. Sage, in der der Riese Ar-
gus Io, die Geliebte des Zeus, mit
seinen hundert Augen bewachte,
von denen nur jeweils fünfzig
schliefen; Sinn: etwas stets sorgfältig bewachen

Verrat und **Argwohn** (1)
lauscht in allen Ecken.
FRIEDRICH V. SCHILLER, »Wilhelm
Tell«

Wer durch des **Argwohns** (2)
Brille schaut, sieht Raupen
selbst im Sauerkraut.
WILHELM BUSCH zugeschrieben

Auch ich war in **Arkadien** geboren.
FRIEDRICH V. SCHILLER, »Resignation«; Arkadien ist hier Symbol für
Idyll

Arm (1) in Arm mit dir, so
fordr' ich mein Jahrhundert in
die Schranken.
FRIEDRICH V. SCHILLER, »Don Carlos«

Die schwierigste Turnübung ist
immer noch, sich selbst auf
den **Arm** (2) zu nehmen.
WERNER FINCK

In den **Armen** (3) liegen sich
beide und weinen vor Schmerz
und Freude.
FRIEDRICH V. SCHILLER, »Die
Bürgschaft«

Aus dem **Ärmel** schütteln.
Sprichwörtl. Redensart; Sinn: eine
Leistung ohne Mühe vollbringen,
so wie der Zauberer Dinge aus
dem Ärmel zu schütteln vermag

Arm (1) oder reich – vor Gott
sind alle gleich. Sprichwort

Arm (2) wie eine Kirchenmaus.
Sprichwörtl. Redensart; Sinn: eine
Maus findet in einer Kirche selten
etwas Eßbares

Das sicherste Mittel, **arm** (3)
zu bleiben, ist ein ehrlicher
Mensch zu sein. NAPOLEON I.

Nicht wer wenig hat, sondern
wer viel wünscht, ist **arm** (4).
SENECA

Wer den **Armen** gibt, dem wird nichts mangeln.
Bibel, Sprüche Salomos 28,27

Das ist am **Armsein** so fatal; es macht normal.
MARTIAL, »Epigramme«

Armut (1) des Geistes Gott erfreut, Armut und nicht Armseligkeit. MATTHIAS CLAUDIUS

Armut (2) fehlt einiges, Habsucht alles.
Persischer Spruch aus dem 13. Jh.

Armut (3) ist aller Künste Stiefmutter. Sprichwort

Armut (4) ist die einzige Last, die schwerer wird, je mehr Geliebte daran tragen.
JEAN PAUL, »Siebenkäs«

Armut (5) ist die größte Plage, Reichtum ist das höchste Gut.
JOH. WOLFGANG V. GOETHE, »Der Schatzgräber«

Armut (6) ist kein Laster, aber auch keine Tugend.
Jüdisches Sprichwort

Armut (7) mit frohem Mut ist großer Reichtum ohne Gut.
Sprichwort

Armut (8) schändet nicht, aber sie drückt. Sprichwort

In dieser **Armut** (9) welche Fülle, in diesem Kerker welche Seligkeit.
JOH. WOLFGANG V. GOETHE, »Faust«

Er kann mich am **Arsch** lecken.
Meist zitiert als: *Leck mich im A.;* abgekürzt: *l.m.(i.)A.* JOH. WOLF-

GANG V. GOETHE, »Götz von Berlichingen«, wo es vollständig heißt: *»Vor Ihro kaiserliche Majestät hab' ich, wie immer, schuldigen Respekt. Er aber, sag's ihm, er kann mich im . . .*

Ein verzweifeltes Übel will eine verwegene **Arznei** (1).
Sprichwort; nach FRIEDRICH V. SCHILLER, »Fiesko«

Wahrheit ist eine widerliche **Arznei** (2). AUGUST V. KOTZEBUE

Zwei **Ärzte** (1) – drei Meinungen. Sprichwort

Die Irrtümer des **Arztes** (2) deckt die Erde. Sprichwort

Überflüssige **Äste** haun wir hinweg, damit der Fruchtzweig lebe.
WILLIAM SHAKESPEARE, »Richard III.«

Eulen nach **Athen** tragen.
Sprichwörtl. Redensart, nach ARISTOPHANES, »Der Vogelstaat«; die Eule war in der Antike das Symbol der Göttin Athene, der Schutzpatronin der Stadt; daher ist es überflüssig, Eulen in diese Stadt zu tragen

Ich bin die **Auferstehung** und das Leben. Wer an mich glaubt, der wird leben, ob er gleich stürbe.
Bibel, Evangelium des Johannes 11,25

Was man nicht **aufgibt**, hat man nie verloren.
FRIEDRICH V. SCHILLER, »Maria Stuart«

Aufklärung: die Vernunft macht immer heller, in welchem Dunkel wir leben.
LUDWIG MARCUSE

Ohne **Aufopferung** läßt sich keine Freundschaft denken.
JOH. WOLFGANG V. GOETHE

Aufgeschoben (1) ist nicht aufgehoben.
Sprichwort

Das **Aufschieben** (2) hat der Teufel erfunden.
Sprichwort

Hüten wie seinen **Augapfel.**
Sprichwörtl. Redensart; nach der Bibel, 5. Moses 32,10

Auge (1) um Auge, Zahn um Zahn.
Altes Rechtsprinzip; auch in der Bibel, 2. Moses 21,24; Matthäus 5,38

Da bleibt kein **Auge** (2) trocken.
Redensart; nach JOHANNES DANIEL FALK, »Taschenbuch für Freunde des Scherzes«

Ein Dorn im **Auge** (3) sein.
Sprichwörtl. Redensart; nach der Bibel, 4. Moses 33,55; Sinn: etwas stört sehr

Mit einem blauen **Auge** (4) davonkommen.
Sprichwörtl. Redensart; Sinn: eine Sache geht glimpflich für jmd. ab

Aller **Augen** (1) warten auf dich.
Sprichwort; nach der Bibel, Psalm 145,15

Aus den **Augen** (2), aus dem Sinn.
Sprichwort

Beide **Augen** (3) zudrücken.
Sprichwörtl. Redensart; Sinn: mit jmd. Nachsicht haben

Die **Augen** (4) gingen ihm über, sooft er trank daraus.
JOH. WOLFGANG V. GOETHE, »Der König in Thule«

Ein Mensch sieht, was vor **Augen** (5) ist, der Herr aber sieht das Herz an.
Bibel, 1. Samuel 16,7

Ich hebe meine **Augen** (6) auf zu den Bergen, von denen mir Hilfe kommt. Bibel, Psalm 121,1

Zwei **Augen** (7) hat die Seel': eines schaut in die Zeit, das andere in die Ewigkeit.
ANGELUS SILESIUS, »Der Cherubinische Wandersmann«

Trinkt, o **Augen** (8), was die Wimper hält von dem goldnen Überfluß der Welt.
GOTTFRIED KELLER

Ein **Augenblick** (1), im Paradies gelebt, wird nicht zu teuer mit dem Tod gebüßt.
FRIEDRICH V. SCHILLER, »Don Carlos«

Es gibt im Menschenleben **Augenblicke** (2), wo er dem Weltgeist näher ist als sonst.
FRIEDRICH V. SCHILLER, »Wallensteins Tod«

Werd' ich zum **Augenblicke** (3) sagen: Verweile doch, du bist so schön! Dann magst du mich in Fesseln schlagen, dann will ich gern zugrunde gehn.
JOH. WOLFGANG V. GOETHE, »Faust«

Einen **Augiasstall** säubern.
Sprichwörtl. Redensart; nach der griech. Heraklessage gehörte es zu den Aufgaben des Helden, den total verschmutzten Rinderstall des

Königs Augias zu reinigen; Sinn: eine verfahrene Angelegenheit in Ordnung bringen; oft: einen heruntergekommenen Betrieb sanieren

Im **August** (1) wenig Regen kommt dem Bauern sehr gelegen. Bauernregel

Ist der **August** (2) recht hell und heiß, so lacht der Gärtner in vollem Schweiß. Bauernregel

Wettert es viel im Monat **August** (3), du nassen Winter erwarten mußt. Bauernregel

Ach, du lieber **Augustin**, alles ist hin.
Volkslied; danach Titel eines Romans von HORST WOLFRAM GEISSLER, »Der liebe Augustin«

Denn viele sind berufen, aber nur wenige sind **auserwählt**.
Bibel, Matthäus 22,14

Überfluß kommt eher zu grauen Haaren, aber **Auskommen** (1) lebt länger.
WILLIAM SHAKESPEARE, »Der Kaufmann von Venedig«

Kein **Auskommen** (2) mit dem Einkommen.
Redensart; auch Titel eines niederdeutschen Schwanks

Das **Ausländische** hat immer einen gewissen vornehmen Anstrich für uns.
OTTO V. BISMARCK

Ausnahmen (1) bestätigen die Regel. Sprichwort

Ausnahmen (2) sind nicht immer Bestätigung der alten Regel. Sie können auch Vorboten einer neuen sein.
MARIE V. EBNER-ESCHENBACH

Eine gute **Ausrede** ist einen Taler wert. Sprichwort

Außen hui, innen pfui.
Redensart; Sinn: Vorspiegelung falscher Tatsachen

Außenpolitik bedeutet Tourismus auf Staatskosten.
GIOVANNINO GUARESCHI

Das **Außerordentliche** geschieht nicht auf glattem, gewöhnlichem Wege.
JOH. WOLFGANG V. GOETHE

Ein **Autorennfahrer** ist ein Pilot, der zu niedrig fliegt.
JEAN PAUL BELMONDO

Autorität wird nur dann nicht angezweifelt, wenn sie sich auf fachliche Leistung und untadelige menschliche Haltung gründet.
GUSTAV HEINEMANN vor der Führungsakademie der Bundeswehr

Avantgardisten, das sind Leute, die nicht genau wissen, wo sie hinwollen, aber als erste da sind. ROMAIN GARY

Die **Axt** im Haus erspart den Zimmermann.
Sprichwort; auch bei FRIEDRICH V. SCHILLER, »Wilhelm Tell«

Vivat **Bacchus** (1), Bacchus lebe! Bacchus, der den Wein erfand!
Lied aus der Oper »Die Entführung aus dem Serail«; Musik von WOLFGANG AMADEUS MOZART; Bacchus ist der griech. Gott des Weines

Wundervoll ist **Bacchus'** (2) Gabe, Balsam fürs zerrissene Herz.
FRIEDRICH V. SCHILLER, »Das Siegesfest«

Das **Bad** (1) austragen / etwas ausbaden müssen.
Sprichwörtl. Redensart; nach altröm. Brauch benutzten mehrere Leute nacheinander dasselbe Wasser, der letzte mußte das Bad reinigen; Sinn: für jmd. anderen büßen müssen

Das Kind mit dem **Bad** (2) ausschütten.
Sprichwörtl. Redensart; Sinn: übertrieben reagieren

Wer Geld hat, schickt seine Frau ins **Bad** (3); wer keins hat, wäscht sie selber ab.
Sprichwort

Der **Balkan** beginnt hinter Wien.
Redensart

Wasser hat keine **Balken**.
Sprichwort

Der **Ball** ist rund.
Fußballtrainer SEPP HERBERGER zu Journalisten

Fehlt leider nur das geistige **Band**.
JOH. WOLFGANG V. GOETHE, »Faust«

Bangemachen gilt nicht.
Sprichwörtl. Redensart

Ihr Gesang wird **bang** (1) und bänger.
WILHELM BUSCH, »Max und Moritz«

Ach, nun wird mir immer **bänger** (2).
JOH. WOLFGANG V. GOETHE, »Der Zauberlehrling«

Auf dieser **Bank** (1) von Stein will ich mich setzen.
FRIEDRICH V. SCHILLER, »Wilhelm Tell«

Auf die lange **Bank** (2) schieben.
Sprichwörtl. Redensart aus dem früheren Gerichtswesen: Sachen, die man nicht gleich bearbeitete, legte man auf einer langen Bank ab; Sinn: etwas aufschieben

Ein **Bankier** ist ein Mensch, der seinen Schirm verleiht, wenn die Sonne scheint, und ihn sofort zurückhaben will, wenn es zu regnen beginnt.
MARK TWAIN

St. **Barbara** soll Blütenknospen zeigen.
Bauernregel für den 4. Dezember

Einen **Bären** aufbinden.
Sprichwörtl. Redensart aus der Jägersprache; Sinn: jmd. belügen

Auf der **Bärenhaut** liegen.
Sprichwörtl. Redensart nach PUBLIUS CORNELIUS TACITUS; Sinn: sich dem Nichtstun hingeben

Um des Kaisers **Bart** (1) streiten.
Sprichwörtl. Redensart; Sinn: um etwas Unwesentliches streiten, so wie frühere Gelehrte darüber stritten, ob große Kaiser des Mittelalters Bärte trugen oder nicht

Beim **Barte** (2) des Propheten!
Mohammedanischer Schwur

Bleiben die Störche über **Barthelmä,** so kommt ein Winter, der tut nicht weh.
Bauernregel für den 24. August, Tag des Bartholomäus

Gott ist immer mit den stärksten **Bataillonen.**
FRIEDRICH DER GROSSE

Ein voller **Bauch** studiert nicht gern.
Lat. Sprichwort; lat.: *plenus venter non studet libenter.*

Der **Bauer** (1) ist kein Spielzeug.
ADALBERT V. CHAMISSO, »Das Riesenspielzeug«

Was der **Bauer** (2) nicht kennt, das frißt er nicht.　Sprichwort

Die dümmsten **Bauern** (3) haben die dicksten Kartoffeln.
Sprichwort

Auf **Bauernfang** ausgehen.
Sprichwörtl. Redensart; Sinn: andere Menschen hereinlegen

In einer Stunde streckt man einen **Baum** (1) zur Erden, der hundert Jahre hat gebraucht, um groß zu werden.
FRIEDRICH RÜCKERT

Vom **Baum** (2) der Erkenntnis essen.
Redensart nach der Bibel, 1. Moses 2,9

Alte **Bäume** (1) soll man nicht verpflanzen.　Sprichwort

Es ist dafür gesorgt, daß die **Bäume** (2) nicht in den Himmel wachsen.
Sprichwörtl. Redensart; Sinn: man kann nicht zu übermütig werden

Beamte sind ein wundersames Beispiel für die Vermehrung der Menschen auf ungeschlechtliche Weise.
URSULA NOACK

Wer gar zu viel **bedenkt,** wird wenig leisten.
FRIEDRICH V. SCHILLER, »Wilhelm Tell«

Ich weiß nicht, was soll es **bedeuten,** daß ich so traurig bin.
HEINRICH HEINE, »Die Loreley«

Vertrau auf Gott und rette den **Bedrängten.**
FRIEDRICH V. SCHILLER, »Wilhelm Tell«

Das **Bedürfnis** gilt als die Ursache der Entstehung; in Wahrheit ist es oft nur die Wirkung des Entstandenen.
FRIEDRICH NIETZSCHE

Den Teufel durch den **Beelzebub** austreiben.
Sprichwörtl. Redensart; nach der Bibel, Matthäus 12,24−27; Sinn: mit größerem Übel ein vorhandenes Übel vertreiben

Beförderung geht euch nach Empfehlung.
WILLIAM SHAKESPEARE, »Othello«

Die **Begehrlichkeit** kennt keine Schranke, nur Steigerung.

    SENECA, »Abhandlungen«

Die **Begeisterung** ist das tägliche Brot der Jugend. Die Skepsis ist der tägliche Wein des Alters.   PEARL S. BUCK

Die **Begriffe** der Menschen von den Dingen sind meist nur ihre Urteile über die Dinge.

    FRIEDRICH HEBBEL

Mich ergreift, ich weiß nicht wie, himmlisches **Behagen.**
JOH. WOLFGANG V. GOETHE, »Tischlied«

Zwar Nehmen ist recht gut, doch besser ist **Behalten.**
JOH. WOLFGANG V. GOETHE, »Faust«

Anfangen ist leicht, **Beharren** ist die Kunst.   Sprichwort

Behauptung ist nicht Beweis.
    WILLIAM SHAKESPEARE, »Othello«

Behüt' dich Gott, es wär' so schön gewesen.
VICTOR V. SCHEFFEL, »Der Trompeter von Säckingen«

Beifall läßt sich, wie Gegenliebe, nicht erzwingen.
    JOH. WOLFGANG V. GOETHE

Du bist wohl mit dem linken **Bein** zuerst aufgestanden!
Sprichwörtl. Redensart nach der alten Anschauung, daß links etwas Negatives bedeutet; Sinn: jmd. ist schlechter Laune

Das ist kein **Beinbruch.**
Sprichwörtl. Redensart; Sinn: etwas ist nicht so schlimm

Das **Beispiel** (1) ist einer der erfolgreichsten Lehrer, obgleich es wortlos lehrt.
    SAMUEL SMILES, »Selbsthilfe«

Schlechte **Beispiele** (2) verderben gute Sitten.   Sprichwort

Bekenntnisse einer schönen Seele.
JOH. WOLFGANG V. GOETHE, »Wilhelm Meisters Lehrjahre«

Nichts wird langsamer vergessen als eine **Beleidigung** (1) und nichts eher als eine Wohltat.   MARTIN LUTHER

Beleidigungen (2) sind die Argumente derer, die unrecht haben.   JEAN JACQUES ROUSSEAU

Wer immer strebend sich **bemüht,** den können wir erlösen.
JOH. WOLFGANG V. GOETHE, »Faust«

St. **Benedikt** den Garten schmückt.
    Bauernregel für den 21. März

Ein gutes **Benehmen** ist wie ein vollendeter Faltenwurf.
    Japanisches Sprichwort

Meister der **Beredsamkeit** ist der, der alles Nötige sagt und nur dies.
FRANÇOIS DE LA ROCHEFOUCAULD

Nur wer **bereut,** dem wird verziehn im Leben.
DANTE ALIGHIERI, »Göttliche Komödie«

Der **Berg** (1) ist überschritten. Es wird mir besser gehen.
Angeblich letzte Worte FRIEDRICH DES GROSSEN auf dem Totenbett am 17. 8. 1786; franz.: *la montagne est passée, nous irons mieux.*

Über den **Berg** (2) sein.
Sprichwörtl. Redensart; Sinn: eine
schwierige Situation (Krankheit)
überstanden haben

Lobe die **Berge** (1) und ziehe
ins Tal.   Bauernweisheit

Goldene **Berge** (2) versprechen.
Sprichwörtl. Redensart nach TE-
RENZ, »Phormio«; Sinn: mehr versprechen, als man halten kann;
lat.: *montes auri pollicens* (eigentlich: Berge von Gold).

Auf den **Bergen** (3) ist Frei-
heit.
FRIEDRICH V. SCHILLER, »Die
Braut von Messina«

Auf den **Bergen** (4) wohnt die
Freiheit.
Bayer. Lied zu Ehren König Lud-
wigs II.

Berlin (1) ist das politische
Herz der deutsch-amerikani-
schen Freundschaft.
EBERHARD DIEPGEN, 1985

Berlin (2) ist mehr ein Weltteil
als eine Stadt.
JEAN PAUL, »Briefe«

Durch **Berlin** (3) fließt immer
noch die Spree.
Lied von J. u. R. GILBERT

Völker der Welt ... Schaut auf
diese Stadt ... Völker der
Welt! Schaut auf **Berlin** (4)
und das Volk von Berlin!
ERNST REUTER am 9.9.1948 während der Blockade Berlins

Das macht die **Berliner** (1)
Luft, Luft, Luft.
Lied aus der Operette »Frau Lu-
na«; Musik von PAUL LINCKE

Vor zweitausend Jahren war
der stolzeste Satz, den ein
Mensch sagen konnte, der: Ich
bin ein Bürger Roms. Heute
ist der stolzeste Satz, den jemand in der freien Welt sagen
kann: Ich bin ein **Berliner** (2).
Deshalb bin ich als freier
Mensch stolz darauf, sagen zu
dürfen: Auch ich bin ein Berliner.
JOHN F. KENNEDY anläßlich seines
Berlinbesuchs am 26. Juni 1962

Ein **Beruf** ist das Rückgrat des
Lebens.
FRIEDRICH WILHELM NIETZSCHE

Ich erwachte eines Morgens
und fand mich **berühmt.**
GEORGE LORD BYRON, »Tage-
buch«

Beschäftigt, wie ich seh'? Ich
will nicht stören.
FRIEDRICH V. SCHILLER, »Die Piccolomini«

Bescheidenheit (1) ist der einzige sichere Köder, wenn du
nach Lob angelst.
PHILIP D. CHESTERFIELD

Bescheidenheit (2) ist eine
Zier, doch weiter kommst du
ohne ihr.   Berliner Redensart

Es gibt eine **Bescheidenheit** (3),
die nur der Mantel des Hoch-
muts ist.   CARMEN SYLVA

In der **Beschränkung** zeigt sich
erst der Meister.
JOH. WOLFGANG V. GOETHE, »Natur und Kunst«

In die Ecke, **Besen** (1)! Besen!
Seid's gewesen.
JOH. WOLFGANG V. GOETHE, »Der
Zauberlehrling«

Neue **Besen** (2) kehren gut –
aber die alten wissen die Winkel.
Bauernweisheit; meist nur erster
Teil zitiert

Wehe den **Besiegten!**
Nach LIVIUS Ausspruch des Gal-
lierkönigs BRENNUS bei seiner Er-
oberung Roms; lat.: *vae victis!*

Besitz (1) entscheidet alles in
der Welt.
ADELBERT V. CHAMISSO, »Tu es
lieber nicht«

Frei fühlt sich vom **Besitz** (2)
nur der freigebige Mann.
FRIEDRICH RÜCKERT, »Die Weisheit des Brahmanen«

Man muß immer das **Beste** (1)
hoffen. Das Schlechte kommt
von selber.   Bauernweisheit

Jemanden zum **Besten** (2) halten.
Sprichwörtl. Redensart aus der
Sprache der Schützen; Sinn: jmd.
zur Zielscheibe des Spottes werden
lassen

Wer sich nicht selbst zum **Besten** (3) halten kann, der ist gewiß nicht von den Besten.
JOH. WOLFGANG V. GOETHE, »Meine Wahl«

Besuche (1) machen immer
Freude: wenn nicht beim Kommen, dann beim Gehen.
          Spanisches Sprichwort

Kurze **Besuche** (2) verlängern
die Freundschaft.   Sprichwort

Bete (1) und arbeite!
          Klosterregel; lat.: *ora et labora!*

Bet (2) und vertrau; je größer
die Not, je näher die Rettung.
JOH. HEINRICH VOSS, »Der 70. Geburtstag«

Bete (3) an, was du verbrannt
hast; verbrenne, was du ange-
betet hast.
HL. REMIGIUS, Bischof von Reims,
495 anläßlich der Taufe des Fran-
kenkönigs CHLODWIG

Beten (4) stärkt den Mut, und
Arbeit mehrt das Gut.
          Sprichwort

Eines Christen Handwerk ist
das **Beten** (5).   MARTIN LUTHER

Ja, da hilft nun kein **Beten** (6)
mehr.
WILLIAM SHAKESPEARE, »Heinrich
IV.«

Not lehrt **beten** (7).   Sprichwort

Verliere keine Zeit mit **Beten**
(8).
OVID; lat.: *ne tempora perde pre-
cando.*

Wer ist ein Mann? Der **beten**
(9) kann.   ERNST MORITZ ARNDT

Wir sind Menschen, Emilia.
Die Gabe zu **beten** (10) ist
nicht immer in unserer Macht.
Dem Himmel ist beten wollen
auch beten.
GOTTHOLD EPHRAIM LESSING,
»Emilia Galotti«

Wenn du aber **betest** (11), so
gehe in dein Kämmerlein.
          Bibel, Matthäus 6,6

Hast du zur Nacht **gebetet** (12), Desdemona?
WILLIAM SHAKESPEARE, »Othello«; engl.: *have you prayed tonight, Desdemona?*

Die Welt will **betrogen** (1) sein, also wird sie betrogen.
Sprichwörtl. Redensart nach SEBASTIAN BRANT, »Das Narrenschiff«; angeblich aus der Mönchssprache; lat.: *mundus vult decipi, ergo decipiatur.*

Oh, ich bin klug und weise, und mich **betrügt** (2) man nicht.
Aus der Oper »Zar und Zimmermann«, von ALBERT LORTZING

Betrogene **Betrüger**.
GOTTHOLD EPHRAIM LESSING, »Nathan der Weise«; daraus sprichwörtl. Redensart

So richtig nett ist's nur im **Bett**.
Schlager, gesungen von PETER ALEXANDER

Laß sie **betteln** gehen, wenn sie hungrig sind.
HEINRICH HEINE, »Die Grenadiere«

Wie man sich **bettet**, so liegt man.   Sprichwort

Arm am **Beutel**, krank am Herzen.
JOH. WOLFGANG V. GOETHE, »Der Schatzgräber«

Und sie **bewegt** sich doch!
GALILEO GALILEI zugeschriebener Spruch nach Abschwörung seiner Lehre, daß sich die Erde um die Sonne dreht; ital.: *eppur si muove!*

Was zu **beweisen** war.
Redensart nach EUKLID; in der Mathematik formelhaft als Schluß eines Beweises; lat.: *quod erat demonstrandum;* oft *q.e.d.* abgekürzt.

Bewundert viel und viel gescholten.
JOH. WOLFGANG V. GOETHE, »Faust«

Bewunderung, die Tochter der Unkenntnis.
BENJAMIN FRANKLIN

Zum **Bewußtsein** kommen heißt ein Gewissen bekommen, heißt wissen, was gut und böse ist.   THOMAS MANN

Wer soll das **bezahlen**, wer hat soviel Geld?
Karnevalslied von J. SCHMITZ und W. STEIN

Beziehungen sind eine Rutschbahn nach oben.   Sinnspruch

Öffentliche **Bibliotheken** sind geistige Tankstellen der Nation.   HELMUT SCHMIDT

Es wird bei uns Deutschen mit wenig so viel Zeit totgeschlagen wie mit **Biertrinken**.
OTTO V. BISMARCK im Reichstag, 1881

Bilde, Künstler, rede nicht!
JOH. WOLFGANG V. GOETHE, Motto zur Kunst

Gott schuf den Menschen nach seinem **Bilde**, zum Bilde Gottes schuf er ihn.
Bibel, 1. Moses 1,27

Oft trifft man wen, der **Bilder** (1) malt, viel seltner den, der sie bezahlt.   WILHELM BUSCH

In bunten **Bildern** (2) wenig Klarheit, viel Irrtum und ein Fünkchen Wahrheit.
JOH. WOLFGANG V. GOETHE, »Faust«

Dies **Bildnis** ist bezaubernd schön.
Aus der Oper »Die Zauberflöte«; von EMANUEL SCHIKANEDER; Musik von WOLFGANG AMADEUS MOZART

Bildung (1): etwas, das die meisten empfangen, viele weitergeben und wenige haben.
KARL KRAUS

Bildung (2) ist ein unentreißbarer Besitz.
MENANDER

Die beste **Bildung** (3) findet ein gescheiter Mann auf Reisen.
JOH. WOLFGANG V. GOETHE

Natürlicher Verstand kann fast jeden Grad von **Bildung** (4) ersetzen, aber keine Bildung den natürlichen Verstand.
ARTHUR SCHOPENHAUER

Kaum hat mal einer ein **bissel** was, gleich gibt es welche, die ärgert das.
WILHELM BUSCH

Bittet, so wird euch gegeben; suchet, so werdet ihr finden; klopfet an, so wird euch aufgetan.
Bibel, Matthäus 7,7; Lukas 11,9

Jeder **blamiert** sich so gut, wie er kann.
Redensart

Kein **Blatt** vor den Mund nehmen.
Sprichwörtl. Redensart; Sinn: ohne Rücksichten sprechen

Die **Blaue** (1) Blume der Romantik.
Literarischer Begriff nach NOVALIS, »Heinrich von Ofterdingen«

Das **Blaue** (2) vom Himmel herab lügen.
Sprichwörtl. Redensart; Sinn: sehr stark von der Wahrheit abweichen

Wer einmal aus dem **Blechnapf** frißt.
Gleichnamiger Roman von HANS FALLADA; gemeint: Leben im Gefängnis

Mehr als das Gold hat das **Blei** die Welt verändert. Und mehr als das Blei in der Flinte das im Setzkasten.
GEORG CHRISTOPH LICHTENBERG

Bleibe (1) im Lande und nähre dich redlich.
Bibel, Psalm 37,3; daraus Sprichwort

Gebiete mir, was menschlich ist! Ich **bleibe** (2)!
FRIEDRICH V. SCHILLER, »Wallensteins Tod«

Es kann ja nicht immer so **bleiben** (3) hier unter dem wechselnden Mond.
AUGUST V. KOTZEBUE, »Trost beim Scheiden«

Blendwerk der Hölle.
FRIEDRICH V. SCHILLER, »Die Braut von Messina«

Blick' ich umher in diesem edlen Kreise.
RICHARD WAGNER; aus der Oper »Tannhäuser«

Unter **Blinden** (1) ist der Einäugige König.
Sprichwort

Blinder (2) Eifer schadet nur.
Sprichwort aus den Fabeln des
AESOP, »Die Katze und der Haus-
herr«; nach MAGNUS LICHTWER

Das sieht ein **Blinder** (3) mit
dem Krückstock.
Sprichwörtl. Redensart; Sinn: etwas ist ganz klar

Mit **Blindheit** geschlagen.
Redensart; nach der Bibel, 1. Moses 19,11

Dem Himmel entriß er den
Blitz (1) und das Zepter den
Herrschern.
Spruch eines Astronomen im
12. Jh. v. Chr.; bekannt als Inschrift an der Büste BENJAMIN
FRANKLINS, des Erfinders des
Blitzableiters; lat.: *eripuit coelo
fulmen mox sceptra tyrannis* (meist
zitiert: *fulmen sceptrumque tyrannis*).

Wie ein **Blitz** (2) aus heiterem
Himmel.
Sprichwörtl. Redensart; Sinn: et-
was trifft einen unvermutet, so wie
man bei heiterem Himmel keinen
Blitz erwartet

Der geht ran wie **Blücher**.
Sprichwörtl. Redensart; erinnert
an den »Marschall Vorwärts«, den
preußischen Feldmarschall GEB-
HARD LEBERECHT V. BLÜCHER;
Sinn: ein Draufgänger sein

Durch die **Blume** (1) sprechen.
Sprichwörtl. Redensart; Sinn: etwas diplomatisch aussprechen,
nicht »unverblümt« reden

Laßt hundert **Blumen** (2) blü-
hen!   MAO TSE-TUNG, 1956

Blut (1) ist dicker als Wasser.
                                          Sprichwort

Blut (2) ist ein ganz besonderer
Saft.
JOH. WOLFGANG V. GOETHE,
»Faust«

Blut (3) und Wasser schwitzen.
Sprichwörtl. Redensart; nach der
Bibel, Lukas 22,44; Sinn: man hat
Angst oder strengt sich sehr an

Wir sind vom gleichen **Blute**
(4), du und ich.
RUDYARD KIPLING, »Das Dschun-
gelbuch«

Gewaltsam ist der Zwang des
Blutes (5).
FRIEDRICH V. SCHILLER, dt. Übersetzung der »Iphigenie in Aulis«
von Euripides, 1788

Den **Bock** zum Gärtner machen.
Sprichwörtl. Redensart; Sinn: einen Posten mit der falschen, unge-
eigneten Person besetzen, so wie
ein Bock als Gärtner eher alles
wegfressen als pflegen würde.

Jemanden ins **Bockshorn** ja-
gen.
Sprichwörtl. Redensart; Sinn: jmd.
einschüchtern, in die Enge treiben;
ein Bockshorn verjüngt sich an den
Enden spiralförmig, läßt im übertragenen Sinne also keinen Ausweg

Auf guten **Boden** fallen.
Redensart; nach der Bibel, Mat-
thäus 13,8: *Etliches fiel auf gutes
Land und trug Frucht.*

Allzu straff gespannt zer-
springt der **Bogen** (1).
Sprichwörtliche Redensart nach
FRIEDRICH V. SCHILLER, »Wilhelm
Tell«

Den **Bogen** (2) überspannen.
Sprichwörtl. Redensart; Sinn: etwas übertreiben

Mit dem Pfeil, dem **Bogen** (3).
Lied aus »Wilhelm Tell« von
FRIEDRICH V. SCHILLER

Das sind mir **böhmische** Dörfer.
Sprichwörtl. Redensart mit zwei
Erklärungen:
a) Im Dreißigjährigen Krieg wurden so viele böhmische Dörfer
dem Erdboden gleichgemacht, daß
nur ihre Namen überdauerten.
b) Die tschechische Aussprache
vieler Ortsnamen ist für deutsche
Zungen sehr schwer; Sinn: etwas
ist völlig unverständlich

Aber dennoch hat sich **Bolle**
ganz köstlich amüsiert.
Berliner Schlager; daraus Redensart für großartiges Vergnügen

Borgen macht Sorgen.
Sprichwort

Wir alle sind so **borniert**, daß
wir immer glauben, recht zu
haben.
JOH. WOLFGANG V. GOETHE, »Maximen und Reflexionen«

Das **Böse** (1) lernt sich leicht,
das Gute schwer.
Chinesisches Sprichwort

Ein Teil von jener Kraft, die
stets das **Böse** (2) will und stets
das Gute schafft.
JOH. WOLFGANG V. GOETHE,
»Faust«

Oh, hüte dich vor allem **Bösen**
(3); es macht Pläsier, wenn
man es ist, es macht Verdruß,
wenn man's gewesen.

WILHELM BUSCH, »Die fromme
Helene«

Böses (4) mit Gutem vergelten.
Redensart; nach der Bibel, Römer
12,21: *Überwinde das Böse mit Gutem.*

Ein **Bösewicht** gelangt zu kei-
ner Größe.
JOH. WOLFGANG V. GOETHE,
»Westöstlicher Diwan«

Tugend will ermuntert sein.
Bosheit kann man schon allein.
WILHELM BUSCH, »Plisch und
Plum«

Die **Botschaft** hör' ich wohl, al-
lein mir fehlt der Glaube.
JOH. WOLFGANG V. GOETHE,
»Faust«

Den **Braten** schon riechen.
Sprichwörtl. Redensart; Sinn: man
ahnt eine unangenehme Sache, ehe
sie eintrifft

Das ist des Landes nicht der
Brauch (1).
JOH. WOLFGANG V. GOETHE,
»Faust«

Der alte **Brauch** (2) wird nicht
gebrochen; hier können Fami-
lien Kaffee kochen.
Berliner Vers; nach alter Sitte
konnte man in Gartenlokalen
kochendes Wasser kaufen für den
mitgebrachten Kaffee

Es ist ein **Brauch** (3) von alters
her: wer Sorgen hat, hat auch
Likör.
WILHELM BUSCH, »Die fromme
Helene«

Du siehst ja aus wie **Braunbier**
mit Spucke!
Berliner Redensart über krankes
Aussehen

Lieblich in der **Bräute** Locken spielt der jungfräuliche Kranz.
FRIEDRICH V. SCHILLER, »Die Glocke«

Der **brave** (1) Mann denkt an sich selbst zuletzt.
FRIEDRICH V. SCHILLER, »Wilhelm Tell«; im Volksmund mit anderer Betonung gesprochen: ... denkt an sich, selbst zuletzt.

Hoch klingt das Lied vom **braven** (2) Mann.
GOTTFRIED A. BÜRGER

Wer niemals einen Rausch gehabt, das ist kein **braver** (3) Mann.
JOACHIM PERINET, »Das Sonntagskind«

Auch die **Bretter** (1), die mancher vor dem Kopf trägt, können die Welt bedeuten.
WERNER FINCK

Bretter (2), die die Welt bedeuten.
Redensart nach FRIEDRICH V. SCHILLER, »An die Freunde«; gemeint: das Theater

Siehst du die **Brigg** dort auf den Wellen? Sie steuert falsch, sie treibt herein.
LUDWIG GIESEBRECHT, »Der Lotse«

Wer vieles **bringt,** wird manchem etwas bringen.
JOH. WOLFGANG V. GOETHE, »Faust«

Brosamen, die von des Reichen Tisch fallen.
Redensart; nach der Bibel, Lukas 16,21

Brot (1) für die Welt.
Motto der jährlichen Weihnachtssammlung der evangelischen Kirche

Brot (2) und Spiele.
Altröm. Sitte, wonach für die Armen eigens Zirkusspiele veranstaltet wurden und kostenlos Lebensmittel verteilt wurden; zitiert nach JUVENAL, »Satiren«; lat.: *panem et circenses.*

Der Mensch lebt nicht vom **Brot** (3) allein.
Bibel, 5. Moses 8,3; zitiert bei Matthäus 4,4 und Lukas 4,4

Jesus spricht: Ich bin das **Brot** (4) des Lebens.
Bibel, Evangelium des Johannes 6,35

Unser täglich **Brot** (5) gib uns heute.
Bitte aus dem *Vaterunser;* heute: *tägliches ...*

Wer nie sein **Brot** (6) im Bette aß, weiß nicht, wie Krümel pieken.
Redensart

Wer nie sein **Brot** (7) mit Tränen aß.
JOH. WOLFGANG V. GOETHE, »Der Harfenspieler«

Den **Brotkorb** höher hängen.
Sprichwörtl. Redensart; Sinn: jmd. mit Essen kurz halten, ursprünglich aus Sparsamkeit

Der große **Bruder** (1) sieht dich.
Nach GEORGE ORWELL, »1984«; engl.: *big brother is watching you.*

Über alles Geistige und Intellektuelle, über Philosophie und Theologie erhaben ist die

Hilfsbereitschaft von Mensch zu Mensch, die Aufgabe, **Bruder** (2) zu sein.
ALBERT SCHWEITZER

Und willst du nicht mein **Bruder** (3) sein, so schlag' ich dir den Schädel ein.
Den Jakobinern zugeschriebene Losung in der Französischen Revolution, belegt aus dem Revolutionsjahr 1848

Brüder (1), reicht die Hand zum Bunde.
Freimaurerlied von 1790

Wir wollen sein ein einzig Volk von **Brüdern** (2), in keiner Not uns trennen und Gefahr.
FRIEDRICH V. SCHILLER, »Wilhelm Tell«, der Rütlischwur; meist zitiert als *einig Volk* . . .

Am **Brunnen** vor dem Tore.
WILHELM MÜLLER, »Der Lindenbaum«

In deiner **Brust** (1) sind deines Schicksals Sterne.
FRIEDRICH V. SCHILLER, »Die Piccolomini«

Unter Larven die einzig fühlende **Brust** (2).
FRIEDRICH V. SCHILLER, »Der Taucher«

Auch du, mein Sohn **Brutus** (1)?
Spruch CÄSARS in seiner Todesminute, da er unter den Mördern Brutus, seinen Freund, erkannte; von WILLIAM SHAKESPEARE zitiert in »Cäsar«

Denn **Brutus** (2) ist ein ehrenwerter Mann.
WILLIAM SHAKESPEARE, »Cäsar«; engl.: *but Brutus is an honourable man.*

Durch böser **Buben** Hand verderben.
FRIEDRICH V. SCHILLER, »Die Kraniche des Ibykus«

Als **Büblein** klein an der Mutter Brust.
Aus der Oper »Die lustigen Weiber von Windsor«; Musik von OTTO NICOLAI

Das ist ein **Buch** (1) mit sieben Siegeln!
Sprichwörtl. Redensart; nach der Bibel, Offenbarung des Johannes 5,1; Sinn: etwas Rätselhaftes

Ein **Buch** (2) ist ein Spiegel. Wenn ein Affe hineinguckt, so kann freilich kein Apostel heraussehen.
GEORG CHRISTOPH LICHTENBERG

Ein klassisches **Buch** (3) ist ein Buch, das die Menschen loben, aber nie lesen.
ERNEST HEMINGWAY

Die Erfindung des **Buchdrucks** ist das größte Ereignis in der Weltgeschichte. VICTOR HUGO

Bücher (1) haben ihre Schicksale.
Lat. Redensart: *habent sua fata libelli.*

Bücher (2) sind kein geringer Teil des Glücks. Die Literatur wird meine letzte Leidenschaft sein. FRIEDRICH DER GROSSE

Dort wo man **Bücher** (3) verbrennt, verbrennt man am Ende auch Menschen.
HEINRICH HEINE

Ein Raum ohne **Bücher** (4) ist ein Körper ohne Seele. CICERO

Bei den **Büchern** (5) ist es umgekehrt wie bei den Frauen: die guten empfiehlt man weiter. HERBERT A. FRENZEL

Der **Buchstabe** tötet, aber der Geist macht lebendig.
Bibel, 2. Korinther 3,6

Ich sei, gewährt mir die Bitte, in eurem **Bunde** der Dritte.
FRIEDRICH V. SCHILLER, »Die Bürgschaft«

Ein feste **Burg** ist unser Gott.
Gleichnamiges Lied von MARTIN LUTHER

Ruhe ist die erste **Bürgerpflicht**.
Aufruf an die Berliner nach der verlorenen Schlacht von Jena 1806

Bürokratie (1) ist ein Riesenapparat, der von Zwergen bedient wird. HONORÉ DE BALZAC

Die **Bürokratie** (2) ist es, an der wir überall kranken.
OTTO V. BISMARCK

Heiliger **Bürokrazius**!
Ausruf im Buch »Flachsmann als Erzieher« von OTTO ERNST

Kommt ein schlanker **Bursch** gegangen.
Aus der Oper »Der Freischütz«; Musik von CARL MARIA V. WEBER

O alte **Burschenherrlichkeit**, wohin bist du entschwunden.
Studentenlied von EUGEN HÖFLING

Nächtlich am **Busento** lispeln bei Cosenza dumpfe Lieder.
AUGUST V. PLATEN, »Grab am Busento«

Tut **Buße**, das Himmelreich ist nahe herbeigekommen.
Bibel, Matthäus 3,2; 4,17

Ein **Butler** ist eine Prozession, die aus einem einzigen Menschen besteht.
PELHAM GRENVILLE WODEHOUSE

Alles in **Butter** (1).
Sprichwörtl. Redensart; Sinn: eine Angelegenheit ist gut gelungen/ ausgegangen

Sich nicht die **Butter** (2) vom Brot nehmen lassen.
Sprichwörtl. Redensart; Sinn: sich durchsetzen

Minister fallen, wie **Butterbrote**, gewöhnlich auf die gute Seite. LUDWIG BÖRNE

Das ist ein Ritter vom Hohen C.

Sprichwörtl. Redensart für einen Tenor; nach der gleichnamigen Note

Cäsar (1) am Rubikon.

Sprichwörtl. Redensart; Sinn: jmd. steht vor einer wichtigen Entscheidung, wie damals Cäsar vor der Entscheidung, ob er den Fluß überschreiten sollte oder nicht; lat.: *Caesar ad Rubiconem.*

Cäsar (2) führst du und sein Glück.

JOH. GOTTFRIED KINKEL, »Cäsar«; nach PLUTARCH zitiert: *Du trägst den Cäsar und sein Glück;* lat.: *Caesarem vehis eiusque fortunam.*

Das war ein **Cäsar** (3)! Wann kommt seinesgleichen?

WILLIAM SHAKESPEARE, »Cäsar«; engl.: *here was a Cesar! When comes such another?*

Kränzte doch **Cäsar** (4) selbst nur aus Bedürfnis sein Haupt.

JOH. WOLFGANG V. GOETHE, »Hermann und Dorothea«

Wenn **Cäsar** (5) sagt: Tu das! so ist's vollbracht.

WILLIAM SHAKESPEARE, »Cäsar«

Den Gang nach **Canossa** (1) antreten.

Sprichwörtl. Redensart; nach dem Bittgang des deutschen Kaisers HEINRICH IV. zum Papst GREGOR VII. im Jahr 1077, der ihn nach Canossa zur Buße führte; Sinn: einen schweren Gang tun müssen

Nach **Canossa** (2) gehen wir nicht, weder körperlich noch geistig.

OTTO V. BISMARCK vor dem Reichstag, 1872

Jetzt endlich hör' ich meinen **Carlos** wieder, jetzt sind Sie wieder ganz Sie selbst.

FRIEDRICH V. SCHILLER, »Don Carlos«

Er gleicht einem **Cerberus**.

Sprichwörtl. Redensart; Sinn: jmd. ist ein griesgrämiger Wächter wie der Höllenhund der griech. Sage, der den Hades, die Unterwelt, bewacht

Treibt der **Champagner** das Blut erst im Kreise.

Aus der Oper »Don Giovanni«, Musik von WOLFGANG AMADEUS MOZART, »Champagnerarie«

Ich will **Champagnerwein** und recht moussierend soll er sein.

JOH. WOLFGANG V. GOETHE, »Faust«

Das **Chaos** ist eine fürchterliche Parodie auf die Gleichheit aller. Im Chaos hat man kein eigenes Antlitz.

GERTRUD V. LE FORT

Alles, was uns imponieren soll, muß **Charakter** (1) haben.

JOH. WOLFGANG V. GOETHE

Am besten erkennt man den **Charakter** (2) eines Menschen bei Geldangelegenheiten, beim Trinken und im Zorn. TALMUD

Charakter (3) – das ist eine Zeitfrage. BERTOLT BRECHT

Der **Charakter** (4) ist weiter
nichts als eine langwierige Gewohnheit.   PLUTARCH

Der Fuchs wechselt den Balg,
nicht den **Charakter** (5).
Nach SUETON, Kaiserbiographien,
»Vespasian«

Die Politik verdirbt den **Charakter** (6).
Sprichwort; bekannt seit 1882
durch das »Blatt für die Gebildeten aller Stände«

Kein Talent, doch ein **Charakter** (7)!
HEINRICH HEINE, »Atta Troll«

Seelenstärke ohne Seelen-
größe bildet die bösartigen
Charaktere (8).
KARL JULIUS WEBER, »Satirische
Schriften«

Das Unglück ist der Prüfstein
des **Charakters** (9).
SAMUEL SMILES, »Der Charakter«

Dein Schicksal ist der Nach-
klang und das Resultat deines
Charakters (10).
FRIEDRICH HEBBEL

Von der Parteien Gunst und
Haß verwirrt, schwankt sein
Charakterbild in der Ge-
schichte.
FRIEDRICH V. SCHILLER, »Wallen-
steins Lager«

Aus der Scylla in die **Charyb-
dis** (1) geraten.
Sprichwörtl. Redensart; nach HO-
MER, »Odyssee«, wonach in der
Meerenge von Sizilien die Seeun-

geheuer Scylla und Charybdis die
Seeleute in Not bringen; Sinn: aus
einer schlimmen Situation in eine
noch schlimmere geraten

In die Scylla stürzt, wer die
Charybdis (2) will meiden.
WALTHER V. CHATILLON; lat.: *inci-
dis in Scyllam cupiens evitare Cha-
rybdin.*

Chemie ist, wenn es knallt und
stinkt, Physik ist, wenn es nicht
gelingt.   Schülerspruch

Es klingt fast wie Satire, ist es
aber nicht, daß der **Chemiker**
bisher das Schwert in der
Scheide hält und durch seine
Erfindungen über Krieg und
Frieden entscheidet.
OTTO V. BISMARCK, 1894

O Mensch, das Geld ist nur
Chimäre!
CHRISTIAN MORGENSTERN, »Gal-
genlieder«

Ein **Christ** (1) soll wenig Wort
und viel Tat machen.
MARTIN LUTHER

Es ist ein seltsamer Vogel ein
Christ (2).   MARTIN LUTHER

Ein **Christenmensch** ist ein
freier Herr über alle Dinge
und niemand untertan. Ein
Christenmensch ist ein dienst-
barer Knecht aller Dinge und
jedermann untertan.
MARTIN LUTHER

Das **Christentum** (1) ist eine
Idee und als solche unzerstör-
bar und unsterblich wie jede
Idee.
HEINRICH HEINE, »Über Deutsch-
land«

Du hast kein **Christentum** (2)!
JOH. WOLFGANG V. GOETHE,
»Faust«

Praktisches **Christentum** (3).
Von OTTO V. BISMARCK vor dem
Reichstag 1881 geprägtes Schlag-
wort

Diese zwei Stücke, der Glaube
und die Liebe, der Glaube zu
Gott und die Liebe zu seinem
Nächsten, sind ein recht **christ-
liches** Wesen.
JOHANNES BUGENHAGEN

Ist die **Christnacht** hell und
klar, folgt ein höchst gesegnet
Jahr. Bauernregel

Christus (1) hätte vergebens
gelebt und wäre vergebens gestorben, wenn er uns nicht gelehrt hätte, unser ganzes Leben nach dem ewigen Gesetz
der Liebe einzurichten.
MAHATMA GANDHI

Den **Christus** (2) in der Hand,
die Hoffart und die Weltlust in
den Herzen.
FRIEDRICH V. SCHILLER, »Maria
Stuart«

Jesus **Christus** (3) gestern und
heute und derselbe auch in
Ewigkeit. Bibel, Hebräer 13,8

Wird **Christus** (4) tausendmal
in Bethlehem geboren und
nicht in Dir, du bleibst verloren.
ANGELUS SILESIUS, »Der Cherubinische Wandersmann«

Wie schnell, o **Chronos**, rollet
dein Wagen.
CHRISTIAN FRIEDRICH DANIEL
SCHUBART, »An Chronos«; griech.
Chronos: Gott der Zeit

St. **Clemens** den Winter bringt.
Bauernregel für den 23. November

Ansichten eines **Clowns**.
Roman von HEINRICH BÖLL

Computer sind die logische
Weiterentwicklung des Men-
schen: Intelligenz ohne Moral.
JOHN OSBORNE

Concordia (1) domi, foris pax.
Inschrift am Lübecker Holstentor;
deutsch: *Eintracht zu Hause –
draußen Friede.*

Concordia (2) soll ihr Name
sein.
FRIEDRICH V. SCHILLER,
»Die Glocke«

Courage (1) ist gut, aber Ausdauer ist besser.
THEODOR FONTANE, »Der Stechlin«

Mutter **Courage** (2).
Sprichwörtl. Redensart; nach dem
gleichnamigen Drama von BER-
TOLT BRECHT

Ich lieb' und fürcht' ihn nicht,
das ist mein **Credo**.
WILLIAM SHAKESPEARE, »Heinrich
VIII.«

Zur **Crème** der Gesellschaft
gehören.
Sprichwörtl. Redensart; Sinn: zu
den oberen Zehntausend gehören;
franz.: *crème de la crème*

Dahin, dahin möcht' ich mit dir, o mein Geliebter, ziehn!
JOH. WOLFGANG V. GOETHE, »Wilhelm Meisters Lehrjahre«, Lied der Mignon

Ach, daß es doch wie **damals** wär'! Doch kommt die schöne Zeit nicht wieder her!
AUGUST KOPISCH, »Die Heinzelmännchen von Köln«

Die **Dame** (1), die ich liebe, nenn' ich nicht, doch hab' ich ihre Farben mir erkoren.
FEODOR LÖWE, »Fahnenwacht«

Die **Damen** (2) geben sich und ihren Putz zum besten und spielen ohne Gage mit.
JOH. WOLFGANG V. GOETHE, »Faust«

Mit zween Herren ist schlecht zu kramen, noch schlechter, fürcht' ich, mit zwo **Damen** (3).
WILHELM BUSCH

Und rings auf hohem Balkone die **Damen** (4) in schönem Kranz.
FRIEDRICH V. SCHILLER, »Der Handschuh«

Was es auch sei, ich fürchte die **Danaer**, auch wenn sie Geschenke bringen.
VERGIL, »Aeneis«; lat.: *quidquid id est timeo Danaos et dona ferentes.*

Ein **Danaergeschenk** machen.
Sprichwörtl. Redensart nach VERGIL, »Aeneis«; der Sage nach brachte das von den Griechen (Danaern) den Trojanern geschenkte

»Trojanische Pferd« durch die in seinem Bauch verborgenen griech. Krieger der Stadt Troja den Untergang; Sinn: eine Gabe mit Pferdefuß

Etwas ist faul im Staate **Dänemark**.
WILLIAM SHAKESPEARE, »Hamlet«; engl.: *something is rotten in the state of Denmark.*

Das ist der **Dank** (1) des Hauses Habsburg!
Sprichwörtliche Redensart; nach FRIEDRICH V. SCHILLER, »Wallensteins Tod«; Sinn: Undank

Ich hab' auf **Dank** (2) ja nie gerechnet.
FRIEDRICH V. SCHILLER, »Wallensteins Tod«

Danket (1) dem Herrn, denn er ist freundlich, und seine Güte währet ewiglich.
Bibel, 1. Chronik 16,34

Nun **danket** (2) alle Gott.
Kirchenlied von MARTIN RINCKART

Kampf ums **Dasein**.
Schlagwort nach CHARLES DARWIN, »Origin of Species«

Wenn zwei **dasselbe** tun, so ist es nicht dasselbe.
Sprichwort; nach TERENZ, »Zwei Brüder«

Ein **Dementi** (1) ist die verneinende Bestätigung einer Nachricht, die bisher ein Gerücht war.
ROBERT PEYREFITTE

Ein **Dementi** (2) ist der verzweifelte Versuch, die Zahnpasta wieder in die Tube hineinzubekommen. LORE LORENTZ

Demokratie (1) beruht auf drei Prinzipien: auf der Freiheit des Gewissens, auf der Freiheit der Rede und auf der Klugheit, keine der beiden in Anspruch zu nehmen. MARK TWAIN

Demokratie (2) heißt: die Spielregeln einhalten, auch wenn kein Schiedsrichter zusieht. MANFRED HAUSMANN

Demokratie (3) ist die Notwendigkeit, sich gelegentlich den Ansichten anderer Leute zu beugen. WINSTON CHURCHILL

Demokratie (4) ist die Regierung des Volkes durch das Volk für das Volk.
ABRAHAM LINCOLN; engl.: *government of the people by the people for the people.*

Mir gefällt der Lärm der **Demokratie** (5). JAMES BUCHANAN

Demut ist die Fähigkeit, auch zu den kleinsten Dingen des Lebens emporzusehen.
ALBERT SCHWEITZER

Die Milch der frommen **Denkart.**
Sprichwörtlich nach FRIEDRICH V. SCHILLER, »Wilhelm Tell«

Ich **denke** (1), also bin ich.
Philosophischer Grundsatz von RENÉ DESCARTES; lat.: *cogito, ergo sum.*

Ich sage wenig, **denke** (2) desto mehr.
WILLIAM SHAKESPEARE, »Heinrich IV.«

Man kann den Menschen nicht verwehren zu **denken** (3), was sie wollen.
FRIEDRICH V. SCHILLER, »Maria Stuart«

Er **denkt** (4) zuviel: solche Leute sind gefährlich.
WILLIAM SHAKESPEARE, »Caesar«

Ich weiß nicht, was er **denkt** (5), aber ich denke wie er.
HELMUT KOHL über François Mitterrand

Das **Denken** (1) soll man den Pferden überlassen, die haben die größeren Köpfe. Sprichwort

Denken (2) ist die schwerste Arbeit, die es gibt, deshalb beschäftigen sich auch nur wenige damit. HENRY FORD

Denken (3) ist eine Anstrengung, Glauben ein Komfort.
LUDWIG MARCUSE

Frei will ich sein im **Denken** (4) und im Dichten; im Handeln schränkt die Welt genug uns ein.
JOH. WOLFGANG V. GOETHE, »Torquato Tasso«

Verzicht auf **Denken** (5) ist geistige Bankrotterklärung.
ALBERT SCHWEITZER

Ein **Denkmal** habe ich mir gesetzt, dauerhafter als Erz.
HORAZ, »Oden«; gemeint: seine literarischen Werke; lat.: *exegi monumentum aere perennius.*

Jemandem einen **Denkzettel** erteilen.
Sprichwörtl. Redensart; nach der Bibel, Maleachi 3,16; Sinn: jmd. bestrafen

Mit einem **deutsch** (1) reden.
Redensart; Sinn: mit jmd. so reden, daß er es versteht; volkstümlich reden, nach dem gotischen Wort *thiuda* [Volk]

Das **deutsche** (2) Schicksal: vor einem Schalter zu stehen. Das deutsche Ideal: hinter einem Schalter zu sitzen.
KURT TUCHOLSKY

Die **Deutsche** (3) Frage ist offen, solange das Brandenburger Tor geschlossen ist.
Bundespräsident RICHARD V. WEIZSÄCKER, 1985

Es mag am **deutschen** (4) Wesen einmal noch die Welt genesen.
EMANUEL GEIBEL, »Heroldsrufe«

Das ganze **Deutschland** (1) soll es sein. ERNST MORITZ ARNDT

Denk' ich an **Deutschland** (2) in der Nacht, dann bin ich um den Schlaf gebracht.
HEINRICH HEINE, »Nachtgedanken«

Deutschland (3), Deutschland über alles, über alles in der Welt.
AUGUST HOFFMANN V. FALLERSLEBEN, »Das Lied der Deutschen«; 1. Strophe der deutschen Nationalhymne mit der Musik von JOSEPH HAYDN; Sinn: Deutschland über alles zu lieben

Deutschland (4) ist keine Frage politischer Aktualitäten, sondern ein Begriff des Rechts und eine Antwort des nationalen Bewußtseins. Es lebt von der Überzeugung des Volkes, zusammenzugehören.
AXEL SPRINGER, 1972

Ich liebe **Deutschland** (5) so sehr, daß ich froh bin, daß es zwei davon gibt.
FRANÇOIS MAURIAC

Ist der **Dezember** (1) wild mit viel Regen, dann hat das nächste Jahr wenig Segen.
Bauernregel

Kalter **Dezember** (2) und fruchtbar Jahr sind vereinigt immerdar. Bauernregel

Dezember (3) lind, der Winter ein Kind. Bauernregel

Das Volk der **Dichter** und Denker.
Schlagwort für die Deutschen; nach EDWARD-GEORGE BULWER-LYTTON, »Ernest Maltravers«; auch bei JEAN PAUL

Wisse, daß mir sehr mißfällt, wenn so viele singen und reden. Was treibt die **Dichtkunst** aus der Welt? Die Poeten!
JOH. WOLFGANG V. GOETHE

Und wer der **Dichtung** Stimme nicht vernimmt, ist ein Barbar, er sei auch, wer er sei.
JOH. WOLFGANG V. GOETHE, »Torquato Tasso«

Dick sein ist keine physiologische Eigenschaft – das ist eine Weltanschauung.
KURT TUCHOLSKY

Wie ein **Dieb** (1) in der Nacht.
Sprichwörtl. Redensart; nach der Bibel, 1. Thessalonicher 5,2: *Der Tag des Herrn wird kommen wie* . . .

Die kleinen **Diebe** (2) hängt man, die großen läßt man laufen.
Sprichwort

Dienstbare Geister.
Redensart für Dienstboten; nach der Bibel, Hebräer 1,14

Die **Diktatur** (1) des Proletariats.
Schlagwort nach KARL MARX

Diktatur (2) ist ein Staat, in dem sich alle vor einem fürchten und einer vor allen.
ALBERTO MORAVIA

Viele Menschen fliehen in die **Diktatur** (3), weil es guter Nerven bedarf, die Demokratie zu ertragen.
HANS HABE

Diktaturen (4) sind Einbahnstraßen, in Demokratien herrscht Gegenverkehr.
ALBERTO MORAVIA

Gut' **Ding** (1) will Weile haben.
Sprichwort

An kleinen **Dingen** (2) muß man sich nicht stoßen, wenn man zu großen auf dem Wege ist.
FRIEDRICH HEBBEL

Regnet's an St. **Dionys** (1), wird der Winter naß gewiß.
Bauernregel für den 9. Oktober

Zu **Dionys** (2), dem Tyrannen, schlich Damon, den Dolch im Gewande.
FRIEDRICH V. SCHILLER, »Die Bürgschaft«

Ein **Diplomat** (1) ist ein Mann, der die Paukenschläge der Politiker in Harfenklänge verwandeln soll.
EUGENE O'NEILL

Ein **Diplomat** (2) ist ein Mann, der offen ausspricht, was er nicht denkt.
GIOVANNINO GUARESCHI

Frauen sind doch bessere **Diplomaten** (3). Filmtitel von 1941

Diplomatie meint die Fähigkeit, auf so taktvolle Weise nein zu sagen, daß alle Welt glaubt, man hätte ja gesagt.
ANTHONY EDEN

Nichts, ihr Herren, gegen die **Disziplin**.
FRIEDRICH V. SCHILLER, »Wallensteins Lager«

Was wolltest du mit dem **Dolche,** sprich?
FRIEDRICH V. SCHILLER, »Die Bürgschaft«; in Schülerkreisen fortgesetzt mit: . . . *Kartoffeln schälen, siehst du das nicht?*

Doppelt (1) hält besser.
Sprichwort; auch: *doppelt genäht...*

Doppelt (2) gibt, wer gleich gibt.
Lat. Sprichwort; nach PUBLIUS SYRUS, »Sentenzen«; lat.: *bis dat, qui cito dat.*

St. **Dorothee** bringt den meisten Schnee.
Bauernregel für den 6. Februar

Der Kampf mit dem Drachen.
Ballade von FRIEDRICH V. SCHIL-
LER

Ein guter Mensch in seinem
Drange ist sich des rechten
Weges wohl bewußt.
JOH. WOLFGANG V. GOETHE,
»Faust«

Ist **Dreikönig** (1) hell und klar,
gibt's viel Wein in diesem Jahr.
　　　　Bauernregel für den 6. Januar

Ist bis **Dreikönig** (2) kein Winter, folgt keiner mehr dahinter.
　　　　Bauernregel für den 6. Januar

Aller guten Dinge sind **drei**
(1).
Sprichwort; die Drei gilt als Kult-
zahl; mit Ding ist hier *Thing* [Ge-
richt] gemeint, d. h., man lud einen
Angeklagten dreimal vor Gericht,
erschien er dann nicht, wurde er in
Abwesenheit verurteilt

Nicht bis **drei** (2) zählen können.
Sprichwörtl. Redensart; Sinn: besonders dumm sein

Trau keinem über **dreißig.**
Slogan der Studentenbewegung
Ende der sechziger Jahre

Du, du liegst mir am Herzen,
du, du liegst mir im Sinn.
　　　　　　　　Volkslied

Dulde (1), gedulde dich fein,
über ein Stündlein ist deine
Kammer voll Sonne.
　　　　PAUL HEYSE, Jugendgedichte

Dulde (2) nur still, mein Herz,
schon Schnöderes hast du er-
duldet.

HOMER, »Odyssee«; Beiname des
Odysseus: der stille Dulder.

Doch große Seelen **dulden** (3)
still.
FRIEDRICH V. SCHILLER, »Don
Carlos«

Man kann so **dumm** sein, wie
man will; man muß sich nur zu
helfen wissen.
　　　　　　Scherzhaftes Sprichwort

Alles geht vorüber – sagt mancher – aber er hat dabei nicht
an die **Dummheit** (1) gedacht.
　　　　　　　SIEGFRIED LOWITZ

Alberne Leute sagen **Dummheiten** (2), Gescheite machen
sie.
　　　MARIE V. EBNER-ESCHENBACH

Die das **Dunkel** (1) nicht füh-
len, werden sich nie nach dem
Licht umsehen.
　　　　HENRY THOMAS BUCKLE

Wahrlich, keiner ist weise, der
nicht das **Dunkel** (2) kennt.
　　　HERMANN HESSE, »Diesseits«

Denn die einen stehn im **Dunkeln** (3), und die andern stehn
im Licht; doch man sieht nur
die im Lichte, die im Dunkeln
sieht man nicht.
Aus der »Dreigroschenoper« von
BERTOLT BRECHT; Musik von
KURT WEILL

Im **Dunkeln** (4) ist gut mun-
keln.
Sprichwörtl. Redensart nach JOH.
MICHAEL MOSCHEROSCH; Sinn: etwas heimlich betreiben; oft bezogen auf Liebespaare

Im **dunkeln** (1) tappen.
Sprichwörtl. Redensart; nach der Bibel, 5. Moses 28,29; Sinn: sich in etwas nicht auskennen

Dunkel (2) war der Rede Sinn.
Sprichwörtl. Redensart; nach FRIEDRICH V. SCHILLER, »Der Eisenhammer«

Nichts ist so **dunkel** (3); einst wird es offenbar.
GERHART HAUPTMANN, »Der arme Heinrich«

Mein Vater war ein **dunkler** (4) Ehrenmann.
JOH. WOLFGANG V. GOETHE, »Faust«

Jemandem blauen **Dunst** vormachen.
Sprichwörtl. Redensart; Sinn: jmd. täuschen, wie die Zauberer, die früher ihre Kunststücke von blauem Rauch begleiten ließen

Das **Echte** (1) bleibt der Nachwelt unverloren.
JOH. WOLFGANG V. GOETHE, »Faust«

Sehr viele widersetzen sich dem **Echten** (2) nur deshalb, weil sie zugrundegehen würden, wenn sie es anerkennten.
JOH. WOLFGANG V. GOETHE, Briefwechsel mit Friedrich v. Schiller

Echtes (3) ehren, Schlechtem wehren, Schweres üben, Schönes lieben.
PAUL HEYSE, »Spruchbüchlein«

Edel sei der Mensch, hilfreich und gut.
Sprichwort; nach JOH. WOLFGANG V. GOETHE, »Das Göttliche«

Eener alleene, det is nich scheene, aber eener und eene und denn alleene, det is scheene.   Berliner Sprichwort

Egoismus ist Einsamkeit.
FRIEDRICH V. SCHILLER

Ein **Egoist** (1) ist ein unfeiner Mensch, der für sich mehr Interesse hat als für mich.
AMBROSE BIERCE

Egoisten (2) sind wir alle, der eine mehr, der andere weniger.   AUGUST V. KOTZEBUE

Die **Ehe** (1) ist kein Fertighaus, sondern ein Gebäude, an dem ständig konstruiert und repariert werden muß.
JEAN GABIN

Die **Ehe** (2) ist und bleibt die wichtigste Entdeckungsreise, die der Mensch unternehmen kann.   SÖREN KIERKEGAARD

Ehe (3) bedeutet gegenseitige Freiheitsberaubung in beiderseitigem Einvernehmen.
OSCAR WILDE

Ehe (4) ist nie ein Letztes, sondern Gelegenheit zum Reifwerden.
JOH. WOLFGANG V. GOETHE

Ehe (5) ist, wenn man trotzdem liebt.
SIGISMUND V. RADECKI

Ehe (6) und Militärdienst sind die zwei staatlich sanktionierten Formen von Freiheitsentzug ohne Gerichtsurteil.
JEAN GENET

Eine gute **Ehe** (7) beruht auf dem Talent zur Freundschaft.
FRIEDRICH NIETZSCHE

Es ist das Geheimnis einer guten **Ehe** (8), einer Serienaufführung immer wieder Premierenstimmung zu geben.
MAX OPHÜLS

Gehst du in den Krieg, so bete einmal; gehst du zur See, zweimal; gehst du aber in die **Ehe** (9), dreimal.
Russisches Sprichwort

Manche **Ehen** (10) sind ein Zustand, in dem zwei Leute es weder mit noch ohne einander aushalten können.
MARIE V. EBNER-ESCHENBACH

Du sollst nicht **ehebrechen.**
Bibel, 2. Moses 20,1 4; 6. Gebot

Wer eine **Ehefrau** findet, der hat etwas Gutes gefunden.
Bibel, Sprüche Salomos 18,22

Wer so, wie ich, das **Ehejoch** geschleppt durchs ganze Leben, dem muß der Himmel jede andere Schuld, er mag nun wollen oder nicht, vergeben.
A. LUTZE, »Hohenzollernanekdotenbilder«, gemeint ist Friedrich Wilhelm I.

Der ideale **Ehemann** ist ein Butler mit dem Gehalt eines Generaldirektors.
WILLIAM SOMERSET MAUGHAM

Die **Ehre** (1) ist ein Rechenspiel; bald gilt man nichts, bald gilt man viel.
ABRAHAM A SANTA CLARA

Ehre (2) im Leib haben.
Sprichwörtl. Redensart; nach FRIEDRICH V. SCHILLER, »Fiesko«

Ehre (3) ist nichts als ein gemalter Schild beim Leichenzuge. WILLIAM SHAKESPEARE

Ehre (4) sei Gott in der Höhe und Frieden auf Erden und den Menschen ein Wohlgefallen.
Bibel, Lukas 2,14; Weihnachtsgeschichte

Ehre (5), wem Ehre gebührt.
Redensart; nach der Bibel, Römer 13,7

Es kann die **Ehre** (6) dieser Welt dir keine Ehre geben.

Was dich in Wahrheit hebt und hält, muß in dir selber leben.
THEODOR FONTANE, Gedichte

Was bringt zu **Ehren** (7)? Sich wehren.
JOH. WOLFGANG V. GOETHE, »Westöstlicher Diwan«

Was ist **Ehre** (8)? Was mich aufrecht hält.
JOH. WOLFGANG V. GOETHE

Wir haben heute **Ehrfurcht** vor den Bewohnern eines Wassertropfens, aber vor dem Menschen haben wir immer noch keine Ehrfurcht.
CHRISTIAN MORGENSTERN

Die's **ehrlich** (1) meinen, die grüß' ich all' aus Herzensgrund.
JOSEPH V. EICHENDORFF, »Ahnung und Gegenwart«

Ehrlich (2) macht reich – aber langsam geht's her.   Sprichwort

Ehrlich (3) sein ist doch das Beste. War es nur kümmerlich, so steht es doch feste.
JOH. WOLFGANG V. GOETHE, »Westöstlicher Diwan«

Ehrlich (4) währt am längsten.
Sprichwort; Sinnänderung gibt die Betonung auf: »am längsten«; als Bauernweisheit fortgesetzt: ... *gestohlen ist bald was.*

Ganz **ehrlich** (5) meint jeder es am Ende doch nur mit sich selbst und höchstens noch mit seinem Kinde.
ARTHUR SCHOPENHAUER, »Parerga und Paralipomena«

Ja, Herr, **ehrlich** (6) sein heißt,

wie es in dieser Zeit geht, ein Auserwählter unter Zehntausenden zu sein.
WILLIAM SHAKESPEARE, »Hamlet«

Oh, man ist verzweifelt wenig, wenn man weiter nichts ist als **ehrlich (7)**.
GOTTHOLD EPHRAIM LESSING, »Minna von Barnhelm«

Ein **ehrlicher (8)** Mann mag stecken, in welchem Kleide er will, man muß ihn lieben.
GOTTHOLD EPHRAIM LESSING, »Minna von Barnhelm«

Das **Ei (1)** des Kolumbus finden.
Sprichwörtl. Redensart; Sinn: für ein Problem eine einfache Lösung finden, so wie Kolumbus ein Ei auf die Spitze gestellt haben soll, indem er die Schale eindrückte

Das **Ei (2)** will oft klüger sein als die Henne.   Sprichwort

Jedes legt noch schnell ein **Ei (3)**, und dann kommt der Tod herbei.
WILHELM BUSCH, »Max und Moritz«

Sich um ungelegte **Eier (4)** kümmern.
Sprichwörtl. Redensart; Sinn: sich um etwas kümmern, das einen nichts angeht

Friede, Freude, **Eierkuchen (1)**.
Sprichwörtl. Redensart für einen idyllischen Zustand, oft mit ironischem Unterton

So viel Lärm um einen **Eierkuchen (2)**.
DESBARREAUX, als er an einem Fa-

stentag mit dem Wunsch nach Eierkuchen mit Speck einigen Wirbel auslöste; franz.: *tant de bruit pour une omelette (au lard)*.

Man sieht noch am zerhauenen Stumpf, wie mächtig war die **Eiche**.
LUDWIG UHLAND, »Roland Schildträger«

Viel **Eicheln** – viel Schnee.
Bauernregel

Die begründete wie die unbegründete **Eifersucht (1)** vernichten diejenige Würde, deren die gute Liebe bedarf.
GOTTFRIED KELLER

Eifersucht (2) ist Angst vor dem Vergleich.   MAX FRISCH

Eifersucht (3) ist eine Leidenschaft, die mit Eifer sucht, was Leiden schafft.
FRIEDRICH SCHLEIERMACHER

Eifersüchtig sind des Schicksals Mächte.
FRIEDRICH V. SCHILLER, »Wallensteins Tod«

Eigenlob stinkt, Freundeslob hinkt, Feindeslob klingt.
Sprichwort, das meist nur im 1. Teil zitiert wird

Die Willenskraft der Schwachen heißt **Eigensinn**.
MARIE V. EBNER-ESCHENBACH

Eigentum (1) ist Diebstahl.
PIERRE JOSEPH PROUDHON

Sei gewiß, daß nichts dein **Eigentum (2)** ist, was du nicht inwendig in dir hast.
MATTHIAS CLAUDIUS, »Sprüche des Pythagoreers«

Unser **Eigentum** (3) ist nur das, was uns keiner nachmachen kann. Dazu gehört auch unser Sein.
RAHEL VARNHAGEN V. ENSE

Eile mit Weile!
Lat. Sprichwort; nach SUETON, Kaiserbiographien, »Augustus«; lat.: *festina lente!*

Einbildung (1) ist auch eine Bildung. Sprichwort

Im Schwachen wirkt die **Einbildung** (2) am stärksten.
WILLIAM SHAKESPEARE, »Hamlet«

Ein redlich Wort mach **Eindruck**, schlicht gesagt.
WILLIAM SHAKESPEARE, »Richard III.«

Das **eine** (1) tun und das andere nicht lassen.
Sprichwörtl. Redensart; nach der Bibel, Matthäus 23,23

Eines (2) schickt sich nicht für alle.
JOH. WOLFGANG V. GOETHE, »Beherzigung«

Einfachheit ist das Resultat der Reife. FRIEDRICH V. SCHILLER

Wie oft verwechselt man **Einfälle** mit Ideen!
FRIEDRICH HEBBEL, »Tagebücher«

Daß doch die **Einfalt** (1) immer recht behält.
GOTTHOLD EPHRAIM LESSING, »Nathan der Weise«

Edle **Einfalt** (2), stille Größe.
Bezeichnung für die griech. Antike; nach JOHANN WINCKELMANN

Oh heilige **Einfalt** (3)!
Zitiert für JAN HUS, aber schon bekannt aus der Kirchengeschichte des EUSEBIUS; lat.: *o sancta simplicitas!*

Seid **einig**, einig, einig!
FRIEDRICH V. SCHILLER, »Wilhelm Tell«

Einigkeit und Recht und Freiheit für das deutsche Vaterland!
AUGUST HOFFMANN V. FALLERSLEBEN, »Das Lied der Deutschen«; 3. Strophe der deutschen Nationalhymne, heute als Hymne der Bundesrepublik gesungen; nach der Melodie von JOSEPH HAYDN

Die **Einkommenssteuer** hat mehr Menschen zu Lügnern gemacht als der Teufel.
WILLIAM ROGERS

Nichts nehmen die Menschen so übel, als wenn sie keine **Einladungen** bekommen.
OSCAR WILDE

Das gibt's nur **einmal** (1), das kommt nicht wieder, das ist zu schön, um wahr zu sein.
Lied aus dem Film »Der Kongreß tanzt«

Einmal (2) ist keinmal.
Sprichwort

Wer **einsam** ist, der hat es gut, weil keiner da, der ihm was tut.
WILHELM BUSCH, »Der Einsame«

Einsamkeit (1) ist das Los aller hervorragenden Geister.
ARTHUR SCHOPENHAUER, »Aphorismen zur Lebensweisheit«

Einsamkeit (2) ist der Weg, auf dem das Schicksal den Menschen zu sich selber führen will.   HERMANN HESSE

Einsicht ist der erste Schritt zur Besserung.
Sprichwort; auch zitiert: *Selbsterkenntnis ist . . .*

Durch **Eintracht** (1) wachsen kleine Dinge, durch Zwietracht zerfallen die größten.
SALLUST, »Jugurtha«; lat.: *concordia parvae res crescunt, discordia maximae dilabuntur.*

Eintracht (2) baut das Haus, Zwietracht reißt es nieder.
                                Sprichwort

Meine Damen und Herren, ich stelle fest, daß ich, ganz offenbar, **einzig** bin.
KONRAD ADENAUER bei der Bundestagseröffnung 1965 wegen seines hohen Alters

Vom **Eise** befreit sind Ströme und Bäche durch des Frühlings holden, belebenden Blick.
JOH. WOLFGANG V. GOETHE, »Faust«, der Osterspaziergang

Der Gott, der **Eisen** (1) wachsen ließ, der wollte keine Knechte.
ERNST MORITZ ARNDT, »Vaterlandslied«

Man soll das **Eisen** (2) schmieden, solange es heiß ist.
Sprichwörtl. Redensart; Sinn: Gelegenheit ausnutzen

Zwei **Eisen** (3) im Feuer haben.
Sprichwörtl. Redensart; Sinn: auf einen zweiten Plan ausweichen können

Es ist höchste **Eisenbahn** (1).
Sprichwörtl. Redensart; nach ADOLF GLASSBRENNER »Ein Heiratsantrag in der Niederwallstraße«, wo der zerstreute Held die Worte »Zeit« und »Eisenbahn« vertauscht

Auf der schwäb'sche **Eisenbahne** (2).   Volkslied

Siehe, kein Wesen ist so **eitel** und unbeständig wie der Mensch.   HOMER, »Odyssee«

Bescheidenheit ist die letzte Raffinesse der **Eitelkeit** (1).
                      JEAN DE LA BRUYÈRE

Jahrmarkt der **Eitelkeit** (2).
Sprichwörtlich nach dem gleichnamigen Werk von WILLIAM M. THACKERAY

Wie verfährt die Natur, um Hohes und Niederes im Menschen zu verbinden? Sie stellt **Eitelkeit** (3) zwischen hinein.
              FRIEDRICH V. SCHILLER

Wie ein **Elefant** im Porzellanladen.
Sprichwörtl. Redensart für jmd., der tolpatschig oder taktlos auftritt

In seinem **Element** (1) sein.
Sprichwörtl. Redensart; Sinn: sich mit einer Sache identifizieren können

Denn die **Elemente** (2) hassen das Gebild von Menschenhand.
FRIEDRICH V. SCHILLER, »Die Glocke«

Die vier **Elemente** (3).
Nach der Philosophie des Griechen EMPEDOKLES Feuer, Wasser, Luft und Erde

Körper, Seele und Geist sind die **Elemente** (4) der Welt.
NOVALIS

Vier **Elemente** (5), innig gesellt, bilden das Leben, bauen die Welt.
FRIEDRICH V. SCHILLER, »Punschlied«

In der kleinen Brust eines Menschen kann sich viel **Elend** verstecken.　　HEINRICH HEINE

Fällt zu **Eligius** ein kalter Wintertag, die Kälte wohl vier Monate dauern mag.
Bauernregel für den 1. Dezember

St. **Elisabeth** sagt an, was der Winter für ein Mann.
Bauernregel für den 19. November

Wie die **Eltern** sind, wie sie durch ihr bloßes Dasein auf uns wirken, das entscheidet.
THEODOR FONTANE

Emanzipation ist der Übergang eines Sklaven aus der Unterdrückung durch einen anderen zur Unterdrückung durch sich selbst.　　AMBROSE BIERCE

So geht es den **Empfindsamen**! Die Liebe spielt ihnen immer die schlimmsten Streiche.
GOTTHOLD EPHRAIM LESSING, »Emilia Galotti«

Ende (1) gut – alles gut.
Sprichwort

Lieber ein **Ende** (2) mit Schrecken als ein Schrecken ohne Ende.
Sprichwörtl. Redensart; nach der Bibel, Psalm 73,19: *ein Ende mit Schrecken nehmen.*

Noch keinen sah ich fröhlich **enden**.
FRIEDRICH V. SCHILLER, »Der Ring des Polykrates«

Meiner Meinung nach ist **Energie** die erste und einzige Tugend des Menschen.
WILHELM V. HUMBOLDT, »Sittenverbesserung«

Wer die **Enge** seiner Heimat ermessen will, reise. Wer die Enge seiner Zeit ermessen will, studiere Geschichte.
KURT TUCHOLSKY

Dem Menschen ist ein Mensch noch immer lieber als ein **Engel** (1).
GOTTHOLD EPHRAIM LESSING, »Nathan der Weise«

Du ahnungsvoller **Engel** (2)!
JOH. WOLFGANG V. GOETHE, »Faust«

Ein gefallener **Engel** (3).
Sprichwörtl. Redensart; nach der Bibel, Offenbarung des Johannes 12,9

Wenn wir alle **Engel** (4) wären.
Titel eines Romans von HEINRICH SPOERL

Mit Menschen- und **Engelszungen** reden.
Sprichwörtl. Redensart; nach der Bibel, 1. Korinther 13,1: *Wenn ich mit Menschen- und Engelszungen redete und hätte der Liebe nicht, so wäre ich ein tönend Erz oder eine klingende Schelle.*

Jeder **Engländer** ist eine Insel.
NOVALIS

Enthaltsamkeit ist das Vergnügen an Dingen, welche wir nicht kriegen.
WILHELM BUSCH, »Haarbeutel«

Entrüstung (1) ist Bekenntnis der Hilflosigkeit.
WALTHER RATHENAU

Entrüstung (2) ist ein erregter Zustand der Seele, der meist dann eintritt, wenn man erwischt wird. WILHELM BUSCH

Es gibt einen Grad sittlicher **Entrüstung** (3), der keine Furcht und keine Rücksicht kennt. THEODOR FONTANE

Wenige Menschen denken, und doch wollen alle **entscheiden.** FRIEDRICH DER GROSSE

Entschlossenheit im Unglück ist immer der halbe Weg zur Rettung. HEINRICH PESTALOZZI

In der Welt ist es sehr selten mit dem **Entweder**-Oder getan.
JOH. WOLFGANG V. GOETHE, »Die Leiden des jungen Werther«

Wir pfuschen mit der **Entwicklungshilfe** quasi dem lieben Gott ins Handwerk.
JÜRGEN WARNKE

Lachende **Erben.**
Sprichwörtl. Redensart; zuerst bei FRIEDRICH V. LOGAU zitiert; wohl nach einem Spruch des PUBLILIUS SYRUS

Was du **ererbt** von deinen Vätern hast, erwirb es, um es zu besitzen.
JOH. WOLFGANG V. GOETHE, »Faust«

Denn du bist **Erde** (1), und du sollst Erde werden.
Bibel, 1. Moses 3,1 9

Möge die **Erde** (2) dir leicht sein!
Röm. Grabspruch; lat.: *sit tibi terra levis!*

Fest gemauert in der **Erden** (3) steht die Form aus Lehm gebrannt.
FRIEDRICH V. SCHILLER, »Die Glocke; 1. Teil sprichwörtlich

Unser **Erdenleben** ist nur eine kleine Strecke auf der ganzen Bahn unserer Existenz.
MATTHIAS CLAUDIUS, »Ernst und Kurzweil«

Die größten **Ereignisse** (1) – das sind nicht unsere lautesten, sondern unsere stillsten Stunden. FRIEDRICH NIETZSCHE

Große **Ereignisse** (2) werfen ihre Schatten voraus.
THOMAS CAMPBELL, »Lochiels Warnung«; engl.: *coming events cast their shadows before.*

Die **Erfahrung** (1) ist zweifellos die beste Lehrmeisterin, aber das Lehrgeld ist sehr hoch. FRANÇOISE SAGAN

Erfahrung (2) ist der Name, mit dem jeder seine Dummheiten bezeichnet. OSCAR WILDE

Erfahrungen (3) vererben sich nicht – jeder muß sie allein machen. KURT TUCHOLSKY

Der **Erfolg** (1) ist eine Folge-erscheinung, niemals darf er zum Ziel werden.
GUSTAVE FLAUBERT

Der **Erfolg** (2) ruht in des Himmels Hand.
FRIEDRICH V. SCHILLER, »Die Braut von Messina«

Es ist der **Erfolg** (3), der die großen Männer macht.
NAPOLEON I.

Alles **Erfüllte** ist langweilig; nur das Unerfüllte macht das Leben auf die Dauer erträglich.
HORST WOLFRAM GEISSLER, »Odysseus und die Frauen«

Ergeht's euch wohl, so denkt an mich.
JOH. WOLFGANG V. GOETHE, »Der Sänger«

Vom **Erhabenen** zum Lächerlichen ist nur ein Schritt.
NAPOLEON I.

Wer sich selbst **erhöht,** der wird erniedrigt; und wer sich selbst erniedrigt, der wird erhöht.
Bibel, Matthäus 23,12

Erinnern heißt auswählen.
GÜNTER GRASS

Die **Erinnerung** ist das einzige Paradies, aus dem wir nicht vertrieben werden können.
JEAN PAUL

Erkenne dich selbst!
Inschrift am Apollontempel zu Delphi; dem griech. Philosophen THALES zugeschrieben

Erlaubt ist, was gefällt, was sich ziemt.
JOH. WOLFGANG V. GOETHE, »Torquato Tasso«; danach sprichwörtlich

Unsere **Erlebnisse** sind viel mehr das, was wir hineinlegen, als das, was darinliegt.
FRIEDRICH NIETZSCHE

Wer immer strebend sich bemüht, den können wir **erlösen.**
JOH. WOLFGANG V. GOETHE, »Faust«

Gibt es doch für Sterbliche niemals **Erlösung** aus der vorbestimmten Not.
SOPHOKLES, »Antigone«

Ernst (1) liegt das Leben vor der ernsten Seele.
FRIEDRICH V. SCHILLER, »Die Piccolomini«

Erst der **Ernst** (2) macht den Mann, erst der Fleiß das Genie.
THEODOR FONTANE

So **ernst** (3), mein Freund? Ich kenne dich nicht mehr.
FRIEDRICH V. SCHILLER, »Wilhelm Tell«

Man darf nicht mogeln in den **ernsten** (4) Dingen, im Politischem wie im Moralischem.
YVES MONTAND

Kann man denn nicht auch lachend sehr **ernsthaft** sein?
GOTTHOLD EPHRAIM LESSING, »Minna von Barnhelm«

Erotik ist die Überwindung von Hindernissen. Das verlockendste und populärste Hindernis ist die Moral.
KARL KRAUS

Die **Ersten** werden die Letzten sein, und die Letzten werden die Ersten sein.
> Bibel, Matthäus 19,30

Erstens kommt es anders und zweitens, als man denkt.
> Sprichwort

Wer nicht geschunden wird, wird nicht **erzogen.**
> Griech. Sprichwort nach MENANDER; Motto für JOH. WOLFGANG V. GOETHES Autobiographie

Die **Erziehung** (1) ist das größte Problem und das Schwierigste, was dem Menschen aufgegeben werden kann.
> IMMANUEL KANT

Erziehung (2) ist Beispiel und Liebe, sonst nichts.
> FRIEDRICH FRÖBEL

Erziehung (3) ist die Hilfe zum Selbstwerden in Freiheit.
> KARL JASPERS

Fähigkeiten werden vorausgesetzt. Sie sollen zu Fertigkeiten werden. Dies ist der Zweck aller **Erziehung** (4).
> JOH. WOLFGANG V. GOETHE

Den Sack schlägt man, und den **Esel** (1) meint man.
> Sprichwort

Der **Esel** (2) geht voran.
> Sprichwort

Wenn's dem **Esel** (3) zu wohl wird, geht er aufs Eis.
> Sprichwort

Essen (1) und Trinken hält Leib und Seele zusammen.
> Sprichwort

Man lebt nicht, um zu **essen** (2), sondern man ißt, um zu leben.
> Sprichwort; nach SOKRATES

Der Mensch ist, was er **ißt** (3).
> LUDWIG FEUERBACH

Es wird nichts so heiß **gegessen** (4), wie es gekocht wird.
> Sprichwort; Sinn: manches sieht schlimmer aus, als es ist

Ethik ist ins Grenzenlose erweiterte Verantwortung gegenüber allem, was lebt.
> ALBERT SCHWEITZER

Europa (1) ist heute nur dem Namen nach christlich. In Wahrheit betet es den Mammon an.
> MAHATMA GANDHI

Europa (2) ist kein geographischer, sondern ein kultureller Erdteil.
> OSKAR KOKOSCHKA

Jetzt erlöschen die Lichter über **Europa** (3), und niemand, der noch lebt, wird sie wieder leuchten sehen.
> SIR EDWARD GREY, 1914

Das **Evangelium** kann nicht ohne Humor gepredigt werden.
> MARTIN LUTHER, »Tischreden«

Von **Ewigkeit** zu Ewigkeit.
> Bibel, Psalm 90,2

Die **Ewigmorgigen** sind so langweilig wie die Ewiggestrigen.
> HANS HABE

Ein **Experte** ist ein Spezialist, der über etwas alles weiß und über alles andere nichts.
> AMBROSE BIERCE

An **Fabian** (1) und Sebastian fängt der rechte Winter an.
> Bauernregel für den 20. Januar

An **Fabian** (2) und Sebastian soll der Saft in die Bäume gahn.
> Bauernregel für den 20. Januar

Laß **fahren** (1) dahin!
> MARTIN LUTHER, »Ein feste Burg«

Besser schlecht **gefahren** (2) als gut gelaufen.
> Sprichwort

Bleiben im Tal ist gut für den **Fall** (1).
> Sprichwort

Ein tiefer **Fall** (2) führt oft zu höherem Glücke.
> WILLIAM SHAKESPEARE, »Cymbeline«

Hinter den großen Höhen folgt auch der tiefe, der donnernde **Fall** (3).
> FRIEDRICH V. SCHILLER, »Die Braut von Messina«

Hochmut kommt vor dem **Fall** (4).
> Sprüche SALOMOS 16, 18

Oh, das bedeutet einen tiefen **Fall** (5).
> FRIEDRICH V. SCHILLER, »Die Jungfrau von Orléans«

Politik von **Fall** (6) zu Fall.
> GYULA ANDRASSY; daraus Schlagwort

Wer hoch zu stehen wähnt, ist seinem **Falle** (7) nah.
> CHRISTOPH MARTIN WIELAND, »Die Wasserkufe«

Fallen (1) ist keine Schande, aber Liegenbleiben.
> Berliner Sprichwort

Fallen (2) seh' ich Zweig' auf Zweige.
> FRANZ GRILLPARZER, »Die Ahnfrau«

Es **fällt** (3) auch das Pferd, das vier Beine hat.
> Italienisches Sprichwort

Grausam ist's, den **Fallenden** zu drängen.
> WILLIAM SHAKESPEARE, »Heinrich VIII.«

Die **Familie** ist das Vaterland des Herzens. GIUSEPPE MAZZINI

Fanatismus ist eine hochexplosive Mischung von Engstirnigkeit und Energie.
> HERBERT V. KARAJAN

Ich kann's nicht **fassen,** kann's nicht glauben.
> ADELBERT V. CHAMISSO, »Frauenliebe und -leben«

In meinem Staate kann jeder nach seiner **Fasson** selig werden.
> Nach einer Randbemerkung FRIEDRICH DES GROSSEN; 1740 über die Toleranz gegenüber anderen Religionen in Preußen

Faul wie die Sünde.
> Sprichwörtl. Redensart

Faulheit (1) ist der Hang zur Ruhe ohne vorhergehende Arbeit. IMMANUEL KANT

Faulheit (2) ist die Kunst, solange nichts zu tun, bis die Gefahr vorüber ist, daß man etwas tun müßte.
GUNTHER PHILIPP

Faulheit (3): wenn jemand mit dem Cocktailshaker in der Hand auf das nächste Erdbeben wartet. DANNY KAYE

Ohne **Faulheit** (4) kein Fortschritt! Weil der Mensch zu faul war zu rudern, erfand er das Dampfschiff; weil er zu faul war zu Fuß zu gehen, erfand er das Auto; weil er zu faul war, abends die Augen zuzumachen, erfand er das Fernsehen. MANFRED HAUSMANN

Ich fühle eine Armee in meiner **Faust**.
FRIEDRICH V. SCHILLER, »Die Räuber«

Sich ins **Fäustchen** lachen.
Sprichwörtl. Redensart; nach der Bibel, Jesus Sirach 12,19; Sinn: schadenfroh sein

Februar (1) hat seine Mucken, baut von Eis oft feste Brucken.
Bauernregel

Februar (2) Schnee und Regen deuten an den Gottessegen.
Bauernregel

Wie der **Februar** (3), so der August. Bauernregel

Es gibt nur zwei Kräfte in der Welt: das Schwert und die **Feder** (1). Letzten Endes wird immer das Schwert von der Feder besiegt. NAPOLEON I.

Sich mit fremden **Federn** (2) schmücken.
Sprichwörtl. Redensart; nach von LESSING umgedichteter Fabel des AESOP, wo eine mit Pfauenfedern geschmückte Krähe von Pfauen gebissen wurde; Sinn: Lob einheimsen, das anderen gebührt

Es ist ein großer Vorteil im Leben, die **Fehler** (1), aus denen man lernen kann, frühzeitig zu machen. WINSTON CHURCHILL

Jeder **Fehler** (2) erscheint unglaublich dumm, wenn andere ihn begehen.
GEORG CHRISTOPH LICHTENBERG

Toleranz heißt, die **Fehler** (3) der anderen zu entschuldigen, Takt heißt, sie nicht zu bemerken. ARTHUR SCHNITZLER

Jeder ist vom Drang beseelt, das zu erreichen, was ihm **fehlt**. EUGEN ROTH

Wenn wir **fehlerfrei** wären, würde es uns nicht so viel Vergnügen bereiten, sie an anderen festzustellen. HORAZ

Du sollst den **Feiertag** heiligen.
Bibel, 2. Moses 20,8; 3. Gebot

Feigheit ist der wirksamste Schutz gegen die Versuchung.
MARK TWAIN

Ein **Feigling** ist jemand, der in gefährlichen Situationen mit den Beinen denkt.
AMBROSE BIERCE

Kein kluger Streiter hält den **Feind** (1) gering.
JOH. WOLFGANG V. GOETHE, »Iphigenie auf Tauris«

Viel **Feind** (2), viel Ehr.
Sprichwort

Wer keine **Feinde** (3) „hat, hat keine Freunde.
HANS ROSENTHAL

Das ist ein (zu) weites **Feld**.
THEODOR FONTANE, »Effi Briest«

In den öden **Fensterhöhlen** wohnt das Grauen.
FRIEDRICH V. SCHILLER, »Die Glocke«

Ferien vom Ich machen.
Sprichwörtl. Redensart; nach dem Roman von PAUL KELLER

Das sei **ferne** von mir.
Sprichwörtl. Redensart; nach der Bibel, 2. Samuel 20,20

Warum in die **Ferne** schweifen? Sieh, das Gute liegt so nah.
JOH. WOLFGANG V. GOETHE, »Erinnerungen«

Das **Fernsehen** (1) ist der legitime Nachfolger der Gartenlaube.
ROBERT LEMBKE

Das **Fernsehen** (2) ist eine Rache des Theaters an der Filmindustrie.
PETER USTINOV

Das **Fernsehen** (3) vermittelt Wissen von Dingen, aber nicht über Dinge.
NEILL PORTMAN

Fernsehen (4) ist das einzige Schlafmittel, das mit den Augen eingenommen wird.
VITTORIO DE SICA

Fernsehen (5) ist Kaugummi für die Augen.
ORSON WELLES

Ein **Fernsehkritiker** ist ein Mensch, der für das Unglück, Fernsehen zu müssen, Geld bekommt.
ROBERT LEMBKE

Selber essen macht **fett**.
Sprichwort

Leicht wird ein kleines **Feuer** (1) ausgetreten, das, erst geduldet, Flüsse nicht mehr löschen.
WILLIAM SHAKESPEARE, »Heinrich VI.«

Wir können zwar das **Feuer** (2) entfachen, aber ich weiß nicht, wie wir es löschen sollen.
GASPARD DE COLIGNY, 1567

Die **Feuerprobe** bestehen.
Sprichwörtl. Redensart; nach altröm. Sitte prüfte man die Echtheit des Goldes durch Feuer; Sinn: sich in schwieriger Situation bewähren

Die **Feuertaufe** bestehen.
Sprichwörtl. Redensart; nach der Bibel, Matthäus 3,11: *der aber nach mir kommt . . . der wird euch mit dem heiligen Geist und mit Feuer taufen;* Sinn: sich in schwieriger Situation bewähren

Ägyptische **Finsternis** (1).
Sprichwörtl. Redensart; nach der Bibel, 2. Moses 10,22: *Finsternis in ganz Ägyptenland;* Sinn: totales Dunkel in einer Sache

Allethalben ist es nur die Unkenntnis und die **Finsternis** (2), die da schreckt.
JOH. GOTTLIEB FICHTE, »Reden an die deutsche Nation«

Die Menschen liebten die **Finsternis** (3) mehr denn das Licht.
Bibel, Evangelium des Johannes 3,19

Ich bin ein Teil des Teils, der
anfangs war, ein Teil der **Finsternis** (4), die sich das Licht
gebar.
JOH. WOLFGANG V. GOETHE,
»Faust«

Macht der **Finsternis** (5).
                         Bibel, Lukas 22,53

Das ist weder **Fisch** (1) noch
Fleisch.
Sprichwörtl. Redensart; Sinn: das
ist nichts Ganzes

Fisch (2) will schwimmen.
Sprichwörtl. Redensart, die auf
PETRONIUS, »Satyricon«, zurückgeht; Sinn: wenn man Fisch ißt,
soll man dazu trinken

Auch wenn der **Fischer** schläft,
geht der Fisch ins Netz.
                              Sprichwort

Jemanden unter seine **Fittiche**
nehmen.
Sprichwörtl. Redensart; nach der
Bibel, Psalm 91,4; Sinn: jmd. beschützen, fördern

Nachbarin! Euer **Fläschchen**!
JOH. WOLFGANG V. GOETHE,
»Faust«

Guckste weg von dem **Fleck,**
ist der Überzieher weg.
Couplet von OTTO REUTTER

Der Geist ist willig, aber das
Fleisch (1) ist schwach.
Sprichwörtl. Redensart; nach der
Bibel, Matthäus 26,41

Mein eigenes **Fleisch** (2) und
Blut.
Sprichwörtl. Redensart; nach der
Bibel, 1. Moses 37,27

Oh, schmölze doch dies allzu
feste **Fleisch** (3)!
WILLIAM SHAKESPEARE, »Hamlet«

Den Weg alles **Fleisches** (4) ge-
hen.
Sprichwörtl. Redensart; nach der
Bibel, 1. Moses 6,12–13: *das Ende
alles Fleisches . . .;* Sinn: einmal zu
Ende gehen

Ohne **Fleiß** kein Preis.
                              Sprichwort

Was da kreucht und **fleucht**.
Redensart; nach FRIEDRICH V.
SCHILLER, »Wilhelm Tell«; auch
nach der Bibel, 1. Moses 1,26; ursprünglich auf die Tierwelt bezogen; eigentlich: was da kriecht und
fliegt

Alles **fließt**.
Philosophische Erkenntnis des
Griechen HERAKLIT, wonach der
Grundsatz alles Seins die Verän-
derlichkeit ist

Die **Flinte** ins Korn werfen.
Sprichwörtl. Redensart; Sinn: aus
Mangel an Mut eine Sache aufgeben, so wie ein Soldat die Flinte
wegwarf, um leichter fliehen zu
können

Der **Flirt** (1) ist die Kunst, einer Frau in die Arme zu sinken, ohne ihr in die Hände zu
fallen.   SACHA GUITRY

Ein **Flirt** (2), das ist Training
mit dem Unrichtigen für den
Richtigen.   SENTA BERGER

Einen **Floh** ins Ohr setzen.
Sprichwörtl. Redensart; Sinn: jmd.
etwas einreden, was ihn so stark
beschäftigt, wie ein Floh den Hund
im Ohr kitzelt

Der **Florian** (1), der Florian, noch einen Schneehut setzen kann. Bauernregel für den 4. Mai

Heiliger Sankt **Florian** (2), verschon mein Haus, zünd andere an.
Bitte an den Schutzpatron der Feuerwehrleute, auch »Floriansjünger« genannt

Flower power.
Slogan der Hippiebewegung; dt.: Macht der Blumen

Das eben ist der **Fluch** der bösen Tat, das sie fortzeugend Böses muß gebären.
FRIEDRICH V. SCHILLER, »Die Piccolomini«; danach sprichwörtl. Redensart

Ich wollt', mir wüchsen **Flügel** (1).
VICTOR V. SCHEFFEL, »Frankenlied«

Auf den **Flügeln** (2) des Gesanges.
Sprichwörtl. Redensart nach HEINRICH HEINE

Ich bin allein auf weiter **Flur**.
LUDWIG UHLAND, »Schäfers Sonntagslied«; danach sprichwörtl. Redensart

Die alten **Formen** stürzen ein.
FRIEDRICH V. SCHILLER, »Antritt des neuen Jahrhunderts«

Von der Wiege bis zur Bahre: **Formulare**, Formulare!
Sprichwort

Die **Forscher** sind Glieder in der Kette derer, die die Möglichkeiten bringen, die der Mensch zum Heil oder Unheil ergreifen kann. KARL JASPERS

Zur rechten Zeit **fortgehen** – das ist die Hauptsache.
JEAN DE LA FONTAINE

Fortschritt (1) ist die Verwirklichung von Utopien.
OSCAR WILDE

Immerwährender **Fortschritt** (2) ist nur um den Preis immerwährender Unzufriedenheit zu erkaufen.
MARIE V. EBNER-ESCHENBACH

Fortuna lächelt; doch sie mag nur ungern voll beglücken; schenkt sie uns einen Sommertag, schenkt sie uns auch Mükken. WILHELM BUSCH, »Dank«

Wer viel **fragt**, erhält viel Antwort. Sprichwort

Franz heißt die Kanaille.
FRIEDRICH V. SCHILLER, »Die Räuber«

Der Augenaufschlag einer echten **Frau** (1) ist so entlarvend, als ob sie alle Kleider abgelegt hätte.
SIDONIE GABRIELLE COLETTE

Die **Frau** (2) ist der annehmbarste Naturfehler.
JOHN MILTON

Die **Frau** (3) ist kein Genie, sie ist dekorativer Art. Sie hat nie etwas zu sagen, aber sie sagt es so hübsch. OSCAR WILDE

Gott hat die **Frau** (4) nicht aus des Mannes Kopf geschaffen, daß er ihr befehle, noch aus seinen Füßen, daß sie seine Sklavin sei, vielmehr aus seiner Seite, daß sie seinem Herzen nahe sei. Talmud

Gott schuf die Erde und ruhte einen Tag; danach hat er die **Frau** (5) erschaffen, und seitdem hat er keine Ruhe mehr.

Belgisches Sprichwort

Keine **Frau** (6) trägt gern ein Kleid, das eine andere abgelegt hat. Mit Männern ist sie nicht so heikel.

FRANÇOISE SAGAN

Wenn eine **Frau** (7) beim Telefonieren »Also bis bald« sagt, beginnt die letzte Viertelstunde des Gesprächs.

CHRIS HOWLAND

Du gehst zu **Frauen** (1)? – Vergiß die Peitsche nicht.

FRIEDRICH NIETZSCHE, »Also sprach Zarathustra«; meist zitiert: *wenn du zum Weibe gehst, . . .*

Gern hab' ich die **Frauen** (2) geküßt.

Aus der Operette »Paganini«; Musik von FRANZ LÉHAR

Ich will gar nicht bestreiten, daß die **Frauen** (3) töricht sind. Der Allmächtige hat sie eben auf die Männer zugeschnitten.

GEORGE ELIOT

Viel Kluges kam doch schon von den **Frauen** (4).

EURIPIDES, »Die Schutzflehenden«

Die **Frauenseele** ist für mich ein offenes Buch – geschrieben in einer unverständlichen Sprache.

EPHRAIM KISHON

Mein schönes **Fräulein** (2), darf ich's wagen, meinen Arm und Geleit anzutragen?

JOH. WOLFGANG V. GOETHE, »Faust«

Bin weder **Fräulein** (1) weder schön, kann ungeleitet nach Hause gehn.

JOH. WOLFGANG V. GOETHE, »Faust«; Gretchens Antwort auf obige Frage

Frechheit stört mich überhaupt nicht, Taktlosigkeit stört mich.

HELMUT KOHL

Es ist und bleibt ein Glück (vielleicht das höchste), **frei** (1) atmen zu können.

THEODOR FONTANE

Niemand ist **frei** (2), der über sich nicht Herr ist.

MATTHIAS CLAUDIUS, »Sprüche des Pythagoreers«

Freie (3) Bahn dem Tüchtigen! Sprichwort; nach THEOBALD V. BETHMANN-HOLLWEG im Reichstag, 1916: *freie Bahn für alle Tüchtigen!*

Der Mensch hat **freien** (4) Willen – das heißt, er kann einwilligen ins Notwendige.

FRIEDRICH HEBBEL

Der eine fragt: »Was kommt danach?«, der andere fragt nur »Ist es recht?«. Und also unterscheidet sich der **Freie** (1) von dem Knecht.   THEODOR STORM

Für den **Freien** (2) ist Scham über das Geschehene die beste Triebfeder.   DEMOSTHENES

Jung **gefreit** hat niemand gereut.   Sprichwort

Die **Freiheit** (1) besteht darin, daß man alles tun kann, was einem anderen nicht schadet.

MATTHIAS CLAUDIUS

Die **Freiheit** (2) ist ein Gut, das alle anderen Güter zu genießen erlaubt.
CHARLES DE MONTESQUIEU

Die **Freiheit** (3) ist ein Gut, das durch Gebrauch wächst, durch Nichtgebrauch dahinschwindet.
CARL FRIEDRICH V. WEIZSÄCKER

Die **Freiheit** (4) ist ein Luxus, den sich nicht jedermann gestatten kann. OTTO V. BISMARCK

Die **Freiheit** (5) ist kein Privileg, das verliehen wird, sondern eine Gewohnheit, die erworben werden muß.
DAVID LLOYD GEORGE

Die glücklichen Sklaven sind die erbittertsten Feinde der **Freiheit** (6).
MARIE V. EBNER-ESCHENBACH

Die Welt hat nie eine gute Definition für das Wort **Freiheit** (7) gefunden.
ABRAHAM LINCOLN

Ehren wir die **Freiheit** (8). Arbeiten wir für den Frieden. Halten wir uns an das Recht. Dienen wir unseren inneren Maßstäben.
RICHARD V. WEIZSÄCKER vor dem Bundestag, am 8. Mai 1985

Freiheit (9) bedeutet Verantwortlichkeit; das ist der Grund, warum die meisten Menschen sich vor ihr fürchten. GEORGE BERNARD SHAW

Freiheit (10) besteht vor allem darin, das zu tun, was man nach seinem Gewissen tun soll.
ALBERT SCHWEITZER

Freiheit (11), die ich meine, die mein Herz erfüllt.
MAX V. SCHENKENDORF, »Freiheitslied«

Freiheit (12), Gleichheit, Brüderlichkeit.
Schlagwort, das zum Motto der Französischen Revolution wurde; franz.: *Liberté, Egalité, Fraternité.*

Nur der verdient sich **Freiheit** (13) wie das Leben, der täglich sie erobern muß.
JOH. WOLFGANG V. GOETHE

Soweit deine Selbstbeherrschung geht, soweit geht deine **Freiheit** (14).
MARIE V. EBNER-ESCHENBACH

Wer anderen die **Freiheit** (15) verleugnet, verdient sie nicht für sich selbst.
ABRAHAM LINCOLN

Oh, schwer ist's, in der **Fremde** sterben unbeweint.
FRIEDRICH V. SCHILLER, »Die Jungfrau von Orléans«

Oh, Herr, er will mich **fressen** (1)!
Bibel, Tobias 6,3; gewöhnlich scherzhaft zitiert, wenn jmd. mit offenem Mund gähnt

Friß (fressen 2), Vogel, oder stirb!
Redensart; wohl aus der Reformationszeit

Des Lebens ungemischte **Freude** (1) ward keinem Sterblichen zuteil.
FRIEDRICH V. SCHILLER, »Der Ring des Polykrates«

Die beste **Freude** (2) ist das Wohnen in sich selbst.

JOH. WOLFGANG V. GOETHE

Die wahre **Freude** (3) ist die Freude am andern.

ANTOINE DE SAINT EXUPÉRY

Freude (4) ist das Leben durch einen Sonnenstrahl hindurch gesehen.   CARMEN SYLVA

Freude (5), schöner Götterfunken.

FRIEDRICH V. SCHILLER, »Lied an die Freude«; vertont von LUDWIG VAN BEETHOVEN; fortgesetzt: *Tochter aus Elysium*

Geteilte **Freude** (6) ist doppelte Freude, geteilter Schmerz ist halber Schmerz.

CHRISTOPH AUGUST TIEDGE, »Urania«

Schadenfreude ist die reinste **Freude** (7).   Sprichwort

Wer recht in **Freuden** (8) wandern will, der geh' der Sonn' entgegen.

EMANUEL GEIBEL, »Morgenwanderung«

Freue (1) dich nur mit mir! Es ist so traurig, sich allein zu freuen.

GOTTHOLD EPHRAIM LESSING, »Minna von Barnhelm«

Es ist schon lange her, das **freut** (2) uns um so mehr.

Aus der Oper »Zar und Zimmermann« von ALBERT LORTZING

Freut (3) euch des Lebens, weil noch das Lämpchen glüht.

JOH. MARTIN USTERI; nach der Bibel, Weisheit Salomos 2,8

Daran erkennt man, daß es einem **Freund** (1) gut geht: er hat kein Gedächtnis mehr.

HONORÉ DE BALZAC

Der **Freund** (2) ist ein Mensch, zu dem du aufrichtig sein darfst.   RALPH WALDO EMERSON

Ein **Freund** (3) ist ein Mensch, vor dem man laut denken kann.   RALPH WALDO EMERSON

Ein jeder will einen **Freund** (4) haben, aber niemand gibt sich die Mühe, auch einer zu sein.

Französisches Sprichwort

Es ist eine rechte Gottesgabe um einen weisen und sorgfältigen **Freund** (5).

FRIEDRICH V. SCHILLER

Es macht der **Freund** (6) des Freundes Ketten zu den seinen.   FRIEDRICH V. SCHILLER

Es soll keiner einen für seinen vertrauten **Freund** (7) halten, er habe denn zuvor einen Scheffel Salz mit ihm gegessen.

MARTIN LUTHER

Es sollt' ein **Freund** (8) des Freundes Schwächen tragen.

WILLIAM SHAKESPEARE

Je älter man wird, desto mehr braucht man einen Weißt-du-noch-**Freund** (9).

TILLA DURIEUX

Leichter ist es, das Meer bis zum Grunde auszuleeren, als einen wahren und aufrichtigen **Freund** (10) zu finden.

Philippinisches Sprichwort

Man wird in der Regel keinen **Freund** (11) dadurch verlieren, daß man ihm ein Darlehen abschlägt, aber sehr leicht dadurch, daß man es ihm gibt.

ARTHUR SCHOPENHAUER

Mein lieber **Freund** (12) und Kupferstecher.
Redensart;
nach FRIEDRICH RÜCKERT

Will man einen **Freund** (13) haben, so muß man auch für ihn Kriege führen wollen; und um Krieg zu führen, muß man Feind sein können.

FRIEDRICH NIETZSCHE

Zurück, du rettest den **Freund** (14) nicht mehr, so rette das eigene Leben!
FRIEDRICH V. SCHILLER,
»Die Bürgschaft«

Geh zu deines reichen **Freundes** (15) Haus, wenn du gerufen bist; zu des armen Haus geh ungerufen.

Indisches Sprichwort

Jedermann kann für die Leiden des **Freundes** (16) Mitgefühl aufbringen. Es bedarf aber eines wirklich edlen Charakters, um sich über die Erfolge eines Freundes zu freuen.

OSCAR WILDE

Man kann die Menschen entbehren, aber man bedarf eines **Freundes** (17).

Chinesisches Sprichwort

Die **Freunde** (1) nennen sich aufrichtig, die Feinde sind es.

ARTHUR SCHOPENHAUER

Ohne **Freunde** (2) ist unser Leben kein richtiges Leben.

DANTE ALIGHIERI

Gott beschütze mich vor meinen **Freunden** (3); mit meinen Feinden will ich schon selbst fertig werden.

Sprichwörtl. Redensart

Dasselbe wollen und dasselbe nicht wollen, das erst ist feste **Freundschaft** (1).
SALLUST, »Catilina«; lat.: *idem velle atque idem nolle, ea demum firma amicitia est.*

Die **Freundschaft** (2), die der Wein gemacht, wirkt wie der Wein nur eine Nacht.

FRIEDRICH V. LOGAU

Freundschaft (3) hält stand in allen Dingen, nur in der Liebe Dienst und Werbung nicht.

WILLIAM SHAKESPEARE

Freundschaft (4) ist das Geschenk der Götter und die kostbarste Gabe für den Menschen.   BENJAMIN DISRAELI

Freundschaft (5) ist nicht nur ein köstliches Geschenk, sondern auch eine dauernde Aufgabe.   Poesiealbumsspruch

In der Gesellschaft berührt man nur die Werte der Oberfläche, die der Tiefe in der wahren **Freundschaft** (6).

JOSEPH JOUBERT

Kleine Geschenke erhalten die **Freundschaft** (7).   Sprichwort

Mach **Freundschaft** (8) mit eines Menschen Güte, nicht mit
seinem Gut.
                    Chinesisches Sprichwort

Nur der ist hoher **Freundschaft**
(9) fähig, der auch ohne sie
fertig zu werden vermag.
                    RALPH WALDO EMERSON

Friede (1) ist die Fortsetzung
des Krieges mit anderen Mitteln.   OSWALD SPENGLER

Friede (2) ist nicht Abwesenheit von Krieg; Friede ist eine
Tugend, eine Geisteshaltung,
eine Neigung zu Güte, Vertrauen, Gerechtigkeit.
                    BARUCH DE SPINOZA

Friede (3) kann nur in Freiheit
bestehen.   ERNST REUTER

Friede (4) sei ihr erst' Geläute.
FRIEDRICH V. SCHILLER,
»Die Glocke«

Friede (5) sei mit euch!
                    Bibel, Lukas 24,36

Frieden (6) schaffen ohne Waffen.
Slogan der Friedensbewegung der
80er Jahre

Ruhe in **Frieden** (7)!
Grabspruch; nach der lat. Bibel, der
Vulgata; lat.: *requiescat in pace;*
abgekürzt: *r.i.p.*

Süßer **Friede** (8), komm, ach
komm an meine Brust.
JOH. WOLFGANG V. GOETHE,
»Wanderers Nachtlied«

Der **Friederich**, der Friederich,
das war ein arger Wüterich.
HEINRICH HOFFMANN, »Der Struwwelpeter«

Ein **frisch'** (1) Gemüt vermag
wohl die Welt zu bezwingen.
                    JOSEPH V. EICHENDORFF

Frisch (2), fromm, fröhlich,
frei.
Wahlspruch des Turnvaters FRIED-
RICH LUDWIG JAHN; danach vieler
Sportlerverbände

Frisch (3) gewagt ist halb gewonnen.   Sprichwort

Frisch (4) und gesund.
Sprichwörtl. Redensart; nach der
Bibel, Hiob 21,23; Tobias 5,28

Ein **fröhlich** (1) Herz lebt am
längsten. WILLIAM SHAKESPEARE

Seid **fröhlich** (2) in Hoffnung,
geduldig in Trübsal, haltet an
im Gebet.   Bibel, Römer 12,12

Das sind **fromme** Wünsche.
Sprichwörtl. Redensart; nach einer
Schrift des Jesuiten HERMANN
HUGO von 1627; lat.: *pia desideria.*

Es kann der **Frömmste** nicht in
Frieden leben, wenn es dem
bösen Nachbarn nicht gefällt.
FRIEDRICH V. SCHILLER, »Wilhelm
Tell«

Altklug nie **Frucht** (1) trug.
                    Sprichwort

Die verbotene **Frucht** (2) zu
brechen fühlen wir der Sehnsucht Schmerz.   NOVALIS

Hundertfältige **Frucht** (3) tra-
gen.
Sprichwörtl. Redensart; nach der
Bibel, Matthäus 13,8

Der Baum muß zuvor gut sein, ehe er gute **Früchte** (1) trägt.
MARTIN LUTHER, »Tischgespräche«

Die süßesten **Früchte** (2) fressen nur die großen Tiere.
Schlager, gesungen von PETER ALEXANDER

Verbotene **Früchte** (3) schmekken am besten.
Sprichwort; auch zitiert als: . . . *sind die süßesten.*

Zum Nachtisch wilde **Früchte** (4).
Filmtitel aus den Siebziger Jahren

An den **Früchten** (5) erkennt man den Baum. Sprichwort

An ihren **Früchten** (6) sollt ihr sie erkennen.
Bibel, Matthäus 7,16

Seid **fruchtbar** und mehret euch. Bibel, 1. Moses 1,28

Beobachte, was **früher** geschah, dann wirst du wissen, was kommen wird.
Chinesisches Sprichwort

Frühling (1) läßt sein blaues Band wieder flattern durch die Lüfte.
EDUARD MÖRIKE, »Er ist's«

Und dräut der Winter noch so sehr mit trotzigen Gebärden, und streut er Eis und Schnee umher, es muß doch **Frühling** (2) werden!
EMANUEL GEIBEL, »Hoffnung«

Es fiel ein Reif in der **Frühlingsnacht**.
HEINRICH HEINE, »Rheinisches Volkslied«

Wer nicht hören will, muß **fühlen**. Sprichwort

In **fünfzig** Jahren ist alles vorbei.
Couplet von OTTO REUTTER; danach sprichwörtl. Redensart

Die **Furcht** ist die Mutter der Moral. FRIEDRICH NIETZSCHE

Etwas **fürchten** (1) und hoffen und sorgen muß der Mensch für den kommenden Morgen.
FRIEDRICH V. SCHILLER, »Die Braut von Messina«

Was soll der **fürchten** (2), der den Tod nicht fürchtet?
FRIEDRICH V. SCHILLER, »Die Räuber«

Der **Fürst** ist der erste Diener des Staates.
FRIEDRICH DER GROSSE; ähnlich schon bei SENECA, »Über die Milde«; zitiert bei CALDERON DE LA BARCA, »Das Leben – ein Traum«

Ich kann nicht **Fürstendiener** sein.
FRIEDRICH V. SCHILLER, »Don Carlos«

Alle gute **Gabe** (1) und alle vollkommene Gabe kommt von oben herab.
Bibel, Jakobus 1,17

Das ist eine gute **Gabe** (2) Gottes.
Sprichwörtl. Redensart; nach der Bibel, Prediger Salomo 3,13

Eine allzu reiche **Gabe** (3) lockt Bettler herbei, anstatt sie abzufertigen.
JOH. WOLFGANG V. GOETHE, »Die Wahlverwandtschaften«

Eine gut gebratene Gans ist eine gute **Gabe** (4) Gottes.
Scherzhaftes Sprichwort; meist so zitiert, daß alle g wie j gesprochen werden

Viel hilft eine kleine **Gabe** (5).
GEORG ROLLENHAGEN, »Froschmeuseler«

Zum **Gaffen** hat das Volk die Augen, laßt sie!
WILLIAM SHAKESPEARE, »Romeo und Julia«

Jemand hat **Galgenhumor**.
Sprichwörtl. Redensart; Sinn: man behält auch in schwierigen Situationen den Humor, auch wenn sozusagen »der Galgen auf einen wartet«

Mit St. Hedwig und St. **Gall** (1) schweigt der Vögel Sang und Schall.
Bauernregel für den 16. Oktober (St. Gallus) und den 17. Oktober (St. Hedwig)

Wenn an St. **Gallus** (2) Regen fällt, der Regen bis Weihnachten anhält.
Bauernregel für den 16. Oktober

Im **Gänsemarsch** gehen.
Sprichwörtl. Redensart; Sinn: in einer Reihe hintereinander, wie die Gänse über die Straße watscheln

Jemanden den **Garaus** machen.
Sprichwörtl. Redensart; nach mittelalterlicher Sitte kündigte der Ruf »Gar aus« in Gasthäusern zur Polizeistunde das Ende des Bedienens an; Sinn: jmd. vernichten

Die **Garde** stirbt und ergibt sich nicht.
Dem franz. General CAMBRONNE bei der Schlacht von Waterloo 1815 zugeschriebener Spruch

Durch diese hohle **Gasse** muß er kommen, es führt kein anderer Weg nach Küßnacht.
FRIEDRICH V. SCHILLER, »Wilhelm Tell«

Du kamst, du gingst mit leiser Spur, ein flücht'ger **Gast** (1) im Erdenland.
LUDWIG UHLAND, »Auf den Tod eines Kindes«

Ein froher **Gast** (2) ist niemals Last. :
Sprichwort

Hier wendet sich der **Gast** (3) mit Grausen.
FRIEDRICH V. SCHILLER, »Der Ring des Polykrates«

Ich lade gern mir **Gäste** (1) ein.
Aus der Operette »Die Fleder-

maus«; Musik von JOHANN STRAUSS; auch Titel einer Fernsehsendereihe mit René Kollo

Je später der Abend, desto schöner die **Gäste** (2).
Sprichwort

Der Sinn in den Gebräuchen der **Gastfreundschaft** ist: das Feindliche im Fremden zu lähmen. FRIEDRICH NIETZSCHE

Ach, die **Gattin** ist's, die teure. FRIEDRICH V. SCHILLER, »Die Glocke«

Zu kühn wird mir dies **Gaukelspiel**. FRIEDRICH V. SCHILLER, »Don Carlos«

Einem geschenkten **Gaul** schaut man nicht ins Maul.
Sprichwort; abgewandelt: *einem geschenkten Barsch schaut man nicht in den . . .;* statt Reim dann: *die Kiemen*

Mit Schmerzen sollst du Kinder **gebären**.
Bibel, 1. Moses 3,16; neue Formulierung: *unter Mühen . . .*

Geben (1) ist seliger denn Nehmen.
Sprichwort; nach der Apostelgeschichte 20,35

Die Weise, wie man **gibt** (2), gilt mehr, als was man gibt.
PIERRE CORNEILLE

Ein einziger dankbarer Gedanke gen Himmel ist mehr wert als das vollkommenste **Gebet** (1).
GOTTHOLD EPHRAIM LESSING, »Minna von Barnhelm«

Ich kenne nur ein fruchtbares Tun, und das ist das **Gebet** (2); zugleich weiß ich aber, daß jedes Tun ein Gebet ist, wenn du dich ihm hingibst, um zu werden. ANTOINE DE SAINT-EXUPÉRY

Gebildet (1) ist jeder, der das hat, was er für seinen Lebenskreis braucht. Was darüber ist, das ist von Übel.
FRIEDRICH HEBBEL

Gebildet (2) ist, wer weiß, wo er findet, was er nicht weiß.
GEORG SIMMEL

Oh, wär' ich nie **geboren**!
JOH. WOLFGANG V. GOETHE, »Faust«

Meine **Geburt** war das erste meiner Mißgeschicke.
JEAN JACQUES ROUSSEAU, »Bekenntnisse«

Deine **Gebote** sind eitel Wahrheit.
Bibel, Psalm 119,86; neuer Text: *All deine Gebote sind Wahrheit.*

Das **Gedächtnis** (1) ist eine gute Tasche, aber sie zerreißt, wenn man zuviel hineinstopft.
Sprichwort

Das **Gedächtnis** (2) schwindet, wenn man es nicht übt.
CICERO, »Cato maior über das Greisenalter«

Ein **Gedächtnis** (3) wie ein Sieb haben.
Sprichwörtl. Redensart; Sinn: alles vergessen

Ein gutes **Gedächtnis** (4) ist eine gute Gabe Gottes, Ver-

gessenkönnen ist oft eine noch bessere Gabe Gottes.
GEORG CHRISTOPH LICHTENBERG

Ein Kopf ohne **Gedächtnis** (5) ist eine Festung ohne Besatzung.
NAPOLEON I., »Tagebuch von St. Helena«

Gedächtnis (6) ist ein Tagebuch, das wir immer mit uns herumtragen.   OSCAR WILDE

Gedächtnis (7) haben kalte Seelen, die fühlenden – Erinnerung.
FRIEDRICH HAUG, »Sinngedichte«

Gedächtnis (8) ist die Fähigkeit, sich das zu merken, was man vergessen möchte.
DANIEL GÉLIN

Wer ein schlechtes **Gedächtnis** (9) hat, erspart sich viele Gewissensbisse.   JOHN OSBORNE

Das Universum ist ein **Gedanke** (1) Gottes.
FRIEDRICH V. SCHILLER

Der **Gedanke** (2) ist die unsichtbare Natur, die Natur der unsichtbare Gedanke.
HEINRICH HEINE

Der **Gedanke** (3) ist nur ein Blitz zwischen zwei langen Nächten: aber dieser Blitz ist alles.   HENRI POINCARÉ

Der **Gedanke** (4) legt den Grund für die Tat.
HELMUTH V. MOLTKE

Zwei Seelen und ein **Gedanke**

(5), zwei Herzen und ein Schlag.
Sprichwörtliche Redensart; nach FRIEDRICH HALM, »Der Sohn der Wildnis«

Dumme **Gedanken** (1) hat jeder, nur der Weise verschweigt sie.   WILHELM BUSCH

Eng ist die Welt, und das Gehirn ist weit. Leicht beieinander wohnen die **Gedanken** (2), doch hart im Raume stoßen sich die Sachen.
FRIEDRICH V. SCHILLER, »Wallensteins Tod«

Gedanken (3) sind frei.
WILLIAM SHAKESPEARE,
»Der Sturm«; auch dt. Volkslied

Gedanken (4) sind nicht stets parat, man schreibt auch, wenn man keine hat.
WILHELM BUSCH

Taucht unter, ihr **Gedanken** (5)!
WILLIAM SHAKESPEARE, »Richard III.«

Geben Sie **Gedankenfreiheit!**
FRIEDRICH V. SCHILLER, »Don Carlos«; meist zitiert: *Sire, geben Sie …*

Aber **gedenke** meiner, wenn's dir wohlgeht.
Bibel, 1. Moses 40,14

Ein **Gedicht** (1) ist die Widerspiegelung des Lebens in seiner ewigen Wahrheit.
PERCY B. SHELLEY

Ein **Gedicht** (2) ist immer die Frage nach dem Ich.
GOTTFRIED BENN

Geduld, Geduld (1)! Wenn's Herz auch bricht.
GOTTFRIED AUGUST BÜRGER, »Lenore«

Geduld (2) ist die Tugend der Kraft- oder Mutlosen.
KÖNIGIN CHRISTINE VON SCHWEDEN

Geduld (3) ist Wachsen – Ungeduld wird Leiden.
HEINRICH WOLFGANG SEIDEL

Man muß **Geduld** (4) mit unserer Schwachheit haben.
FRIEDRICH V. SCHILLER, »Turandot«

Mit **Geduld** (5) und Spucke fängt man manche Mucke.
Sprichwort

Nur **Geduld** (6) – der Schnee vergeht, eh' daß er warm wird.
Bauernweisheit

Zwei Dinge lern **geduldig** tragen: dein eigen Leid, der andren Klagen.
MARIE V. EBNER-ESCHENBACH

Der Furchtsame erschrickt vor der **Gefahr** (1), der Feige in ihr, der Mutige nach ihr.
JEAN PAUL, »Kampanertal«

Es ist **Gefahr** (2) im Verzuge.
Sprichwörtl. Redensart für drohende Gefahr; nach LIVIUS; lat.: *periculum in mora.*

Wer sich in **Gefahr** (3) begibt, kommt darin um.
Sprichwort; nach der Bibel, Jesus Sirach 3,27

Es ist **gefährlich** (1), wenn man allzulang sich klug und mäßig zeigen muß.
JOH. WOLFGANG V. GOETHE, »Torquato Tasso«

Gefährlich (2) ist's, den Leu zu wecken.
FRIEDRICH V. SCHILLER, »Die Glocke«

Die **Gefilde** der Seligen.
Sprichwörtl. Redensart für ein Idyll; nach HESIOD, »Werke und Tage«

Geflügelte Worte.
HOMER, »Ilias« und »Odyssee«; bekannt geworden als Ausdruck für Sprüche und Zitate durch gleichnamige Sammlung von GEORG BÜCHMANN, 1864

Das Höchste der **Gefühle**
Sprichwörtl. Redensart; nach der Oper »Die Zauberflöte« von EMANUEL SCHIKANEDER; Musik von WOLFGANG AMADEUS MOZART; Nebensinn: man muß nun mit einer Sache Schluß machen

Gegensätze ziehen sich an.
Sprichwort

Es gibt ein Wort, das jedem als praktische Lebensregel dienen könnte: **Gegenseitigkeit.**
KONFUZIUS

Man rettet sich gern aus trüber **Gegenwart** in das heitere Gebiet der Kunst.
LUDWIG UHLAND, »Ernst von Schwaben«

Heiß mich nicht reden, heiß mich schweigen, denn mein **Geheimnis** (1) ist mir Pflicht.
JOH. WOLFGANG V. GOETHE, »Wilhelm Meisters Lehrjahre«

Wie fällt doch ein **Geheimnis**
(2) Weibern schwer!
WILLIAM SHAKESPEARE, »Caesar«

Von manchen Menschen könnte man sagen, sie seien zum
Geheimratwerden bestimmt.
KARL FERDINAND GUTZKOW, »Le-
benserinnerungen«

Wer nicht bei Tage **gehn** darf,
schleicht bei Nacht.
WILLIAM SHAKESPEARE, »Johann
I.«

Gehorchen mag, wer nicht zu
herrschen weiß.
WILLIAM SHAKESPEARE, »Heinrich
VI.«

Der **Gehorsam** (1) ist ein erha-
bener Vorzug, dessen nur die
vernünftige Kreatur fähig ist.
AUGUSTINUS

Gehorsam (2) ist das Band der
Herrschaft. ALFRED TENNYSON

Gehorsam (3) ist des Christen
Schmuck.
FRIEDRICH V. SCHILLER, »Der
Kampf mit dem Drachen«

Gehorsam (4) ist des Weibes
Pflicht auf Erden.
FRIEDRICH V. SCHILLER, »Die
Jungfrau von Orléans«

Unbedingter **Gehorsam** (5)
setzt bei dem Gehorchenden
Unwissenheit voraus.
CHARLES DE MONTESQUIEU

Jemand will immer die erste
Geige spielen.
Sprichwörtl. Redensart; aus den
Tagen, da sich das Streichquartett

etablierte, in dem die erste Geige
die Hauptrolle spielte; Sinn: man
will im Mittelpunkt stehen

Den **Geist** (1) aufgeben.
Sprichwörtl. Redensart; nach der
Bibel, Klagelieder des Jeremias
2,12; Sinn: sterben; bei Geräten:
nicht mehr funktionieren

Der **Geist** (2) bewegt die Materie. VERGIL, »Aeneis«

Ein gesunder **Geist** (3) in einem gesunden Körper.
Wahlspruch der Turner; nach
JUVENAL, »Satiren«; lat.: *mens
sana in corpore sano.*

Ermunt're dich, mein schwa-
cher **Geist** (4)!
Sprichwörtl. Redensart; nach einem Weihnachtslied von JOHANN
V. RIST; im Volksmund meist fortgesetzt: ... *und stell dich auf die
Hinterbeine.*

Ich bin der **Geist** (5), der stets
verneint.
JOH. WOLFGANG V. GOETHE,
»Faust«; danach sprichwörtl. Redensart

Vater, ich befehle meinen
Geist (6) in deine Hände.
Bibel, Lukas 23,46; Jesu letzte
Worte

Die ich rief, die **Geister** (7),
werd' ich nun nicht los.
JOH. WOLFGANG V. GOETHE, »Der
Zauberlehrling«

Wisset ihr nicht, wes **Geistes**
(8) Kind ich bin?
Bibel, Lukas 9,55; danach sprichwörtl. Redensart

Ich bin nicht Friedrichs Kammerherr, sondern Friedrichs **Geistesherr.**
FRANÇOISE-MARIE VOLTAIRE über sein Verhältnis zu Friedrich dem Großen

Selig sind, die **geistlich** arm sind, denn ihrer ist das Himmelreich.
Bibel, Matthäus 5,3, Bergpredigt; meist zitiert: *geistig*

Ach, man will auch hier schon wieder nicht so wie die **Geistlichkeit.**
WILHELM BUSCH, »Pater Filucius«

Geiz ist die Wurzel allen Übels.
Bibel, 1. Timotheus 6,10; heute übersetzt: *Habsucht*

Der **Geizhals** (1) besitzt nicht sein Vermögen, sondern sein Vermögen besitzt ihn.
Jüdisches Sprichwort

Geizhälse (2) sind unangenehme Zeitgenossen, aber angenehme Vorfahren.
VIKTOR DE KOWA

Ein **Geiziger** kann nichts Nützlicheres und Besseres tun, als wenn er stirbt. MARTIN LUTHER

Homerisches **Gelächter.**
Sprichwörtl. Redensart; eigentlich: *unauslöschliches Gelächter;* im 18. Jh. als Begriff in der franz. Literatur aufgetaucht

Als ich jung war, glaubte ich, **Geld** (1) sei das Wichtigste im Leben; jetzt wo ich alt bin, weiß ich, daß es das Wichtigste ist. OSCAR WILDE

Das **Geld** (2) liegt auf der Straße, man muß es nur aufzuheben wissen. Sprichwort

Geld (3) ist der sechste Sinn: der Mensch muß ihn haben – denn ohne ihn kann er die anderen fünf nicht voll ausnützen.
WILLIAM SOMERSET MAUGHAM

Geld (4) ist eine neue Form der Sklaverei. LEO TOLSTOI

Geld (5) ist geprägte Freiheit.
FJODOR DOSTOJEWSKIJ

Geld (6) kann vieles auf der Welt, Jugend kauft man nicht um Geld.
FERDINAND RAIMUND, »Mädchen aus der Feenwelt«

Geld (7) macht nicht glücklich.
Sprichwort; meist ergänzt: *aber es beruhigt;* verballhornt: *Geld macht nicht unglücklich.*

Geld (8) regiert die Welt.
Sprichwort

Geld (9) stinkt nicht.
Sprichwörtl. Redensart; nach Kaiser VESPASIAN, der auch auf öffentliche Toiletten Steuern erhob mit der bei SUETON zitierten Begründung: lat.: *pecunia non olet.*

Ist das nötige **Geld** (10) vorhanden, ist das Ende meistens gut.
BERTOLT BRECHT, »Die Dreigroschenoper«; Musik von KURT WEILL

Und es herrscht der Erde Gott, das **Geld** (11).
FRIEDRICH V. SCHILLER, »An die Freunde«

Was frag' ich viel nach **Geld** (12) und Gut, wenn ich zufrieden bin.
JOH. MARTIN MILLER; Musik von WOLFGANG AMADEUS MOZART

Wo **Geld** (13) vorangeht, sind alle Wege offen.
WILLIAM SHAKESPEARE, »Die lustigen Weiber von Windsor«

Wenn man kein **Geld** (14) hat, dann denkt man immer an Geld. Wenn man Geld hat, dann denkt man nur noch an Geld.　JEAN PAUL GETTY

Wer **Geld** (15) und keine Kinder hat, der ist nicht wirklich reich; wer Kinder hat und kein Geld, der ist nicht wirklich arm.　Chinesisches Sprichwort

Daran erkenn' ich den **gelehrten** Herrn.
JOH. WOLFGANG V. GOETHE, »Faust«

Das **Gelobte** Land.
Sprichwörtl. Redensart; nach der Bibel, 1. Moses 12,7; danach engl. Sprichwort: *das gelobte Land ist da, wo man nicht ist.*

Das **Gemälde** ist nichts als eine Brücke, welche den Geist des Malers mit dem des Betrachters verbinde.　EUGÈNE DELACROIX

Leise zieht durch mein **Gemüt** (1) liebliches Geläute.
HEINRICH HEINE, »Neuer Frühling«

Und was kein Verstand der Verständigen sieht, das übt in Einfalt ein kindlich **Gemüt** (2).
FRIEDRICH V. SCHILLER, »Der Taucher«; danach sprichwörtl. Redensart

Aus der Tiefe des **Gemüts** (3).
Sprichwörtl. Redensart; nach HEINRICH HEINE

Das nenn' ich doch originale **Gemüter** (4).
JOH. WOLFGANG V. GOETHE, »Neologien«

Das **Genie** (1) bleibt immer selbst das größte Geheimnis.
FRIEDRICH V. SCHILLER

Das **Genie** (2) ist die Macht, Gott der menschlichen Seele zu offenbaren.　FRANZ LISZT

Das **Genie** (3) ist ein Vorgebirge, das in die Unendlichkeit hineinragt.　VICTOR HUGO

Das **Genie** (4) macht die Fußstapfen, und das nachfolgende Talent tritt in dieselben hinein, tritt sie aber schief.
WILHELM RAABE, »Frau Salome«

Genie (5) besteht aus 99 Prozent Transpiration und einem Prozent Inspiration.
ADOLPH V. MENZEL

Zwischen dem **Genie** (6) und dem Wahnsinnigen ist die Ähnlichkeit, daß sie in einer anderen Welt leben als der für alle vorhandenen.
ARTHUR SCHOPENHAUER

Genies (7) sind Unglückliche, sind Meteore, die verbrennen müssen, um ihr Jahrhundert zu erleuchten.　NAPOLEON I.

Große **Genies** (8) machen keine kleinen Fehler. Sie haben das Privileg der Unmäßigkeit in jedem Sinn des Wortes.
CHARLES BAUDELAIRE

Genius ist ewige Geduld.
MICHELANGELO BUONARROTI

Genieße (1), was dir Gott beschieden; entbehre gern, was du nicht hast.
CHRISTIAN FÜRCHTEGOTT GELLERT, »Zufriedenheit«

Ich **genieße** (2) dankbar, was von außen kommt, aber ich hänge an nichts.
WILHELM V. HUMBOLDT

Zum **Gentleman** gehört auch die Fähigkeit, sich mit Würde betrügen zu lassen.
SIR ALEC GUINESS

Genug (1) ist besser als zuviel.
Sprichwort

Genug (2) ist Überfluß für den Weisen.
EURIPIDES

Das wahre Glück ist die **Genügsamkeit**.
JOH. WOLFGANG V. GOETHE, »Adler und Taube«

Kommt St. **Georg** (1) geritten auf einem Schimmel, so kommt ein gutes Frühjahr vom Himmel.
Bauernregel für den 24. April

Wenn an St. **Georg** (2) Regen fehlt, wird man hernach damit gequält.
Bauernregel für den 24. April

Nichts ist endgültig geregelt, was nicht **gerecht** geregelt ist.
ABRAHAM LINCOLN

Der **Gerechte** (1) muß viel leiden.
Bibel, Psalm 34,20

Des **Gerechten** (2) Gebet vermag viel.
Bibel, Jakobus 5,16

Die **Gerechtigkeit** (1) ist jene Tugend, die jedem gibt, was ihm gebührt.
AUGUSTINUS

Euch, die ihr meinen Namen fürchtet, wird die Sonne der **Gerechtigkeit** (2) aufgehen.
Bibel, Maleachi 3,20

Gerechtigkeit (3) besteht darin, von keinem Menschen etwas zu nehmen, was ihm gehört.
THOMAS HOBBES

Gerechtigkeit (4) ist das Brot der Nation; die hungert immer danach.
FRANÇOIS RENÉ DE CHATEAUBRIAND

Ich brauche keine Gnade, ich will **Gerechtigkeit** (5).
GOTTHOLD EPHRAIM LESSING, »Minna von Barnhelm«

Wenn die **Gerechtigkeit** (6) untergeht, so hat es keinen Wert mehr, daß Menschen leben auf Erden.
IMMANUEL KANT

Man muß sich für nichts zu **gering** halten.
GEORG CHRISTOPH LICHTENBERG

St. **Gertrud** (1) löscht das Licht, St. Michael zündet's wieder an.
Bauernregel für den 17. März (St. Gertrud), 29. September (St. Michael)

Ist **Gertrude** (2) sonnig, wird's dem Gärtner wonnig.
Bauernregel für den 17. März

Wir sind etwas freigebiger, wenn es auf Kosten der **Gesamtheit** geht, als wir auf eigene Kasse zu sein pflegen.
OTTO V. BISMARCK im Reichstag, 1871

Singe, wem **Gesang** gegeben.
LUDWIG UHLAND, »Freie Kunst«

Nötige **Geschäfte** greifen mich wenig an, aber die unnötigen verbittern. OTTO V. BISMARCK

Gescheite Leute sind immer das beste Konversationslexikon.
JOH. WOLFGANG V. GOETHE, »Maximen und Reflexionen«

Geschenke besänftigen Götter und Menschen.
OVID, »Liebeskunst«

Aus der **Geschichte** (1) der Völker können wir lernen, daß die Völker aus der Geschichte nichts gelernt haben.
GEORG FRIEDRICH WILHELM HEGEL

Daran hängt eine **Geschichte** (2).
WILLIAM SHAKESPEARE, »Wie es euch gefällt«

Die **Geschichte** (3) – eine unauflösbare Rechnung mit drei Unbekannten: Gott, Mensch, Freiheit. FRANK THIESS

Die **Geschichte** (4) einer Kultur ist die fortschreitende Verwirklichung ihres Möglichen. Die Vollendung ist gleichbedeutend mit dem Ende.
OSWALD SPENGLER

Die **Geschichte** (5) ist die Wissenschaft von den Dingen, die sich nicht wiederholen.
PAUL VALÉRY

Die **Geschichte** (6) können wir nicht machen, sondern nur abwarten, daß sie sich vollzieht.
OTTO V. BISMARCK

Es ist eine alte **Geschichte** (7), doch bleibt sie immer neu.
HEINRICH HEINE, »Ein Jüngling liebt ein Mädchen«

Geschichte (8) handelt fast nur von schlechten Menschen, die später gutgesprochen werden.
FRIEDRICH NIETZSCHE

Geschichte (9) ist der Extrakt unzähliger Biographien.
THOMAS CARLYLE

Geschichte (10) ist die Lüge, auf die man sich geeinigt hat.
NAPOLEON I.

Geschichte (11) schreiben ist eine Art, sich das Vergangene vom Halse zu schaffen.
JOH. WOLFGANG V. GOETHE

Doch mit des **Geschickes** Mächten ist kein ew'ger Bund zu flechten.
FRIEDRICH V. SCHILLER, »Wallensteins Tod«

Das zarte **Geschlecht** (1).
Sprichwörtlich für die Frauen

Der große Moment findet ein kleines **Geschlecht** (2).
JOH. WOLFGANG V. GOETHE/FRIEDRICH V. SCHILLER, »Xenien«

Wir heften uns an seine Sohlen, das finstere **Geschlecht** (3) der Nacht.

FRIEDRICH V. SCHILLER, »Die Kraniche des Ibykus«

Geschmack (1) ist sozusagen das Mikroskop der Urteilskraft. JEAN JACQUES ROUSSEAU

Jeder nach seinem **Geschmack** (2).

FRANÇOIS RABELAIS; franz.: *chacun à son goût.*

Über **Geschmack** (3) läßt sich nicht streiten.

Lat. Sprichwort: *de gustibus non est disputandum.*

Die **Geschmäcker** (4) sind verschieden. Sprichwort

Viel **Geschrei** und wenig Wolle.

Sprichwort; aus der Sprache der Schafscherer; schon bei Luther zitiert; Sinn: viel Lärm um nichts

Böse **Geschwätze** verderben gute Sitten.

Bibel, 1. Korinther 15,33

Geschwindigkeit ist keine Hexerei. Sprichwort

Die **Gesellschaft** (1) ist ein Maskenball, bei dem jeder seinen wirklichen Charakter verbirgt und ihn durchs Verbergen bloßlegt.

RALPH WALDO EMERSON

Man soll nicht vergessen, daß die **Gesellschaft** (2) lieber unterhalten als unterrichtet sein will.

Freiherr ADOLF V. KNIGGE

Mit sich selbst ist man nicht immer in der vornehmsten **Gesellschaft** (3). WILHELM BUSCH

Das ist ein ungeschriebenes **Gesetz** (1).

Sprichwörtl. Redensart nach SOLON; Sinn: das versteht sich von selbst

Gesetz (2) ist mächtig, mächtiger ist die Not.

JOH. WOLFGANG V. GOETHE, »Faust«

Nicht das **Gesetz** (3), den Richter fürchte! Russisches Sprichwort

Welch ein künstlich Netz ist doch das **Gesetz** (4). Kleines ist gefangen, Großes durchgegangen. FRIEDRICH V. LOGAU

Das Auge des **Gesetzes** (5) wacht.

Sprichwort nach FRIEDRICH V. SCHILLER, »Die Glocke«

Gesetze (1) sind wie Arzneien. Sie sind gewöhnlich nur Heilung einer Krankheit durch eine geringere oder vorübergehende Krankheit.

OTTO V. BISMARCK

In den verdorbensten Staaten gibt es die meisten **Gesetze** (2). Französisches Sprichwort

Gott hat euch ein **Gesicht** gegeben, und ihr macht euch ein anderes.

WILLIAM SHAKESPEARE, »Hamlet«

Ein **Gespenst** geht um in Europa, das Gespenst des Kommunismus.

KARL MARX/FRIEDRICH ENGELS, »Das kommunistische Manifest«

Du kommst in so fragwürdiger **Gestalt** (1).
WILLIAM SHAKESPEARE, »Hamlet«

Ich liebe dich, mich reizt deine schöne **Gestalt** (2).
JOH. WOLFGANG V. GOETHE, »Der Erlkönig«

Ihr naht euch wieder, schwankende **Gestalten** (3).
JOH. WOLFGANG V. GOETHE, »Faust«

Jemand ist nicht von **gestern.**
Sprichwörtl. Redensart; nach der Bibel, Hiob 8,9: *denn wir sind nicht von gestern hier;* Sinn: man kennt sich aus, man ist schlau

Wer **gesund** (1) ist und arbeiten will, hat in der Welt nichts zu fürchten.
GOTTHOLD EPHRAIM LESSING

Der **gesunde** (2) Menschenverstand ist oft eine der ungesündesten Verständnislosigkeiten. LUDWIG MARCUSE

Der **Gesunde** hat neunzig Wünsche, der Kranke nur einen. Bauernweisheit

Neun Zehntel unseres Glücks allein beruhen auf der **Gesundheit** (1). ARTHUR SCHOPENHAUER

Sorgt für eure **Gesundheit** (2), ohne diese kann man nie gut sein. FRIEDRICH V. SCHILLER

Was aber die **Gesundheit** (3) betrifft, so gehören die Badereisen zum Teil auch zu den Moden der Ärzte.
WILHELM V. HUMBOLDT

Sei **getreu** bis in den Tod, so will ich dir die Krone des Lebens geben.
Bibel, Evangelium des Johannes 2,10; daraus sprichwörtl. Redensart: *getreu bis in den Tod.*

Das ist ziemlich **gewagt.**
Sprichwörtl. Redensart; Sinn: etwas liegt außerhalb der normalen Verhältnisse

Gewalt (1) geht vor Recht.
Sprichwort; nach der Bibel, Habakuk 1,3

Und bist du nicht willig, so brauch' ich **Gewalt** (2).
JOH. WOLFGANG V. GOETHE, »Der Erlkönig«

Allen **Gewalten** (3) zum Trotz sich erhalten, nimmer sich beugen, kräftig sich zeigen, rufet die Arme der Götter herbei.
JOH. WOLFGANG V. GOETHE, »Ein Gleiches«

Viel **Gewaltiges** lebt, doch gewaltiger nichts als der Mensch.
SOPHOKLES, »Antigone«

Doch vielen ja hat schon die Hoffnung auf **Gewinn** (1) den Tod gebracht.
SOPHOKLES, »Antigone«

Gewinn (2) ist Segen, wenn man ihn nicht stiehlt.
WILLIAM SHAKESPEARE, »Der Kaufmann von Venedig«

Was doch der Mensch nicht wagt für den **Gewinn** (3)!
FRIEDRICH V. SCHILLER, »Demetrius«

Wie **gewonnen,** so zerronnen.
Sprichwort

Ein gutes **Gewissen** (1) ist ein sanftes Ruhekissen. Sprichwort

Man hat auch ein **Gewissen** (2).
FRIEDRICH V. SCHILLER, »Wallensteins Tod«

Gewitter reinigen die Luft.
Sprichwort; im übertragenen Sinn für Streit

Die **Gewohnheit** (1) ist eine zweite Natur.
CICERO, »Über die Grenzen von Gut und Böse«

Gewohnheiten (2) sind zuerst Spinnweben, dann Drähte.
Spanisches Sprichwort

Alle Dinge sind **Gift** (1), und nichts ist ohne Gift; allein die Dosis macht, daß ein Ding kein Gift sei.
PARACELSUS, THEOPHRASTUS BOMBAST V. HOHENHEIM

Darauf kannst du **Gift** (2) nehmen!
Sprichwörtl. Redensart; Sinn: darauf kannst du dich verlassen

Gift (3) ist nur für uns Weiber, nicht für Männer.
GOTTHOLD EPHRAIM LESSING, »Emilia Galotti«

Das ist ja der **Gipfel** (1)!
Sprichwörtl. Redensart; Sinn: das ist unerhört

Kannst du nicht wie der Adler fliegen, klettre nur Schritt für Schritt bergan; wer mit Mühe den **Gipfel** (2) gewann, hat auch die Welt zu Füßen liegen.
VICTOR V. BLÜTHGEN, »Einfälle und Ausfälle«

Wer den höchsten **Gipfel** (3) erstieg, ist zu stolz, auf dem zweiten sich zu zeigen.
FRIEDRICH GOTTLIEB KLOPSTOCK

Über allen **Gipfeln** ist Ruh'; in allen Wipfeln spürest du kaum einen Hauch; die Vöglein schweigen im Walde; warte nur, balde ruhest du auch.
JOH. WOLFGANG V. GOETHE, »Ein Gleiches«

Großes wird auf **Gipfeltreffen** nicht bewegt, aber Schlimmeres verhindert.
HELMUT SCHMIDT

Welch **Glanz** in meiner Hütte!
Sprichwörtl. Redensart; nach FRIEDRICH V. SCHILLER, »Die Jungfrau von Orléans«: *wie kommt mir solcher Glanz in . . .*; meist etwas ironisch für bestimmten Besuch gemeint

Dieses **Glas** dem guten Geist überm Sternenzelt dort oben.
FRIEDRICH V. SCHILLER, »An die Freude«

Wer im **Glashaus** sitzt, soll nicht mit Steinen werfen.
Sprichwort

Alles wanket, wo der **Glaube** (1) fehlt.
FRIEDRICH V. SCHILLER, »Wallensteins Tod«

Das Wort ist tot, der **Glaube** (2) macht lebendig.
FRIEDRICH V. SCHILLER, »Maria Stuart«

Der **Glaube** (3) gibt uns weder die Illusion, wir könnten von Leid und Schmerzen ausgenommen werden, noch läßt er

uns annehmen, das Leben sei ein Schauspiel ohne dramatische Augenblicke und Verwicklungen. Vielmehr wappnet er uns mit der inneren Ausgeglichenheit, die wir brauchen, um den unvermeidlichen Spannungen, Lasten und Ängsten entgegenzutreten.
MARTIN LUTHER KING

Der **Glaube** (4) ist der Heiligen Schrift Schlüssel.
MARTIN LUTHER

Der **Glaube** (5) ist nicht der Anfang, sondern das Ende allen Wissens.
JOH. WOLFGANG V. GOETHE

Der **Glaube** (6) ist zur Ruhe gut, doch bringt er nicht von der Stelle.　THEODOR STORM

Der **Glaube** (7) kann Berge versetzen.
Redensart; nach der Bibel, 1. Korinther 13,2

Der **Glaube** (8) macht selig / Glauben macht selig.
Sprichwörtl. Redensart; nach der Bibel, Markus 16,16

Der **Glaube** (9) sieht aufs Wort, nicht auf den Prediger.
MARTIN LUTHER

Nun aber bleibt **Glaube** (10), Liebe, Hoffnung, diese drei; aber die Liebe ist die größte unter ihnen.
Bibel, 1. Korinther 13,13

Gesegnet, wer im **Glauben** (11) treu; er wird erlöst durch Buß' und Reu'.
RICHARD WAGNER, »Thannhäuser«

Vor dem **Glauben** (12) gilt keine Stimme der Natur.
FRIEDRICH V. SCHILLER, »Don Carlos«

Wer meint, **Glauben** (13) in dieser Zeit sei eine Zumutung, dem sei gesagt, daß Glauben schon immer Zumutung war.
AXEL SPRINGER

Der dürre Stab kann Zweige treiben in des **Glaubens** (14) Hand.
FRIEDRICH V. SCHILLER, »Maria Stuart«

Es ist nur eine wahre Religion, aber es kann vielerlei Art des **Glaubens** (15) geben.
IMMANUEL KANT, »Die Religion innerhalb der Grenzen der bloßen Vernunft«

Glauben (1) ist nichts anderes, als für wahr halten, was man nicht sieht.　AUGUSTINUS

Glauben (2) ist Vertrauen, nicht Wissenwollen.
HERMANN HESSE

Man sollte nur die Hälfte **glauben** (3) von dem, was erzählt wird.　　　　Sprichwort

Selig sind, die nicht sehen und doch **glauben** (4).
Bibel, Evangelium des Johannes 20,29

Wer's **glaubt** (5), wird selig.
Sprichwörtl. Redensart; nach der Bibel, Markus 16,16; gemeint: man muß skeptisch sein

Gleich und gleich gesellt sich gern.
Sprichwörtl. Redensart; nach CICERO, »Cato Maior über das Greisenalter«

Gleichgültigkeit ist die mildeste Form der Intoleranz.

KARL JASPERS

Die **Gleichheit,** die wir verlangen, ist die erträglichste Form der Ungleichheit.

GEORG CHRISTOPH LICHTENBERG

Das ermüdende **Gleichmaß** der Tage.

FRIEDRICH V. SCHILLER, »Die Braut von Messina«

Alles Vergängliche ist nur ein **Gleichnis.**

JOH. WOLFGANG V. GOETHE, »Faust«

Etwas an die große **Glocke** (1) hängen.

Sprichwörtl. Redensart; nach altem Brauch verkündete das Läuten der großen Kirchenglocke bedeutende Ereignisse; Sinn: etwas bekannt machen

Heute muß die **Glocke** (2) werden.

FRIEDRICH V. SCHILLER, »Die Glocke«

Je höher die **Glocke** (3), je heller ihr Klang.   Sprichwort

Die **Glocken** (1) sind die Artillerie der Geistlichkeit.

KAISER FRANZ JOSEPH I. VON ÖSTERREICH

Kleine **Glocken** (2) klingen auch.   Sprichwort

Nun laßt die **Glocken** (3) von Turm zu Turm durchs Land frohlocken im Jubelsturm.

EMANUEL GEIBEL, »Heroldsrufe«

Ach, warum ihr Götter, ist unendlich alles, alles! – endlich unser **Glück** (1) nur!

JOH. WOLFGANG V. GOETHE, »Pandora«

Das **Glück** (2) des Lebens kann niemand schmieden, immer nur das Glück des Augenblicks.

KARL HEINRICH WAGGERL

Das **Glück** (3) ist blind.

Sprichwort; nach CICERO, »Laelius«; lat.: *fortuna caeca est.*

Das höchste **Glück** (4) des Lebens besteht in der Überzeugung, geliebt zu werden.

VICTOR HUGO

Das höchste **Glück** (5) des Menschen ist die Befreiung von der Furcht.

WALTHER RATHENAU

Das vollkommene **Glück** (6) ist unbekannt; für den Menschen ist es nicht geschaffen.

FRANÇOISE-MARIE VOLTAIRE

Doch warn' ich dich, dem **Glück** (7) zu trauen.

FRIEDRICH V. SCHILLER

Glück (8) ist die Abwesenheit von Schmerzen.

Chinesisches Sprichwort

Glück (9) besteht aus einem hübschen Bankkonto, einer guten Köchin und einer tadellosen Verdauung.

JEAN JACQUES ROUSSEAU

Glück (10) – das ist einfach gute Gesundheit und ein schlechtes Gedächtnis.

ERNEST HEMINGWAY

Glück (11), Glück! Wer will sagen, was du bist und wo du bist.
THEODOR FONTANE, »Der Stechlin«

Glück (12) hilft nur manchmal, Arbeit immer.
FRIEDRICH RÜCKERT, »Die Weisheit des Brahmanen«

Glück (13) im Spiel – Pech in der Liebe.   Sprichwort

Glück (14) ist nicht in einem ewig lachenden Himmel zu suchen, sondern in ganz feinen Kleinigkeiten, aus denen wir unser Leben zurechtzimmern.
CARMEN SYLVA

Glück (15) ist Selbstgenügsamkeit.   ARISTOTELES

Glück (16) und Glas, wie leicht bricht das.   Sprichwort

Mehr **Glück** (17) als Verstand haben.   Sprichwörtl. Redensart

Viele Menschen versäumen das kleine **Glück** (18), weil sie auf das große vergeblich warten.   PEARL S. BUCK

Vollkommen ist kein **Glück** (19) auf dieser Erde.   HORAZ

Wer dem großen **Glück** (20) nachläuft, entläuft der Ruhe.
Jüdisches Sprichwort

Ein Augenblick des **Glücks** (21) wiegt Jahrtausende des Nachruhms auf.
FRIEDRICH DER GROSSE

In der Verachtung des Ehrgeizes begegnen wir einem der Prinzipien des **Glücks** (22) dieser Erde.   EDGAR ALLAN POE

Glücklich (1) ist nicht, wer anderen so vorkommt, sondern wer sich selbst dafür hält.
SENECA

Glücklich (2), wer vergißt, was nicht mehr zu ändern ist.
Aus der Operette »Die Fledermaus«; Musik von JOHANN STRAUSS

Niemand ist vor seinem Tode **glücklich** (3) zu preisen. SOLON

Wenn man **glücklich** (4) ist, soll man nicht noch glücklicher werden wollen.
THEODOR FONTANE, »Unwiederbringlich«

Wie **glücklich** (5) würde mancher leben, wenn er sich um anderer Leute Sachen so wenig bekümmerte als um seine eigenen.
GEORG CHRISTOPH LICHTENBERG

Dem **Glücklichen** schlägt keine Stunde.
Redensart; nach FRIEDRICH V. SCHILLER, »Die Piccolomini«; eigentlich: *die Uhr schlägt keinem Glücklichen.*

Das ist das Geheimnis der **Gnade** (1): es ist niemals zu spät.   FRANÇOIS MAURIAC

Gnade (2) vor Recht ergehen lassen.
Sprichwörtl. Redensart; Sinn: milde beurteilen

Gnade (3) ist die Stütze der Gerechtigkeit.
Russisches Sprichwort

Ohne **Gnade** (4) und Barmherzigkeit.
Sprichwörtl. Redensart; nach der Bibel, Jeremias 16,5

Es ist nicht alles **Gold** (1), was glänzt.
Sprichwort; bei FRIEDRICH HEBBEL, »Tagebücher«; ergänzt: ... *aber es glänzt auch nicht alles, was Gold ist.*

Nach **Golde** (2) drängt, am Golde hängt doch alles.
JOH. WOLFGANG V. GOETHE, »Faust«

Jetzt fürwahr ist die **goldene** (1) Zeit; denn die größte Ehre zollt man dem Golde, um Gold steht auch die Liebe zum Kauf.
OVID, »Liebeskunst«

Mein Freund, die **goldne** (2) Zeit ist wohl vorbei; allein die Guten bringen sie zurück.
JOH. WOLFGANG V. GOETHE, »Torquato Tasso«

Man sollte nicht alles auf die **Goldwaage** legen.
Sprichwörtl. Redensart; Sinn: man soll nicht zu genau sein, da die Waage das Gewicht des Goldes besonders präzise anzeigt

Den **Gordischen** Knoten durchhauen.
Sprichwörtl. Redensart; Sinn: ein schwieriges Problem auf einfache Weise lösen, so wie Alexander der Große den bekannten Knoten in Gordium durchhauen hat, statt sich ums Aufknüpfen zu bemühen

Bei **Gott** (1) ist kein Ding unmöglich.
Bibel, Lukas 1,37

Das heißt nicht: **Gott** (2) vertrauen, das heißt: Gott versuchen.
FRIEDRICH V. SCHILLER, »Wilhelm Tell«

Den lieben **Gott** (3) einen guten Mann sein lassen.
Sprichwörtl. Redensart; Sinn: sich keine unnötigen Sorgen machen

Du bist wohl von **Gott** (4) verlassen.
Sprichwörtl. Redensart als Ausdruck von Entsetzen oder Empörung; nach der Bibel, Markus 15,33

Es gibt unzählige Definitionen von **Gott** (5). Doch ich bete Gott nur als Wahrheit an.
MAHATMA GANDHI

Es lebt ein **Gott** (6) zu strafen und zu rächen.
FRIEDRICH V. SCHILLER, »Wilhelm Tell«

Gott (7) achtet mich, wenn ich arbeite, aber er liebt mich, wenn ich singe.
RABINDRANATH TAGORE

Gott (8) ist tot.
FRIEDRICH NIETZSCHE, »Von den Mitleidigen«

Gott (9) mit uns!
Wahlspruch der preuß. Könige; nach der Bibel, Matthäus 1,23

Gott (10) sei's gelobt, getrommelt und gepfiffen.
Sprichwörtl. Redensart als Ausdruck der Erleichterung

Gott (11) und Natur sind zwei Größen, die sich vollkommen gleich sind.
FRIEDRICH V. SCHILLER

Gott (12) wohnt, wo man ihn einläßt. MARTIN BUBER

Großer **Gott** (13), wir loben dich. Kirchenlied

Hilf dir selbst, so hilft dir **Gott** (14). Sprichwort

Ich glaube, daß **Gott** (15) uns in jeder Notlage soviel Widerstandskraft geben will, wie wir brauchen. Aber er gibt sie nicht im voraus, damit wir uns nicht auf uns selbst verlassen. DIETRICH BONHOEFFER

Ist **Gott** (16) für uns, wer mag wider uns sein? Bibel, Römer 8,31

Jeder für sich, **Gott** (17) für alle. Sprichwort

Mit **Gott** (18) für König und Vaterland. Aufschrift des 1813 vom preuß. König Friedrich Wilhelm III. gestifteten Landwehrkreuzes

Man muß **Gott** (19) mehr gehorchen als den Menschen. Bibel, Apostelgeschichte 5,29

O denket, daß ein **Gott** (20) im Himmel ist, dem ihr müßt Rede stehn für eure Taten. FRIEDRICH V. SCHILLER, »Wilhelm Tell«

Und **Gott** (21) sah, daß es gut war. Bibel, 1. Moses 1,1; an mehreren Stellen der Schöpfungsgeschichte

Was nun **Gott** (22) zusammengefügt hat, soll der Mensch nicht scheiden. Bibel, Matthäus 19,6

Wir Deutschen fürchten **Gott** (23), aber sonst nichts auf der Welt. OTTO V. BISMARCK im Reichstag, 1888

Wir glauben alle an einen **Gott** (24). MARTIN LUTHER, »Patrem«

Wir wissen, daß denen, die **Gott** (25) lieben, alle Dinge zum Besten dienen. Bibel, Römer 8,28

Wohin du auch gehen magst, immer begegnest du **Gott** (26). Gott ist, was vor dir war. ANDRÉ GIDE

Dein Wort in **Gottes** (27) Ohr! Sprichwörtl. Redensart; Sinn: man wünscht, der andere möge recht behalten, glaubt es aber nicht so ganz

Die Rätsel **Gottes** (28) sind befriedigender als die Lösungen der Menschen. GILBERT KEITH CHESTERTON

Von **Gottes** (29) Gnaden. Bibel, 1. Korinther 3,10

Das ist ein Schauspiel für **Götter** (1). Sprichwörtl. Redensart; nach JOH. WOLFGANG V. GOETHE, »Erwin und Elmira«

Das wissen die **Götter** (2)! Sprichwörtl. Redensart; Sinn: dies ist menschlicher Erkenntnis verschlossen

Du sollst keine anderen **Götter** (3) haben neben mir! Bibel, 2. Moses 20,3; 1. Gebot

Der Rest für die **Gottlosen**.
Sprichwörtl. Redensart; nach der Bibel, Psalm 75,5: Gott schenkt starken Wein ein, und die Gottlosen müssen sogar die Hefe schlürfen, d. h. die Neige

Stirb, **Götz**! – Du hast dich sehr überlebt.
JOH. WOLFGANG V. GOETHE, »Götz von Berlichingen«

Es braucht kein Geist vom **Grabe** herzukommen, um das zu sagen.
WILLIAM SHAKESPEARE, »Hamlet«

Auf deinem **Grabstein** wird man lesen: Das ist fürwahr ein Mensch gewesen.
JOH. WOLFGANG V. GOETHE, Grabschrift

Das **Gras** (1) wachsen hören.
Sprichwörtl. Redensart; Sinn: jmd. weiß immer etwas besser Bescheid als andere

Wenn über eine dumme Sache endlich **Gras** (2) gewachsen ist, kommt sicher ein Kamel und frißt es ab. Sprichwort

Drei **Grazien**.
Sprichwörtlich; nach der griech. Sage die drei Töchter des Zeus: Aglaia, Euphrosyne, Thalia

Gregor zeigt dem Bauern an, daß im Feld er säen kann.
Bauernregel für den 12. März

Das Land der **Griechen** mit der Seele suchend.
JOH. WOLFGANG V. GOETHE, »Iphigenie auf Tauris«

Der **Groschen** ist gefallen.
Sprichwörtl. Redensart; Sinn: man hat eine Sache endlich verstanden, »geschluckt«, so wie ein Automat das Geld schluckt

Groß (1) ist, wer das Furchtbare überwindet, erhaben ist, wer es, auch selbst unterliegend, nicht fürchtet. Groß kann man sich im Glück, erhaben nur im Unglück zeigen.
FRIEDRICH V. SCHILLER

Ein **großer** (2) Mensch ist einer, der über die Menschheit hinausragt oder der sie unterdrückt. GEORGE LORD BYRON

Die **Großen** (3) der Erde.
Sprichwörtl. Redensart; nach der Bibel, 2. Samuel 7,9

Das **Große** findet man nicht am Wegrand. AXEL SPRINGER

Größe (1) heißt: Richtung geben. FRIEDRICH NIETZSCHE

Irdische **Größe** (2) erlischt wie ein Traum.
Aus der Oper »Zar und Zimmermann« von ALBERT LORTZING

Als der Großvater die **Großmutter** (1) nahm.
AUGUST FRIEDRICH ERNST LANGBEIN, »Großvaterlied«; auch bei ROBERT SCHUMANN, »Karneval«, »Papillon«

Großmutter (2) heißen ist kaum minder lieb als einer Mutter innigsüßer Name.
WILLIAM SHAKESPEARE, »Richard III.«

Wer andern eine **Grube** gräbt, fällt meistens selbst hinein.
Sprichwort; nach der Bibel, Sprüche Salomos 26,27

Grünanlagen sind Streicheleinheiten der öffentlichen Hand. OLIVER HASSENCAMP

In einem kühlen **Grunde**, da geht ein Mühlenrad.
JOSEPH V. EICHENDORFF, »Das zerbrochene Ringlein«

Den besseren **Gründen** müssen gute weichen.
WILLIAM SHAKESPEARE »Caesar«

Für etwas einen **Grundstein** legen.
Sprichwörtl. Redensart; nach der Bibel, Jesaja 28,16

Grüß' Euch Gott, alle miteinander.
Aus der Operette »Der Vogelhändler«; Musik von CARL ZELLER

Auf **Gunst** (1) nicht bau!
JOH. GOTTFRIED HERDER, »Stimmen der Völker in Liedern«

Die **Gunst** (2) der Stunde nützen. Sprichwörtl. Redensart

Die erste **Gunst** (3) ist Gunst, die zweite schon Verpflichtung. Chinesisches Sprichwort

Du hast der Götter **Gunst** (4) erfahren.
FRIEDRICH V. SCHILLER, »Der Ring des Polykrates«

Ein Tag der **Gunst** (5) ist wie ein Tag der Ernte; man muß geschäftig sein, sobald sie reift.
JOH. WOLFGANG V. GOETHE, »Torquato Tasso«

Ein Unze **Gunst** (6) ist mehr wert als ein Pfund Gerechtigkeit. Französisches Sprichwort

Wem Gott will rechte **Gunst** (7) erweisen, den schickt er in die weite Welt.
JOSEPH V. EICHENDORFF

Den **Gürtel** (1) enger schnallen.
Sprichwörtl. Redensart; Sinn: hungern müssen oder wollen

Mit dem **Gürtel** (2), mit dem Schleier reißt der schöne Wahn entzwei.
FRIEDRICH V. SCHILLER, »Die Glocke«; gemeint: die Zeit nach der Hochzeit

Nichts wird **gut** (1) und vollkommen sein, bevor die Menschen nicht selbst gut und vollkommen geworden sind.
THOMAS MORUS

Und es war alles, alles **gut** (2).
JOSEPH V. EICHENDORFF, »Aus dem Leben eines Taugenichts«, Schlußworte

Das **Gute** (1) – dieser Satz steht fest, ist stets das Böse, das man läßt.
WILHELM BUSCH, »Die fromme Helene«

Oft büßt das **Gute** (2) ein, wer Bessres sucht.
WILLIAM SHAKESPEARE, »König Lear«

Es gibt nichts **Gutes** (3): außer man tut es. ERICH KÄSTNER

Gott lohnt **Gutes** (4), hier getan, auch hier noch.
GOTTHOLD EPHRAIM LESSING, »Nathan der Weise«

Jenseits von **Gut** (5) und Böse.
Sprichwörtl. Redensart für jmd.,
der schon ziemlich alt ist; nach
gleichnamigem Werk von FRIED-
RICH NIETZSCHE

Der **Güter** (1) höchstes dürfen
wir verteidigen gegen Gewalt –
wir stehn für unser Land, wir
stehn für unsre Weiber, unsre
Kinder.
FRIEDRICH V. SCHILLER, »Wilhelm
Tell«

Wer früh erwirbt, lernt früh
den hohen Wert der holden
Güter (2) dieses Lebens schätzen.
JOH. WOLFGANG V. GOETHE, »Torquato Tasso«

Sich an einer Sache **gütlich**
tun.
Sprichwörtl. Redensart; nach der
Bibel, Prediger Salomo 3,12; Sinn:
etwas ausnützen

Graue **Haare** (1) sind eine Krone der Ehren.
Bibel, Sprüche Salomos 16,31; ähnlich 20,29: *graues Haar ist der Alten Schmuck.*

Jemandem stehen die **Haare** (2) zu Berge.
Sprichwörtl. Redensart; nach der Bibel, Hiob 4,15; Sinn: man ist entsetzt

Jemand hat **Haare** (3) auf den Zähnen.
Sprichwörtl. Redensart; nach der alten Ansicht, daß volle Behaarung volle Manneskraft bedeute; Sinn: jmd. läßt sich nichts gefallen

Krause **Haare** (4), krauser Sinn, steckt der Deibel neunmal drin. Sprichwort

Ich **habe** dich – das ist die Fülle. Ich habe dich – mein Wünschen ruht.
FERDINAND FREILIGRATH, »Ruhe in der Geliebten«

Jemanden sticht der **Hafer.**
Sprichwörtl. Redensart; Sinn: jmd. wird übermütig, so wie ein Pferd, das zuviel Hafer erhält

Den roten **Hahn** (1) aufs Dach setzen.
Sprichwörtl. Redensart; Sinn: Feuer legen

Der **Hahn** (2) im Korb sein.
Sprichwörtl. Redensart; Sinn; als einziger Mann unter lauter Frauen sein

Ehe der **Hahn** (3) kräht, wirst du mich dreimal verleugnen.
Bibel, Matthäus 26,34; Jesus zu Petrus

Wenn der **Hahn** (4) kräht auf dem Mist, ändert sich das Wetter oder es bleibt, wie es ist.
Scherzhaftes Sprichwort, das sich über die Wettervorhersagen lustig macht

Wohl gefällt der **Hahn** (5) sich auf seinem Mist, wo ihm untertan jede Henne ist.
FRIEDRICH RÜCKERT

Manche **Hähne** (6) glauben, daß die Sonne ihretwegen aufgeht. THEODOR FONTANE

Und der **Haifisch,** der hat Zähne.
Aus der »Dreigroschenoper« von BERTOLT BRECHT; Musik von KURT WEILL

Was ein **Häkchen** werden will, krümmt sich beizeiten.
Sprichwort

Halb zog sie ihn, halb sank er hin.
JOH. WOLFGANG V. GOETHE, »Der Fischer«

Halbgebildete sind Leute, die glauben, Shaw habe sein Stück »Pygmalion« nach Motiven aus »My fair Lady« geschrieben. PAUL HUBSCHMID

Das kostet den **Hals** (1).
Sprichwörtl. Redensart; nach der Bibel, 1. Chronik 12,19; Sinn: etwas hat üble Folgen

Hals (2) über Kopf.
Sprichwörtl. Redensart; Sinn: wenn man etwas hastig tut

Hals- (3) und Beinbruch.
Sprichwort; Sinn: man wünscht Erfolg

Jemandem steht das Wasser bis zum **Halse** (4).
Sprichwörtl. Redensart; Sinn: man ist in einer Notlage

Die **Hand** (1), die Sie mir geben, ist ein schönes Geschenk. Ich werde sie nicht loslassen.
RICHARD V. WEIZSÄCKER, 1985 anläßlich seiner Israelreise

Eine **Hand** (2) wäscht die andere.
Lat. Sprichwort; nach SENECA; lat.: *manus manum lavat.*

Eine Sache hat **Hand** (3) und Fuß.
Sprichwörtl. Redensart; Sinn: etwas ist in Ordnung; vollständig; vgl. dazu: Strafen wurden früher häufig durch Abhacken von Gliedmaßen vollzogen; der Körper des Bestraften wurde verstümmelt

Ich küsse Ihre **Hand** (4), Madame!
Schlager aus den Zwanziger Jahren; Musik von RALF ERWIN

Laß deine linke **Hand** (5) nicht wissen, was deine rechte tut.
Bibel, Matthäus 6,3

Reich mir die **Hand** (6), mein Leben.
Aus der Oper »Don Giovanni; Musik von WOLFGANG AMADEUS MOZART

Wie eiskalt ist dies **Händchen.**
Aus der Oper »La Bohème«; Musik von GIACOMO PUCCINI

Seine **Hände** (1) in Unschuld waschen.
Sprichwörtl. Redensart; nach der Bibel, u. a. Matthäus 27,24, wo Pilatus durch Waschen seiner Hände seine Unschuld an der Verurteilung JESU zeigt

Sie erhoben die **Hände** (2) zum lecker bereiteten Mahle.
Sprichwort; nach der »Ilias« des HOMER; bekannt durch die Übersetzung von JOH. HEINRICH VOSS

Jemanden auf **Händen** (3) tragen.
Sprichwörtl. Redensart; nach der Bibel, Psalm 91,12; Sinn: jmd. verwöhnen

Laß diesen **Händedruck** dir sagen, was unaussprechlich ist.
JOH. WOLFGANG V. GOETHE, »Faust«

Des Bauern **Handschlag,** edler Herr, ist auch ein Manneswort.
FRIEDRICH V. SCHILLER, »Wilhelm Tell«

Handwerk (1) hat goldenen Boden. Sprichwort

Jemandem das **Handwerk** (2) legen.
Sprichwörtl. Redensart; nach altem Sprachgebrauch bedeutet *legen* ein Ende machen, d. h. die Ausübung eines Handwerks verbieten; Sinn: jmd. hindern, etwas zu tun (meist etwas Böses)

Versöhnt man sich, so bleibt doch etwas **hängen.**
JOH. WOLFGANG V. GOETHE, »Faust«

Was **Hänschen** nicht lernt, lernt Hans nimmermehr.
Sprichwort

Gelobt sei, was **hart** macht.
FRIEDRICH NIETZSCHE, »Zarathustra«

Da liegt der **Hase** (1) im Pfeffer.
Sprichwörtl. Redensart; Sinn: eine Situation ist so verzwickt, daß man keinen Ausweg sieht, wie der Hase, wenn er in gepfefferter Soße liegt

Man weiß, wie der **Hase** (2) läuft.
Sprichwörtl. Redensart; Sinn: man weiß Bescheid, kennt auch die Haken, die der Hase schlägt

Mein Name ist **Hase** (3), ich weiß von nichts.
Sprichwörtl. Redensart; nach einer Aussage des Studenten VIKTOR HASE, als man seine Studentenkarte wiederfand, mit deren Hilfe ein Freund nach einem Duell über die Landesgrenzen entkommen konnte

Das **Hasenpanier** ergreifen.
Sprichwörtl. Redensart; in der Jägersprache heißt der Schwanz des Hasen Fahne, die der bei der Flucht hochreckt, so wie man ein Panier (Fahne) hochhält; Sinn: aus Feigheit die Flucht ergreifen

Bezwingt des Herzen Bitterkeit. Es bringt nicht gute Frucht, wenn **Haß** (1) dem Haß begegne.
FRIEDRICH V. SCHILLER, »Maria Stuart«

Der **Haß** (2) ist die Liebe, die gescheitert ist.
SÖREN KIERKEGAARD

Die Liebe ist einäugig, der **Haß** (3) blind.
Dänisches Sprichwort

Wenn der **Haß** (4) feige wird, geht er maskiert in Gesellschaft und nennt sich Gerechtigkeit.   ARTHUR SCHNITZLER

Man kann nur **hassen** (1), wenn man einmal sehr geliebt hat.   FRANÇOIS MAURIAC

Mögen sie **hassen** (2), wenn sie mich nur fürchten.
LUCUIS ACCIUS, »Atreus«; zitiert bei CICERO und SENECA; nach SUETON das Lieblingswort Kaiser Caligulas; lat.: *oderint, dum metuant.*

Häßlichkeit entstellt immer, selbst das schönste Frauenzimmer.   Berliner Sprichwort

Kommet zu **Hauf!**
JOACHIM NEANDER, Kirchenlied »Lobet den Herrn«

Verzage nicht, du **Häuflein** klein.
MICHAEL ALTENBURG, Kirchenlied

Schwer ruht das **Haupt** (1), das eine Krone drückt.
WILLIAM SHAKESPEARE, »Heinrich IV.«

Sein greises **Haupt** (2) schütteln.
Sprichwörtl. Redensart; nach ADELBERT V. CHAMISSO, »Schloß Boncourt«

Er zählt die **Häupter** (3) seiner Lieben.
FRIEDRICH V. SCHILLER, »Die Glocke«; scherzhaft ergänzt: ... *und sieh, statt sechse sind es sieben!*

Auf daß mein **Haus** (1) voll werde!   Bibel, Lukas 14,23

Du sollst nicht begehren deines Nächsten **Haus** (2).
Bibel, 2. Moses 20,17; 9. Gebot

Sein **Haus** (3) bestellen.
Sprichwörtl. Redensart; nach der
Bibel, Jesaja 38,1; Sinn: Ordnung
in seine Angelegenheiten bringen

Sieht man am **Haus** (4) doch
gleich so deutlich, wes Sinnes
der Herr sei.
JOH. WOLFGANG V. GOETHE

Aus dem **Häuschen** sein.
Sprichwörtl. Redensart; Sinn: aufgeregt sein; nach christlicher Vorstellung ist der Leib das Haus der
Seele: wer aus dem Häuschen ist,
ist also nicht mehr bei sich selbst

Der **Haussegen** hängt schief.
Sprichwörtl. Redensart; Sinn: es
gibt Streit im Haus

Mit **Haut** (1) und Haaren.
Sprichwörtl. Redensart; Sinn: ganz
und gar, vollständig

Niemand kann aus seiner **Haut**
(2) heraus.   Sprichwort

Es gibt kein Bier auf **Hawaii.**
Schlager der fünfziger Jahre

Alle **Hebel** in Bewegung setzen.
Sprichwörtl. Redensart; Sinn: alle
Kräfte aufbieten, alle Möglichkeiten ausschöpfen

Die Menge der himmlischen
Heerscharen.
Bibel, Lukas 2,13; gemeint sind
die Engel

Der **Hehler** ist schlimmer als
der Stehler.   Sprichwort

Eine **Heidenangst** haben.
Sprichwörtl. Redensart; Sinn: große Angst; beide Sprüche gehen auf
die Kampagnen Karls des Großen
zurück, die Heiden zu bekehren,
deren Angst, Bibelsprüche u. ä.

nicht gut genug auswendig zu kennen, deshalb sehr groß war

Einen **Heidenlärm** machen.
Sprichwörtl. Redensart; Sinn: laut

Heil sei dem Tag, an welchem
du bei uns erschienen!
Aus der Oper »Zar und Zimmermann« von ALBERT LORTZING

Nichts **Heiliges** ist mehr – es lö-
sen sich alle Bande frommer
Scheu.
FRIEDRICH V. SCHILLER,
»Die Glocke«

Der ist in tiefster Seele treu,
der seine **Heimat** (1) liebt wie
du.
THEODOR FONTANE, »Archibald
Douglas«

Die Welt, die fremde, lohnt
mit Kränkung, was sich um-
werbend ihr gesellt; das Haus,
die **Heimat** (2), die Beschränkung, die sind das Glück und
sind die Welt.
THEODOR FONTANE

Weh dem, der keine **Heimat**
(3) hat!
FRIEDRICH NIETZSCHE, »Vereins-
amt«

Nun ade, du mein lieb' **Hei-
matland!**
Lied; eigentlich Soldatenweise von
AUGUST DISSELHOF

Heinerle, Heinerle, hab kein
Geld.
Aus der Operette »Der fidele
Bauer«; Musik von LEO FALL

Heinrich (1)! Der Wagen
bricht!
Aus dem Märchen »Der Frosch-
könig« der GEBRÜDER GRIMM

Heinrich (2)! Mir graut's vor dir!
JOH. WOLFGANG V. GOETHE, »Faust«

Wie war zu Köln es doch vordem mit **Heinzelmännchen** so bequem!
AUGUST KOPISCH, »Die Heinzelmännchen von Köln«

Die **Heirat** ist ein Vogelhaus – wer drin ist, der will wieder raus.   Sprichwort

Heiraten (1) bedeutet, seine Rechte halbieren und seine Pflichten verdoppeln.
ARTHUR SCHOPENHAUER

Heiraten (2) ist, als stecke man eine Schlange in die Tasche.
Afrikanisches Sprichwort

Heiraten (3) ist gut, aber Nichtheiraten ist besser.
Sprichwort; nach der Bibel, 1. Korinther 7,38

Heiterkeit ist der Himmel, unter dem alles gedeiht.
JEAN PAUL

Der **Held** (1) ist einer, der fünf Minuten länger tapfer ist als der gewöhnliche Mann.
RALPH WALDO EMERSON

Schön wie ein Gott und männlich wie ein **Held** (2).
FRIEDRICH V. SCHILLER, »Die Braut von Messina«

So stirbt ein **Held** (3).
FRIEDRICH V. SCHILLER, »Die Räuber«

Das war kein **Heldenstück,** Octavio!
FRIEDRICH V. SCHILLER, »Wallensteins Tod«

Du siehst mit diesem Trank im Leibe **Helenen** bald in jedem Weibe.
JOH. WOLFGANG V. GOETHE, »Faust«

Greif an mit Gott, dem Nächsten muß man **helfen** (1), es kann uns allen Gleiches ja begegnen.
FRIEDRICH V. SCHILLER, »Wilhelm Tell«

Man kann nicht allen **helfen** (2), sagt der Engherzige – und hilft keinem.
MARIE V. EBNER-ESCHENBACH, Aphorismen

Wer nicht im Augenblick hilft, scheint mir nie zu **helfen** (3).
JOH. WOLFGANG V. GOETHE, »Wilhelm Meisters Lehrjahre«

Helft (4) mir, ach ihr hohen Mächte!
JOH. WOLFGANG V. GOETHE, »Der Zauberlehrling«

Hilf (5) dir selbst, so hilft dir Gott.   Sprichwort

Hilf (6) mir nur erst aus meinen Nöten, Freund; die Rede kannst du nachher halten.
JEAN DE LA FONTAINE

Hilft (7) Gott uns nicht, kein Kaiser kann uns helfen.
FRIEDRICH V. SCHILLER, »Wilhelm Tell«

Dem Manne kann **geholfen** (8) werden.
FRIEDRICH V. SCHILLER, »Die Räuber«

Dem **Helfer** (1) half der Helfer droben.
JOH. WOLFGANG V. GOETHE, »Faust«

Die Polizei – dein Freund und **Helfer** (2).   Slogan

Nur **Helios** vermag's zu sagen, der alles Irdische bescheint.
FRIEDRICH V. SCHILLER, »Die Kraniche des Ibykus«

Seinen letzten **Heller** weggeben.
Sprichwörtl. Redensart; nach der Bibel, Matthäus 5,26; Sinn: sehr hilfsbereit sein

Das **Hemd** ist mir näher als der Rock.
Sprichwort; nach PLAUTUS »Trinummus«

Sich etwas **herausnehmen.**
Sprichwörtl. Redensart; Sinn: frech und vorlaut sein; früher nahmen alle das Essen aus einer gemeinsamen Schüssel, und wer frech war, langte zuerst zu

Eigener **Herd** ist Goldes wert.
Sprichwort

Herein – wenn's kein Schneider ist.   Sprichwort

Herkules am Scheidewege.
Sprichwörtl. Redensart; Sinn: man muß sich zwischen zwei Dingen entscheiden, wie der Held der griech. Sage

Hermann heeßt er.
Couplet; gesungen von CLAIRE WALDOFF

Der **Herr** (1) ist mein Hirte, mir wird nichts mangeln.
Bibel, Psalm 23,1

Der **Herr** (2) lasse sein Angesicht leuchten über dir und sei dir gnädig.
Bibel, 4. Moses 6,25

Ein Mensch sieht, was vor Augen ist, der **Herr** (3) aber sieht das Herz an.
Bibel, 1. Samuel 16,7

Ich bin der **Herr** (4), dein Gott. Du sollst keine anderen Götter haben neben mir.
Bibel, 2. Moses 20,2−3; 1. Gebot

Wie der **Herr** (5), so s' Gescherr.
Sprichwort; nach PLAUTUS; gemeint: das Gesinde

Danket dem **Herrn** (6), denn er ist freundlich, und seine Güte währet ewiglich.
Bibel, 1. Chronik 16,34

Das wollen alle **Herren** (1) sein, und keiner ist der Herr von sich.
JOH. WOLFGANG V. GOETHE, »Zahme Xenien«

Niemand kann zwei **Herren** (2) dienen.
Sprichwörtl. Redensart; nach der Bibel, Matthäus 6,24; meist zitiert: *zween Herren . . .*

Herrlich und in Freuden leben.
Sprichwörtl. Redensart; nach der Bibel, Lukas 16,19

Es ist so schön zu **herrschen!**
JOH. WOLFGANG V. GOETHE, »Egmont«

Da lacht einem das **Herz** (1) im Leibe!
Sprichwörtl. Redensart

Das **Herz** (2) auf der Zunge tragen.
Sprichwörtl. Redensart; Sinn: seine Gedanken offen aussprechen

Das **Herz** (3) und nicht die Meinung ehrt den Mann.
FRIEDRICH V. SCHILLER, »Wallensteins Tod«

Doch werdet ihr nie **Herz** (4) zu Herzen schaffen, wenn es euch nicht von Herzen geht.
JOH. WOLFGANG V. GOETHE, »Faust«

Ein **Herz** (5) und eine Seele.
Sprichwörtl. Redensart; nach der Bibel, Apostelgeschichte 4,32; Sinn: sich ausgezeichnet verstehen

Ich grolle nicht, und wenn das **Herz** (6) auch bricht.
HEINRICH HEINE, »Lyrisches Intermezzo«

Jemandem sein **Herz** (7) ausschütten.
Sprichwörtl. Redensart; nach der Bibel, 1. Samuel 1,15; Sinn: jmd. seine Sorgen anvertrauen

Kühl bis ans **Herz** (8) hinan.
JOH. WOLFGANG V. GOETHE, »Der Fischer«

O Gott, aus diesen Zügen spricht kein **Herz** (9)!
FRIEDRICH V. SCHILLER, »Maria Stuart«

Wes das **Herz** (10) voll geht, des geht der Mund über.
Sprichwort; nach der Bibel, Matthäus 12,34

Aus seinem **Herzen** (11) keine Mördergrube machen.
Sprichwörtl. Redensart; nach der Bibel, Matthäus 21,13: *aus jemandes Haus eine Mördergrube machen;* Sinn: seine Gedanken offen aussprechen

Kein Kaiser hat dem **Herzen** (12) vorzuschreiben.
FRIEDRICH V. SCHILLER, »Wallensteins Tod«

Sich etwas zu **Herzen** (13) nehmen.
Sprichwörtl. Redensart; nach der Bibel, 2. Samuel 13,20; Sinn: betroffen sein

Selig sind, die reinen **Herzens** (14) sind; denn sie werden Gott schauen.
Bibel, Matthäus 5,8; Bergpredigt

Vornehmheit und **Herzensgüte** sind nicht alles, aber sie sind viel.
THEODOR FONTANE, »Cécile«

Du **Heuchler,** ziehe zuerst den Balken aus deinem Auge; danach sieh zu, wie du den Splitter aus deines Bruders Auge ziehst.
Bibel, Matthäus 7,5; danach sprichwörtl. Redensart

Was du **heute** kannst besorgen, das verschiebe nicht auf morgen.   Sprichwort

Bis **hierher** und nicht weiter.
Sprichwörtl. Redensart; nach der Bibel, Hiob 38,11; auch bei FRIEDRICH V. SCHILLER, »Die Räuber«

Der **Himmel** (1) ist hoch, und der Zar ist weit.
Russisches Sprichwort

Die **Himmel** (2) rühmen des
Ewigen Ehre.
CHRISTIAN FÜRCHTEGOTT GEL-
LERT, »Ehre Gottes an die Natur«;
vertont von LUDWIG VAN BEET-
HOVEN

Himmel (3) und Erde werden
vergehen, aber meine Worte
vergehen nicht.
Bibel, Lukas 21,33; auch als Lied:
... *aber die Musici bleiben bestehen.*

Himmel (4) und Hölle in Bewegung setzen.
Sprichwörtl. Redensart; nach der
Bibel, Haggai 2,6; eigentlich: *Himmel und Erde erschüttern;* Sinn:
alle Kräfte aufbieten

Im siebten **Himmel** (5) schweben.
Sprichwörtl. Redensart; nach Mohammed, Koran 2.12,7; Sinn:
überglücklich sein

Mach deine Rechnung mit dem
Himmel (6), Vogt.
FRIEDRICH V. SCHILLER, »Wilhelm
Tell«

Schließt eure Rechnung mit
dem **Himmel** (7) ab!
FRIEDRICH V. SCHILLER, »Maria
Stuart«

Vom **Himmel** (8) hoch, da
komm' ich her.
MARTIN LUTHER, Weihnachtslied

Wir pflügen und wir streuen
den Samen auf das Land, doch
Wachstum und Gedeihen
stehn in des **Himmels** (9)
Hand. MATTHIAS CLAUDIUS

Des Menschen Wille ist sein
Himmelreich. Sprichwort

Wo du **hingehst,** da will auch
ich hingehen.
Bibel, Ruth 1,16: *wo du bleibst, da
bleibe ich auch; dein Volk ist mein
Volk, und dein Gott ist mein Gott;*
häufig als Trauspruch benutzt

Ja, da muß man sich doch einfach **hinlegen,** ja, da kann man
doch nicht kalt und herzlos
sein.
Aus der »Dreigroschenoper« von
BERTOLT BRECHT; Musik von
KURT WEILL

Krach im **Hinterhaus.**
Titel eines Romans; auch Theater-
stück, aus dem Berliner Milieu von
MAXIMILIAN BÖTTCHER

Hinz und Kunz.
Sprichwörtl. Redensart; Sinn: alles
mögliche Volk; im Mittelalter wa-
ren die Kurzformen *Hinz* von
Heinrich und *Kunz* von Konrad
Allerweltsnamen

Das ist eine **Hiobsbotschaft.**
Sprichwörtl. Redensart; nach der
Bibel, Buch Hiob, wo den Hiob
eine Schreckensnachricht nach der
anderen trifft

Während die **Hirten** schlafen,
stiehlt man die Wolle den
Schafen.
ABRAHAM A SANTA CLARA

Das Schicksal setzt den **Hobel**
an und hobelt alles gleich.
FERDINAND RAIMUND, »Der Ver-
schwender«, das Hobellied

Wo **gehobelt** wird, da fallen
Späne. Sprichwort

Das ist mir zu hoch!
Sprichwörtl. Redensart; nach der
Bibel, Hiob 42,3; Sinn: das ver-
stehe ich nicht

Hochverrat ist eine Frage des
Datums. CHARLES-MAURICE TALLEYRAND

Man kann nicht auf zwei **Hoch-
zeiten** tanzen. Sprichwort

Erreicht den **Hof** (1) mit Müh'
und Not, in seinen Armen das
Kind war tot.
JOH. WOLFGANG V. GOETHE, »Der
Erlkönig«; als sprichwörtl. Redensart; Sinn: etwas gerade noch
schaffen

Bei **Hofe** (2) wird kein Greis,
wer nicht zu heucheln weiß.
FRIEDRICH V. LOGAU, »Deutsche
Sinngedichte«

Drei Dinge sind bei **Hofe** (3)
unentbehrlich: gesunde Beine,
ein geschmeidiger Rücken und
eine glatte Zunge.
AUGUST V. KOTZEBUE, »Der Ver-
leumder«

Die Schmeichler, von denen
die **Höfe** (4) wimmeln.
NICCOLÒ MACCHIAVELLI, »Der
Fürst«

Hoffen (1) und Harren hält
manchen zum Narren.
Sprichwort; nach OVID, »Metamorphosen«

Wir **hoffen** (2) immer, und in
allen Dingen ist besser hoffen
als verzweifeln.
JOH. WOLFGANG V. GOETHE, »Torquato Tasso«

Die **Hoffnung** (1) ist ein Mittel-
ding zwischen Flügel und Fallschirm. TILLA DURIEUX

Die **Hoffnung** (2) ist ein viel
größeres Stimulans des Lebens
als irgendein Glück.
FRIEDRICH NIETZSCHE

Die **Hoffnung** (3) nenn' ich
meine Göttin noch.
FRIEDRICH V. SCHILLER, »Wallensteins Tod«

Hoffnung (4) ist ein Seil, auf
dem viele Narren tanzen.
Russisches Sprichwort

Schlägt dir die **Hoffnung** (5)
fehl, nie fehle dir das Hoffen!
Ein Tor ist zugetan, doch tausend sind noch offen.
FRIEDRICH RÜCKERT

Da schweigt des Sängers **Höflichkeit** (1).
Sprichwörtl. Redensart; aus dem
Lied »Als der liebe Gott die Welt
erschaffen«; eigentlich: *das verschweigt des Sängers Höflichkeit.*

Höflichkeit (2) ist der Versuch,
Menschenkenntnis durch gute
Manieren zu mildern.
JEAN GABIN

Höflichkeit (3) ist der Wider-
schein der Sittlichkeit.
JEAN PAUL

Höflichkeit (4) ist wie ein Luftkissen, es mag wohl nichts drin
sein, aber es mildert die Stöße
des Lebens.
ARTHUR SCHOPENHAUER

Da ist **Holland** in Not!
Sprichwörtl. Redensart; Sinn: man wird mit einer Situation nicht fertig; früher war das tief gelegene Holland bei Sturmfluten oft gefährdet durch Deichbrüche

Der Weg zur **Hölle** (1) ist mit guten Vorsätzen gepflastert.
Sprichwörtl. Redensart; nach der Bibel, Jesus Sirach 21,11; auch bei SAMUEL JOHNSON

Die **Hölle** (2), das sind die anderen.
JEAN-PAUL SARTRE, »Bei verschlossenen Türen«

Die **Hölle** (3), das sind wir selbst. THOMAS S. ELIOT

Die **Hölle** (4) selbst hat ihre Rechte.
JOH. WOLFGANG V. GOETHE, »Faust«

Jemandem die **Hölle** (5) heiß machen.
Sprichwörtl. Redensart; Sinn: jmd. unter Druck setzen, bedrängen

Hopfen (1) und Malz, Gott erhalt's!
Alter Spruch zum Lob des Bieres

Da ist **Hopfen** (2) und Malz verloren.
Sprichwörtl. Redensart; aus der Brauersprache, wo ein verfehlter Braugang zum Verlust des verwendeten Hopfens und Malzes führte; Sinn: da kann man nichts mehr machen

Der **Horcher** an der Wand hört seine eigene Schand'.
Sprichwort

Hornung (1) hell und klar gibt ein gutes Frühjahr.
Bauernregel für den Monat Februar; Hornung, altfriesisch: *horning* [Bastard, gekürzter Monat]

Im **Hornung** (2) Schnee und Eis macht den Sommer lang und heiß.
Bauernregel für den Monat Februar

Ein **Hühnchen** mit jemandem rupfen.
Sprichwörtl. Redensart; Sinn: eine Auseinandersetzung mit jmd. haben

Mit den **Hühnern** ins Bett gehen.
Sprichwörtl. Redensart; Sinn: so früh schlafen gehen wie die Hühner

Enten legen ihre Eier in aller Stille, Hühner gackern dabei wie verrückt. Was ist die Folge? Alle Welt ißt **Hühnereier**. HENRY FORD

Humor (1) ist der Knopf, der verhindert, daß uns der Kragen platzt.
JOACHIM RINGELNATZ

Humor (2) ist die Lust zu lachen, wenn einem zum Heulen ist. WERNER FINCK

Humor (3) ist eines der besten Kleidungsstücke, die man in Gesellschaft tragen kann.
WILLIAM M. THACKERAY

Humor (4) ist, wenn man trotzdem lacht.
OTTO JULIUS BIERBAUM

Da liegt der **Hund** (1) begraben.
Sprichwörtl. Redensart; Sinn: das ist das Hauptproblem; nach mittel-

alterlicher Vorstellung wurden vergrabene Schätze von Hunden bewacht; später wurden die Schätze selbst als »Hunde« bezeichnet

Sich verhalten wie **Hund** (2) und Katze.
Sprichwörtl. Redensart; Sinn: einander feindlich gesonnen sein

Den letzten beißen die **Hunde** (3).   Sprichwort

Hunde (4), die bellen, beißen nicht.   Sprichwort

Hunde (5) haben alle guten Eigenschaften der Menschen, ohne gleichzeitig ihre Fehler zu besitzen.
FRIEDRICH DER GROSSE

Schlafende **Hunde** (6) soll man nicht wecken.   Sprichwort

Viele **Hunde** (7) sind des Hasen Tod.   Sprichwort

Wer mit **Hunden** (8) zu Bett geht, steht mit Flöhen auf.
Italienisches Sprichwort

Vom **Hundertsten** ins Tausendste kommen.
Sprichwörtl. Redensart; Sinn: vom Thema abschweifen; aus dem 15./16. Jh., wo man an Rechenbänken rechnete und versehentlich leicht die Dezimalstellen verschob

Hundstage hell und klar deuten auf ein gutes Jahr, werden Regen sie bereiten, kommen nicht die besten Zeiten.
Bauernregel für die Zeit vom 23. Juli bis zum 28. August

Hunger ist der beste Koch.
Sprichwort

Am **Hungertuch** nagen.
Sprichwörtl. Redensart; Sinn: arm sein; eigentlich: am Hungertuch nähen, da man nach alter Sitte in der Fastenzeit ein »Hungertuch« für den Altar anfertigte

Alles unter einen **Hut** (1) bringen.
Sprichwörtl. Redensart; Sinn: unterschiedliche Dinge miteinander vereinbaren

Mit dem **Hute** (2) in der Hand kommt man durch das ganze Land.   Sprichwort

Soll ich meines Bruders **Hüter** sein?   Bibel, 1. Moses 4,9

Raum ist in der kleinsten **Hütte** (1) für ein glücklich liebend Paar.
FRIEDRICH V. SCHILLER, »Der Jüngling am Bache«

Hier ist gut sein! Hier laßt uns **Hütten** (2) bauen.
Nach der Bibel, Matthäus 17,4

Baue dein **Hüttchen** (3) im Tal und nicht auf dem Gipfel.
HEINRICH HEINE, »Hebräische Melodien«

Hypothesen sind Wiegenlieder, womit der Lehrer die Schüler einlullt.
JOH. WOLFGANG V. GOETHE, Sprüche in Prosa

Sieh da, sieh da, Timotheus, die Kraniche des **Ibykus**!
FRIEDRICH V. SCHILLER, »Die Kraniche des Ibykus«

Das **Ich** (1) ist die Spitze eines Kegels, dessen Boden das All ist.
CHRISTIAN MORGENSTERN, »Stufen«

Wo **ich** (2) sitze, ist immer oben. OTTO V. BISMARCK

Ideal (1), du schöne Realität.
GIUSEPPE MAZZINI

Je weiter ein **Ideal** (2) entfernt ist, desto schöner ist es.
JOHN GALSWORTHY

Aus dem Leben heraus sind der Wege zwei dir eröffnet: zum **Ideale** (3) führt einer, der andere zum Tod.
FRIEDRICH V. SCHILLER

Die Quelle des **Ideals** (4) ist der heiße Durst nach Ewigkeit, die Sehnsucht nach Gott, also das Edelste unserer Natur.
FRIEDRICH V. SCHLEGEL

Die **Ideale** (5) sind zerronnen, die einst das trunkene Herz geschwellt.
FRIEDRICH V. SCHILLER, »Die Ideale«

Ideale (6) sind wie Sterne: man kann sie nicht erreichen, aber man kann sich nach ihnen orientieren. CARL SCHURZ

Wer in der wirklichen Welt arbeiten kann und in der **idealen** leben, der hat das Höchste errungen.
LUDWIG BÖRNE, Gesammelte Schriften

Idealismus (1) ist die Fähigkeit, die Menschen so zu sehen, wie sie sein könnten, wenn sie nicht so wären, wie sie sind. CURT GOETZ

Idealismus (2) ist eine prächtige Toga, welche die Politiker um ihren Willen zur Macht drapieren. ALDOUS H. HUXLEY

Es gibt nichts Gefährlicheres auf der Welt als fanatische **Idealisten**.
CHARLES-MAURICE DE TALLEYRAND

Eine **Idee** (1) muß Wirklichkeit werden können, oder sie ist eine Seifenblase.
BERTHOLD AUERBACH

In der **Idee** (2) leben heißt, das Unmögliche behandeln, als wenn es möglich wäre.
JOH. WOLFGANG V. GOETHE

Mir bleibt genug! Es bleibt **Idee** (3) und Liebe.
JOH. WOLFGANG V. GOETHE, »Westöstlicher Diwan«

Willkommen, herrliche **Idee** (4)!
WILHELM BUSCH, »Balduin Bählamm«

Die **Ideen** (5) sind nicht verantwortlich für das, was die Menschen aus ihnen machen.
WERNER HEISENBERG

Hüte dich vor den **Iden** des Märzes.
Nach WILLIAM SHAKESPEARE, »Caesar«; richtig zitiert: *nimm dich vor des Märzes Idus in acht;* die *Iden* sind der 15. März, der Tag, an dem 44 v. Chr. Caesar ermordet wurde

Ideologen sind Leute, die glauben, daß die Menschheit besser ist als der Mensch.
ITALO SUEVO

Der **Igel** ist der Kaktus des Tierreichs. AMBROSE BIERCE

Nicht **immer**, aber immer öfter ...
Werbung für Biersorte, sprichwörtlich geworden

Improvisation; das ist, wenn niemand die Vorbereitung merkt. FRANÇOIS TRUFFAUT

Mehr **Inhalt**, weniger Kunst!
WILLIAM SHAKESPEARE, »Hamlet«

Das Äußere läßt aufs **Innere** (1) schließen.
WALTHER VON DER VOGELWEIDE

Wie jeder in seinem **Innern** (2) ist, so ist sein Urteil über äußere Dinge.
THOMAS V. KEMPEN, »Die Nachfolge Christi«

Daß ich erkenne, was die Welt im **Innersten** zusammenhält.
JOH. WOLFGANG V. GOETHE, »Faust«

Nennt mich, was für ein **Instrument** ihr wollt, ihr könnt mich zwar verstimmen, aber nicht auf mir spielen.
WILLIAM SHAKESPEARE, »Hamlet«

Der **Intellektuelle** (1) ist die einzige positive Persönlichkeit, die das Bürgertum hervorgebracht hat. ALBERTO MORAVIA

Ich nenne die Verantwortungslosigkeit der **Intellektuellen** (2) eine Pest – weit gefährlicher noch als die Verpestung der Luft, die wir atmen.
MARK AUREL

Was ist **interessant**? Was der Augenblick gebiert, was seine Geltung mit dem Augenblick verliert.
FRIEDRICH RÜCKERT, »Die Weisheit des Brahmanen«

Die **Interessen** des Vaterlandes dem eignen Gefühl von Liebe oder Haß gegen Fremde unterzuordnen, dazu hat meiner Ansicht nach selbst der König nicht das Recht.
JOH. WOLFGANG V. GOETHE, »Zahme Xenien«

Die schreckenvollste Seite, die der Fanatismus jeder Art darbietet, ist die **Intoleranz** (1).
FRIEDRICH GENTZ, »Politische Freiheit«

In einem großen Reiche, dessen Herrschaft sich über so viele Völker erstreckt, wäre **Intoleranz** (2) der gefährlichste Fehler.
KATHARINA DIE GROSSE VON RUSSLAND

Man müßte es dahin bringen, daß sich alle Menschen des Fanatismus und der **Intoleranz** (3) schämten.
FRIEDRICH DER GROSSE

Intuition ist der eigenartige Instinkt, der einer Frau sagt, daß sie recht hat, gleichgültig, ob das stimmt oder nicht.
OSCAR WILDE

Alles **Irdische** (1) ist vergänglich.
VICTOR V. SCHEFFEL, »Letzte Ode«

Und wie der Klang im Ohr vergeht, der mächtig tönend ihr entgegenschallt, so lehre sie, daß nichts besteht, daß alles **Irdische** (2) verhallt.
FRIEDRICH V. SCHILLER,
»Die Glocke«

Rauch ist alles **ird'sche** (3) Wesen.
FRIEDRICH V. SCHILLER, »Das Siegesfest«

Ironie ist das Körnchen Salz, das das Aufgetischte überhaupt erst genießbar macht.
JOH. WOLFGANG V. GOETHE

Irren (1) ist menschlich.
Sprichwort; nach SENECA; lat.: *errare humanum est.*

Sobald man spricht, beginnt man schon zu **irren** (2).
JOH. WOLFGANG V. GOETHE, Sprüche

Verständige Leute kannst du **irren** (3) sehen, in Sachen nämlich, die sie nicht verstehen.
JOH. WOLFGANG V. GOETHE, Sprüche

Ach, daß der Mensch so häufig **irrt** (4) und nie recht weiß, was kommen wird.
WILHELM BUSCH, »Zu guter Letzt«

Es **irrt** (5) der Mensch, solang er strebt.
JOH. WOLFGANG V. GOETHE,
»Faust«

An diesem Herzen endet meine **Irrfahrt**.
FRIEDRICH V. SCHILLER,
»Die Jungfrau von Orléans«

Es gibt keine reine Wahrheit, aber ebensowenig einen reinen **Irrtum** (1).
FRIEDRICH HEBBEL, Tagebücher

Es war kein **Irrtum** (2), eine Schickung war's.
FRIEDRICH V. SCHILLER,
»Die Jungfrau von Orléans«

Menschen irren, aber nur große Menschen erkennen ihren **Irrtum** (3).
AUGUST VON KOTZEBUE

Nur der **Irrtum** (4) ist das Leben, und das Wissen ist der Tod.
FRIEDRICH V. SCHILLER, »Kassandra«

Die **Irrtümer** (5) des Menschen machen ihn eigentlich liebenswürdig.
JOH. WOLFGANG V. GOETHE, »Maximen und Reflexionen«

Irrungen (1) – Wirrungen.
Roman von THEODOR FONTANE

Komödie der **Irrungen** (2).
Drama von WILLIAM SHAKESPEARE

Ja und Amen sagen zu einer Sache.
Sprichwörtl. Redensart; nach der Bibel, Offenbarung des Johannes 22,20; Sinn: sich fügen

Allah zählt die Tage nicht, die wir auf der **Jagd** (1) zubringen.
Arabisches Sprichwort

Das ist Lützows wilde verwegene **Jagd** (2).
KARL THEODOR KÖRNER

Die **Jagd** (3) ist doch immer was und eine Art von Krieg.
JOH. WOLFGANG V. GOETHE, »Götz von Berlichingen«

Sankt Nimrod selbst gestand es frei, nicht jeder schöne **Jagdtag** sei zum Fangtag auserkoren.
HEINRICH V. WILDUNGEN, »Lieder für Forstmänner und Jäger«

Jäger sind faule Menschen.
KONRAD ADENAUER

Eine sel'ge Stunde wiegt ein **Jahr** von Schmerzen auf.
EMANUEL GEIBEL, Gedichte

Das **Jahrhundert** (1) des Kindes.
Schlagwort; nach Buchtitel von ELLEN KEY

Das **Jahrhundert** (2) ist meinem Ideal nicht reif. Ich lebe als ein Bürger derer, die kommen werden.
FRIEDRICH V. SCHILLER, »Don Carlos«

St. **Jakob** (1) nimmt hinweg die Not, bringt erste Frucht und frisches Brot.
Bauernregel für den 25. Juli

Wenn **Jakobi** (2) klar und rein, wird das Christfest frostig sein.
Bauernregel für den 25. Juli

Der Menschheit ganzer **Jammer** faßt mich an.
JOH. WOLFGANG V. GOETHE, »Faust«

Doch frömmt das **Jammern** (1)? Tragen muß man Götterschluß.
EURIPIDES, »Die Phönizerinnen«

Niemand heilt durch **Jammern** (2) seinen Harm.
WILLIAM SHAKESPEARE, »Richard III.«

Oh, muß ich diesen Tag des **Jammerns** (3) schauen.
FRIEDRICH V. SCHILLER, »Die Jungfrau von Orléans«

Hier im irdischen **Jammertal** wär' doch nichts als Plag' und Qual, trüg' der Stock nicht Reben.
Aus der Oper »Der Freischütz«; Musik von CARL MARIA V. WEBER; der Ausdruck »irdisches Jammertal« nach der Bibel, Psalm 84,7

Ist der **Jänner** (1) hell und weiß, kommt der Frühling ohne Eis, wird der Sommer sicher heiß.
Bauernregel für den Monat Januar

Januar (2) muß vor Kälte knacken, wenn die Ernte gut soll sacken.
Bauernregel

Je frostiger der **Januar** (3), je freudiger das ganze Jahr.
Bauernregel

Wirft der Maulwurf im **Januar** (4), dauert der Winter bis Mai sogar.
Bauernregel

Wenn du **Jesus** nicht kennst, ist es nichts, was du sonst alles lernen magst.
JOHANNES BUGENHAGEN

Jetzt oder nie! Ich muß den teuren Augenblick greifen.
FRIEDRICH V. SCHILLER, »Wilhelm Tell«

Sanftes **Joch** (1).
Sprichwörtl. Redensart; nach der Bibel, Matthäus 11,30: *denn mein Joch ist sanft, und meine Last ist leicht.*

Sein **Joch** (2) auf sich nehmen.
Sprichwörtl. Redensart; Sinn: sein Schicksal tragen, wie der Ochse sein Geschirr

Wer des Herrn **Joch** (3) nicht trägt, darf sich mit seinem Kreuz nicht schmücken.
FRIEDRICH V. SCHILLER, »Der Kampf mit dem Drachen«

Johanna geht, und nimmer kehrt sie wieder.
FRIEDRICH V. SCHILLER, »Die Jungfrau von Orléans«

Bis **Johannis** (1) wird gepflanzt, ein Datum, das du dir merken kannst.
Bauernregel für den 24. Juni

Vor **Johanni** (2) bitt um Regen, nachher kommt er ungelegen.
Bauernregel für den 24. Juni

Ihr späten Triebe, die ihr jetzt die früh verdorbenen schön ersetzt, euch, ihr **Johannistriebe,** vergleich' ich meine Liebe.
FRIEDRICH RÜCKERT, »Johannistriebe«; auch Schauspiel von PAUL LINDAU; danach bezeichnet man Liebesgefühle älterer Menschen mit diesem Namen

Ist's **Josefi** klar, so gibt's ein gutes Honigjahr.
Bauernregel für den 19. März

Ich nenne **Journalismus** alles, was morgen weniger interessant ist als heute.
ANDRÉ GIDE, Tagebuchblätter

Die **Journalisten** sind die Geburtshelfer und die Totengräber der Zeit.
KARL GUTZKOW, »Blasedow und seine Söhne«

In süßem **Jubel** (1).
Altes Weihnachtslied; lat.: *in dulci jubilo*

Jubel, (2), Trubel, Heiterkeit.
Redensart für Ausgelassenheit

Alle **Jubeljahre.**
Sprichwörtl. Redensart; nach altisraelischem Brauch, wonach jedes 50. Jahr mit Posaunenblasen (*jobel*) angekündigt wurde; in der katholischen Kirche ist alle 25 Jahre ein Jubeljahr; Sinn der Redensart: äußerst selten

Wen's **juckt,** der kratze sich.
Sprichwort

Besser ist's, man hat in der **Jugend** (1) zu kämpfen als im Alter.
GOTTFRIED KELLER

Das Dumme an der heutigen **Jugend** (2) ist, daß man selbst nicht mehr dazugehört.
SALVADOR DALI

Die **Jugend** (3) und die schöne Liebe, alles hat sein Ende.
JOH. WOLFGANG V. GOETHE, »Egmont«

Jugend (4) ist Trunkenheit ohne Wein.
JOH. WOLFGANG V. GOETHE, »Westöstlicher Diwan«

Schnell fertig ist die **Jugend** (5) mit dem Wort.
FRIEDRICH V. SCHILLER, »Wallensteins Tod«

Was man in der **Jugend** (6) wünscht, hat man im Alter in Fülle.
JOH. WOLFGANG V. GOETHE, Motto für »Dichtung und Wahrheit«

Juli (1) kühl und naß, leere Scheune, leeres Faß.
Bauernregel

Soll gedeihen Obst und Wein, muß der **Juli** (2) trocken sein.
Bauernregel

Was **Juli** (3) und August nicht kochen, kann der September nicht braten.   Bauernregel

Juliregen nimmt den Erntesegen.   Bauernregel

Bleibe **jung** (1), damit du alt werden kannst.   IDA EHRE

Jung (2) gewohnt, alt getan.
Sprichwort

Unverständlich sind uns die **Jungen** (1).
THEODOR FONTANE, »Die Alten und die Jungen«

Wie die Alten sungen, so zwitschern auch die **Jungen** (2).
Sprichwort

Wir winden dir den **Jungfernkranz.**
Aus der Oper »Der Freischütz«; Musik von CARL MARIA V. WEBER

Junggesellen (1) sind Männer, die lieber suchen als finden.
CATERINA VALENTE

Junggesellen (2) sind Männer, die nur halb aufs Ganze gehen.
TATJANA SAIS

Auch ich war ein **Jüngling** (1) mit lockigem Haar.
Aus der Oper »Der Waffenschmied«; von ALBERT LORTZING

Jeder **Jüngling** (2) hat wohl mal 'nen Hang fürs Küchenpersonal.
WILHELM BUSCH, »Die fromme Helene«

Auf den **Juni** (1) kommt es an, ob die Ernte soll bestahn.
Bauernregel

Wenn kalt und naß der **Juni** (2) war, verdirbt er meist das ganze Jahr.   Bauernregel

Viermal **Juniregen** bringt zwölffachen Segen.
Bauernregel

Wie soll das **Juniwetter** sein? Schön warm mit Regen und Sonnenschein.   Bauernregel

Juristen sind Leute, die die Gerechtigkeit mit dem Recht betrügen.   HAROLD PINTER

Einen **Jux** will er sich machen.
Titel einer Posse von JOH. NEPOMUK NESTROY

Besiegt und zerschlagen das große Heer, und der **Kaiser** (1), der Kaiser gefangen.
HEINRICH HEINE, »Die Grenadiere«; gemeint ist Napoleon

Ein **Kaiser** (2) sei niemand untertan außer Gott und der Gerechtigkeit.
FRIEDRICH BARBAROSSA

Es lebe der **Kaiser** (3)!
Franz. Schlachtruf zur Zeit Napoleons; franz.: *vive l'Empéreur!*

Gebt dem **Kaiser** (4), was des Kaisers ist, und Gott, was Gottes ist. Bibel, Matthäus 22,21

Gott erhalte Franz, den **Kaiser** (5).
Frühere österreichische Nationalhymne mit der Musik von JOSEPH HAYDN

Kaiser (6), König, Edelmann, Bürger, Bauer, Bettelmann.
Abzählvers

Kein **Kaiser** (7) kann, was unser ist, verschenken.
FRIEDRICH V. SCHILLER, »Wilhelm Tell«

Es ist leichter, daß ein **Kamel** durchs Nadelöhr geht, als daß ein Reicher ins Reich Gottes komme. Bibel, Matthäus 19,24

Ich hatt' einen **Kameraden** (1), einen bessern findst du nicht.
LUDWIG UHLAND, »Der gute Kamerad«

Wohlauf, **Kameraden** (2), aufs Pferd, aufs Pferd.
FRIEDRICH V. SCHILLER, »Wallensteins Lager«

Alles über einen **Kamm** scheren.
Sprichwörtl. Redensart; nach alter Badersitte aus dem 16. Jh. kämmte ein Barbier alle Kunden mit demselben Kamm; Sinn: keine Unterschiede machen

Auf in den **Kampf** (1), Torero!
Aus der Oper »Carmen«; Musik von GEORGES BIZET; daraus aufmunternde Redensart

So seid denn, wenn es sein muß, zum **Kampf** (2) bereit, aber nicht zum Kampf des Tötens, sondern des Sich-Töten-Lassens. MAHATMA GANDHI

Zum **Kampf** (3) der Wagen und Gesänge.
FRIEDRICH V. SCHILLER, »Die Kraniche des Ibykus«

Uns ist ganz **kannibalisch** wohl, als wie fünfhundert Säuen.
JOH. WOLFGANG V. GOETHE, »Faust«

Gegen **Kanonen** (1) gilt das Recht nicht.
Italienisches Sprichwort

Unter aller **Kanone** (2).
Sprichwörtl. Redensart; Sinn: das ist sehr schlecht; entstanden durch Verwechslung mit *Kanon* [Richtschnur]

Mit **Kanonen** (3) auf Spatzen schießen.
Sprichwörtl. Redensart; Sinn: übertriebene Mittel einsetzen

Auf die hohe **Kante** legen.
Sprichwörtl. Redensart; Sinn: sparen; man wickelte früher die Geldstücke so in Rollen, daß die Kanten aufeinanderlagen

Die **Kapitalisten** werden uns noch den Strick verkaufen, an dem wir sie aufhängen werden.
WLADIMIR ILJITSCH LENIN

Die **Kappe** (1) macht den Mönch nicht aus.
Auch sprichwörtlich: *die Kutte* ...; WILLIAM SHAKESPEARE, »Heinrich VIII.«

Etwas auf seine **Kappe** (2) nehmen.
Sprichwörtl. Redensart; Sinn: für eine Sache die volle Verantwortung übernehmen

Die Hunde bellen, aber die **Karawane** zieht weiter.
HELMUT KOHL; zum Spruch des Jahres 1988 erklärt

Wo alles liebt, kann **Karl** allein nicht hassen.
FRIEDRICH V. SCHILLER, »Don Carlos«

Alles auf eine **Karte** (1) setzen.
Sprichwörtl. Redensart; Sinn: alles riskieren, wie ein Spieler, der alles Geld auf eine bestimmte Karte/Farbe/Zahl setzt

Das Schicksal mischt die **Karten** (2), und wir spielen.
ARTHUR SCHOPENHAUER, »Aphorismen zur Lebensweisheit«

Übrigens bin ich der Meinung, daß **Karthago** zerstört werden muß.
MARCUS PORCIUS CATO DER ÄLTERE; lat.: *ceterum censeo Carthaginem esse delendam.*

Vor der **Kaserne,** vor dem großen Tor, stand eine Laterne.
HANS LEIP, »Lili Marlen«

Ab nach **Kassel!**
Sprichwörtl. Redensart für Aufbruch; nach 1870 entstanden und auf die von Hessen an England vermieteten Soldaten bezogen; bekannt auch in der Bedeutung »Auf Nimmerwiedersehen«

Die **Kastanien** aus dem Feuer holen.
Sprichwörtl. Redensart; nach JEAN DE LA FONTAINES Fabel »Affe und Katze«; Sinn: sich für jmd. unter eigenen Schwierigkeiten einsetzen

Kathrein (1) läßt den Winter ein.
Bauernregel für den 25. November

Kathrein (2) stellt den Tanz ein.
Bauernregel für den 25. November

Die **Katze** (1) im Sack kaufen.
Sprichwörtl. Redensart; nach einer alten deutschen Sage kaufte der Teufel statt eines Hasen eine Katze, weil er den Sack nicht öffnete; Sinn: etwas kaufen, ohne es zu prüfen

Die **Katze** (2) läßt das Mausen nicht.   Sprichwort

Wenn die **Katze** (3) aus dem Haus ist, tanzen die Mäuse.
Sprichwort

Und Minz und Maunz, die **Katzen** (4), erheben ihre Tatzen.
HEINRICH HOFFMANN, »Der Struwwelpeter«

In **Kauf** nehmen.
Sprichwörtl. Redensart; wenn eine Tatsache unabänderlich ist

Der **Kaufmann** hat in der ganzen Welt dieselbe Religion.
HEINRICH HEINE, »Briefe aus Berlin«

Es muß nicht immer **Kaviar** sein.
Roman von JOHANNES MARIO SIMMEL

Der **Kavalier** genießt und schweigt.   Sprichwort

Ein jeder **kehre** vor seiner Tür, und rein ist jedes Stadtquartier.
JOH. WOLFGANG V. GOETHE, »Bürgerpflicht«; 1. Teil als Sprichwort

Möge dieser **Kelch** an mir vorübergehen!
Nach der Bibel, Matthäus 26,39; daraus Redensart als Bitte um Verhütung eines Unglücks

Im kühlen **Keller** sitz' ich hier, bei einem Faß voll Reben.
KARL MÜCHLER, »Kritikaster und Trinker«

Einander **kennenlernen** heißt lernen, wie fremd man einander ist.
CHRISTIAN MORGENSTERN

In die gleiche **Kerbe** hauen.
Sprichwörtl. Redensart; aus der Sprache der Holzfäller, die am besten ihr Ziel erreichen, wenn die Axt immer dieselbe Kerbe trifft; Sinn: derselben Ansicht sein

Das also war des Pudels **Kern** (1).
JOH. WOLFGANG V. GOETHE, »Faust«; daraus sprichwörtl. Redensart; Sinn: die Lösung eines Problems ist endlich klar

Herb ist des Lebens innerster **Kern** (2).
FRIEDRICH V. SCHILLER, »Punschlied«

Kilian, der heilige Mann, stellt die ersten Schnitter an.
Bauernregel für den 8. Juli

Das **Kind** (1) im Manne.
Sprichwörtl. Redensart; nach FRIEDRICH NIETZSCHE, »Zarathustra«

Du liebes **Kind** (2), komm, geh mit mir!
JOH. WOLFGANG V. GOETHE, »Der Erlkönig«

Gebranntes **Kind** (3) scheut das Feuer.   Sprichwort

Mit **Kind** (4) und Kegel.
Sprichwörtl. Redensart aus dem 15. Jh., als *Kegel* uneheliches Kind bedeutete; Sinn: mit der ganzen Familie

O selig, o selig, ein **Kind** (5) noch zu sein.
Aus der Oper »Zar und Zimmermann« von ALBERT LORTZING

Was hat man dir, du armes **Kind** (6), getan?
JOH. WOLFGANG V. GOETHE, »Wilhelm Meisters Lehrjahre«; gemeint: *Mignon;* daraus Redensart

Wenn das **Kind** (7) in den Brunnen gefallen ist, deckt man ihn zu.   Sprichwort

Wer sein **Kind** (8) liebt, der züchtigt es.
Nach der Bibel, Sprüche Salomos 13,24

Das sicherste Mittel, **Kinder**
(1) zu verlieren, ist, sie immer
behalten zu wollen.
ADOLF SOMMERAUER

Denn wir können die **Kinder**
(2) nach unserem Sinne nicht
formen; so wie Gott sie uns
gab, so muß man sie haben
und lieben.
JOH. WOLFGANG V. GOETHE, »Hermann und Dorothea«

Die **Kinder** (3) dieser Welt
sind klüger als die Kinder des
Lichts.
Bibel, 1. Timotheus 16,8; danach
Roman von PAUL HEYSE, »Die
Kinder der Welt«

Kinder (4) sind das lieblichste
Pfand der Ehe, sie binden und
erhalten das Band der Liebe.
MARTIN LUTHER, »Tischreden«

Kinder (5) sind eine Gabe des
Herrn, und Leibesfrucht ist ein
Geschenk.   Bibel, Psalm 127,2

Kinder (6) sind Rätsel von
Gott und schwerer als alle zu
lösen, aber der Liebe gelingt's,
wenn sie sich selber bezwingt.
FRIEDRICH HEBBEL, »Gnomen«

Kleine **Kinder** (7) kleine Sorgen; große Kinder – große Sorgen.   Sprichwort

Lasset die **Kinder** (8) zu mir
kommen und wehret ihnen
nicht; denn ihrer ist das Reich
Gottes.
Bibel, Markus 10,14; Lukas 18,16;
ähnlich Matthäus 19,14; früher
meist: *... die Kindlein ...*

Ach, was muß man oft von bösen **Kindern** (9) hören oder lesen!
WILHELM BUSCH, »Max und Moritz«

Eine gute **Kinderstube** haben.
Sprichwörtl. Redensart; gemeint:
gute Erziehung haben

Wer sich an seine **Kindheit**
nicht mehr deutlich erinnert,
ist ein schlechter Erzieher.
MARIE V. EBNER-ESCHENBACH,
Aphorismen

Die **Kirche** (1) hat einen guten
Magen, hat ganze Länder auf-
gefressen und sich doch nie
übergessen; die Kirch' allein,
meine lieben Freunde, kann
ungerechtes Gut verdauen.
JOH. WOLFGANG V. GOETHE,
»Faust«

Die **Kirche** (2) ist's, die heil'ge
hohe, die zu dem Himmel uns
die Leiter baut.
FRIEDRICH V. SCHILLER, »Maria
Stuart«

Freie **Kirche** (3) im freien
Staat.
Wahlspruch von CAMILLO CAVOUR;
ital.: *chiesa libera in libero stato.*

Ich bin wohl mehr dazu berufen, für die **Kirche** (4) zu leiden als sie zu leiten.
PAPST PAUL VI.

In allen Konfessionen findet es
sehr häufig statt, daß unter
Freiheit der **Kirche** (5) die
Herrschaft der Priester verstanden wird.
OTTO V. BISMARCK im Reichstag
1864

In der **Kirche** (6) gibt es keinen König und vor Gott keinen Unterschied. Dort sind wir alle gleich.
FRIEDRICH WILHELM III. VON PREUSSEN

Man soll die **Kirche** (7) im Dorf lassen.
Sprichwörtl. Redensart; Sinn: man soll nicht übertreiben; in Tirol einst als Mahnung zum Frieden gedacht; als Bauernweisheit fortgesetzt: ... *und das Wirtshaus daneben.*

Jemand ist kein großes **Kirchenlicht.**
Sprichwörtl. Redensart; Sinn: man hält jmd. für etwas beschränkt

Wo Starkes sich und Milde paarte, da gibt es einen guten **Klang.**
FRIEDRICH V. SCHILLER, »Die Glocke«

Die Geschichte aller bisherigen Gesellschaft ist die Geschichte von **Klassenkämpfen.**
KARL MARX/FRIEDRICH ENGELS, »Das kommunistische Manifest«

Besser ein anregender Pornograph als ein mausetoter **Klassiker.**
LUDWIG MARCUSE, »Obszön«

Mit Recht erscheint uns das **Klavier**, wenn's schön poliert, als Zimmerzier. Ob's außerdem Genuß verschafft, bleibt hin und wieder zweifelhaft.
WILHELM BUSCH, »Fips der Affe«

Über den grünen **Klee** loben.
Sprichwörtl. Redensart; entstanden aus der mittelalterlichen Wert-

schätzung des Klees, den viele Dichter besungen haben; Sinn: über die Maßen loben

Kleider machen Leute.
Sprichwörtl. Redensart; bekannt durch gleichnamige Novelle GOTTFRIED KELLERS; ähnlich schon bei QUINTILIAN

Klein aber mein.   Sprichwort

Zu allen Zeiten haben die **Kleinen** für die Dummheiten der Großen büßen müssen.
JEAN DE LA FONTAINE, Fabeln

Hab' mich nie mit **Kleinigkeiten** abgegeben.
FRIEDRICH V. SCHILLER, »Die Räuber«

In der **Klemme** sitzen.
Sprichwörtl. Redensart; Sinn: in größter Verlegenheit/Bedrängnis sein, wie die Vögel, die man früher mit sogenannten Klemmen (gespaltenen Hölzern) fing

Über die **Klinge** springen lassen.
Sprichwörtl. Redensart; Sinn: jmd. zu Fall bringen; früher: jmd. hinrichten, d. h. den Kopf mit der Klinge abschlagen

Auf einen groben **Klotz** gehört ein grober Keil.
Sprichwörtl. Redensart; Sinn: man muß jmd. mit gleichen Mitteln beikommen

Durch Fehler wird man **klug** (1).   Sprichwort

Klug (2) ist, wer stets zur rechten Stunde kommt, doch klüger, wer zu gehn weiß, wann es frommt.   EMANUEL GEIBEL

Der **kluge** (3) Mann baut vor.
FRIEDRICH V. SCHILLER, »Wilhelm
Tell«; daraus Sprichwort

Der **Klügere** gibt nach.
Sprichwort

Die **Klugheit** (1) sich zur Füh-
rerin zu wählen, das ist es, was
den Weisen macht.
FRIEDRICH V. SCHILLER, dt. Übersetzung der »Iphigenie in Aulis«
von Euripides

Wo die Liebe kommt ins Haus,
da zieht die **Klugheit** (2) aus.
FRIEDRICH V. LOGAU

Sah ein **Knab'** ein Röslein
stehn.
JOH. WOLFGANG V. GOETHE, »Das
Heideröslein«

Viele **Köche** verderben den
Brei.
Sprichwort

Auf glühenden **Kohlen** (1) sitzen.
Sprichwörtl. Redensart; Sinn: in
unangenehmer Lage sein; oft: es
eilig haben und aufgehalten werden

Feurige **Kohlen** (2) auf jemandes Haupt sammeln.
Sprichwörtl. Redensart; nach der
Bibel, Römer 12,20; Sinn: jmd.
durch Güte beschämen

Darin bin ich **komisch**.
DAVID KALISCH, »Der gebildete
Hausknecht«

Ich **kam** (1), ich sah, ich siegte.
CAESAR; von PLUTARCH überlie-
ferte Mitteilung des Sieges bei
Zela 47 v.Chr.; lat.: *veni, vidi, vici.*

Komme (2), was kommen mag.
FRIEDRICH V. SCHILLERS »Macbeth«-Übersetzung

Kommet (3) her zu mir alle,
die ihr mühselig und beladen
seid; ich will euch erquicken.
Bibel, Matthäus 11,28

Kommunismus ist nicht Liebe.
Kommunismus ist der Ham-
mer, mit dem wir den Feind er-
schlagen. MAO TSE-TUNG

Bis auf den letzten Augenblick
spielen wir **Komödie** mit uns
selber.
HEINRICH HEINE, »Reisebilder«

Ein **Kompromiß**, das ist die
Kunst, einen Kuchen so zu teilen, daß jeder meint, er habe
das größte Stück bekommen.
LUDWIG ERHARD

Eine **Konferenz** ist eine Sit-
zung, bei der viele hineinge-
hen, aber bei der nur wenig
herauskommt. WERNER FINCK

Ehrt den **König** (1) seine
Würde, ehret uns der Hände
Fleiß.
FRIEDRICH V. SCHILLER, »Die
Glocke«

Es war ein **König** (2) in Thule,
gar treu bis an sein Grab.
JOH. WOLFGANG V. GOETHE,
»Faust«

Jeder Zoll ein **König** (3).
WILLIAM SHAKESPEARE, »König
Lear«

Die **Könige** (4) sind nur Skla-
ven ihres Standes, dem eignen
Herzen dürfen sie nicht folgen.
FRIEDRICH V. SCHILLER, »Maria
Stuart«

Es waren zwei **Königskinder**, die hatten einander so lieb.
Alte Ballade

Konrad, sprach die Frau Mama, ich geh' aus, und du bleibst da.
HEINRICH HOFFMANN, »Der Struwwelpeter«

Ein **Konservativer** ist ein Mensch mit zwei völlig gesunden Beinen, der nie gehen gelernt hat.
FRANKLIN D. ROOSEVELT

Konversation ist die Kunst zu reden, ohne zu denken.
VIKTOR DE KOWA

Jemanden aus dem **Konzept** bringen.
Sprichwörtl. Redensart; Sinn: verwirren; *Konzept* bedeutet Plan

Auch **Konzile** können irren.
MARTIN LUTHER, 1519

Ich bin von **Kopf** (1) bis Fuß auf Liebe eingestellt.
Lied aus dem Film »Der blaue Engel«, gesungen von MARLENE DIETRICH

Laßt den **Kopf** (2) nicht hängen, Kinder seid nicht dumm!
Aus der Operette »Frau Luna«; MUSIK VON PAUL LINCKE

Nicht auf den **Kopf** (3) gefallen sein.
Sprichwörtl. Redensart; Sinn: jmd. ist schlau

Was man nicht im **Kopf** (4) hat, hat man in den Beinen.
Sprichwort; gemeint: wenn man was vergißt, muß man danach laufen

So viele **Köpfe** (5), so viele Sinne.
Lat. Sprichwort; HORAZ, »Satiren«; schon bei TERENZ, »Phormio«; lat.: *quot capita tot sensus.*

Nägel mit **Köpfen** (6) machen.
Sprichwörtl. Redensart; Sinn: eine Sache gleich richtig erledigen

Oft **kopiert**, nie erreicht.
Sprichwörtl. Redensart

Einen **Korb** bekommen.
Sprichwörtl. Redensart; Sinn: abgewiesen werden; in der Minnesängerzeit holten die Burgfräulein ihre Geliebten oft mit einem Korb zu sich hoch; hatte der Korb keinen Boden, so bedeutete das eine Ablehnung

Aufs **Korn** (1) nehmen.
Sprichwörtl. Redensart; Sinn: seine Aufmerksamkeit stark auf etwas richten; das Korn ist Teil des Gewehres

Kimme, **Korn** (2), ran.
Ausspruch beim Schießen; *Kimme* bedeutet Visier, *Korn* Stift am Ende des Gewehrlaufes

Ich besaß es doch einmal, was so **köstlich** (1) ist.
JOH. WOLFGANG V. GOETHE, »An den Mond«

Und wenn es **köstlich** (2) gewesen ist, so ist es doch Mühe und Arbeit gewesen.
Bibel, Psalm 90,10; gemeint: das Leben

Allmählich reift das **Köstliche** (3).
FRIEDRICH V. SCHILLER, »Die Braut von Messina«

Mit Ach und **Krach**.
Sprichwörtl. Redensart; entstanden aus Lautmalerei; Sinn: mit letzter Mühe

Ein Starker weiß mit seiner **Kraft** (1) hauszuhalten, nur der Schwache will über seine Kraft hinaus wirken.
GEORG CHRISTOPH LICHTENBERG

Kraft (2) macht keinen Lärm, sie ist da und wirkt.
ALBERT SCHWEITZER

Wege zu **Kraft** (3) und Schönheit.
Zeitschrift für Körperkultur nach dem 1. Weltkrieg

Das freie Spiel der **Kräfte** (4).
Redensart, nach FRIEDRICH WILHELM SCHELLING, »Von der Weltseele«

Reichen die **Kräfte** (5) nicht aus, so ist doch der Wille zu loben.
OVID, »Briefe aus Pontus«; lat.: *ut desint vires, tamen est laudanda voluntas.*

Wo rohe **Kräfte** (6) sinnlos walten, da kann sich kein Gebild gestalten.
FRIEDRICH V. SCHILLER, »Die Glocke«

Eine **Krähe** hackt der andern die Augen nicht aus. Sprichwort

Die beste **Krankheit** (1) taugt nichts. Sprichwort

Krankheit (2) läßt den Wert der Gesundheit erkennen.
HERAKLIT

Es gibt tausend **Krankheiten** (3), aber nur eine Gesundheit.
LUDWIG BÖRNE

Besser ein Gericht **Kraut** (1) mit Liebe als ein gemästeter Ochse mit Haß.
Bibel, Sprüche Salomos 15,17

Wie **Kraut** (2) und Rüben.
Sprichwörtl. Redensart; Sinn: sehr unordentlich

Blick' ich umher in diesem **Kreise** . . .
RICHARD WAGNER; aus der Oper »Thannhäuser«

Krethi und Plethi.
Sprichwörtl. Redensart; nach der Bibel, 2. Samuel 8,18; dabei geht es um Ämterverteilung; *Krethi* (Scharfrichter), *Plethi* (Läufer), d.h. die Leibwache des Königs; heutiger Sinn etwas abfällig: alles mögliche Volk

Sein **Kreuz** (1) auf sich nehmen.
Sprichwörtl. Redensart; nach der Bibel, Matthäus 10,38; 16,24; Markus 8,34; 10,21; Lukas 9,23; 14,27; Sinn: sein Schicksal tragen, so wie Jesus sein Kreuz

Das sollst du am **Kreuze** (2) bereuen.
FRIEDRICH V. SCHILLER, »Die Bürgschaft«

Drei **Kreuze** (3) machen.
Sprichwörtl. Redensart; Sinn: man ist froh, daß man eine Situation überstanden hat

Kreuzige ihn!
Bibel, Markus 15,13; Evangelium des Johannes 19,15

Der **Krieg** (1) ist der Vater aller Dinge.   HERAKLIT

Der **Krieg** (2) ist die Fortsetzung der Politik mit anderen Mitteln.
Nach CARL V. CLAUSEWITZ; Zitat: *Der Krieg ist nichts als eine Fortsetzung des politischen Verkehrs mit Einmischung anderer Mittel.*

Der **Krieg** (3) ist ein Winterschlaf der Kultur.
FRIEDRICH NIETZSCHE

Der **Krieg** (4) zwischen zwei gebildeten Völkern ist ein Hochverrat an der Zivilisation.
CARMEN SYLVA, »Vom Amboß«

Ich betrachte auch einen siegreichen **Krieg** (5) an sich immer als ein Übel, das die Staatskunst den Völkern zu ersparen bemüht sein muß.
OTTO V. BISMARCK, 1870

Kalter **Krieg** (6).
1947 von WALTER LIPPMANN geprägter Begriff; Sinn: eine Auseinandersetzung zwischen Staaten mit Propaganda und Schikanen anstelle von militärischen Aktionen; engl.: *the cold war*

Krieg (7) aller gegen alle.
THOMAS HOBBES, »Philosophische Grundlagen«

Krieg (8) den Palästen! Friede den Hütten!
Parole nach NICOLAS SÉBASTIEN CHAMFORT

Sich selbst bekämpfen ist der allerschwerste **Krieg** (9); sich selbst besiegen ist der allerschönste Sieg.
FRIEDRICH V. LOGAU, Epigramme

Stell dir vor, es kommt **Krieg** (10), und keiner geht hin.
BERTOLT BRECHT. Häufig zitiert von Mitgliedern der Friedensbewegung, aber ohne die den Sinn ja völlig verändernde Fortsetzung: ...dann kommt der Krieg zu euch.

Jeder **Krieg** (11) ist eine Niederlage des menschlichen Geistes.   HENRY MILLER

Zum **Kriegführen** sind drei Dinge nötig: Geld, Geld und nochmals Geld.
JEAN-JACQUES TRIVULZIO zu Ludwig XII. von Frankreich

Das **Kriegsbeil** ausgraben.
Sprichwörtl. Redensart; nach JAMES F. COOPER, »Lederstrumpf«; Kriegserklärung der Indianer

Das ist klarste **Kritik** (1) von der Welt, wenn neben das, was ihm mißfällt, einer was Eignes, Besseres stellt.
EMANUEL GEIBEL

Das ist unter aller **Kritik** (2).
Sprichwörtl. Redensart für etwas sehr Schlechtes

Ein **Kritiker** ist eine Henne, die gackert, wenn andere legen.   GIOVANNINO GUARESCHI

Die guten ins Töpfchen, die schlechten ins **Kröpfchen**.
Aus dem Märchen »Aschenputtel« der GEBRÜDER GRIMM

Eine jede **Kugel**, die trifft ja nicht.
WILLIBALD ALEXIS, »Fridericus Rex«

Jemand steht da wie die **Kuh** (1) vorm neuen Tor.
Sprichwörtl. Redensart; Sinn: man ist ratlos

Man wird alt wie eine **Kuh** (2) und lernt immer noch dazu.
Berliner Sprichwort

Das geht auf keine **Kuhhaut**!
Sprichwörtl. Redensart; Sinn: etwas ist unerträglich; im Mittelalter ging die Sage, der Teufel schreibe die Sünden auf eine Kuhhaut; hatte einer sehr viele Sünden begangen, so paßten gar nicht alle auf eine Haut

Die **Kultur** (1) soll den Menschen in Freiheit setzen und ihm dazu behilflich sein, seinen ganzen Begriff zu erfüllen. Sie soll ihn also fähig machen, seinen Willen zu behaupten. Denn der Mensch ist das Wesen, das will.
FRIEDRICH V. SCHILLER, »Über das Erhabene«

Kultur (2) erwirbt man nicht, indem man viel liest, sondern indem man klug liest. Ebenso wird die Gesundheit nicht dadurch bewahrt, daß man viel ißt, sondern daß man klug ißt.
ANDRÉ MALRAUX

Kultur (3) ist nur ein dünnes Apfelhäutchen über einem glühenden Chaos.
FRIEDRICH NIETZSCHE

Der **Kummer**, der nicht spricht, raunt leise zu dem Herzen, bis es bricht.
WILLIAM SHAKESPEARE, »Macbeth«

Ist **Kunigunde** tränenschwer, bleibt oft die Scheuer leer.
Bauernregel für den 3. März

Ach Gott! Die **Kunst** (1) ist lang, und kurz ist unser Leben.
JOH. WOLFGANG V. GOETHE, »Faust«; dieser Spruch geht zurück auf HIPPOKRATES; auch bekanntes lat. Sprichwort: *ars longa, vita brevis.*

An dem ist eure **Kunst** (2) verloren!
FRIEDRICH V. SCHILLER, »Maria Stuart«

Die **Kunst** (3) ist das Gewissen der Menschheit.
FRIEDRICH HEBBEL

Die **Kunst** (4) ist eine Zusammenarbeit zwischen Gott und dem Menschen. Je weniger der Mensch dabei tut, desto besser.
ANDRÉ GIDE

Die **Kunst** (5) ist zwar nicht das Brot, aber der Wein des Lebens.
JEAN PAUL

Ernst ist das Leben, heiter ist die **Kunst** (6).
FRIEDRICH V. SCHILLER, »Wallensteins Lager«

Es gibt noch keine **Kunst** (7), die innerste Gestalt des Herzens im Gesicht zu lesen.
WILLIAM SHAKESPEARE, »Macbeth«

Keine **Kunst** (8) ist's, alt zu werden; es ist Kunst, es zu ertragen.
JOH. WOLFGANG V. GOETHE, Sprüche

Der **Künstler** (1) fühlt sich stets gekränkt, wenn's anders kommt, als wie er denkt.

WILHELM BUSCH, »Fips der Affe«

Ein **Künstler** (2) ist das, was er ist, und das, was seine Zeit aus ihm macht.   JEAN COCTEAU

Ich aber soll zum Meißel mich erniedern, wo ich der **Künstler** (3) könnte sein?
FRIEDRICH V. SCHILLER, »Don Carlos«

Künstler (4) sind die Fühlhörner der Menschheit.
EZRA POUND

Sich einen **Kuppelpelz** verdienen.
Sprichwörtl. Redensart; Sinn: wer früher jmd. verkuppelte, d. h. eine Heirat vermittelte, bekam oft als Lohn dafür einen Pelz

Ich hab' so Heimweh nach dem **Kurfürstendamm**.
Lied über Berlin nach 1945

Eine **Kurve** ist die lieblichste Entfernung zwischen zwei Punkten.   MAE WEST

Kurz und gut!   Redensart

In der **Kürze** liegt die Würze.
Sprichwort

Jemand zieht den **Kürzeren**.
Sprichwörtl. Redensart; Sinn: man ist unterlegen; bei mittelalterlichen Rechtsstreiten wurde die Entscheidung, wer gewann, oftmals mit Gras- oder Strohhalmen unterschiedlicher Länge herbeigeführt

Diesen **Kuß** der ganzen Welt!
FRIEDRICH V. SCHILLER, »An die Freude«

Ein **Küßchen** in Ehren kann niemand verwehren. Sprichwort

Küssen, das ist die Übermittlung einer Drucksache an den Empfänger ohne Mitwirkung der Post.   GEORG THOMALLA

Das **Lächeln**, das du aussen-
dest, kehrt zu dir zurück.
                Indische Weisheit

Immer nur **lächeln** (1).
Aus der Operette »Land des Lä-
chelns«; Musik von FRANZ LÉHAR

Um ein böses Gesicht zu machen, mußt du fünfundsechzig
Muskeln anstrengen; um zu **lächeln** (2), brauchst du nur
zehn.   Überanstrenge   dich
nicht!   CYRIL N. PARKINSON

Unter Tränen **lächeln** (3).
Sprichwörtl. Redensart; nach HO-
MER, »Ilias«

Lachen (1) ist ein Ausdruck re-
lativer Behaglichkeit.
                WILHELM BUSCH

Lachen (2) und Lächeln sind
Tor und Pforte, durch die viel
Gutes in den Menschen hinein-
huschen kann.
           CHRISTIAN MORGENSTERN

Nachsichtiges **Lachen** (3) ist
die grausamste Form der Verachtung.   PEARL S. BUCK

Da **lacht** (1) einem das Herz im
Leibe.   Sprichwörtl. Redensart

Wer zuletzt **lacht** (2), lacht am
besten.   Sprichwort

Die **Lage** war noch nie so
ernst.   KONRAD ADENAUER, 1957

Das ist eine **lakonische** Antwort.
Sprichwörtl. Redensart; die *Lake-
daimonier* (Einwohner von Sparta)

waren in der Antike für die Kürze
ihrer Rede bekannt

Trocken   wird   das   Frühjahr
sein, ist St. **Lambert** klar und
rein.
Bauernregel für den 17. September

Ein **Lämmlein** geht und trägt
die Schuld.
       Kirchenlied von PAUL GERHARDT

Auf gutes **Land** (1) fallen.
Sprichwörtl. Redensart; nach der
Bibel, Matthäus 13,8; *etliches fiel
auf gutes Land und trug Frucht.*

Das **Land** (2) der unbegrenz-
ten Möglichkeiten.
1902 von L. M. GOLDSTEIN geprägter Begriff für die USA

Das unentdeckte **Land** (3), von
des' Bezirk kein Wandrer wie-
derkehrt.
       WILLIAM SHAKESPEARE, »Hamlet«

Ein **Land** (4), darin Milch und
Honig fließt.   Bibel, 2. Moses 3,8

Bleibe im **Land** (5) und nähre
dich redlich.   Sprichwort

Draußen im **Lande** (6).
Ende der siebziger Jahre von bun-
desdeutschen Politikern geprägte
Floskel; u. a. HELMUT KOHL

Weh dem **Lande** (7), das sich
vor Reden und Rednern zu
fürchten hat.
CHRISTIAN DIETRICH GRABBE,
»Napoleon«

Aus   deutschen   **Landen** (8)
frisch auf den Tisch.
                Werbeslogan

Andere **Länder** (9) – andere Sitten. Sprichwort

Landgraf, werde hart!
WILHELM GERHARD, »Der Edelacker«; nach einer alten Sage über den Landgrafen Ludwig den Eisernen von Thüringen im 15. Jh.

Ein **Landstreicher** ist ein Mensch, der unterwegs zu Hause ist. HENRY MILLER

Lang, lang (1) ist's her!
Lied von THOMAS H. BAYLY; engl.: *long, long ago!*

Was **lange** (2) währt, wird endlich gut. Sprichwort

Langeweile ist eine Halbschwester der Verzweiflung.
MARIE V. EBNER-ESCHENBACH

Viel **Lärm** um nichts.
Drama von WILLIAM SHAKESPEARE; danach sprichwörtlich

Ach, wie ist's möglich dann, daß ich dich **lassen** (1) kann?
Volkslied

Tu, was du nicht **lassen** (2) kannst.
GOTTHOLD EPHRAIM LESSING, »Emilia Galotti«

Einer trage des andern **Last**.
Bibel, Galater 6,2

Das ist ein **Lästermaul**.
Sprichwörtl. Redensart; nach der Bibel, Sprüche Salomos 4,24

Eine **Laudatio** ist ein Nachruf bei Lebzeiten. CARL ZUCKMAYER

Das ist der **Lauf** der Welt.
JOH. WOLFGANG V. GOETHE, »Faust«

Und **läuft** und läuft und läuft.
Zum Schlagwort gewordene Werbung für Automarke

Laurenz muß heiß sein, soll der Wein gut sein.
Bauernregel für den 10. August

Der **Lauscher** an der Wand hört seine eigne Schand'.
Sprichwort

Das ist im **Leben** (1) häßlich eingerichtet, daß bei den Rosen gleich die Dornen stehen.
VICTOR V. SCHEFFEL, »Der Trompeter von Säckingen«

Das **Leben** (2) der ein wenig herausragenden Männer lehrt uns, daß wir mitunter die Zukunft vorwegnehmen müssen, damit etwas geschieht.
AXEL SPRINGER

Das **Leben** (3) eines jeden Menschen ist ein von Gottes Hand geschriebenes Märchen.
HANS CHRISTIAN ANDERSEN

Das **Leben** (4) findet heute statt.
Sprichwort; auch Roman von LISE GAST

Das **Leben** (5) gleicht jener beschwerlichen Art zu wallfahren, wo man drei Schritte vor und zwei zurück tun muß.
JOH. WOLFGANG V. GOETHE, Briefe

Das **Leben** (6) ist ein Pensum zum Abarbeiten.
ARTHUR SCHOPENHAUER

Das **Leben** (7) ist eine absurde Angelegenheit, die durch eine

andere Absurdität, den Tod, beendet wird.
CLAUDE SIMON, »Le Tricheur«

Das **Leben** (8) ist eine Flamme, die sich selbst verzehrt; aber sie fängt jedesmal wieder Feuer, wenn ein Kind geboren wird. GEORGE BERNARD SHAW

Das **Leben** (9) ist eine Mission.
GIUSEPPE MAZZINI

Das **Leben** (10) ist Gottes Ziel mit uns. DIETRICH BONHOEFFER

Das **Leben** (11) ist nicht mehr als ein Traum – aber weck mich nicht auf!
JÜDISCHES SPRICHWORT

Das **Leben** (12) leben kann man nur vorwärts, das Leben verstehen nur rückwärts.
SÖREN KIERKEGAARD

Eine Lüge, die ein **Leben** (13) trägt, ist besser als eine Wahrheit, die ein Leben zerstört.
ISLÄNDISCHES SPRICHWORT

Es gibt nur drei Formen, um im **Leben** (14) zu bestehen: stehlen, beten oder etwas leisten. HONORÉ MIRABEAU

Jemandem das **Leben** (15) sauer machen.
Sprichwörtl. Redensart; nach der Bibel, 2. Moses 1, 14

Leben (16) – das ist das Allerseltenste in der Welt – die meisten Menschen existieren nur.
OSCAR WILDE

Leben (17) – das ist die Ent-

wicklung vom jugendlichen Helden zum komischen Alten.
CHARLIE RIVEL

Leben (18) heißt, es mit etwas zu tun haben – mit der Welt und mit sich selbst.
JOSÉ ORTEGA Y GASSET

Leben (19) ist aussuchen.
KURT TUCHOLSKY

Leben (20) ist Einsamsein. Kein Mensch kennt die andern. Jeder ist allein.
HERMANN HESSE

Leben (21) überhaupt heißt in Gefahr sein.
FRIEDRICH NIETZSCHE

Man muß das **Leben** (22) eben nehmen, wie das Leben eben ist. Sprichwort

Mit dem **Leben** (23) davonkommen.
Sprichwörtl. Redensart; nach der Bibel, 2. Makkabäer 3,38

O Gott, das **Leben** (24) ist doch schön!
FRIEDRICH V. SCHILLER, »Don Carlos«

Und setzet ihr nicht das **Leben** (25) ein, nie wird euch das Leben gewonnen sein.
FRIEDRICH V. SCHILLER, »Wallensteins Lager«

Unser **Leben** (26) ist ein Buch, das sich von allein schreibt.
JULIEN GREEN

Wie lächerlich und weltfremd ist der, der sich über irgend etwas wundert, was im **Leben** (27) vorkommt. MARK AUREL

Ach, des **Lebens** (28) schönste
Feier endigt auch des Lebens
Mai!
FRIEDRICH V. SCHILLER,
»Die Glocke«; gemeint: Hochzeit

Wird's besser? Wird's schlimmer? fragt man alljährlich.
Seien wir ehrlich: **Leben** (29)
ist immer lebensgefährlich.
ERICH KÄSTNER

Weißt du, worin der Spaß des
Lebens (30) liegt? Sei lustig.
Geht es nicht, so sei vergnügt.
JOH. WOLFGANG V. GOETHE

Gestern ist vorbei, morgen
sorgt Gott, heute **lebe** (1).
INGE MEYSEL

Die einen **leben** (2) für das
»plaisir de vivre« und die anderen leben gezwungenermaßen.
ZINO DAVIDOFF; franz. *plaisir de
vivre* [Lebensgenuß]

Laß uns **leben** (3), meine Geliebte, laß uns lieben.
CATULL, »An Lesbia«; lat.: *vivamus, mea Lesbia, atque amemus.*

Leben (4) wir, so leben wir dem
Herrn; sterben wir, so sterben
wir dem Herrn; darum: wir leben oder wir sterben, so sind
wir des Herrn.
Bibel, Römer 14,7−8

So **leben** (5) wir, so leben wir,
so leben wir alle Tage.
Im Volksmund zum Dessauer
Marsch gebildeter Text

Doppelt **lebt** (6), wer auch
Vergangenes genießt.
MARTIAL

Es **lebt** (7) nur der, der lebend
sich am Leben freut.
MENANDER

Wer lange **lebt** (8), kann leicht
alt werden.   Bauernweisheit

Fürchte du die **Lebenden** und
nicht die Toten!
CHRISTIAN DIETRICH GRABBE,
»Don Juan und Faust«

Wie weit er auch die Stimme
schickt, nichts **Lebendes** wird
hier erblickt.
FRIEDRICH V. SCHILLER, »Die Kraniche des Ibykus«

Lebensklugheit bedeutet: alle
Dinge möglichst wichtig, aber
keines völlig ernst zu nehmen.
ARTHUR SCHNITZLER

Immer enger, leise, leise ziehen sich die **Lebenskreise**.
THEODOR FONTANE, »Ausgang«

Die wahren **Lebenskünstler**
sind bereits glücklich, wenn sie
nicht unglücklich sind.
JEAN ANOUILH

Jemandem das **Lebenslicht**
ausblasen.
Sprichwörtl. Redensart; Sinn: jmd.
umbringen; nach altgermanischer
Sage zünden die *Nornen* (die drei
Schicksalsschwestern des german.
Glaubens) bei der Geburt eines
Menschen das Licht des Lebens an
und blasen es bei seinem Tode wieder aus

Lebensstandard ist der Versuch, sich heute das zu leisten,
für was man auch in zehn Jahren kein Geld haben wird.
DANNY KAYE

Mein idealer **Lebenszweck** ist
Borstenvieh, ist Schweinespeck.

Aus der Operette »Der Zigeuner-
baron«; Musik von JOHANN
STRAUSS

Frisch von der **Leber** (1) weg
reden.
Sprichwörtl. Redensart; Leber galt
als Sitz des Ärgers; daher: ohne
Umschweife sprechen, sich seinen
Zorn wegreden

Jemandem ist eine Laus über
die **Leber** (2) gelaufen.
Sprichwörtl. Redensart; Sinn: man
ist ärgerlich; die Leber galt als Sitz
des Ärgers; aus »etwas ist ...«
wurde durch die volkssprachliche
Tendenz zum Stabreim »Laus«

Aß auch die gute **Leberwurst**
(1) und trank den Wein für seinen Durst.
HEINRICH HOFFMANN, »Der Struwwelpeter«

Jemand spielt die gekränkte
Leberwurst (2).
Berliner Redensart für beleidigt
sein

Leergebrannt ist die Stätte.
FRIEDRICH V. SCHILLER,
»Die Glocke«; daraus Redensart

Etwas außerhalb der **Legalität**.
Sprichwörtl. Redensart; nach HER-
MANN HÖCHERL im Bundestag,
1962 anläßlich der »Spiegel-
Affäre«

Ihre Zahl ist **Legion**.
           Nach der Bibel, Markus 5,9

Lehrjahre sind keine Herrenjahre.   Sprichwort

Nur über meine **Leiche**.
Sprichwörtl. Redensart zum Aus-
druck der Ablehnung; nach THEO-
DOR KÖRNER, »Hedwig«, und JOH.
GOTTFRIED HERDER, »Der Gast-
freund«

Gewogen und zu **leicht** (1) be-
funden.
Redensart; nach der Bibel, Daniel
5,27

Zwar ist es **leicht** (2), doch ist
das Leichte schwer.
JOH. WOLFGANG V. GOETHE,
»Faust«

Selig sind, die da **Leid** (1) tragen; denn sie sollen getröstet
werden.   Bibel, Matthäus 5,4

Aussehen wie das **Leiden** (2)
Christi.
Sprichwörtl. Redensart; Sinn: jmd.
sieht so elend aus wie Christus auf
alten Passionsdarstellungen

Lerne **leiden**, ohne zu klagen.
KAISER FRIEDRICH III. (1888) zugeschrieben

Leidenfrei ward keiner noch
geboren.
FRIEDRICH V. SCHILLER, Übersetz-
zung der »Iphigenie in Aulis« von
Euripides

Jemandem auf den **Leim** gehen.
Sprichwörtl. Redensart von der
Sitte des Vogelfangs mittels Leim-
ruten her; Sinn: sich betrügen lassen

Mein **Leipzig** lob' ich mir! Es
ist ein klein' Paris und bildet
seine Leute.
JOH. WOLFGANG V. GOETHE,
»Faust«

Eine lange **Leitung** haben.
Sprichwörtl. Redensart; Sinn: lange brauchen, um etwas zu verstehen; auch: lausig lange Leitung . . .

Nicht für die Schule, sondern für das Leben **lernen** wir.
Sprichwort nach SENECA, Briefe; lat.: *non scholae sed vitae discimus.*

Erst durch das **Lesen** lernt man, wieviel man ungelesen lassen kann.   WILHELM RAABE

Nicht viel **lesen** (1), sondern gut' Ding viel und oft lesen macht fromm und klug dazu.
   MARTIN LUTHER

Nimm und **lies** (2)!
AUGUSTINUS, Bekenntnisse; lat.: *tolle, lege;* oft Motto für Bücher

Leserlichkeit ist die Höflichkeit der Handschriften.
   FRIEDRICH DÜRRENMATT

Den **Letzten** beißen die Hunde.
   Sprichwort

Eine **Leuchte** der Wissenschaft sein.
Sprichwörtl. Redensart; nach PLINIUS DEM ÄLTEREN, »Naturgeschichte«

Jemandem die **Leviten** lesen.
Sprichwörtl. Redensart; nach der Bibel, 3. Moses (Leviticus); enthält Gesetze und Ermahnungen; Sinn: jmd. tadeln

Das **Licht** (1) der Welt erblicken.
   Redensart; Sinn: geboren werden

Es ist nichts so fein gesponnen, es kommt doch ans **Licht** (2) der Sonnen.   Sprichwort

Es werde **Licht** (3), und es ward Licht.
Bibel, 1. Moses 1,3; lat.: *fiat lux.*

Etwas ins rechte **Licht** (4) rükken.
Sprichwörtl. Redensart; Sinn: eine Sache darstellen, wie sie wirklich ist

Jemanden hinters **Licht** (5) führen.
Sprichwörtl. Redensart; Sinn: jmd. hintergehen

Licht (6), Liebe, Leben.
Wahlspruch und Grabinschrift JOH. GOTTFRIED HERDERS

Lieb ist wohl allen das **Licht** (7), aber am liebsten wohl denen, die lange in finsterer Nacht wandelten.
   BERNHARD V. CLAIRVAUX

Mehr **Licht** (8)!
Letzte Worte JOH. WOLFGANG V. GOETHES am 22. März 1832

Mir geht ein **Licht** (9) auf!
Sprichwörtl. Redensart; nach der Bibel, Matthäus 4,16; Sinn: ich habe etwas verstanden

Sein **Licht** (10) nicht unter den Scheffel stellen.
Sprichwörtl. Redensart; nach der Bibel, Matthäus 5,15; Sinn: seine guten Seiten nicht verbergen, so wie man ein Licht ja auf einen Leuchter stellt statt unter einen *Scheffel* (Meßgefäß)

Suche **Licht** (11), so findest du Licht.
ERNST MORITZ ARNDT, »Frischauf«

Wo viel **Licht** (12) ist, ist starker Schatten.
JOH. WOLFGANG V. GOETHE, »Götz von Berlichingen«

Alle Wesen leben vom **Lichte** (13), jedes glückliche Geschöpf, die Pflanze selbst kehrt freudig sich zum Lichte.
FRIEDRICH V. SCHILLER, »Wilhelm Tell«

Alle **Lichter** (14), die wir anzünden, zeugen von dem Licht, das da erschienen ist in der Dunkelheit.
FRIEDRICH V. BODELSCHWINGH

Lichtmeß trüb ist dem Bauern lieb; ist's zu Lichtmeß licht, geht der Winter nicht.
Bauernregel für den 2. Februar

Wer ein **Liebchen** hat gefunden, die es treu und redlich meint . . .
Aus der Oper »Die Entführung aus dem Serail«; Musik von WOLFGANG AMADEUS MOZART

Lachen und Weinen zu jeglicher Stunde ruht bei der **Lieb'** (1) auf so mancherlei Grunde.
FRIEDRICH RÜCKERT

Lieb' (2) ist ein Geist, von Feuer ganz gewoben, leicht, nimmer sinkend, strebend nur nach oben.
WILLIAM SHAKESPEARE

Alte **Liebe** (3) rostet nicht.
Sprichwort

Das eben ist der **Liebe** (4) Zaubermacht.
FRANZ GRILLPARZER, »Sappho«

Das Entscheidende ist: die **Liebe** (5) zum Nächsten und die Liebe zu unserem Volke.
Letzte Worte KONRAD ADENAUERS in der Öffentlichkeit am 27. Februar 1967

Der ersten **Liebe** (6) goldne Zeit.
FRIEDRICH V. SCHILLER, »Die Glocke«

Die Engel, die nennen es Himmelsfreud', die Teufel, die nennen es Höllenleid, die Menschen, die nennen es **Liebe** (7).
HEINRICH HEINE

Die **Liebe** (8) hat ihre eigene Sprache; die Ehe kehrt zur Landessprache zurück.
Russisches Sprichwort

Die **Liebe** (9) ist die Schöpferin und Meisterin aller Dinge und Gottes älteste Gesellin.
ERNST MORITZ ARNDT

Die **Liebe** (10) ist eine kleine Droge, die hilft, durch dieses Leben zu reisen.
MARCELLO MASTROIANNI

Die **Liebe** (11) ist eine leichte Gemütskrankheit, die durch die Ehe oft schnell geheilt werden kann.   SACHA GUITRY

Die **Liebe** (12) von Zigeunern stammt.
Aus der Oper »Carmen«; Musik von GEORGES BIZET

Durch **Liebe** (13) werden alle Dinge leichter, die der Verstand als gar zu schwer gedacht.   Persische Weisheit

Ein bißchen **Liebe** (14) von Mensch zu Mensch ist besser als alle Liebe zur Menschheit.
RICHARD DEHMEL

Er hat uns gerettet, er trägt die Kron', er starb für uns, unsre **Liebe** (15) – sein Lohn.
THEODOR FONTANE, »John Maynard«

Etwas mit dem Mantel der **Liebe** (16) zudecken.
Sprichwörtl. Redensart; nach der Bibel, 1. Petrus 4,8; Sinn: eine peinliche Angelegenheit vergessen

Fragst du mich, woher die bange **Liebe** (17) mir zum Herzen kam.
EDUARD MÖRICKE, »Frage und Antwort«

Ich bete an die Macht der **Liebe** (18).
Russischer Choral von GERHARD TERSTEEGEN; Musik von DIMITRIJ STEPANOWITSCH BORTNJANSKIJ

Kein Feuer, keine Kohle kann brennen so heiß als heimliche **Liebe** (19), von der niemand nichts weiß. Volkslied

Krone des Lebens, Glück ohne Ruh', **Liebe** (20) bist du!
JOH. WOLFGANG V. GOETHE, »Rastlose Liebe«

Liebe (21): auch ein Problem, das Marx nicht gelöst hat.
JEAN ANOUILH

Liebe (22) besteht nicht darin, in den anderen hineinzustarren, sondern darin, gemeinsam nach vorn zu blicken.
ANTOINE DE SAINT EXUPÉRY

Liebe (23) bleibt die goldne Leiter, drauf das Herz zum Himmel steigt.
EMANUEL GEIBEL

Liebe (24) geht durch den Magen. Sprichwort

Liebe (25) greift auch in die Ferne, Liebe fesselt ja kein Ort.
FRIEDRICH V. SCHILLER, »Huldigung der Künste«

Liebe (26) ist . . .
Zeichnungen eines Liebespärchens mit passenden Untertiteln von RAYMOND PEYNET

Liebe (27) ist Anregung für das Herz unter gleichzeitiger Lokalanästhesie des Verstandes.
SACHA GUITRY

Liebe (28) ist das charmanteste Unglück, das uns zustoßen kann. CURT GOETZ

Liebe (29) ist die einzige Sklaverei, die als Vergnügen empfunden wird.
GEORGE BERNARD SHAW

Liebe (30) ist die wunderbare Gabe, einen Menschen so zu sehen, wie er nicht ist.
HANNELORE SCHROTH

Liebe (31) ist Eigenliebe zu zweit. GERMAINE DE STAËL

Liebe (32) ist ein Boogie-Woogie der Hormone.
HENRY MILLER

Liebe (33) ist ein Glas, das zerbricht, wenn man es zu unsicher oder zu fest anfaßt.
Russisches Sprichwort

Liebe (34) ist ein Zeitwort, ein Verhältniswort, ein Zahlwort oder ein Umstandswort – je nachdem. ORSON WELLES

Liebe (35) ist etwas Ideelles, Heirat etwas Reelles, und nie verwechselt man ungestraft das Ideelle mit dem Reellen.
JOH. WOLFGANG V. GOETHE

Liebe (36) ist immer noch die anständigste Entschuldigung für Dummheiten.
HORST WOLFRAM GEISSLER, »Frau Mette«

Liebe (37) ist jener seltsame Zustand, den alle belächeln, bevor sie von ihm befallen werden. VIRNA LISI

Liebe (38) ist kein Solo, Liebe ist ein Duett. Schwindet sie bei einem, verstummt das Lied.
ADELBERT V. CHAMISSO

Liebe (39) ist stark wie der Tod.
Bibel, Hohelied Salomos 8,6

Liebe (40) ist, wenn sie dir die Krümel aus dem Bett macht.
KURT TUCHOLSKY

Liebe (41) – sagt man schön und richtig – ist ein Ding, was äußerst wichtig.
WILHELM BUSCH, »Herr und Frau Knopf«

Liebe (42) vermag viel – Geld alles. Französisches Sprichwort

Liebe (43) wagt, was Liebe irgend kann.
WILLIAM SHAKESPEARE, »Romeo und Julia«

O daß sie ewig grünen bliebe, die schöne Zeit der jungen **Liebe** (44)!
FRIEDRICH V. SCHILLER, »Die Glocke«

Platonische **Liebe** (45).
Redensart für rein geistige Beziehung; nach PLATO, »Das Gastmahl«

Und die **Liebe** (46) per Distanz, kurz gesagt, mißfällt mir ganz.
WILHELM BUSCH, »Abenteuer eines Junggesellen«

O **lieb** (1), solang du lieben kannst!
FERDINAND FREILIGRATH, »Der Liebe Dauer«

Einen Menschen **lieben** (2) heißt, ihn so zu sehen, wie Gott ihn gemeint hat.
FJODOR DOSTOJEWSKIJ

Und doch, welch Gück, geliebt zu werden, und **lieben** (3), Götter, welch ein Glück!
JOH. WOLFGANG V. GOETHE, »Willkommen und Abschied«

Freudvoll und leidvoll, gedankenvoll sein, hangen und bangen in schwebender Pein, himmelhochjauchzend, zu Tode betrübt, glücklich allein ist die Seele, die **liebt** (4).
JOH. WOLFGANG V. GOETHE, »Egmont«, Klärchens Lied

Nichts ist schwer für den, der **liebt** (5). CICERO

Was sich **liebt** (6), das neckt sich. Sprichwort

Sie hat vielleicht mich einst **geliebt** (7), als wir beide noch jung waren.
HEINRICH HEINE, »Deutschland«

Durch **Liebeserfahrung** bleibt man verletzlich und damit lebendig. SUNNYI MELLES

Lied

Ein garstig **Lied** (1)! Pfui, ein politisch Lied!
JOH. WOLFGANG V. GOETHE, »Faust«

Leise flehen meine **Lieder** (2) durch die Nacht zu dir.
LUDWIG RELLSTAB, »Ständchen; Musik von FRANZ SCHUBERT

Leben wie die **Lilien** auf dem Felde.
Sprichwörtl. Redensart; nach der Bibel, Matthäus 6,28; Sinn: sorglos leben

Solang' noch untern **Linden** die alten Bäume blühn, kann nichts uns überwinden, Berlin bleibt doch Berlin.
Lied von WALTER KOLLO

Für ein **Linsengericht** hergeben.
Sprichwörtl. Redensart; nach der Bibel, 1. Moses 25,34; wo Esau sein Erstgeburtsrecht dem Bruder Jakob verkauft; Sinn: etwas unter seinem Wert hergeben

Literatur ist gedruckter Unsinn. AUGUST STRINDBERG

Alles, was Odem hat, **lobe** (1) den Herrn. Bibel, Psalm 150,6

Lobe (2) den Herren, den mächtigen König der Ehren.
Kirchenlied von JOACHIM NEANDER

Gelobt (3) sei, der da kommt im Namen des Herrn.
Bibel, Psalm 118,26

Ich habe eine Antipathie gegen **Lobhudeleien**. Es macht mich den ganzen Tag verstimmt, so etwas zu hören.
HELMUTH V. MOLTKE

Aus dem letzten **Loch** (1) pfeifen.
Sprichwörtl. Redensart; Sinn: ziemlich am Ende sein, wie der Bläser, der das höchste Loch pfeift und dann nicht mehr weiter pfeifen kann

Jemandem ein **Loch** (2) in den Bauch reden.
Sprichwörtl. Redensart; Sinn: unaufhörlich auf jmd. einreden

Logik ist die Anatomie des Denkens. JOHN LOCKE

Jeder Arbeiter ist seines **Lohnes** wert.
Bibel, Lukas 10,7; 1. Thimotheus 5,18

Den blut'gen **Lorbeer** (1) geb' ich hin mit Freuden für's erste Veilchen, das der März uns bringt.
FRIEDRICH V. SCHILLER, »Die Piccolomini«

Der **Lorbeer** (2) und der Hochmut sind gefährlich.
ADELBERT V. CHAMISSO, »Sage von Alexandern«

Lorbeer (3) ist ein schnell welkendes Gemüse.
GIOVANNINO GUARESCHI

Lorbeer (4) macht nicht satt, besser wer Kartoffeln hat.
Sprichwort

Auf seinen **Lorbeeren** (5) ausruhen.
Sprichwörtl. Redensart; Sinn: sich mit dem einmal Erreichten zufriedengeben

Mit **Lorbeeren** (6) bekränzen.
Sprichwörtl. Redensart, die auf den antiken Brauch zurückgeht, einen Sieger zu bekränzen

Hast du ein **Lorbeerreis** mir bestimmt, so laß es am Zweige weiter grünen und gib es einst dem Würdigern hin.
JOH. WOLFGANG V. GOETHE, »Hermann und Dorothea«

Lorbeerzweige, wem einmal würdig sie das Haupt berührt, dem schweben sie auf ewig um die Stirne.
JOH. WOLFGANG V. GOETHE, »Torquato Tasso«

Wehe, wenn sie **losgelassen**!
FRIEDRICH V. SCHILLER, »Die Glocke«; daraus Redensart

Der **Lotse** geht von Bord.
Karikatur in der engl. Zeitschrift »Punch« 1890, anläßlich der Entlassung Otto v. Bismarcks durch Kaiser Wilhelm II.

Make **Love** not war!
Slogan der Hippiebewegung; dt.: *mach Liebe, nicht Krieg!*

Gut gebrüllt, **Löwe** (1)!
WILLIAM SHAKESPEARE, »Ein Sommernachtstraum«

Sich in die Höhle des **Löwen** (2) wagen.
Sprichwörtl. Redensart; nach AESOP, Fabel »Die Löwin und der Fuchs«; Sinn: Gefahr auf sich nehmen

Lückenbüßer sein.
Sprichwörtl. Redensart; nach der Bibel, Nehemia 4,7; Sinn: Ersatz für jmd. sein

O welche Lust, in freier **Luft** (1) den Atem leicht zu heben.
Aus der Oper »Fidelio«; Musik von LUDWIG VAN BEETHOVEN; der Gefangenenchor; der Text stammt von BOUILLY V. SONNLEITHNER/TREITSCHKE

Die linden **Lüfte** (2) sind erwacht.
LUDWIG UHLAND, »Frühlingsglaube«

Lügen haben kurze Beine.
Sprichwort

Ach mitunter muß man **lügen** (1), und mitunter lügt man gern. WILHELM BUSCH

Das Blaue vom Himmel herunter **lügen** (2).
Sprichwörtl. Redensart; Sinn: unglaublich lügen

Lügen (3) wie gedruckt.
Sprichwörtlich für unglaublich lügen

Er spricht wenig, aber er **lügt** (4) immer.
Redensart über Kaiser Napoleon III.

Man kommt der Wahrheit näher, wenn man **lügt** (5).
Sprichwort

Weh dem, der **lügt** (6)!
Lustspiel von FRANZ GRILLPARZER

Wer einmal **lügt** (7), dem glaubt man nicht, und wenn er auch die Wahrheit spricht.
Sprichwort

Der **Lügner** muß ein gutes Gedächtnis haben.
PIERRE CORNEILLE, »Der Lügner«

Lunte riechen.
Sprichwörtl. Redensart; Sinn: eine bedrohliche Situation rechtzeitig erkennen; bei früheren Feuerwaffen benutzte man brennende Dochte (*Lunte*), deren Dampf vorher zu riechen war, so daß man sich rechtzeitig von den Kanonen entfernen konnte

𝕸

Das Geheimnis jeder **Macht** (1) besteht darin zu wissen, daß andere noch feiger sind als wir.
LUDWIG BÖRNE, »Der Narr im weißen Schwan«

Der Größe Mißbrauch ist, wenn von der **Macht** (2) sie das Gewissen trennt.
WILLIAM SHAKESPEARE, »Caesar«; engl.: *the abuse of greatness is when it disjoins remorse from power.*

Die **Macht** (3) des Schicksals.
Gleichnamige Oper; Musik von GIUSEPPE VERDI

Die **Macht** (4) soll handeln und nicht reden.
JOH. WOLFGANG V. GOETHE, »Maximen und Reflexionen«

Hast du die **Macht** (5), du hast das Recht auf Erden.
ADELBERT V. CHAMISSO, »Die Giftmischerin«

Ich bin im Gebrauch der **Macht** (6) gar nicht so pingelig, meine Damen und Herren.
KONRAD ADENAUER

Macht (7) ist eine Art von Genie, entweder man hat's oder man hat's nicht.
GEORGE BERNARD SHAW

Macht (8) ist Pflicht, Freiheit ist Verantwortlichkeit.
MARIE V. EBNER-ESCHENBACH, Aphorismen

Wer den Daumen auf dem Beutel hat, hat die **Macht** (9).
OTTO V. BISMARCK; gemeint: wer das Geld hat

Die guten **Mächte** (10) sagen: ich will schaffen und sein; die bösen sagen: ich will haben und scheinen.
WALTHER RATHENAU

Ihr **Mächtigen** auf Erden! Schaut und lernt.
ADELBERT V. CHAMISSO, »Memento«

Ein **Mädchen** (1) oder Weibchen wünscht Papageno sich.
Aus der Oper »Die Zauberflöte«; Text von EMANUEL SCHIKANEDER; Musik von WOLFGANG AMADEUS MOZART

Mädchen (2) sind wie Rosen, kaum entfaltet, ist ihre holde Blüte schon veraltet.
WILLIAM SHAKESPEARE, »Was ihr wollt«

O **Mädchen** (3), mein Mädchen, wie lieb' ich dich.
Aus der Operette »Friederike«; Musik von FRANZ LÉHAR

Vom **Mädchen** (4) reißt sich stolz der Knabe.
FRIEDRICH V. SCHILLER, »Die Glocke«

Leben wie die **Made** im Speck.
Sprichwörtl. Redensart; Sinn: im Überfluß leben

Jemanden **madig** (1) machen.
Sprichwörtl. Redensart; Sinn: jmd. herabsetzen

Sich **madig** (2) machen.
Sprichwörtl. Redensart; Sinn: sich unbeliebt machen, wie die Made im Apfel abgelehnt werden

Magdalena weint um ihren Herrn, drum regnet's an ihrem Tage gern.

Bauernregel für den 22. Juli

Lieber den **Magen** verrenken, als dem Wirt was schenken.

Sprichwort

Heiße **Magister**, heiße Doktor gar.

JOH. WOLFGANG V. GOETHE, »Faust«

Alles neu macht der **Mai** (1).

Lied von ADOLF V. KAMP

Das war in Schöneberg im Monat **Mai** (2).

Aus der Operette »Wie einst im Mai«; Musik von WALTER KOLLO

Des Lebens **Mai** (3) blüht einmal und nicht wieder.

FRIEDRICH V. SCHILLER, »Resignation«

Mai (4) warm und trocken macht alles Wachstum stokken.   Bauernregel

Wie einst im **Mai** (5).

Operette; Musik von WALTER KOLLO

Schöne **Maid**, hast du heut' für mich Zeit?

Stimmungslied, gesungen von TONY MARSHALL

Maikäfer, flieg, dein Vater ist im Krieg, deine Mutter ist in Pommerland, Pommerland ist abgebrannt, Maikäfer flieg.

Kinderlied, das sich auf die verheerenden Folgen des Dreißigjährigen Krieges bezieht

Mairegen auf die Saaten – es regnet Dukaten.   Bauernregel

Die **Malerei** ist eine stumme Poesie und die Poesie eine redende Malerei.   SIMONIDES

Schnöder **Mammon**.

Sprichwörtlich für Geld; nach der Bibel, Lukas 16,9: *ungerechter Mammon*

Bittere Stunden formen den **Mann** (1).   KONRAD ADENAUER

Der große Mann (2) braucht überall viel Boden.

GOTTHOLD EPHRAIM LESSING, »Nathan der Weise«

Der **Mann** (3) muß hinaus ins feindliche Leben.

FRIEDRICH V. SCHILLER, »Die Glocke«

Ein **Mann** (4) am Steuer gleicht einem Pfau, der sein Rad in der Hand hält.

ANNA MAGNANI

Ein **Mann** (5) – ein Wort.

Sprichwort; oft ergänzt: . . . *eine Frau – ein Wörterbuch.*

Er war ein **Mann** (6), nehmt alles nur in allem.

WILLIAM SHAKESPEARE, »Hamlet«; engl.: *he was a man, take him all for all.*

Ihr **Mann** (7) ist tot und läßt sie grüßen.

JOH. WOLFGANG V. GOETHE, »Faust«

Kleiner **Mann** (8), was nun?

Roman von HANS FALLADA

Mann (9) in den besten Jahren.

Sprichwörtl. Redensart; nach HEINRICH HEINE, »Mensch, verspotte nicht den Teufel«

Selbst ist der **Mann** (10)!
Sprichwort nach der Edda: . . . *selig ist, wer sich selbst mag im Leben löblich raten.*

Die Frauen haben es ja von Zeit zu Zeit auch nicht leicht; wir **Männer** (11) aber müssen uns rasieren. KURT TUCHOLSKY

Männer (12) kommen in die besten Jahre, wenn ihnen auffällt, daß ihre Schulfreunde die Haare verlieren. ALEC GUINESS

Männer (13) wollen immer die erste Liebe einer Frau sein, Frauen sind gern der letzte Roman eines Mannes.
OSCAR WILDE

Bei **Männern** (14), welche Liebe fühlen, fehlt auch ein gutes Herze nicht.
Aus der Oper »Die Zauberflöte«; Text von EMANUEL SCHIKANEDER; Musik von WOLFGANG AMADEUS MOZART

Welch Glück sondergleichen, ein **Mannsbild** zu sein!
JOH. WOLFGANG V. GOETHE, »Egmont«

Sein **Mäntelchen** nach dem Winde hängen.
Sprichwörtl. Redensart; Sinn: seine Gesinnung wechseln, um sich anzupassen

Hat **Margret** keinen Sonnenschein, dann kommt das Heu nie trocken ein.
Bauernregel für den 10. Juni und den 20. Juli

Durch **Mark** (1) und Bein gehen.
Sprichwörtl. Redensart; nach der Bibel, Hebräer 4,12; dort ist die Rede vom Wort Gottes; Sinn: tief eindringen; im Volksmund oft: *Mark und Pfennig*

Es geht immerhin um ein paar **Mark** (2) siebzig.
HANS JOACHIM KULENKAMPFF in der TV-Show »EWG«

Mit fünf **Mark** (3) sind sie dabei!
Slogan der Fernsehlotterie seit 1960

Gibt's an **Markus** Sonnenschein, so bekommt man guten Wein.
Bauernregel für den 25. April

Geht **Maria** (1) übers Gebirge naß, bleiben leer Scheune und Faß. Bauernregel für den 2. Juli

Mariä (2) Geburt ziehen die Schwalben furt; bleiben sie da, ist der Winter nicht nah.
Bauernregel für den 8. September

Mariä (3) Himmelfahrt Sonnenschein, bringt meist auch einen guten Wein.
Bauernregel für den 15. August

An **Mariä** (4) Namen sagt der Sommer Amen.
Bauernregel für den 12. September

Mariä (5) Verkündigung kommen die Schwalben wiederum.
Bauernregel für den 25. März

Mars regiert die Stunde.
FRIEDRICH V. SCHILLER, »Wallensteins Tod«; Mars war der röm. Kriegsgott

Den **Marschallstab** im Tornister tragen.
Sprichwörtl. Redensart; Napoleon
I. zugeschrieben, stammt aber
wohl von LUDWIG XVIII; Sinn:
eine Karriere vor sich haben

Getrennt **marschieren**, vereint
schlagen.   HELMUTH V. MOLTKE

Martha, Martha, du ent-
schwandest.
Aus der Oper »Martha«; Musik
von FRIEDRICH V. FLOTOW; Text
von W. FRIEDRICH; im Volksmund
ergänzt: *... und mit dir mein Portemonnaie.*

Bringt St. **Martin** (1) Sonnenschein, tritt ein kalter Winter
ein.
Bauernregel für den 11. November

Hat **Martin** (2) einen weißen
Bart, dann wird der Winter
lang und hart.
Bauernregel für den 11. November

Wenn's Laub nicht vor **Martini**
(3) fällt, kommt eine große
Winterkält'.
Bauernregel für den 11. November

Bringt **Martina** Sonnenschein,
hofft man auf viel Korn und
Wein.
Bauernregel für den 30. Januar

März (1) nicht zu trocken und
naß, füllt dem Bauern Scheune
und Faß.   Bauernregel

Wie der 29. **März** (3), so der
Frühling; wie der 30., so der
Sommer; wie der 31., so der
Herbst.   Bauernregel

Was ein richtiger **März** (2) ist,
soll eingehen wie ein Löwe
und ausgehen wie ein Lamm.
Bauernregel

Märzenferkel, **Märzenfohlen**
alle Bauern haben wollen.
Bauernregel

Märzenschnee tut Saaten weh.
Bauernregel

Märzenstaub und **Märzenwind**
guten Sommers Vorboten sind.
Bauernregel

Die **Masse** ist nicht so blöd,
wie sie von den Unterhaltungs-
managern gemacht wird.
ALFRED BIOLEK

Mathematik ist das Alphabet,
mit dessen Hilfe Gott das Universum beschrieben hat.
GALILEO GALILEI

Die **Mathematiker** sind eine
Art Franzosen: redet man zu
ihnen, so übersetzen sie es in
ihre Sprache, und dann ist es
alsobald etwas ganz anderes.
JOH. WOLFGANG V. GOETHE, »Maximen und Reflexionen«

Matthäi (1) am letzten.
Sprichwörtl. Redensart; nach der
Bibel, Matthäus 28,20; Schluß-
worte des Matthäusevangeliums:
*und siehe, ich bin bei euch alle
Tage bis an das Ende der Welt*;
Sinn: am Ende sein

Tritt **Matthäus** (2) stürmisch
ein, wird's bis Ostern Winter
sein.
Bauernregel für den 21. September

Mattheis (3) bricht's Eis, hat er keins, so macht er eins.
Bauernregel für den 24. Februar

Matthias (4) hab' ich lieb, gibt dem Baum den Trieb.
Bauernregel für den 24. Februar

Eine **Mauer** (1) um uns baue!
CLEMENS BRENTANO, »Die Gottesmauer«

Wir müssen mit der **Mauer** (2) leben.
Willy Brandt, 1962 als Berlins Regierender Bürgermeister

Jemandem das **Maul** stopfen.
Sprichwörtl. Redensart; Sinn: jmd. zum Schweigen bringen, da man mit vollem Munde nicht reden kann

Bis früh um fünfe, kleine **Maus** (1), da gehn wir sicher nicht nach Haus.
Aus der Operette »Im Reich des Indra«; Musik von PAUL LINCKE

Wenn die **Maus** (2) satt ist, ist das Mehl bitter. Sprichwort

Das **Mausoleum**: die letzte und komischste Torheit der Reichen. AMBROSE BIERCE

Max und Moritz ihrerseits fanden darin keinen Reiz.
WILHELM BUSCH, »Max und Moritz«

Da geh' ich ins **Maxim**, da bin ich ganz intim.
Aus der Operette »Die lustige Witwe«; Musik von FRANZ LEHAR

Meckern ist wichtig, nett sein kann jeder. Berliner Spruch

Was St. **Medardus** für Wetter hält, solch Wetter auch in die Ernte fällt.
Bauernregel für den 8. Juni

Des **Meeres** und der Liebe Wellen.
Drama von FRANZ GRILLPARZER

Je **mehr** er hat, je mehr er will.
Sprichwort

Die meisten Menschen bekommen eine **Meinung** (1), wie man einen Schnupfen bekommt: durch Ansteckung.
AXEL V. AMBESSER

Viel zuviel Wert auf die **Meinung** (2) anderer legen ist ein allgemein herrschender Irrwahn. ARTHUR SCHOPENHAUER

Meinungen (3) sind wie Nägel: je mehr du auf sie einschlägst, umso tiefer dringen sie ein.
Chinesisches Sprichwort

Zwei Ärzte – drei **Meinungen** (4). Redensart

Ehrt eure deutschen **Meister** (1), dann bannt ihr gute Geister.
Aus der Oper »Die Meistersinger« von RICHARD WAGNER

Früh übt sich, was ein **Meister** (2) werden will.
FRIEDRICH V. SCHILLER, »Wilhelm Tell«

Verachtet mir die **Meister** (3) nicht.
Aus der Oper »Die Meistersinger« von RICHARD WAGNER

Melancholie (1) ist das Vergnügen, traurig zu sein.
VICTOR HUGO

Melancholie (2) ist Stimmung mit Trauerrand.
HEIMITO V. DODERER

Wer seine **Memoiren** schreibt, hat etwas zu verheimlichen.
KURT TUCHOLSKY

Das ist ein **Menetekel**.
Sprichwörtl. Redensart; nach der Bibel, Daniel 5,25; Sinn: ein böses, warnendes Vorzeichen

Alle anderen Dinge müssen: der **Mensch** (1) ist das Wesen, welches will.
FRIEDRICH V. SCHILLER, »Über das Erhabene«

Begnügt euch doch, ein **Mensch** (2) zu sein!
GOTTHOLD EPHRAIM LESSING, »Nathan der Weise«

Der inwendige **Mensch** (3).
Redensart; nach der Bibel, Römer 7,22

Der **Mensch** (4) beherrscht die Natur, bevor er gelernt hat, sich selbst zu beherrschen.
ALBERT SCHWEITZER

Der **Mensch** (5) denkt, Gott lenkt.
Sprichwort; nach der Bibel, Sprüche Salomos 16,9; von OTTO WAALKES fortgesetzt: *Der* Mensch *dachte, Gott lachte*.

Der **Mensch** (6) hat nichts so eigen, so wohl steht ihm nichts an, als daß er Treue zeigen und Freundschaft halten kann.
SIMON DACH, »Lied der Freundschaft«

Der **Mensch** (7) ist das einzige Tier, das arbeiten muß.
IMMANUEL KANT

Der **Mensch** (8) ist das einzige Tier, das erröten kann – oder muß.
MARK TWAIN

Der **Mensch** (9) ist das Maß aller Dinge.
Nach PROTAGORAS

Der **Mensch** (10) ist ein Blinder, der vom Sehen träumt.
FRIEDRICH HEBBEL, Tagebücher

Der **Mensch** (11) ist ein Gewohnheitstier.
Sprichwörtl. Redensart; auch bei JOH. HEINRICH PESTALOZZI

Der **Mensch** (12) ist frei geschaffen, ist frei, und würd' er in Ketten geboren.
FRIEDRICH V. SCHILLER, »Worte des Glaubens«

Der **Mensch** (13) ist nicht das Produkt seiner Umwelt – die Umwelt ist das Produkt des Menschen.
BENJAMIN DISRAELI

Der **Mensch** (14) lebt nicht vom Brot allein.
Bibel, 5. Moses 8,3; zitiert auch bei Lukas 4,4; Matthäus 4,4

Ein edler **Mensch** (15) zieht edle Menschen an.
JOH. WOLFGANG V. GOETHE, »Torquato Tasso«

Ein **Mensch** (16), will er auf etwas pfeifen, darf sich im Tone nicht vergreifen.
EUGEN ROTH

Es ist nicht gut, daß der **Mensch** (17) allein sei; ich will ihm eine Gehilfin machen, die um ihn sei.
Bibel, 1. Moses 2,18

Es löst der **Mensch** (18) nicht, was der Himmel bindet.
FRIEDRICH V. SCHILLER, »Die Braut von Messina«

Hier bin ich **Mensch** (19), hier darf ich's sein.
JOH. WOLFGANG V. GOETHE, »Faust«

Ich glaube, die beste Definition für **Mensch** (20) lautet: undankbarer Zweibeiner.
FJODOR DOSTOJEWSKIJ

Jeder kommt zu Fall, der sich, obwohl als **Mensch** (21) geboren, ein Übermensch zu sein vermißt.
SOPHOKLES

Jeder Tag führt den Beweis, daß sich der **Mensch** (22) nicht an alles gewöhnt.
THEODOR FONTANE

Kein **Mensch** (23) muß müssen.
GOTTHOLD EPHRAIM LESSING, »Nathan der Weise«

Kein **Mensch** (24) taugt ohne Freude.
WALTHER VON DER VOGELWEIDE

Mensch (25) sein heißt verantwortlich sein.
ANTOINE DE SAINT EXUPÉRY

Und der **Mensch** (26) versuche die Götter nicht.
FRIEDRICH V. SCHILLER, »Der Taucher«

Warum wurde der **Mensch** (27) am letzten Tage erschaffen? Damit man ihm, wenn ihn der Stolz packt, sagen kann: die Mücke ging dir in der Schöpfung voraus.
Talmud

Was ist der **Mensch** (28)? Die Tragödie Gottes.
CHRISTIAN MORGENSTERN

Alle **Menschen** (1) werden Brüder.
FRIEDRICH V. SCHILLER, »Lied an die Freude«; vertont von LUDWIG VAN BEETHOVEN

Die **Menschen** (2) werden krank, weil sie aus Torheit alles tun, um nicht gesund zu bleiben.
HIPPOKRATES

Es gibt keinen einsameren **Menschen** (3) als den, der nur sich selbst liebt.
ABRAHAM IBN ESRA

Es reden und träumen die **Menschen** (4) viel von besseren künftigen Tagen.
FRIEDRICH V. SCHILLER, »Hoffnung«

Flüsse und Berge kann man verändern, aber nicht den **Menschen** (5).
Chinesisches Sprichwort

Fürchte den Bock von vorn, das Pferd von hinten und den **Menschen** (6) von allen Seiten.
Russisches Sprichwort

Ich kann die Welt nicht verändern, aber einen einzelnen **Menschen** (7), mich selber.
KARLHEINZ BÖHM; Hilfsaktion »Menschen für Menschen«

Jede große Zeit erfaßt den ganzen **Menschen** (8).
THEODOR MOMMSEN, »Römische Geschichte«

Man hat kein Recht, dem im Gefühle wurzelnden Entschluß eines anderen **Menschen** (9), und wenn es das eigene Kind ist, entgegenzutreten.
THEODOR FONTANE

Menschen (10), die keine Laster haben, haben auch wenige Tugenden. ABRAHAM LINCOLN

Menschen (11) wie du und ich
Rubrik der dt. Ausgabe des »Readers Digest«

Nehmen Sie die **Menschen** (12), wie sie sind – andere gibt es nicht. KONRAD ADENAUER

Was einzig und allein dauernd dem **Menschen** (13) genügt, ist nur immer wieder der Mensch.
THEODOR FONTANE

Wenn du **Menschen** (14) verurteilst, hast du keine Zeit, sie zu lieben. MUTTER TERESA

Wenn **Menschen** (15) schweigen, werden Steine reden.
Nach der Bibel, Lukas 19,40

Menschenherz und Meeresboden sind unergründlich.
Jüdisches Sprichwort

Es fürchte die Götter das **Menschengeschlecht.**
JOH. WOLFGANG V. GOETHE, »Iphigenie auf Tauris«

Greift nur hinein ins volle **Menschenleben,** und wo ihr's packt, da ist es interessant.
JOH. WOLFGANG V. GOETHE, »Faust«; daraus Redensart

Die **Menschheit** (1) ist ein Buch, das immer wieder von neuem aufgelegt wird, ohne die Aussicht, jemals ein Bestseller zu werden.
WILLIAM FAULKNER

Die moderne **Menschheit** (2) hat zwei Arten von Moral: eine, die sie predigt, aber nicht anwendet, und eine andere, die sie anwendet, aber nicht predigt. GEORGE BERNARD SHAW

Große Menschen sind die Inhaltsverzeichnisse der **Menschheit** (3). FRIEDRICH HEBBEL

Da **menschlich** (1) wir, muß menschlich unser Trachten sein. EURIPIDES, »Alkestis«

Alle **menschlichen** (2) Einrichtungen sind unvollkommen, in höchstem Maße und am allermeisten staatliche Einrichtungen.
OTTO V. BISMARCK im Reichstag, 1884

Denkt an den Wechsel alles **Menschlichen** (3)! Es leben Götter, die den Hochmut rächen.
FRIEDRICH V. SCHILLER, »Maria Stuart«

Ich habe Ehrfurcht vor der **menschlichen** (4) Natur, nur die Menschen kann ich nicht lieben.
FRIEDRICH V. SCHILLER, »Der Menschenfeind«

Ein **menschliches** (5) Rühren fühlen.
Sprichwörtliche Redensart; nach FRIEDRICH V. SCHILLER, »Die Bürgschaft«; heute meist in dem Sinn verstanden: auf die Toilette gehen müssen

Hoch über **Menschliches** (6) hinaus.
FRIEDRICH V. SCHILLER, »Die Kraniche des Ibykus«

Menschliches (7), Allzumensch-
liches.
Redensart; nach einer Schrift von
FRIEDRICH NIETZSCHE

Nichts **Menschliches** (8) ist mir
fremd.
TERENZ, »Der Selbstpeiniger«; lat.:
humani nihil a me alienum puto.

Etwas steht auf **Messers**
Schneide.
Sprichwörtl. Redensart nach HO-
MER, »Ilias«; Sinn: eine schwerwie-
gende Entscheidung wird gerade
getroffen

Weil, so schließt er **messerscharf,** nicht sein kann, was
nicht sein darf.
CHRISTIAN MORGENSTERN, »Unmögliche Tatsache«

Alt wie **Methusalem.**
Sprichwörtl. Redensart; nach der
Bibel, 1. Moses 5,27; Sinn: uralt,
da Methusalem 969 Jahre alt geworden sein soll

Kommt **Michael** (1) heiter und
schön, wird's noch vier Wochen so gehn.
Bauernregel für den 29. September

Regnet's an **Michaelis** (2) Tag,
ein langer Winter kommen
mag.
Bauernregel für den 29. September

Wenn die Zugvögel nicht vor
Michaelis (3) wegziehen, so
deutet das auf gelindes Wetter
wenigstens bis Weihnachten
hin.
Bauernregel für den 29. September

Der deutsche **Michel.**
Spottname für den Deutschen, der
mit einer Schlafmütze dargestellt
wird; bei SEBASTIAN FRANCK 1541
in abfälligem Sinn; später als Eh-
rennamе; seit dem 19. Jh. durch
Darstellung mit der Zipfelmütze
wieder spöttisch gebraucht

Nur einmal blüht im Jahr der
Mai, und zwölfmal blüht die
Miete. Berliner Redensart

Mikrophone sind das einzige,
das sich Politiker gerne vorhal-
ten lassen.
GÜNTHER MÜGGENBURG

Ein **Milliardär** ist ein Mann,
der auch mal ganz klein als
Millionär angefangen hat.
JERRY LEWIS

Seid umschlungen, **Millionen!**
FRIEDRICH V. SCHILLER, »Lied an
die Freude«; vertont von LUDWIG
VAN BEETHOVEN

Mein **Milljöh.**
Bildband von HEINRICH ZILLE;
auch Titel eines Liedes von KURT
TUCHOLSKY über Zille: »Das ist
dein Milljöh«. *Milljöh:* Eindeut-
schung für franz. *milieu* [Umge-
bung]

Dem **Mimen** flicht die Nachwelt keine Kränze.
FRIEDRICH V. SCHILLER, »Wallensteins Lager«

Meine **Minna** geht vorüber?
Meine Minna kennt mich
nicht?
FRIEDRICH V. SCHILLER, »An Minna«

Ein ehrlicher **Mißerfolg** ist
keine Schande; Furcht vor

Mißerfolg dagegen ist eine Schande. HENRY FORD

Das **Mißtrauen** (1) ist die Mutter der Sicherheit.

Französisches Sprichwort

Mißtrauen (2) ist eine schlechte Rüstung, die mehr hindern als schirmen kann.

GEORGE LORD BYRON

Nicht **mitzuhassen,** mitzulieben bin ich da.

SOPHOKLES, »Antigone«

Der Zweck heiligt die **Mittel.**
Sprichwörtl. Redensart; nach einem Grundsatz der Jesuiten, der aber unzulässige Mittel ausnimmt

Die **Mitternacht** zog näher schon, in stummer Ruh' lag Babylon.

HEINRICH HEINE, »Belsazar«

Der goldene **Mittelweg** (1).
Redensart nach HORAZ, Oden; lat.: *aurea mediocritas*

Der **Mittelweg** (2) ist der sicherste.

OVID, »Metamorphosen«

Der **Mittelweg** (3) ist oft doppelt gefährlich.
CHRISTIAN DIETERICH GRABBE, »Napoleon«

Die **Mode** (1) ist das wichtigste Mittel der Textilindustrie gegen die zunehmende Haltbarkeit der Stoffe.

EMILIO SCHUBERTH

Frauen unterwerfen sich willig der **Mode** (2), denn sie wissen, daß die Verpackung wechseln muß, wenn der Inhalt interessant bleiben soll. NOEL COWARD

Mode (3) ist so unerträglich häßlich, daß wir sie alle Halbjahre ändern müssen.

OSCAR WILDE

Sobald eine **Mode** (4) allgemein geworden ist, hat sie sich überholt.

MARIE V. EBNER-ESCHENBACH

Ja, das **mächste**: eine Villa im Grünen, mit großer Terrasse, vorne die Ostsee, hinten die Friedrichstraße.
KURT TUCHOLSKY, »Das Ideal«; *mächste* [umgangssprachlich für mögen]

Der **Mohr** (1) hat seine Schuldigkeit getan, der Mohr kann gehn.
Nach FRIEDRICH V. SCHILLER, »Fiesco«; eigentlich: *der Mohr hat seine Arbeit getan.*

Es ging spazieren vor dem Tor ein kohlpechrabenschwarzer **Mohr** (2).
HEINRICH HOFFMANN, »Der Struwwelpeter«

Der **Mond** ist aufgegangen, die goldnen Sternlein prangen am Himmel hell und klar.
MATTHIAS CLAUDIUS, »Abendlied«

Monologe sind lauter Atemzüge der Seele.

FRIEDRICH HEBBEL

Der Zustand der gesamten menschlichen **Moral** (1) läßt sich in zwei Sätzen zusammenfassen: we ought to. But we don't.
KURT TUCHOLSKY, dt.: *wir sollten, aber wir tun nicht.*

Moral (2) ist ständiger Kampf gegen die Rebellion der Hormone. FEDERICO FELLINI

Und die **Moral** (3) von der Geschicht'. Sprichwörtl. Redensart; nach WILHELM BUSCH

Moralisten (1) sind Menschen, die sich dort kratzen, wo es andere juckt. SAMUEL BECKETT

Moralisten (2) sind Menschen, die sich jedes Vergnügen versagen, außer jenem, sich in das Vergnügen anderer Menschen einzumischen. BERTRAND RUSSELL

Morgen (1) ist auch noch ein Tag. Sprichwort

Morgen (2), Kinder, wird's was geben. Weihnachtslied

Morgenregen dauert nicht lange. Bauernregel

Morgenrot, Morgenrot, leuchtest mir zu frühem Tod. WILHELM HAUFF, »Reiters Morgengesang«

Morgens um sieben ist die Welt noch in Ordnung. Roman von ERIC MALPASS

Morgenstund' hat Gold im Mund. Sprichwort; gemeint ist hier *Mund* im Sinn von Mündel, Schutz

Die **Möwen** sehen alle aus, als ob sie Emma hießen. CHRISTIAN MORGENSTERN, »Möwenlied«

Aus einer **Mücke** einen Elefanten machen. Sprichwörtl. Redensart; schon bei HORAZ, »Dichtkunst«; Sinn: eine Sache übertreiben

Müde bin ich, geh' zur Ruh', schließe beide Augen zu. LUISE HENSEL, »Abendgebet«

Das ist Wasser auf meine **Mühle** (1). Sprichwörtl. Redensart; Sinn: ich fühle mich bestätigt

Es klappert die **Mühle** (2) am rauschenden Bach. Volkslied

Gottes **Mühlen** (3) mahlen langsam, aber fein. Sprichwörtl. Redensart; nach SEXTUS EMPIRIKUS

Mir wird von alledem so dumm, als ging' mir ein **Mühlrad** im Kopf herum. JOH. WOLFGANG V. GOETHE, »Faust«

Wie ein **Murmeltier** schlafen. Sprichwörtl. Redensart für tief schlafen

Musik (1) ist angenehm zu hören, doch ewig braucht sie nicht zu währen. WILHELM BUSCH

Musik (2) ist die universelle Sprache der Menschheit. HENRY W. LONGFELLOW

Musik (3) ist für ihn Gottesdienst. ALBERT SCHWEITZER über Joh. Sebastian Bach

Musik (4) wird oft nicht schön empfunden, weil sie stets mit Geräusch verbunden. WILHELM BUSCH, »Dideldum«; oft zitiert: *Musik wird störend . . .*

Muß i denn, muß i denn zum Städtele hinaus . . .   Volkslied

Müßiggang ist aller Laster Anfang.   Sprichwort

An jemandem sein **Mütchen** kühlen.
Sprichwörtl. Redensart; nach der Bibel, 2. Moses 15,9; Sinn: sich an jmd. rächen

Dem **Mutigen** hilft Gott.
FRIEDRICH V. SCHILLER, »Wilhelm Tell«

Ohne **Mutter** (1) geht es nicht.
Roman von HANS NICKLISCH

Und die **Mutter** (2) blicket stumm auf dem ganzen Tisch herum.
HEINRICH HOFFMANN, »Der Struwwelpeter«

Wenn du noch eine **Mutter** (3) hast, so danke Gott und sei zufrieden.   Sprichwörtl. Redensart

Vom Vater hab' ich die Natur, des Lebens ernstes Führen, vom **Mütterchen** die Frohnatur, die Lust zu fabulieren.
JOH. WOLFGANG V. GOETHE, »Zahme Xenien«

Mutterglück, das ist das, was eine Mutter empfindet, wenn die Kinder abends im Bett sind.   ROBERT LEMBKE

Mutterseelenallein sein.
Sprichwörtl. Redensart; aus dem frz. *moi tout seul* [ich ganz allein] in den Berliner Stadtdialekt übernommen und eingedeutscht zu: mutterseelenallein; gleichen Ursprungs sind die umgangssprachlichen Wörter *Deez* [frz.: la tête], *totschick* [frz.: tout chic], *Muckefuck* [frz.: mocca faux] usw.

Ein guter **Nachbar** (1) ist besser als ein Bruder in der Ferne.
Sprichwort

Erst nach dem **Nachbar** (2) schaue, sodann ein Haus dir baue.
FRIEDRICH RÜCKERT, »Arabische Volkslieder«

Auf **Nachbars** (3) Feld steht das Korn besser.
Polnisches Sprichwort

Wo **Nachfrage** herrscht, da steigen die Preise.
Russisches Sprichwort

Wehe der **Nachkommenschaft**, die dich verkennt.
JOH. WOLFGANG V. GOETHE, »Götz von Berlichingen«

Keine **Nachricht** – gute Nachricht.
Sprichwort

Die meiste **Nachsicht** (1) übt der, der die wenigste braucht.
MARIE V. EBNER-ESCHENBACH

Nachsicht (2) ist das Wissen, wann auf einen Vorteil zu verzichten ist.
BENJAMIN DISRAELI

Jeder ist sich selbst der **Nächste** (1).
Sprichwort

Du sollst deinen **Nächsten** (2) lieben wie dich selbst.
Bibel, 3. Moses 19,18

Verurteile deinen **Nächsten** (3) nicht; du weißt nicht, was du in seiner Lage getan hättest.
Jüdisches Sprichwort

Den Mantel christlicher **Nächstenliebe** über etwas breiten.
Sprichwörtl. Redensart; nach MARK TWAIN, »Tom Sawyer«; Sinn: über die Folgen schweigen

Die **Nacht** (1) hat ihre Kerzen ausgebrannt; der muntre Tag erklimmt die dunst'gen Höhn.
WILLIAM SHAKESPEARE, »Romeo und Julia«

Die **Nacht** (2) ist nicht allein zum Schlafen da.
Lied aus dem Film »Tanz auf dem Vulkan«; Musik von THEO MACKEBEN

Häßlich wie die **Nacht** (3).
Sprichwort

Ich wollte, es würde **Nacht** (4) oder die Preußen kämen.
Nach ARTHUR W. WELLINGTON, dessen Ordre bei der Schlacht von Waterloo (1815) gelautet hatte: »Die Preußen oder die Nacht«

In der **Nacht** (5) ist der Mensch nicht gern alleine.
Schlager aus dem Film »Die Frau meiner Träume«; Musik von FRANZ GROTHE

Komm Trost der Welt, du stille **Nacht** (6)!
JOSEPH V. EICHENDORFF, »Der Einsiedler«

Morgen früh ist die **Nacht** (7) vorbei. Sprichwörtl. Redensart

Nacht (8) muß es sein, wo Friedlands Sterne strahlen.
FRIEDRICH V. SCHILLER, »Wallensteins Tod«

O sink hernieder, **Nacht** (9) der Liebe.
Aus der Oper »Tristan und Isolde« von RICHARD WAGNER

Stille **Nacht** (10), heilige Nacht.
Weihnachtslied von FRANZ GRU-BER und JOSEPH MOHR

Ein **Nachtclub** ist ein Lokal, wo die Tische reservierter sind als die Gäste. CHARLIE CHAPLIN

Das macht, es hat die **Nachtigall** (1) die ganze Nacht gesungen.
THEODOR STORM, »Die Nachtigall«

Es war die **Nachtigall** (2) und nicht die Lerche.
WILLIAM SHAKESPEARE, »Romeo und Julia«; engl.: *it was the nightingale and not the lark.*

Nachtigall (3), ich hör' dir trappsen.
Berliner Redensart; Sinn: eine Absicht durchschauen

Nachtlager von Granada.
Sprichwörtl. Redensart; nach einer Oper von CONRADIN KREUTZER

Ein Denkmal wird die **Nachwelt** (1) mir errichten.
ARTHUR SCHOPENHAUER, »Unverschämte Verse«

Man kommt mit wenig Gepäck auf die **Nachwelt** (2).
FRANÇOIS-MARIE VOLTAIRE

Jemand hat den Schalk im **Nacken.**
Sprichwörtl. Redensart; Sinn: jmd. ist durchtrieben

Nackt (1) bin ich ausgegangen von dem Leib meiner Mutter, nackt kehr' ich wieder heim.
Bibel, Hiob 1,21

Die **nackte** (2) Wahrheit.
Sprichwörtl. Redensart; nach HO-RAZ, »Oden«; Sinn: nichts als die Wahrheit, die reine Wahrheit; lat.: *nuda veritas*

Den **Nagel** (1) auf den Kopf treffen.
Sprichwörtl. Redensart; aus der Schützensprache, wo ein Nagel den Scheibenmittelpunkt kennzeichnete; Sinn: das Wesen einer Sache erkennen

Ein **Nagel** (2) zu jemandes Sarg sein.
Sprichwörtl. Redensart; Sinn: jmd. auf die Nerven gehen

Er hat sich den **Nagel** (3) selbst gespitzt, auf den er getreten ist. ABRAHAM A SANTA CLARA

Etwas an den **Nagel** (4) hängen.
Sprichwörtl. Redensart; Sinn: eine Sache aufgeben, so wie man den Mantel auszieht und an einen Haken hängt

Auf den **Nägeln** (5) brennen.
Sprichwörtl. Redensart; nach altem Klosterbrauch setzte man zur Frühmesse Wachslichte auf die Finger, um lesen zu können; beim Herunterbrennen konnten diese die Nägel verbrennen, so daß man an einem schnellen Ende der Messe interessiert war; Sinn: es eilig haben

Ich bin ihr **nah**, und wär' ich noch so fern.
JOH. WOLFGANG V. GOETHE, »Faust«

Der gute **Name** (1) ist bei Mann und Frau das eigentliche Kleinod ihrer Seele.

WILLIAM SHAKESPEARE, »Othello«

Gefühl ist alles; **Name** (2) ist Schall und Rauch.

JOH. WOLFGANG V. GOETHE, »Faust«; 2. Teil als Sprichwort

Du sollst den **Namen** (3) des Herrn, deines Gottes, nicht unnützlich führen (heute: mißbrauchen); denn der Herr wird den nicht ungestraft lassen, der seinen Namen mißbraucht.

Bibel, 2. Moses 20,7; 2. Gebot

Wer darf das Kind beim rechten **Namen** (4) nennen?

JOH. WOLFGANG V. GOETHE, »Faust«; danach Redensart; Sinn: etwas deutlich sagen

Napoleon war nicht von dem Holz, woraus man Könige macht – er war von jenem Marmor, woraus man die Götter macht.

HEINRICH HEINE, »Gedichte und Gedanken«

Ein **Narr** (1) trifft allemal noch einen größeren an, der ihn nicht genug bewundern kann.

MAGNUS GOTTFRIED LICHTWER, »Der Esel und die Dohle«

Narr (2) des Glücks.

WILLIAM SHAKESPEARE, »König Lear«

Weise erdenken die neuen Gedanken, und **Narren** (3) verbreiten sie.   HEINRICH HEINE

Wenn keine **Narren** (4) auf der Welt wären, was wäre die Welt?

JOH. WOLFGANG V. GOETHE

Narrenhände beschmieren Tisch und Wände.   Sprichwort

Ich hoffe, es noch zu erleben, daß das **Narrenschiff** der Zeit an dem Felsen der christlichen Kirche scheitert.

OTTO V. BISMARCK, 1849

Die **Narrheit** (1) ist eine Schutzhülle gegen die Umwelt.

PETER BAMM

Ein bißchen **Narrheit** (2), das versteht sich, gehört immer zur Poesie.

HEINRICH HEINE, »Die Bäder von Lucca«

Jemanden an der **Nase** (1) herumführen.

Sprichwörtl. Redensart; nach altem Brauch führten Tierbändiger wilde Tiere an einem Ring an der Nase, um sie leiten zu können; Sinn: mit jmd. Schabernack treiben

Jemand steckt seine **Nase** (2) in alles.

Sprichwörtl. Redensart; Sinn: sich in alles neugierig einmischen

Und was das liebe junge Volk betrifft, das ist noch nie so **naseweis** gewesen.

JOH. WOLFGANG V. GOETHE, »Faust«

Die **Nation** (1) ist der Abfalleimer aller Gefühle, die man anderswo nicht unterbringen kann.

KURT TUCHOLSKY, »Der letzte Ruf«

Nichtswürdig ist die **Nation** (2), die nicht ihr Alles freudig setzt an ihre Ehre.
FRIEDRICH V. SCHILLER, »Die Jungfrau von Orléans«

Nur in der eigenen Kraft ruht das Schicksal jeder **Nation** (3).
HELMUTH V. MOLTKE im Reichstag, 1880

Alle **Nationalismen** (1) sind Sackgassen. Sie führen nirgendwohin.
JOSÉ ORTEGA Y GASSET, »Die Aufgabe unserer Zeit«

Nationalismus (2) – so nennen wir die Freiheitsbegierde der Völker, ihr Mühen um sich, ihr Verlangen nach Selbsterkundung und Selbstvollendung.
THOMAS MANN

Nationalökonomie ist, wenn die Leute sich wundern, warum sie kein Geld haben. Das hat mehrere Gründe, die feinsten sind die wissenschaftlichen.
KURT TUCHOLSKY

Die Stimme der **Natur** (1) läßt sich nicht überschreien.
CHRISTOPH MARTIN WIELAND

Jeder will zurück zur **Natur** (2), aber keiner zu Fuß.
ALOIS GLÜCK, 1985

Natur (3) und Kunst, sie scheinen sich zu fliehen, und haben sich, eh' man es denkt, gefunden.
JOH. WOLFGANG V. GOETHE, »Natur und Kunst«

Sie hat mich nicht getäuschet, die Stimme der **Natur** (4).
ALBERT LORTZING, »Der Wildschütz«; auch sprichwörtlich: *die Stimme der Natur*

Unendlich ist das Rätsel der **Natur** (5).
THEODOR KÖRNER, »Bergknappen«

Zurück zur **Natur** (6)!
Redensart; nach JEAN JACQUES ROUSSEAU, »Contrat social«

Glücklich leben und **naturgemäß** leben ist eins.
SENECA, Abhandlungen

Nichts führt zum Guten, was nicht **natürlich** (1) ist.
FRIEDRICH V. SCHILLER

Das **Natürliche** (2) ist nicht schändlich.
Lat. Sprichwort; lat.: *naturalia non sunt turpia.*

Die **Natürlichkeit** ist nicht nur das Beste, sondern auch das Vornehmste.
THEODOR FONTANE, »Frau Jenny Treibel«

Neapel sehen und sterben.
Ital. Sprichwort; gemeint ist die Unvergleichlichkeit der Stadt

Seltsam im **Nebel** zu wandern! Einsam ist jeder Busch und Stein, kein Baum sieht den andern, jeder ist allein.
HERMANN HESSE

Woher **nehmen** (1) und nicht stehlen? Sprichwörtl. Redensart

Vom Stamme »**nimm**« (2) sein.
Sprichwörtl. Redensart für einen habgierigen Menschen

Neid (1) ist des Ruhmes Begleiter.
CORNELIUS NEPOS

Mir grauet vor der Götter
Neide (2).
FRIEDRICH V. SCHILLER, »Der Ring
des Polykrates«

Das untrüglichste Zeichen an-
geborener großer Eigenschaften ist angeborene **Neidlosigkeit.**
FRANÇOIS DE LA ROCHEFOUCAULD

Die **Neigung** (1) gibt den
Freund, es gibt der Vorteil den
Gefährten. Wohl dem, dem
die Geburt den Bruder gab.
FRIEDRICH V. SCHILLER, »Die
Braut von Messina«

Wahre **Neigung** (2) vollendet
sogleich zum Manne den Jüngling.
JOH. WOLFGANG V. GOETHE, »Hermann und Dorothea«

Ein **Nein** (1) zur rechten Zeit
erspart viel Widerwärtigkeit.
Sprichwort

Man spricht vergebens viel, um
zu versagen; der andere hört
vor allem nur das **Nein** (2).
JOH. WOLFGANG V. GOETHE, »Iphigenie auf Tauris«

Nektar und Ambrosia.
Sprichwörtlich; nach HOMER,
»Odyssee«; Sinn: Speise der Göt-
ter

Ein Ding mag noch so närrisch
sein, es sei nur **neu** (1), so
nimmt's der Pöbel ein.
CHRISTIAN FÜRCHTEGOTT GEL-
LERT, »Der grüne Esel«

Neu (2) – das ist in der Regel
nur, was einer Generation neu
vorkommt. LUDWIG MARCUSE

Bequemer als ein **neuer** (3) ist
ein alter Rock zu tragen.
WILLIAM SHAKESPEARE, »Macbeth«; engl.: *our old robes sit
easier than our new.*

Das **Neue** (1) dringt herein mit
Macht, das Alte, das Würdige
scheidet; andere Zeiten kommen, es lebt ein anders den-
kendes Geschlecht.
FRIEDRICH V. SCHILLER, »Wilhelm
Tell«

Das Publikum ist so einfältig,
lieber das **Neue** (2) als das
Gute zu lesen.
ARTHUR SCHOPENHAUER

Das ist für mich nichts **Neues**
(3) zu erfahren, das kenn' ich
schon seit hunderttausend Jahren.
JOH. WOLFGANG V. GOETHE,
»Faust«

Es ereignet sich nichts **Neues**
(4). Es sind immer dieselben
alten Geschichten, die von immer neuen Menschen erlebt
werden. WILLIAM FAULKNER

Es geschieht nichts **Neues** (5)
unter der Sonne.
Bibel, Prediger Salomo 1,9

Etwas **Neues** (6) und bisher
Unerhörtes
CICERO, »Rede für Ligarius«; lat.:
*novum et ante hunc diem non audi-
tum.*

Im Westen nichts **Neues** (7).
Roman von ERICH MARIA RE-
MARQUE

Öfter mal was **Neues** (8)!
Werbeslogan der Bekleidungsin-
dustrie

Neujahrsnacht still und klar
deutet auf ein gutes Jahr.
> Bauernregel für den 1. Januar

Morgenrot am **Neujahrstag**
Unwetter bringt und große
Plag'.
> Bauernregel für den 1. Januar

Ach du grüne **Neune!**
Ausdruck der Verwunderung von
unklarer Herkunft; eventuell im
Zusammenhang mit dem schlesi-
schen Ausdruck: *krumme Neune*
für krumm gehenden Menschen
oder auch als Bezeichnung für Epi-
lepsie, früher *krumme Not*

Nibelungentreue.
Begriff für Bündnistreue des Deutschen Reiches gegenüber Österreich; aus einer Reichstagsrede
BERNHARD V. BÜLOWS, 1909

Aus **Nichts** (1) hat Gott die
Welt erschaffen.
> Bibel, 2. Makkabäer 7,28

Von **Nichts** (2) kommt nichts.
> Sprichwörtl. Redensart

Etwas geht einem an die **Nie-
ren** (1)
Sprichwörtl. Redensart; nach alter
Vorstellung sind Herz und Nieren
Sitz der Lebenskraft; Sinn: etwas
geht einem nahe

Prüfen auf Herz und **Nieren**
(2).
Sprichwörtl. Redensart; Sinn: etwas gründlich prüfen, da Herz und
Nieren als Sitz der Lebenskraft
galten

Wenn es regnet an **St. Nikolaus,** wird der Winter streng
und graus.
> Bauernregel für den 6. Dezember

Ein **Nimmersatt** sein.
Sprichwörtl. Redensart; nach der
Bibel, Prediger Salomo 1,8; Sinn:
jmd. kann nicht genug bekommen

Er ist ein rechter **Nimrod,** ein
gewaltiger Jäger vor dem
Herrn.
Sprichwörtl. Redensart; nach der
Bibel, 1. Moses 10,9

Sie müssen nur den **Nippel**
durch die Lasche ziehn.
Schlager; gesungen von MIKE
KRÜGER

Überall und **nirgends.**
Sprichwörtl. Redensart; nach EU-
RIPIDES, »Iphigenie in Aulis«; auch
bei MARTIAL

Nobel geht die Welt zugrunde.
> Sprichwort

Nord, Ost, Süd, West – zu
Haus ist's am best'.   Sprichwort

An der **Nordseeküste**, am platt-
deutschen Strand.
Stimmungslied; 1985 gesungen von
KLAUS UND KLAUS

Nostalgie ist die Sehnsucht
nach einer Zeit, von der man
absolut keine Ahnung hat.
> LORE LORENTZ

Aus der **Not** (1) eine Tugend
machen.
Sprichwörtl. Redensart;
nach HIERONYMUS, »Gegen Ru-
fus«; Sinn: das Beste draus machen

Aus tiefer **Not** (2) schrei' ich zu
dir.
Kirchenlied von MARTIN LUTHER
nach Psalm 130,1

Der **Not** (3) gehorchend, nicht dem eignen Triebe.
FRIEDRICH V. SCHILLER, »Die Braut von Messina«; danach Redensart

Die **Not** (4) ist die Mutter der Künste, aber auch die Großmutter der Laster. JEAN PAUL

Herr, die **Not** (5) ist groß!
JOH. WOLFGANG V. GOETHE, »Der Zauberlehrling«

In der **Not** (6) frißt der Teufel (Deibel) Fliegen. Sprichwort

Not (7) kennt kein Gebot.
Sprichwort

Not (8) lehrt beten. Sprichwort

Not (9) lehrt treten.
ERICH KÄSTNER

Not (10) macht erfinderisch.
Sprichwort

Wenn die **Not** (11) am größten, ist Gottes Hilfe am nächsten.
Sprichwort

Ernst ist der Anblick der **Notwendigkeit**.
FRIEDRICH V. SCHILLER, »Wallensteins Tod«

November (1) naß bringt jedem was. Bauernregel

Wenn im **November** (2) die Bäume blühn, wird sich der Winter lang hinausziehn.
Bauernregel

Novemberdonner verspricht guten Sommer. Bauernregel

Novemberschnee tut den Saaten wohl, nicht weh.
Bauernregel

Die **Nürnberger** hängen keinen, sie hätten ihn denn.
Sprichwort; Sinn: man soll nicht voreilig handeln

Das ist eine harte **Nuß** zu knacken.
Sprichwörtl. Redensart; Sinn: etwas ist schwierig zu lösen

Denn nur vom **Nutzen** wird die Welt regiert.
FRIEDRICH V. SCHILLER, »Wallensteins Tod«

Ein jeder preist nur, was ihm **nützt** (1).
KARL WILHELM RAMLER, »Die Krähe und die Nachtigall«

Man erkennt niemand an als den, der uns **nutzt** (2).
JOH. WOLFGANG V. GOETHE, »Maximen und Reflexionen«

Wem **nutzt** (3) es?
Gerichtsgrundsatz; nach CICERO, »Für Roscius«; lat.: *cui bonum?*

Wenn's auch nicht **nutzt** (4), so schadet es wenigstens nicht.
Sprichwort

Doch der Segen kommt von **oben** (1).
FRIEDRICH V. SCHILLER,
»Die Glocke«

Wir sind alle von **oben** (2).
JOH. WOLFGANG V. GOETHE,
»Dank des Sängers«

Jemand behält die **Oberhand.**
Sprichwörtl. Redensart; Sinn: in
der besseren Position sein

Jemand hat **Oberwasser.**
Sprichwörtl. Redensart; aus der
Sprache der Müller: die mit Ober-
wasser gespeisten Mühlen sind lei-
stungsfähiger; Sinn: man ist im
Vorteil

Das ist die Tücke des **Objekts.**
Sprichwörtl. Redensart;
nach FRIEDRICH THEODOR VI-
SCHER, »Auch einer«

Bei einer dummen **Obrigkeit**
(1), da grüßt man nicht den
Mann, man grüßt das Kleid.
JEAN DE LA FONTAINE, »Der Esel,
welcher Reliquien trug«

Das größte Bedürfnis eines
Staates ist das einer mutigen
Obrigkeit (2).
JOH. WOLFGANG V. GOETHE. »Wil-
helm Meisters Wanderjahre«

Jedermann sei untertan der
Obrigkeit (3), die Gewalt über
ihn hat; denn es ist keine Ob-
rigkeit ohne von Gott; wo aber
Obrigkeit ist, da ist sie von
Gott verordnet.
                    Bibel, Römer 13,1

Obrigkeit (4), bedenk es recht:
Gott ist Herr, und du bist
Knecht!   Sprichwort

Du sollst dem **Ochsen**, der da
drischt, nicht das Maul verbinden.   Bibel, 5. Moses 25,4

Was einer nicht **öffentlich** (1)
tun darf, soll er auch nicht
heimlich tun.
FRIEDRICH DER SCHÖNE VON
ÖSTERREICH

Das **öffentliche** (2) Geheimnis.
Sprichwörtl. Redensart;
nach PEDRO CALDERON DE LA
BARCA »El segreto al voces«; danach Lustspiel von CARLO GOL-
DONI »Il pubblico secreto« 1794;
woraus FRIEDRICH V. SCHILLER zitiert: *»Was man in einer Zeitung
und auf dem Katheder sagt, ist immer ein öffentliches Geheimnis«.*

Die **öffentliche** (3) Meinung ist
die unsichtbare Rüstung eines
Volkes.
LUDWIG BÖRNE, »Die Freiheit der
Presse in Bayern«

Die **öffentliche** (4) Meinung ist
etwas, worauf sich hauptsäch-
lich jene Politiker berufen, die
keine eigene Meinung haben.
                    AMINTORE FANFANI

Öffentliche (5) Meinung ist
nicht mehr als das, was Leute
glauben, daß andere Leute
glauben.   ALFRED AUSTIN

Dein **Ohr** (1) leih jedem,
wen'gen deine Stimme.
WILLIAM SHAKESPEARE, »Hamlet«

Übers **Ohr** (2) hauen.
Sprichwörtl. Redensart für betrügen

Zum einen **Ohr** (3) rein, zum anderen Ohr raus.
Sprichwörtl. Redensart; Sinn: man will etwas überhören

Auf den **Ohren** (4) sitzen.
Sprichwörtl. Redensart; Sinn: etwas nicht hören oder hören wollen

Die **Ohren** (5) steif halten.
Sprichwörtl. Redensart für durchhalten

Es faustdick hinter den **Ohren** (6) haben.
Sprichwörtl. Redensart; Sinn: listig, durchtrieben sein

Noch nicht trocken hinter den **Ohren** (7) sein.
Sprichwörtl. Redensart; Sinn: noch unreif, jung sein

Wer **Ohren** (8) hat zu hören, der höre.   Bibel, Matthäus 11,15

Schneit's im **Oktober** (1) gleich, wird der Winter weich.
Bauernregel

Sitzt im **Oktober** (2) das Laub fest am Baum, kommt ein strenger Winter kaum.
Bauernregel

Oktober (3) und März gleichen sich allerwärts.   Bauernregel

Zu Ende **Oktober** (4) Regen bringt ein fruchtbar Jahr zuwegen.   Bauernregel

Oktoberschnee tut Pflanzen und Saaten weh.   Bauernregel

Okuli, da kommen sie.
Spruch der Jäger; gemeint ist die Ankunft der Schnepfen [*Okuli*] etwa zur Zeit des dritten Fastensonntags

Du salbest mein Haupt mit **Öl** (1).   Bibel, Psalm 23,5

Öl (2) auf die Wogen gießen.
Sprichwörtl. Redensart; aus der Seemannssprache; Sinn: Aufregungen dämpfen

Öl (3) in die Wunden gießen.
Sprichwörtl. Redensart; nach der Bibel, Lukas 10,34; »Der barmherzige Samariter«; Sinn: eine Kränkung oder Verletzung lindern

Öl (4) ins Feuer gießen.
Sprichwörtl. Redensart; nach HORAZ, »Satiren«; Sinn: eine Sache verschlimmern.

Wie ein **Ölgötze** dasitzen.
Sprichwörtl. Redensart; Sinn: steif sein; wohl nach Figurengruppe in einer sächsischen Kirche, Jesus und drei Jünger auf dem Ölberg, die man nach der Reformation »Ölgötzen« nannte

Zu **Olims** Zeiten.
Sprichwörtl. Redensart; im 17. Jh. aus dem lat. Wort *olim* [einst] entstanden; Sinn: früher mal

Die **Oper** (1) ist der entschiedenste Bruch mit der gemeinen Illusion und wirkt doch.
FRIEDRICH HEBBEL, Tagebücher

Die **Oper** (2) ist eine Zauberszene, die erfunden wurde, Auge und Ohr zu schmeicheln – auf Kosten des Verstandes.
PHILIP D. CHESTERFIELD

In der **Oper** (3) muß die Poesie der Musik gehorsame Tochter sein.
WOLFGANG AMADEUS MOZART

Was ist eine **Oper** (4)? Wenn jemand in den Rücken gestochen wird, und wenn er dann, statt zu bluten, singt.

Nach ED GARDNER

Religion ist **Opium** für das Volk.

Sprichwörtlich nach KARL MARX

Ein **Opportunist** ist ein Jenachdemer. WILHELM BUSCH

Opportunismus ist die Kunst, mit dem Winde zu segeln, den andere machen.

CARLO MANZONI

Opposition ist die Kunst, den Ast, auf dem die Regierung sitzt, so anzusägen, daß man selbst darauf Platz nehmen kann. CARLO MANZONI

Die große Mode ist jetzt pessimistischer **Optimismus**; es ist zwar alles heilbar, aber nichts ist heil. LUDWIG MARCUSE

Ein **Optimist** (1) ist ein Mensch, der ein Dutzend Austern bestellt, in der Hoffnung, sie mit der Perle, die er darin findet, bezahlen zu können.

THEODOR FONTANE

Optimist (2): ein Mensch, der die Dinge nicht so tragisch nimmt, wie sie sind.

KARL VALENTIN

Mir sind die **Optimisten** (3) lieber; ein Mensch, der alles halb so schlimm und doppelt so gut findet. HEINZ RÜHMANN

Gebraucht der Zeit, die geht so schnell von hinnen, doch **Ordnung** (1) lehrt euch Zeit gewinnen.

JOH. WOLFGANG V. GOETHE, »Faust«

Heil'ge **Ordnung** (2), segensreiche Himmelstochter!
FRIEDRICH V. SCHILLER, »Die Glocke«

Ordnung (3) ist das halbe Leben. Sprichwort

Wer **Ordnung** (4) liebt, ist nur zu faul zum Suchen. Redensart

Erkläret mir, Graf **Örindur**, diesen Zwiespalt der Natur.
Nach ADOLF MÜLLNER, »Die Schuld«; richtig zitiert: *und erklärt mir, Örindur …*

Frech wie **Oskar**. Redensart

Das Herz hat auch sein **Ostern** (1), wo der Stein vom Grabe springt.
EMANUEL GEIBEL, »Auferstehung«

Warten, bis **Ostern** (2) und Pfingsten auf einen Tag fallen.
Sprichwörtl. Redensart; Sinn: auf etwas warten, was nie eintrifft

Laß andere Kriege führen! Du, glückliches **Österreich**, heirate!
KÖNIG MATTHIAS CORVINUS zugeschrieben; bezog sich auf die Habsburger Heiratspolitik, mit der man Länder dazugewann; lat.: *bella gerant alii, tu, felix Austria, nube!* (auch sprichwörtl.: *felix Austria*)

Der **Österreicher** hat ein Vaterland und liebt's und hat auch Ursach', es zu lieben.
FRIEDRICH V. SCHILLER, »Wallensteins Tod«

Othellos Tagwerk ist getan!
WILLIAM SHAKESPEARE, »Othello«

Jeder hat sein **Päckchen** zu tragen.
Sprichwörtl. Redensart; Sinn: in jedem Leben gibt es Schweres

Ist **Palmsonntag** hell und klar, gibt's ein gut' und fruchtbar' Jahr.
Bauernregel für den Sonntag vor Ostern

Es ist so stille hier, als sei der große **Pan** gestorben.
CHRISTOPH MARTIN WIELAND, »Oberon«

Büchse der **Pandora**.
Sprichwörtl. Redensart für unheilvolles Geschenk, wie die Büchse der griech. Göttin Pandora, durch deren Öffnung alle Plagen in die Welt kamen; nach HESIOD, »Werke und Tage«

Das ist ein **panischer** Schrekken.
Sprichwörtl. Redensart für einen großen Schrecken; nach dem griech. Gott Pan, auf den man plötzlich sich erhebenden Lärm zurückführte

Pankratius, Servatius, Bonifatius machen dem Gärtner viel Verdruß.
Bauernregel für den 12., 13. und 14. Mai

Unter dem **Pantoffel** stehen.
Sprichwörtl. Redensart; Sinn: ein Mann wird von seiner Frau unterdrückt

O mein **Papa** war eine wunderbare Clown.
Aus der Operette »Feuerwerk«; Musik von PAUL BURKHARD; Text von JÜRG ARNSTEIN und ROBERT GILBERT

Papier ist geduldig.   Sprichwort

Daran erkenn' ich meine **Pappenheimer**.
FRIEDRICH V. SCHILLER, »Wallensteins Tod«; aus der Rede Wallensteins an das Pappenheimer Regiment; daraus sprichwörtl. Redensart

Jemand ist **päpstlicher** als der Papst.   Sprichwörtl. Redensart

Wer den **Papst** zum Vetter hat, kann Kardinal wohl werden.
Sprichwort

Das **Paradies** (1) der Erde liegt auf dem Rücken der Pferde.
FRIEDRICH V. BODENSTEDT, »Die Lieder der Mirza-Schaffy«

Das verlorene **Paradies** (2).
Epos von JOHN MILTON; engl.: *lost paradise*

Auch in **Paris** (1) macht man aus Hafer nicht Reis.
Polnisches Sprichwort

Paris (2) ist eigentlich Frankreich; dieses ist nur die umliegende Gegend von Paris.
HEINRICH HEINE, »Französische Zustände«

Ein **Parisurteil**.
Sprichwörtl. Redensart für ein Urteil, aus dem Unheil hervorgeht; wie aus der Entscheidung des trojanischen Prinzen Paris, welche von drei Göttinnen (Hera, Athene, Aphrodite) die schönste wäre, der Trojanische Krieg hervorgegangen ist

Jemandem **Paroli** bieten.
Sprichwörtl. Redensart; vom span. Kartenspiel Pharao her; aus *Ecke einer Karte biegen* entstand *bieten*; Sinn: jmd. Einhalt gebieten

Die **Partei** (1) ist der Wahn vieler zum Nutzen weniger.
ALEXANDER POPE

Ich kenne keine **Parteien** (2) mehr, ich kenne nur noch Deutsche.
KAISER WILHELM II. nach Kriegsbeginn, 1914 im Reichstag

Schwer ist es, aus dem Geschrei der **Parteien** (3) die Stimme der Wahrheit zu unterscheiden.
FRIEDRICH V. SCHILLER

Es kann **passieren**, was will: es gibt immer einen, der es kommen sah.　SONJA ZIEMANN

Zweimal predigt der **Pastor** nicht.　Sprichwort

Unter uns **Pastorentöchtern**.
Sprichwörtl. Redensart; Sinn: man ist in seiner Ausdrucksweise nicht so prüde, wie man eigentlich sein sollte

Nicht so sehr jenen **Patriotismus** (1) liebe ich, der unsere Söhne auf das Schlachtfeld jagt und sie dort sterben heißt, sondern jenen, der für das Vaterland leben lehrt.
PETER ROSEGGER

Patriotismus (2) ist die Bereitschaft, wegen unbedeutender Gründe zu töten und getötet zu werden.　BERTRAND RUSSELL

Durchfallen mit **Pauken** und Trompeten.
Sprichwörtl. Redensart für jmd., der mit einer sehr schlechten Note durch ein Examen gefallen ist

An **Pauli** (1) Bekehr ist der Winter halb hin und halb her.
Bauernregel für den 25. Januar

Schön an **Pauli** (2) Bekehrung bringt allen Früchten Bescherung.
Bauernregel für den 25. Januar

Zu **Pauli** (3) Bekehr kommt der Storch wieder her.
Bauernregel für den 25. Januar

Ist der **Paulus** (4) gelinde, folgen im Frühjahr kühle Winde.
Bauernregel für den 15. Januar

Aus dem Saulus wird ein **Paulus**.
Sprichwörtl. Redensart; nach der Bibel, Apostelgeschichte 9,24: wo der ungläubige Saulus zum Christen Paulus wird

Wie **Pech** und Schwefel zusammenhalten.
Sprichwörtl. Redensart für unverbrüchliche Freundschaft

Jemand reitet den **Pegasus**.
Sprichwörtl. Redensart für jmd., der sich als Dichter versucht; nach dem geflügelten Pferd der griech. Sage

Wasch mir den **Pelz**, aber mach mich nicht naß.
Sprichwort

Eine **Perle** (1) haben.
Sprichwörtl. Redensart; gemeint: ein gutes Hausmädchen oder eine gewissenhafte Putzfrau

Perlen (2) bedeuten Tränen.
Sprichwort nach GOTTHOLD EPH-
RAIM LESSING, »Emilia Galotti«:
Perlen aber, Perlen, meine Mutter,
bedeuten Tränen.

Perlen (3) vor die Säue werfen.
Sprichwörtl. Redensart; nach der
Bibel, Matthäus 7,6: *ihr sollt das*
Heilige nicht den Hunden geben,
und eure Perlen sollt ihr nicht . . .;
Sinn: etwas vergeuden an jmd.,
der es nicht zu schätzen weiß

Achten die Menschen sich
selbst, so achten sie gewöhnlich auch die fremde **Persön-**
lichkeit (1). SAMUEL SMILES

Persönlichkeiten (2) werden
nicht durch schöne Reden ge-
formt, sondern durch Arbeit
und eigene Leistung.
ALBERT EINSTEIN

Der **Pessimist** (1) ist jemand,
der glaubt, daß jeder Mensch
so widerwärtig sei wie er
selbst, und der die Menschen
dafür haßt.
GEORGE BERNARD SHAW

Ich bin **Pessimist** (2) für die
Gegenwart, aber Optimist für
die Zukunft. WILHELM BUSCH

Regnet es an **Peter** und Paul,
wird des Winzers Ernte faul.
Bauernregel für den 29. Juni

Wenn's friert an **Petri** Stuhl-
feier, friert es noch vierzehn-
mal heuer.
Bauernregel für den 22. Februar

Noch etwas in **petto** haben.
Sprichwörtl. Redensart; ital. *petto*
[Brust]; Sinn: einen Plan haben

Jemanden dahin schicken, wo
der **Pfeffer** wächst.
Sprichwörtl. Redensart; Sinn: man
wünscht jmd. weit weg; nach der
franz. Strafkolonie *Cayenne*, Her-
kunftsland des Pfeffers

Nach jemandes **Pfeife** tanzen.
Sprichwörtl. Redensart; Sinn: man
richtet sich nach den Wünschen
eines anderen; entstanden aus alten Darstellungen des Todes, der
mit der Pfeife die Menschen in sein
Reich holt

Die Jahre fliehen **pfeilge-**
schwind.
FRIEDRICH V. SCHILLER, »Die
Glocke«

Wer den **Pfennig** nicht ehrt, ist
des Talers nicht wert.
Sprichwort

Man hat aufs richtige **Pferd** (1)
gesetzt.
Sprichwörtl. Redensart; aus der
Wettsprache; Sinn: man hat die
richtige Entscheidung getroffen

Ein braves **Pferd** (2) stirbt in
den Sielen. OTTO V. BISMARCK

Ein **Pferd** (3)! Ein Pferd! Ein
Königreich für ein Pferd!
WILLIAM SHAKESPEARE, »Richard
III.«; eigentlich: *mein Königreich;*
engl.: *a horse, a horse! My king-*
dom for a horse!

Ich denk', mich tritt ein **Pferd**
(4)!
Sprichwörtl. Redensart; als Ausdruck der Überraschung; von TV-
Regisseur RAINER BRANDT; bekannt durch HANS APEL

Das höchste Glück der Erde
liegt auf dem Rücken der
Pferde (5). Sprichwort

Mit dem kann man **Pferde** (6) stehlen!
Sprichwörtl. Redensart; Sinn: man kann sich voll auf jmd. verlassen

Pfingsten, das liebliche Fest, war gekommen.
JOH. WOLFGANG V. GOETHE, »Reineke Fuchs«

Des Volkes Wohlfahrt ist die höchste **Pflicht** (1).
FRIEDRICH V. SCHILLER, »Maria Stuart«

Doch sicher ist der schmale Weg der **Pflicht** (2).
FRIEDRICH V. SCHILLER, »Wallensteins Tod«

Seine **Pflicht** (3) erkennen und tun, das ist die Hauptsache.
FRIEDRICH DER GROSSE

Verfluchte **Pflicht** (4) und Schuldigkeit.
Redensart; nach Friedrich dem Großen; meist zitiert: *das ist seine verdammte . . .*

Unsere **Pflichten** (5) – das sind die Rechte anderer auf uns.
FRIEDRICH NIETZSCHE

Sein **Pfund** (1) vergraben.
Sprichwörtl. Redensart; nach der Bibel, Matthäus 25,18; Sinn: seine Möglichkeiten nicht nutzen

Mit seinem **Pfunde** (2) wuchern.
Sprichwörtl. Redensart; nach der Bibel, Lukas 19,11 ff.; Sinn: mit seinen Möglichkeiten etwas anfangen

Die **Phantasie** ist ein ewiger Frühling. FRIEDRICH V. SCHILLER

Jemand gleicht einem **Pharisäer.**
Sprichwörtl. Redensart; nach der Bibel, Lukas 18,11; der Pharisäer dankt Gott, daß er nicht ist wie andere Leute; Sinn: man hält sich für gut, die anderen für schlecht; gebraucht für Heuchler

Jemandem eine **Philippika** halten.
Sprichwörtl. Redensart für Strafpredigt; nach der berühmten Rede CICEROS gegen Philipp von Mazedonien

O hättest du geschwiegen, du wärest ein **Philosoph** (1) geblieben!
BOETHIUS, »Trost der Philosophie«; lat.: *o si tacuisses philosophus mansisses!*

Die **Philosophen** (2) haben die Welt nur verschieden interpretiert; es kommt darauf an, sie zu verändern.
KARL MARX, »Thesen über Feuerbach«

Die **Philosophie** (1) ist eine Art Rache an der Wirklichkeit.
FRIEDRICH NIETZSCHE

Philosophien (2) sind Schwimmgürtel, gefügt aus dem Kork der Sprache.
CHRISTIAN MORGENSTERN

Die Geburt des **Philosophierens** ist das Sich-Wundern.
LUDWIG MARCUSE

Wie **Phönix** aus der Asche steigen.
Sprichwörtl. Redensart; Sinn: jmd. erholt sich unvermutet; wie der sagenhafte griech. Vogel, der sich in

gewissen Zeitabständen selbst verbrannte, um dann aus seiner Asche neugeboren wieder aufzusteigen

Sie haben nicht wie ein **Pianist** gespielt, sondern wie ein Mensch.
JEAN SIBELIUS über Wilhelm Kempff

Die **Pistole** (1) ist eines der wichtigsten Navigationsmittel der modernen Luftfahrt.
JERRY LEWIS

Jemandem die **Pistole** (2) auf die Brust setzen.
Sprichwörtl. Redensart; Sinn: jmd. unter Druck setzen

Wie aus der **Pistole** (3) geschossen.
Sprichwörtlich, z. B. für schnelle Antwort

Es ist genug, daß ein jeglicher Tag seine eigene **Plage** habe.
Bibel, Matthäus 6,34

Der **Plan** (1), den Sie mir zeigen, erschreckt und reizt mich auch zugleich.
FRIEDRICH V. SCHILLER, »Don Carlos«

Ja, mach nur einen **Plan** (2), sei nur ein großes Licht, und mach noch einen Plan, gehn tun sie beide nicht.
Aus der »Dreigroschenoper« von BERTOLT BRECHT; Musik von KURT WEILL

Wir wollen niemanden in den Schatten stellen, aber wir verlangen auch unseren **Platz** an der Sonne.

BERNHARD V. BÜLOW, 1897; daraus Slogan der Fernsehlotterie »Ein Platz an der Sonne«

Jemand **plaudert** aus der Schule.
Sprichwörtl. Redensart für jmd., der Geheimnisse verrät

Ich habe das Meinige getan. Das **Plündern** ist eure Sache.
FRIEDRICH V. SCHILLER, »Die Räuber«

Der **Pöbel** hört nie auf, Pöbel zu sein.
FRIEDRICH V. SCHILLER, »Die Räuber«

Brotloseste der Künste, **Poesie** (1)!
HEINRICH HEINE, »Die Presse«

Die **Poesie** (2) ist die Schminke des Lebens, die Kunst, uns über unsere Armut zu täuschen. FRIEDRICH HEBBEL

Je unfreier das Volk ist, je romantischer wird seine **Poesie** (3).
LUDWIG BÖRNE

Noch ist **Polen** nicht verloren!
Polnische Nationalhymne

Auch die Sprache der **Politik** (1) kennt Fluchtbewegungen: es gibt die Flucht in hektischen Wortreichtum, um nichts mitzuteilen. HELMUT KOHL, 1985

Die Begriffe Strafe, Lohn, Rache gehören nicht in die **Politik** (2).
OTTO V. BISMARCK

Die **Politik** (3) hat nicht zu rächen, was geschehen ist, sondern zu sorgen, daß es nicht wieder geschehe.
OTTO V. BISMARCK

Die **Politik** (4) ist das Schicksal.
NAPOLEON I.; franz.: *la politique est le sort.*

Die **Politik** (5) ist eine Bühne, auf der die Souffleure manchmal lauter sprechen als die Darsteller. IGNAZIO SILONE

Die **Politik** (6) ist keine Wissenschaft, die man lernen kann; sie ist eine Kunst, und wer sie nicht kann, der bleibt besser davon.
OTTO V. BISMARCK, 1885

Do-ut-des-**Politik** (7).
OTTO V. BISMARCK; nach dem lat. Prinzip »Ich gebe, damit du gibst«, d. h. Politik der gegenseitigen Zugeständnisse

Ich weiß wohl, daß **Politik** (8) selten Treu' und Glauben halten kann, daß sie Offenheit, Gutherzigkeit, Nachgiebigkeit aus unseren Herzen ausschließt.
JOH. WOLFGANG V. GOETHE, »Egmont«

In der **Politik** (9) besteht die Klugheit nicht darin, auf Fragen zu antworten. Die Kunst besteht darin, sich keine Fragen stellen zu lassen.
ANDRÉ SUARÈS

In der **Politik** (10) handelt es sich gar nicht darum, recht zu haben, sondern recht zu behalten. KONRAD ADENAUER, 1954

Mit Schweigen, Neffe, treibe **Politik** (11).
WILLIAM SHAKESPEARE, »Heinrich VI.«; engl.: *with silence, nephew, be thou politic.*

Nicht **Politik** (12) ist unser Schicksal, sondern die Wirtschaft. WALTHER RATHENAU

Politik (13) der kleinen Schritte.
Schlagwort der bundesdeutschen Ostpolitik in den siebziger Jahren

Politik (14) ist die Kunst, sich der Leute zu bedienen.
HENRY DE MONTHERLANT

Politik (15) ist die wichtigste Sache im Leben – für eine Zeitung. HENRIK IBSEN

Politik (16) ist für manche Leute die Kunst, Brände zu löschen, die sie selbst gelegt haben. LAURENCE DURRELL

Politik (17) ist unblutiger Krieg, und Krieg ist blutige Politik. MAO TSE-TUNG

Politik (18) kann nie Kultur, Kultur aber Politik bestimmen.
THEODOR HEUSS

Wahrhaftigkeit und **Politik** (19) wohnen selten unter einem Dach.
STEFAN ZWEIG, »Marie Antoinette«

Nicht wer Staatstheorien zitiert, ein **Politiker** (1) ist nur, wer im gegebenen Fall richtig das Mögliche schafft.
EMANUEL GEIBEL, »Spätherbstblätter«

Bei **Politikern** (2), die nicht lachen können, bei denen hat das Volk nichts zu lachen.
NORBERT BLÜM, 1985 bei der Verleihung des Ordens wider den tierischen Ernst

Ich habe mich dabei überzeugt, daß aus dem Zuschauerraum die **politische** (1) Welt anders aussieht, als wenn man hinter die Kulissen tritt.
OTTO V. BISMARCK im Reichstag, 1881

Der weite schmutzige Mantel des **politischen** (2) Interesses deckt alles zu.
AUGUST V. KOTZEBUE, »Die Biene«

Dunkle Punkte am **politischen** (3) Horizont.
OTTO V. BISMARCK, 1887

Der Mensch ist ein **politisches** (4) Wesen.   ARISTOTELES

Von **Pontius** zu Pilatus laufen.
Sprichwörtl. Redensart; nach der Bibel, Lukas 23,11; eigentlich: *von Herodes zu Pontius Pilatus;* Sinn: von einem zum anderen schicken/laufen

Vom sichern **Port** läßt's sich gemächlich raten.
FRIEDRICH V. SCHILLER, »Wilhelm Tell«; lat.: *portus* [Hafen]

Vorsicht ist die Mutter der **Porzellankiste.**   Sprichwort

Das sind alles **Potemkinsche** Dörfer.
Sprichwörtl. Redensart; Sinn: etwas vortäuschen, was nicht da ist; Potemkin, ein Günstling Kaiserin Katharinas der Großen, ließ auf der Krim Dorfkulissen aufbauen, um Mißstände zu vertuschen, die die Kaiserin sonst bemerkt hätte

Die Armut, die kommt von der **Powerteh.**

Nach FRITZ REUTER, »Ut mine Stromtid«; franz. *pauvreté* [Armut]

Das **Prä** haben.
Sprichwörtl. Redensart vom lat. *prae* [vor]; Sinn: Vorrang haben; der Ausdruck wird bei Kartenspielen verwendet

Jemanden an den **Pranger** stellen.
Sprichwörtl. Redensart; Sinn: jmd. bloßstellen, wie es durch die mittelalterliche Bestrafungsart geschah

Im **Prater** blühn wieder die Bäume.
Lied und Musik von ROBERT STOLZ

Ich kann das **Predigen** nicht vertragen, ich glaube, ich habe in meiner Jugend mich daran übergessen.
JOH. WOLFGANG V. GOETHE, »Maximen und Reflexionen«

Der ist ein guter **Prediger** (1), der seine eigenen Mahnungen befolgt.
WILLIAM SHAKESPEARE, »Der Kaufmann von Venedig«

Ein **Prediger** (2) in der Wüste
Sprichwörtl. Redensart; nach der Bibel, Jesaja 40,3

Da treibt's ihn hin, den köstlichen **Preis** (1) zu erwerben.
FRIEDRICH V. SCHILLER, »Der Taucher«

Mein erstes Gefühl sei **Preis** (2) und Dank.
CHRISTIAN FÜRCHTEGOTT GELLERT, »Morgengesang«

Eine freie **Presse** kann gut oder schlecht sein, aber eine Presse ohne Freiheit ist immer schlecht.   ALBERT CAMUS

Ich bin ein **Preuße** (1), kennt ihr meine Farben?
Lied von JOH. BERNHARDT THIERSCH; zum Geburtstag Friedrich Wilhelms III., 1830

So schnell schießen die **Preußen** (2) nicht.
OTTO V. BISMARCK zugeschrieben

Empfindlich wie die **Prinzessin** auf der Erbse.
Sprichwörtlich nach dem Märchen von HANS CHRISTIAN ANDERSEN

Im **Prinzip** (1) ja.
Aus der Witzesammlung »Radio Eriwan antwortet«

Ist mir aber was nicht lieb, weg damit ist mein **Prinzip** (2).
WILHELM BUSCH

Sein **Prinzip** (3) ist überhaupt: was beliebt, ist auch erlaubt; denn der Mensch als Kreatur hat von Rücksicht keine Spur.
WILHELM BUSCH, »Julchen«

Probieren geht über Studieren.
Sprichwort

Null **problemo.**
Ausspruch des Fernsehlieblings Alf, des Außerirdischen vom Planeten Melmac

Die Liebe zum **Profit** beherrscht die ganze Welt.
ARISTOPHANES »Pluto«

Diktatur des **Proletariats.**
Nach KARL MARX

Die **Proletarier** (1) haben nichts zu verlieren als ihre Kette. Sie haben dafür eine Welt zu gewinnen.
KARL MARX/FRIEDRICH ENGELS, »Das kommunistische Manifest«

Proletarier (2) aller Länder, vereinigt euch!
Schlagwort aus KARL MARX/FRIEDRICH ENGELS, »Das kommunistische Manifest«

Prominent ist, wer zuerst ins Gespräch kommt und dann ins Gerede.   AXEL V. AMBESSER

Ein **Prominenter** ist ein Mann, der es sich leisten kann, sich nichts zu leisten.
LISELOTTE PULVER

Der **Prophet** (1) gilt nichts in seinem Vaterlande.
Sprichwörtlich nach der Bibel, Matthäus 13,47; eigentlich: *ein Prophet gilt nirgends weniger denn in seinem Vaterland und in seinem Haus.*

Beim Barte des **Propheten** (2)!
Schwurformel der Mohammedaner

Wenn der Berg nicht zum **Propheten** (3) kommen will, muß der Prophet zum Berge gehen.
Sprichwörtl. Redensart; nach Ausspruch MOHAMMEDS

Sehet euch vor vor den falschen **Propheten** (4), die in Schafskleidern zu euch kommen, inwendig aber sind sie reißende Wölfe.
Bibel, Matthäus 7,15

Protest ist manchem ein willkommener Ersatz für das Denken.   PETER HORTON

Drum **prüfe,** wer sich ewig bindet.
FRIEDRICH V. SCHILLER, »Die Glocke«; oft ergänzt: *... ob sich nicht noch was Bessres findet.*

Mit den Jahren steigern sich die **Prüfungen.**
JOH. WOLFGANG V. GOETHE, »Maximen und Reflexionen«

Ein **Psychotherapeut** ist ein Mann, der dem Vogel, den andere haben, das Sprechen beibringt.   WOLFGANG GRUNER

Das **Publikum** beklatscht ein Feuerwerk, aber keinen Sonnenaufgang.   FRIEDRICH HEBBEL

Der hat das **Pulver** nicht erfunden.
Sprichwörtl. Redensart; Sinn: jmd. ist nicht sehr schlau

Das ist der springende **Punkt** (1).
Sprichwörtl. Redensart; nach ARISTOTELES, der das erste Lebenszeichen im Vogelei vermutete; später übertragen auf »Grundidee«; Sinn: das ist der Kernpunkt; lat.: *punctum saliens*

Man ist auf einem toten **Punkt** (2) angekommen.
Sprichwörtl. Redensart aus der Frühzeit der Dampfmaschinentechnik; Sinn: man kommt nicht weiter

So **pünktlich** zur Sekunde trifft keine Uhr nicht ein, als ich zur Abendstunde beim edlen Gerstenwein.
LUDWIG OTTO V. REICHERT, »Trinklied«

Pünktlichkeit (1) ist die Höflichkeit der Könige.
LUDWIG XVIII. VON FRANKREICH; franz.: *l'exactitude est la politesse des rois.*

Pünktlichkeit (2) ist die Kunst, richtig abzuschätzen, um wieviel sich der andere verspäten wird.   BOB HOPE

Bis in die **Puppen.**
Sprichwörtl. Redensart aus Berlin; Sinn: etwas ist sehr lang oder weit; man nannte in Berlin die am »Großen Stern« im Tiergarten, relativ weit vom Stadtkern entfernt aufgestellten antiken Götterstatuen »die Puppen«; zunächst also in örtlichem, später auch in zeitlichem Sinn

Das **putzt** ganz ungemein.
THOMAS MANN, »Die Buddenbrooks«

Von der Spitze dieser **Pyramiden** blicken vierzig Jahrhunderte auf euch herab!
NAPOLEON I. zugeschrieben, der als General die Schlacht bei den Pyramiden (1798) führte

O du **Quacksalber** der Natur!
HEINRICH V. KLEIST, »Familie
Schroffenstein«

Dieser letzten Tage **Qual** (1)
war groß.
FRIEDRICH V. SCHILLER, »Wallensteins Tod«

Und wenn der Mensch in seiner **Qual** (2) verstummt, gab
mir ein Gott zu sagen, wie ich
leide.
JOH. WOLFGANG V. GOETHE, »Torquato Tasso«

Ich fürchte nicht die Schrecken
der Natur, wenn ich des Herzens wilde **Qualen** (3) zähme.
FRIEDRICH V. SCHILLER, »Wilhelm
Tell«

Quäl (1) nicht dein Herz ohn'
Unterlaß, ein freier Mut gefällt
Gott baß.
MATTHIAS CLAUDIUS, »Ein gülden
ABC«

Quäle (2) nie ein Tier zum
Scherz, denn es fühlt wie du
den Schmerz.   Sprichwort

Qualität des Lebens.
Schlagwort von 1973; nach gleich-
namigem Buch von HEINRICH
SWOBODA

In jedem **Quark** begräbt er
seine Nase.
JOH. WOLFGANG V. GOETHE,
»Faust«

Er hat auf Erden kein bleibend
Quartier.

FRIEDRICH V. SCHILLER, »Wallensteins Lager«

An der **Quelle** (1) saß der
Knabe.
FRIEDRICH V. SCHILLER, »Der Jüng-
ling am Bach«

Der Starke achte es gering, die
leise **Quelle** (2) zu verstopfen,
weil er dem Strome mächtig
wehren kann.
FRIEDRICH V. SCHILLER, »Die
Braut von Messina«

Gedenke der **Quelle** (3), wenn
du trinkst.
          Chinesisches Sprichwort

Wer den Flüssen wehren will,
muß die **Quellen** (4) verstopfen.   Sprichwort

Zu den **Quellen** (5)!
Sprichwörtl. Redensart; nach JEAN
JACQUES ROUSSEAU; Sinn: zum
einfachen Leben zurückfinden;
lat.: *ad fontes*

Das ist die **Quintessenz** einer
Sache.
Sprichwörtl. Redensart; nach dem
lat. *quinta essenzia* [das fünfte Ele-
ment] neben Feuer, Wasser, Luft
und Erde; Sinn: das ist der Kern,
Hauptpunkt

Auf dem **Quivive** sein.
Sprichwörtl. Redensart; bekannt
seit dem Krieg 1870/71 als franz.
Postenruf *wer da*? Sinn: auf dem
Posten sein

Selten wie ein weißer **Rabe** (1).
Sprichwörtl. Redensart; nach JU-
VENAL, »Satiren«

Stehlen wie ein **Rabe** (2).
Sprichwörtl. Redensart; Sinn: alles
stehlen, was möglich ist; dabei gilt
eigentlich die Elster als diebischer
Vogel

Die **Rach'** (1) ist eine Lust, die
währt wohl einen Tag; die
Großmut ein Gefühl, das ewig
freun dich mag.
FRIEDRICH RÜCKERT, »Die Weisheit des Brahmanen«

Das Wasser haftet nicht an den
Bergen, die **Rache** (2) nicht an
einem großen Herzen.
Chinesisches Sprichwort

Denn es kommt der Tag der
Rache (3) des Herrn.
Sprichwörtl. Redensart; nach der
Bibel, Jesaja 34,8

Die **Rache** (4) ist keine Zierde
für eine große Seele.
GOTTHOLD EPHRAIM LESSING,
Schriften

Die **Rache** (5) ist mein; ich will
vergelten, spricht der Herr.
Bibel, 5. Moses 32,35; Römer
12,19

Getroffen von der **Rache** (6)
Strahl.
FRIEDRICH V. SCHILLER, »Die Kra-
niche des Ibykus«

In diesen heil'gen Hallen kennt
man die **Rache** (7) nicht.
Aus der Oper »Die Zauberflöte«;

Text von EMANUEL SCHIKANEDER;
Musik von WOLFGANG AMADEUS
MOZART

Nicht dem Menschen, der
Gottheit nur geziemt die **Rache**
(8).
CHRISTIAN DIETRICH GRABBE,
»Don Juan«, »Faust«

Nichts entehrt den Menschen
so sehr als die unedle **Rache**
(9).   ABRAHAM A SANTA CLARA

Rache (10) ist süß.
Sprichwort; im Volksmund: *Rache
ist Blutwurst.*

Die Welt mag untergehn,
wenn ich mich nur **rächen**
kann.
SAVINIEN CYRANO DE BERGERAC

Fünftes **Rad** am Wagen sein.
Sprichwörtl. Redensart; Sinn: sich
überflüssig fühlen

Alle **Räder** stehen still, wenn
dein starker Arm es will.
GEORG HERWEGH, Lied des Allgemeinen Deutschen Arbeiterver-
eins, auch »Arbeitermarsellaise«
genannt

Der **Radikalist** ist einer, der
mit beiden Beinen fest in die
Luft gepflanzt ist.
FRANKLIN D. ROOSEVELT

Den **Rahm** abschöpfen.
Sprichwörtl. Redensart; Sinn: sich
von einer Sache das Beste nehmen

Oft glänzt im zweiten **Rang**,
wer ganz erlischt im ersten.
FRANÇOIS-MARIE VOLTAIRE, »Hen-
riade«

Hat sich ein **Ränzlein** ange-
mäst', als wie der Doktor
Luther.
JOH. WOLFGANG V. GOETHE,
»Faust«; gemeint: einen Bauch

Wer **rastet**, der rostet.
                      Sprichwort

Nur **rastlos** betätigt sich der
Mann.
JOH. WOLFGANG V. GOETHE,
»Faust«

Die Zeit bringt **Rat** (1). Erwar-
tet's in Geduld.
FRIEDRICH V. SCHILLER, »Wilhelm
Tell«

Guter **Rat** (2) ist teuer!
                      Sprichwort

Guter **Rat** (3) kommt über
Nacht.   Sprichwort

Mit **Rat** (4) und Tat.
Sprichwörtl. Redensart; nach der
Bibel, Sprüche Salomos 8,14

Nimm **Rat** (5) von allen, aber
spar dein Urteil.
WILLIAM SHAKESPEARE, »Hamlet«

Leicht ist es, anderen **raten**,
schwer oft, für sich selber das
Rechte erkennen.
GEORG CHRISTOPH LICHTENBERG

Da muß sich manches **Rätsel**
(1) lösen, doch manches Rätsel
knüpft sich auch.
JOH. WOLFGANG V. GOETHE,
»Faust«

Das ist mir ein **Rätsel** (2).
Sprichwörtl. Redensart; Sinn: das
verstehe ich nicht

Ein ewig **Rätsel** (3) will ich
bleiben, mir und den anderen.
KÖNIG LUDWIG II. VON BAYERN

Die **Ratten** verlassen das sin-
kende Schiff.
Sprichwort; stammt aus der Seemannssprache

Den **Raub** unter sich teilen.
Sprichwörtl. Redensart; nach der
Bibel, 4. Moses 31,26–27

Räuber (1) von Geld richtet
man hin, Räuber von Ländern
macht man zu Königen.
                Japanisches Sprichwort

Unter die **Räuber** (2) fallen.
Sprichwörtl. Redensart; nach der
Bibel, Lukas 10,30

Das kann man in den **Rauch**
schreiben.
Sprichwörtl. Redensart; Sinn: darauf kann man nicht mehr hoffen

Rauchen Sie weniger, aber besser und länger; machen Sie einen Kult daraus.
                      ZINO DAVIDOFF

Raum (1) für alle hat die Erde.
FRIEDRICH V. SCHILLER, »Der Al-
penjäger«

Raum (2) ist in der kleinsten
Hütte für ein glücklich liebend
Paar.
FRIEDRICH V. SCHILLER, »Der
Jüngling am Bache«; 1. Teil sprich-
wörtlich

Wie er **räuspert** und wie er
spuckt, das habt ihr ihm glücklich abgeguckt.
FRIEDRICH V. SCHILLER, »Wallensteins Lager«

So fand **Rebellion** stets ihre
Strafe.
WILLIAM SHAKESPEARE, »Heinrich
IV.«

O Wonnesaft der edlen **Reben**!
O Gegengift für jede Pein!

ERNST MORITZ ARNDT

Ich will mich nicht der **Rechenschaft** entziehn, die Richter sind es nur, die ich verwerfe.

FRIEDRICH V. SCHILLER, »Maria Stuart«

Die **Rechnung** ohne den Wirt machen.

Sprichwörtl. Redensart; Sinn: sich in etwas getäuscht sehen

Allen Menschen **recht** (1) getan, ist eine Kunst, die niemand kann.

Sprichwort

Ich tue **recht** (2) und scheue keinen Feind.

FRIEDRICH V. SCHILLER, »Wilhelm Tell«

Was dem einen **recht** (3) ist, ist dem andern billig.

Sprichwort

Das höchste **Recht** (1) ist das höchste Unrecht.

CICERO, »Über die Pflichten«, zitiert nach TERENZ; lat.: *summum ius, summa iniuria.*

Das **Recht** (2) beugen.

Redensart; nach der Bibel, 2. Moses 23,6

Das **Recht** (3) darf nicht zur Vogelscheuche werden.

WILLIAM SHAKESPEARE, »Maß für Maß«

Es gibt zwei friedliche Gewalten; das **Recht** (4) und die Schicklichkeit.

JOH. WOLFGANG V. GOETHE, »Maximen und Reflexionen«

Hab' ich das **Recht** (5) zur Seite, schreckt dein Drohn mich nicht.

SOPHOKLES, »Philoktet«

Nach **Recht** (6) und Billigkeit.

Sprichwörtl. Redensart; nach SALLUST, »Jugurtha«

Recht (7) muß Recht bleiben.

Sprichwörtl. Redensart; nach der Bibel, Psalm 94,15

Recht (8): Gewohnheiten und Denken der Gesellschaft nehmen eine feste Form an.

WOODROW WILSON

Recht (9) ist der Schutz des Menschen vor dem Menschen um Gottes Willen.

FRANZ WERFEL

Recht (10) ist, was der proletarischen Klasse nützt.

WLADIMIR ILJITSCH LENIN

Wers' **Recht** (11) hat und Geduld, für den kommt auch die Zeit.

JOH. WOLFGANG V. GOETHE

Tu nur das **Rechte** (12) in deinen Sachen, das andre wird sich von selber machen.

JOH. WOLFGANG V. GOETHE, »Sprüche und Reime«

Das Fundament des **Rechts** (13) ist die Humanität.

ALBERT SCHWEITZER

Der Doge kann des **Rechtes** (14) Lauf nicht hemmen.

WILLIAM SHAKESPEARE, »Der Kaufmann von Venedig«

Schein des **Rechts** (15).

Nach MARTIN LUTHER, »Kleiner Katechismus«

Reden (1) wie einem der Schnabel gewachsen ist.
Sprichwörtl. Redensart; Sinn: frei heraus sprechen

Wer nicht weise **reden** (2) kann, der schweig und heiß ein weiser Mann.
FREIDANK, »Bescheidenheit«

Du **redest** (3), wie du's verstehst.
FRIEDRICH V. SCHILLER, »Die Piccolomini«

Redet (4) wahr und lacht des Teufels.
WILLIAM SHAKESPEARE, »Heinrich IV.«

Der langen **Rede** (1) kurzer Sinn.
Sprichwörtl. Redensart;
nach FRIEDRICH V. SCHILLER, »Die Piccolomini«

Die **Rede** (2) ist die Kunst, Glauben zu erwecken.
ARISTOTELES

Dunkel war der **Rede** (3) Sinn.
FRIEDRICH V. SCHILLER, »Der Eisenhammer«

Eine honigsüße **Rede** (4).
Sprichwörtl. Redensart; nach HOMER, »Ilias«

Von schönen **Reden** (5) werde ich nicht satt.
JEAN BAPTISTE MOLIÈRE

Redlichkeit gedeiht in jedem Stande.
FRIEDRICH V. SCHILLER, »Wilhelm Tell«

Wie magst du deine **Rednerei** nur gleich so hitzig übertreiben.
JOH. WOLFGANG V. GOETHE, »Faust«

Mit **Rednern** ist es häufig wie mit dem Sekt: die größten Flaschen sind auch die lautesten.
WERNER FINCK

Auf der **Reeperbahn** nachts um halb eins.
Lied; Musik von LOTHAR OLIAS

Ist aber ein wirkliches Bedürfnis zu einer großen **Reform** in einem Volke vorhanden, so ist Gott mit ihm, und sie gelingt.
JOH. PETER ECKERMANN, »Gespräche mit Goethe«

Keine **Regel** ohne Ausnahme.
Sprichwort

Am Tag, als der **Regen** (1) kam.
Schlager; gesungen von DALIDA

Auf **Regen** (2) folgt Sonnenschein.
Sprichwort

Der große **Regen** (3).
Titel eines Romans von LOUIS BROMFIELD

Ein braver Reiter und ein rechter **Regen** (4) kommen überall durch.
JOH. WOLFGANG V. GOETHE, »Götz von Berlichingen«

Hof um den Mond bedeutet **Regen** (5); Hof um die Sonne große Stürme.
Bauernregel

Vom **Regen** (7) in die Traufe geraten.
Sprichwörtl. Redensart; Sinn: aus einer schlimmen in eine schlimmere Situation kommen

Der **Regent** hat kein Recht über die Meinungen der Bürger. FRIEDRICH DER GROSSE

Ein unterrichtetes Volk läßt sich leicht **regieren** (1).
FRIEDRICH DER GROSSE

Regieren (2), das ist die Kunst, Probleme zu schaffen, mit deren Lösung man das Volk in Atem hält. EZRA POUND

Regieren (3) ist eine Kunst, keine Wissenschaft.
LUDWIG BÖRNE

Es wird zuviel **regiert** (4), hier ist das Übel.
LUDWIG BÖRNE, »Aristokratismus«

Weißt du nicht, mein Sohn, mit wie wenig Weisheit die Welt **regiert** (5) wird?
PAPST JULIUS III.; auch von AXEL GRAF OXENSTIERNA überliefert

Jedes Volk hat die **Regierung** (1), die es verdient.
JOSEPH-MARIE DE MAISTRE

Welche **Regierung** (2) die beste sei? Diejenige, die uns lehrt, uns selbst zu regieren.
JOH. WOLFGANG V. GOETHE, »Maximen und Reflexionen«

Alle **Register** ziehen.
Sprichwörtl. Redensart; Sinn: alle möglichen Mittel anwenden; von der Orgelmusik her gebildet

Das Tausendjährige **Reich** (1).
Blasphemischer Beiname des Dritten Reichs (nach 1945 ironisch gebraucht); nach der Bibel, Offenbarung des Johannes 20,2–3

Mein **Reich** (2) ist nicht von dieser Welt.
Bibel, Evangelium des Johannes 18,36

Reich (1) ist man nicht durch das, was man besitzt, sondern mehr noch durch das, was man mit Würde zu entbehren weiß.
EPIKUR

Wirklich **reich** (2) ist ein Mensch nur dann, wenn er das Herz eines geliebten Menschen besitzt. GRETA GARBO

Der **Reichtum** (1) besteht nicht im Besitz von Schätzen, sondern in der Anwendung, die man von ihnen zu machen versteht. NAPOLEON I.

Der **Reichtum** (2) gleicht dem Seewasser: je mehr man davon trinkt, desto durstiger wird man.
ARTHUR SCHOPENHAUER, »Aphorismen zur Lebensweisheit«

Mit dem **Reichtum** (3) fertigzuwerden, ist auch ein Problem.
LUDWIG ERHARD

Reichtum (4) allein macht nicht das Glück auf Erden.
Aus der Oper »Der Waffenschmied« von ALBERT LORTZING

Reichtum (5) übt die größte Herrschaft über Menschenseelen. FRIEDRICH V. SCHILLER

Reif sein ist alles!
WILLIAM SHAKESPEARE, »König Lear«

Reim dich oder ich freß dich!
Titel einer Satire über Poeterei von GOTTFRIED WILHELM SACER

Dem **Reinen** (1) ist alles rein.
Sprichwort; nach der Bibel, Titus 1,15; im Volksmund oft: *dem Schwein ist alles Schwein, dem Reinen alles rein.*

Wer nicht mit sich selbst im **Reinen** (2) ist, kann auch mit anderen nicht ins Reine kommen.
ANNE MORROW LINDBERGH

Die **Reise** (1) gleicht einem Spiel: es ist immer Gewinn und Verlust dabei und meist von der unerwarteten Seite.
JOH. WOLFGANG V. GOETHE

Wenn jemand eine **Reise** (2) tut, so kann er was erzählen.
MATTHIAS CLAUDIUS, »Urians Reise«

Das Beste, was man vom **Reisen** (3) nach Hause bringt, ist eine heile Haut.
Persisches Sprichwort

Die beste Bildung findet ein gescheiter Mensch auf **Reisen** (4).
JOH. WOLFGANG V. GOETHE, »Wilhelm Meisters Lehrjahre«

Reisen heißt, an ein Ziel kommen; wandern heißt, unterwegs sein.   THEODOR HEUSS

Der **Reiter** über den Bodensee.
Alte Sage; in Balladenform von GUSTAV SCHWAB

Geschlechter kommen, Geschlechter gehen, hirschlederne **Reithosen** bleiben bestehen.
BÖRRIES V. MÜNCHHAUSEN, »Die Lederhosensaga«

Das müssen **Reize** (1) sondergleichen sein, die einen Greis in solches Feuer setzen.
FRIEDRICH V. SCHILLER, »Maria Stuart«

O das Leben hat **Reize** (2), die wir nie gekannt.
FRIEDRICH V. SCHILLER, »Die Piccolomini«

Der Zweck der wahren **Religion** (1) soll sein, die Grundsätze der Sittlichkeit tief in die Seele einzudrücken.
GOTTFRIED WILHELM LEIBNIZ

Die **Religion** (2) beruht auf dem wesentlichen Unterschiede der Menschen vom Tiere; die Tiere haben keine Religion.
LUDWIG FEUERBACH, »Das Wesen des Christentums«

Die **Religion** (3) ist die Wurzel des menschlichen Daseins.
AUGUST WILHELM SCHLEGEL

Die **Religion** (4) ist ein Teil des Schicksals.   NAPOLEON I.

Nun sag! Wie hast du's mit der **Religion** (5)?
JOH. WOLFGANG V. GOETHE, »Faust«; die Gretchenfrage

Religion (6) ist die Erkenntnis all unserer Pflichten als göttliche Gebote.
IMMANUEL KANT, »Die Religion innerhalb der Grenzen der bloßen Vernunft«

Religion (7) ist Ehrfurcht – die Ehrfurcht zuerst vor dem Geheimnis, das der Mensch ist.
THOMAS MANN

Religion (8) ist eine Angelegenheit des Herzens, nicht des Kopfes.
CHRISTOPH MARTIN WIELAND

Religion (9) ist Liebe und Versöhnung; schon im Worte liegt es; sie verbindet wieder, was getrennt ist. LUDWIG BÖRNE

Religion (10) ist Versicherung im Diesseits gegen Feuer im Jenseits. ROBERT LEMBKE

Was ist nun **Religion** (11)? Sprecht die Antwort betend aus: der Glaube an Gott.
JEAN PAUL

Daß der Mensch sich ins Unvermeidliche füge, darauf dringen alle **Religionen** (12).
JOH. WOLFGANG V. GOETHE

Alles **rennet,** rettet, flüchtet.
FRIEDRICH V. SCHILLER, »Die Glocke«

Republiken habe ich gesehen, und das ist die beste, die dem regierenden Teil Lasten, nicht Vorteile gewährt.
JOH. WOLFGANG V. GOETHE, »Vier Jahreszeiten«

Stell auf den Tisch die duftenden **Reseden.**
HERMANN V. GILM ZU ROSENEGG, »Allerseelen«

Nichts ist erbärmlicher als die **Resignation,** die zu früh kommt.
MARIE V. EBNER-ESCHENBACH

Es ist wertvoller, stets den **Respekt** der Menschen als gelegentlich ihre Bewunderung zu haben. JEAN JACQUES ROUSSEAU

Retourkutschen fahren heute nicht.
Sprichwörtl. Redensart; Sinn: ein Tadel, ein Vorwurf oder eine Frechheit sollen nicht erwidert werden; man läßt sich nicht provozieren

Alles zu **retten** muß alles gewagt werden.
FRIEDRICH V. SCHILLER, »Fiesco«

Wann wird der **Retter** kommen diesem Lande?
FRIEDRICH V. SCHILLER, »Wilhelm Tell«

Was ist **Reue?** Eine große Trauer darüber, daß wir sind, was wir sind.
MARIE V. EBNER-ESCHENBACH

Die **Revolution** (1) frißt ihre eigenen Kinder.
Nach GEORG BÜCHNER, »Dantons Tod«

Die **Revolution** (2) ist die erfolgreiche Anstrengung, eine schlechte Regierung loszuwerden und eine schlechtere zu errichten. OSCAR WILDE

Nicht die Religion, die **Revolution** (3) ist Opium für das Volk. SIMONE WEIL

Wo ich auftrete, ist **Revolution** (4). Boxer RENÉ WELLER

Rhabarber und Geduld wirken vortrefflich.
FRIEDRICH DER GROSSE

Der **Rhein** (1), Deutschlands Strom, nicht Deutschlands Grenze.
ERNST MORITZ ARNDT; Titel einer Schrift und Inschrift an seinem Denkmal in Bonn

Fest steht und treu die Wacht am **Rhein** (2).
Lied von MAX SCHNECKENBURGER

Herr von **Ribbeck** auf Ribbeck im Havelland.
Ballade von THEODOR FONTANE

Bereitet oder nicht, zu gehen, er muß vor seinem **Richter** (1) stehen.
FRIEDRICH V. SCHILLER, »Wilhelm Tell«

Ein liebend Auge ist ein milder **Richter** (2).   THEODOR FONTANE

Was man scheint, hat jedermann zum **Richter** (3); was man ist, hat keinen.
FRIEDRICH V. SCHILLER, »Maria Stuart«

Wer hat dich zum Obersten oder **Richter** (4) über uns gesetzt?   Bibel, 2. Moses 2, 14

Rickeracke! Rickeracke! Geht die Mühle mit Geknacke.
WILHELM BUSCH, »Max und Moritz«

Einer Sache einen **Riegel** vorschieben.
Sprichwörtl. Redensart; Sinn: etwas verhindern

Das macht nach Adam **Riese...** (1).
Sprichwörtl. Redensart zur Bestätigung einer Rechnung; nach A. RIESE, der ein Rechenbuch herausgegeben hat

Jemand gleicht dem **Riesen** (2) Goliath.
Sprichwörtlich für einen großen Menschen; nach der Bibel, 1. Samuel 17, wo der kleine David den Riesen bezwang

Burg Niedeck ist im Elsaß der Sage wohlbekannt, die Höhe, wo vorzeiten die Burg der **Riesen** (3) stand.
ADELBERT V. CHAMISSO, »Das Riesenspielzeug«

O herrlich ist's, zu haben eines **Riesen** (4) Kraft; doch grausam, sie wie ein Riese zu gebrauchen.
WILLIAM SHAKESPEARE, »Maß für Maß«

Wenn man einen **Riesen** (5) sieht, so untersuche man erst den Stand der Sonne und gebe acht, ob es nicht der Schatten eines Pygmäen ist.
NOVALIS, Fragmente

Es steigt das **Riesenmaß** der Leiber weit über Menschliches hinaus.
FRIEDRICH V. SCHILLER, »Die Kraniche des Ibykus«

Ich schnitt es gern in alle **Rinden** ein.
Lied »Ungeduld«; Musik von FRANZ SCHUBERT

Der **Ring** macht Ehen, und Ringe sind's, die Ketten machen.
FRIEDRICH V. SCHILLER, »Maria Stuart«

Das kann man sich nicht aus den **Rippen** schneiden.
Sprichwörtl. Redensart; Sinn: etwas ist unmöglich zu tun

Risiko ist die Bugwelle des Er-
folgs. CARL AMERY

Ritter (1) ohne Furcht und
Tadel.
Sprichwörtl. Redensart; entstanden
aus dem Beinamen des franz. Ritters BAYARD; franz.: *chevalier sans
peur et sans reproche*

Ritter (2) von der traurigen
Gestalt.
MIGUEL DE CERVANTES, »Don
Quijote«; Beiname des Ritters

Wer wagt es, **Rittersmann** oder
Knapp?
FRIEDRICH V. SCHILLER, »Der Tau-
cher«

Den bunten **Rock** anziehen.
Sprichwörtl. Redensart; nach der
Bibel, 1. Moses 37,3; gemeint:
jmd. geht zum Militär

Schwanken wie ein **Rohr** im
Winde.
Sprichwörtl. Redensart; nach der
Bibel, Lukas 7,24; Sinn: wankel-
mütig sein

Schimpfen wie ein **Rohrspatz**.
Sprichwörtlich für aggressives
Schimpfen

Roland der Riese am Rathaus
zu Bremen.
Gedicht von FRIEDRICH RÜCKERT

Alle Wege führen nach **Rom**
(1).
Sprichwort; bezogen auf Rom als
Mittelpunkt der antiken und
christlichen Welt

Lieber der Erste hier als in
Rom (2) der Zweite.
Caesar nach PLUTARCH; auch bei
ADELBERT V. CHAMISSO

Rom (3) wurde nicht an einem
Tag erbaut. Sprichwort

Als die **Römer** frech geworden.
VICTOR V. SCHEFFEL, »Die Teutoburger Schlacht«

Eine **Rose** (1) unter Dornen.
Nach der Bibel, Hohelied Salomos
2,2; nach neuer Übersetzung: *Lilie*

Keine **Rose** (2) ohne Dornen.
Sprichwort

Noch ist die schöne, die blü-
hende Zeit, noch sind die Tage
der **Rose** (3).
OTTO ROQUETTE, »Die Tage der
Rose«

Unmöglich scheint immer die
Rose (4), unbegreiflich die
Nachtigall.
JOH. WOLFGANG V. GOETHE

Wenn du eine **Rose** (5)
schaust, sag, ich laß sie grüßen.
HEINRICH HEINE, »Neuer Frühling«

Jemand ist nicht auf **Rosen** (6)
gebettet.
Sprichwörtl. Redensart; Sinn: man
ist finanziell nicht so gut gestellt
wie die reichen Römer, die ihre
Betten mit Rosenblättern füllten

Rosen (7), Tulpen, Nelken,
alle Blumen welken; Marmor,
Stein und Eisen bricht, aber
unsere Freundschaft nicht.
Vers fürs Poesiealbum

Schenkt man sich **Rosen** (8) in
Tirol . . .
Aus der Operette »Der Vogel-
händler«; Musik von KARL ZELLER

Über **Rosen** (9) läßt sich dichten, in die Äpfel muß man beißen.
JOH. WOLFGANG V. GOETHE, »Faust«

Am **Rosenmontag** bin ich geboren.   Faschingslied

Auf hohem **Roß** (1) sitzen.
Sprichwörtl. Redensart für Hochmut

Und **Roß** (2) und Reiter sah ich niemals wieder.
FRIEDRICH V. SCHILLER, »Wallensteins Tod«

Gestern noch auf stolzen **Rossen** (3).
WILHELM HAUFF, »Reiters Morgenlied«

Rotwein ist für alte Knaben eine von den besten Gaben.
WILHELM BUSCH, »Abenteuer eines Junggesellen«

Der **Rubel** rollt.
Sprichwörtl. Redensart; Sinn: man spart nicht

Das **Rückgrat** gilt moralisch als Verbrechen.   ERICH KÄSTNER

Der reinste Schatz, den uns das Leben bietet, ist ein flekkenloser **Ruf** (1).
WILLIAM SHAKESPEARE, »Richard III.«

Ein guter **Ruf** (2) ist köstlicher denn großer Reichtum.
Bibel, Sprüche Salomos 22,1

Ich bin besser als mein **Ruf** (3).
FRIEDRICH V. SCHILLER, »Maria Stuart«

Ist der **Ruf** (4) erst ruiniert, lebt es sich ganz ungeniert.
WILHELM BUSCH zugeschrieben

Wer **ruft** mir?
JOH. WOLFGANG V. GOETHE, »Faust«

Meine **Ruh'** (1) ist hin, mein Herz ist schwer; ich finde sie nimmer und nimmermehr.
JOH. WOLFGANG V. GOETHE, »Faust«

Na, nun hat er seine **Ruh'** (2). Ratsch, man zieht den Vorhang zu.
WILHELM BUSCH, »Abenteuer eines Junggesellen«

Die **Ruhe** (3) der Seele ist ein herrliches Ding.
JOH. WOLFGANG V. GOETHE

Die **Ruhe** (4) eines Kirchhofes.
Sprichwörtl. Redensart; nach FRIEDRICH V. SCHILLER, »Don Carlos«; auch als *Friedhofsruhe*

Immer mit der **Ruhe** (5)!
Sprichwort; ergänzt: ... *und dann mit 'nem Ruck!*

Nun **ruhen** alle Wälder.
PAUL GERHARDT, »Abendlied«

Immer **ruhig** und gediegen; was nicht fertig wird, bleibt liegen.   Sprichwort

Der **Ruhm** (1) ist Schatten nur der Tat, und steht kein Ding im Sonnenschein, sieht man gewiß den Schatten nicht.
FRIEDRICH HEBBEL

Der **Ruhm** (2), welcher vor denen flieht, die ihn suchen, folgt

denen nach, welche sich nicht um ihn bemühen.
JACOB BURCKHARDT, »Weltgeschichtliche Betrachtungen«

Der wahre **Ruhm** (3) ist bei Gott und nicht bei Menschenkindern.
CHRISTIAN FÜRCHTEGOTT GELLERT

Der Weg zum **Ruhm** (4) ist nicht bestreut mit Blumen.
JEAN DE LA FONTAINE

Die Tat ist alles, nicht der **Ruhm** (5).
JOH. WOLFGANG V. GOETHE, »Faust«

Von des Lebens Gütern allen ist der **Ruhm** (6) das höchste doch.
FRIEDRICH V. SCHILLER, »Das Siegesfest«

Was ist der Erde Glück? Ein Schatten. – Was ist der Erde **Ruhm** (7)? Ein Traum.
FRANZ GRILLPARZER, »Medea«

Der Weg zum **Ruhme** (8) ist überall mit Dornen bestreut.
KARL JULIUS WEBER, »Demokritos«

Den **Rummel** (1) kennen.
Sprichwörtl. Redensart; Sinn: Bescheid wissen; nach dem franz.

Kartenspiel Piquet, dessen wichtigste Karte *Ronfle* [Schnarchen] heißt; eingedeutscht zu *Rummel*

Rummel (2) um etwas machen.
Sprichwörtl. Redensart; Sinn: viel Aufhebens um eine Sache machen

Mein Herr versteht den **Rummel** (3).
GOTTHOLD EPHRAIM LESSING, »Minna von Barnhelm«

Ein Blümchen **Rühr-mich-nicht-an** (1) sein.
Sprichwörtl. Redensart; nach Pflanzen mit überraschenden Bewegungserscheinungen (z. B. Balsamine, Mimose); Sinn: sehr schüchtern sein

Rühre mich nicht an (2)!
Bibel, Evangelium des Johannes 20,17; lat.: *noli me tangere!*

Ach wie gut, daß niemand weiß, daß ich **Rumpelstilzchen** heiß'!
Märchen der GEBRÜDER GRIMM

Ist an **Ruprecht** der Himmel rein, so wird er's auch im Juli sein.
Bauernregel für den 27. März

Man muß also strafen, daß der Apfel bei der **Rute** sei.
MARTIN LUTHER, »Deutsche Schriften«

An der **Saale** hellem Strande.
FRANZ THEODOR KUGLER, »Rudelsburg«

Ich hab' mein **Sach'** (1) auf nichts gestellt.
JOH. WOLFGANG V. GOETHE, »Vanitas«

Die **Sache** (2)will's.
WILLIAM SHAKESPEARE, »Othello«

Eine **Sache** (3) drehen, wie man will.
Sprichwörtl. Redensart; nach der Bibel, Micha 7,3: *die Gewaltigen drehen die Sache, wie sie wollen«;* Sinn: etwas seinen Wünschen anpassen

In eigner **Sache** (4) kann niemand Richter sein.   Sprichwort

Nehmt die **Sache** (5) völlig, wie sie liegt.
GOTTHOLD EPHRAIM LESSING, »Nathan der Weise«

Nur die **Sache** (6) ist verloren, die man aufgibt.
ERNST V. FEUCHTERSLEBEN, Aphorismen

Zur **Sache** (7), Schätzchen.
Filmtitel von 1968, mit Uschi Glas

Zur **Sache** (8), wenn's beliebt.
FRIEDRICH V. SCHILLER, »Die Piccolomini«

Die **Sachertorte** ist ein eßbares Wiener Symbol, bei dem einem die Vergangenheit auf der Zunge zergeht.   LORIN MAAZEL

In **Sack** und Asche gehen.
Sprichwörtl. Redensart; nach der

Bibel, Esther 4,1; Sinn: demütig sein, etwas bereuen

Was der Mensch **sät** (1), das wird er ernten.
Bibel, Galater 6,7; daraus sprichwörtl. Redensart

Wer Wind **sät** (2), wird Sturm ernten.   Sprichwort

Ich mißbillige alles, was sie **sagen** (1); aber bis zu meinem Tod werde ich dafür kämpfen, daß sie es sagen dürfen!
FRANÇOIS-MARIE VOLTAIRE

Du **sagst** (2) es!
Bibel, Matthäus 27,11; Evangelium des Johannes 18,37

Erwirbt ein Erdensohn sich Lob und Preis, gleich bildet sich um ihn ein **Sagenkreis.**
CONRAD FERDINAND MEYER, »Huttens letzte Tage«

Ein **Salomonisches** Urteil fällen.
Sprichwörtl. Redensart; nach der Bibel, 1. Könige 3,16-28; Salomos Urteil im Streit zweier Frauen um ein Kind gilt als besonders weise

Ihr seid das **Salz** der Erde.
Bibel, Matthäus 5,13; daraus sprichwörtl. Redensart

Zur **Salzsäule** erstarren.
Sprichwörtl. Redensart; nach der Bibel, 1. Moses 19,26; Sinn: zutiefst überrascht/entsetzt sein

Ein barmherziger **Samariter** sein.
Sprichwörtl. Redensart; nach der Bibel, Lukas 10,30-37; Sinn: hilfsbereit sein

Samiel, hilf!
Aus der Oper »Der Freischütz«;
Musik von CARL MARIA V. WEBER;
Samiel [der Teufel]

Auf **Sand** (1) bauen.
Sprichwörtl. Redensart; nach der
Bibel, Matthäus 7,26; Sinn: eine
unsichere Sache betreiben, die
kein festes Fundament hat

Jemandem **Sand** (2) in die Augen streuen.
Sprichwörtl. Redensart aus der
Sprache der Fechter; durch Sand-
aufwirbeln behindert man den
Gegner; Sinn: jmd. täuschen

Wie **Sand** (3) am Meer.
Sprichwörtl. Redensart; nach der
Bibel, 1. Moses 32,12; Sinn: unzäh-
lig viel

Im **Sande** (4) verlaufen.
Sprichwörtl: Redensart; Sinn: et-
was hinterläßt keine Spuren von
Erfolg

Durch **Sanftmut** besiege man
den Zornigen, durch Güte den
Bösen, durch Spenden den
Geizhals, durch Wahrheit den
Lügner.   Persischer Spruch

Selig sind die **Sanftmütigen;**
denn sie werden das Erdreich
besitzen.
    Bibel, Matthäus 5,5; Bergpredigt

Versunken und vergessen! Das
ist des **Sängers** Fluch!
LUDWIG UHLAND, »Des Sängers
Fluch«; daraus sprichwörtl. Redensart

Hebe dich weg von mir, **Satan!**
Nach der Bibel, Matthäus 16,23

Da ist es schwer, keine **Satire**
(1) zu schreiben.
JUVENAL, »Satiren«; lat.: *difficile
est satiram non scribere.*

Die **Satire** (2) ist eine Art Spiegel: wer hineinblickt, sieht im
allgemeinen das Gesicht eines
jeden, nur nicht das eigene.
JONATHAN SWIFT, »*Battle of the
book*«

Der **Satiriker** ist ein gekränk-
ter Idealist.
KURT TUCHOLSKY, »Was darf die
Satire?«

Ich bin so **satt,** ich mag kein
Blatt.
Aus dem Märchen »Tischlein deck
dich« der GEBRÜDER GRIMM

Jemand sitzt fest im **Sattel.**
Sprichwörtl. Redensart aus der
Reitersprache; Sinn: man ist einer
Aufgabe gewachsen; oft: man hat
eine feste Position im Leben ge-
funden

Sauer macht lustig.   Sprichwort

Heißa – rufet **Sauerbrot** –
heißa, meine Frau ist tot!
WILHELM BUSCH, »Abenteuer eines Junggesellen«

Kennst du das Haus, auf **Säulen** ruht sein Dach.
JOH. WOLFGANG V. GOETHE, »Wilhelm Meisters Lehrjahre«; das
Lied der Mignon

Eins-zwei-drei! Im **Sauseschritt**
läuft die Zeit; wir laufen mit.
    WILHELM BUSCH, »Julchen«

Durch **Schaden** (1) wird man
klug.   Sprichwort

Wer den **Schaden** (2) hat, braucht für den Spott nicht zu sorgen.   Sprichwort

Ein schwarzes **Schaf** (1) sein.
Sprichwörtl. Redensart für ein aus der Art geschlagenes Familienmitglied

Sein **Schäfchen** (2) ins Trokkene bringen.
Sprichwörtl. Redensart; Sinn: einen Gewinn machen; Schäfchen kommt von dem norddt. *Schepken* [Schiffchen]; d. h. im Winter mußten die Fischer ihr Boot aufs Land ziehen

Die Böcke von den **Schafen** (3) sondern.
Sprichwörtl. Redensart; nach der Bibel, Matthäus 25,32–33

In einer rauhen **Schale** steckt oft ein süßer Kern.
Sprichwort; oft auch zitiert: *in einer harten Schale steckt ein weicher Kern.*

Ein **Schandfleck** sein.
Sprichwörtl. Redensart; nach der Bibel, 5. Moses 32,5; Sinn: einer, der Schande macht

Niemand kann über seinen (eigenen) **Schatten** (1) springen.
Sprichwörtl. Redensart; Sinn: man kann sich nicht überwinden

Noch einmal wagst du, vielbeweinter **Schatten** (2), hervor dich an das Tageslicht.
JOH. WOLFGANG V. GOETHE, »An Werther«

Man liebt die **Schätze** (1) heute mehr als Gott, Leib, Seel und Ehr.
FREIDANK, »Bescheidenheit«

Mit fremden **Schätzen** (2) reich beladen.
FRIEDRICH V. SCHILLER, »Der Ring des Polykrates«

Schau'n wir mal!
Sprichwörtlich gewordener Ausspruch des Fußballpräsidenten FRANZ BECKENBAUER

Ein **Schauspiel** (1) für Götter, zwei Liebende zu sehn.
JOH. WOLFGANG V. GOETHE, »Erwin und Elmira«; daraus sprichwörtl. Redensart

Welch **Schauspiel** (2)! Aber, ach, ein Schauspiel nur!
JOH. WOLFGANG V. GOETHE, »Faust«

Die **Schauspieler** (1) sind der Spiegel und die abgekürzte Chronik des Zeitalters.
WILLIAM SHAKESPEARE, »Hamlet«

Schauspieler (2) zu sein, das ist eine Form von Mehrere-Leben-haben.   MARIA SCHELL

Es ist bestimmt in Gottes Rat, daß man vom Liebsten, was man hat, muß **scheiden** (1).
ERNST V. FEUCHTERSLEBEN

Wenn ich einmal soll **scheiden** (2), so scheide nicht von mir.
PAUL GERHARDT, »O Haupt voll Blut und Wunden«

Der **Schein** (1) ist gegen mich, doch darf ich hoffen, daß ich nicht nach dem Scheine gerichtet werde.
FRIEDRICH V. SCHILLER, »Maria Stuart«

Der **Schein** (2) regiert die Welt.
FRIEDRICH V. SCHILLER, »Der Parasit«

Der **Schein** (3) trügt.
Sprichwort; vollständig: *der Schein betrügt, der Spiegel lügt*.

Meidet allen bösen **Schein** (4)!
Bibel, 1. Thessalonicher 5,22; neu übersetzt: *meidet alles Böse*

Nur nichtig ist der **Schein** (5), doch wichtig die Erscheinung; vollkommen ist allein des Seins und Scheins Vereinung.
FRIEDRICH RÜCKERT, »Die Weisheit des Brahmanen«

Die Welt urteilt nach dem **Scheine** (6).
JOH. WOLFGANG V. GOETHE, »Clavigo«

Vom **Scheitel** bis zur Sohle
Sprichwörtl. Redensart; nach der Bibel, 5. Moses 28,25

Ein **Schelm**, der Böses dabei denkt.
Franz. Sprichwort; Motto des 1350 gestifteten engl. Hosenbandordens; franz.: *honi soit qui mal y pense*.

Schenken ist ein Brückenschlag über den Abgrund deiner Einsamkeit.
ANTOINE DE SAINT-EXUPÉRY

Scherben bringen Glück.
Sprichwort

Es lösen sich alle Bande frommer **Scheu**.
FRIEDRICH V. SCHILLER, »Die Glocke«

Eines **schickt** sich nicht für alle! Sehe jeder, wie er's treibe, sehe jeder, wo er bleibe, und wer steht, daß er nicht falle.
JOH. WOLFGANG V. GOETHE, »Beherzigung«

Das **Schicksal** (1) des Menschen ist der Mensch.
BERTOLT BRECHT

Das **Schicksal** (2) nimmt nichts, was es nicht gegeben hat.
SOPHOKLES

Dem **Schicksal** (3) ist die Welt ein Schachbrett nur, und wir sind Steine in des Schicksals Faust.
GEORGE BERNARD SHAW

Dunkel sind die Wege, die das **Schicksal** (4) geht.
EURIPIDES, »Alkestis«

Gib mir ein Zeichen, **Schicksal** (5)!
FRIEDRICH V. SCHILLER, »Wallensteins Tod«

Ich will dem **Schicksal** (6) in den Rachen greifen, ganz niederbeugen soll es mich gewiß nicht.
LUDWIG VAN BEETHOVEN

Mein **Schicksal** (7) ruft.
WILLIAM SHAKESPEARE, »Hamlet«

Nicht was wir erleben, sondern wie wir empfinden, was wir erleben, macht unser **Schicksal** (8) aus.
MARIE V. EBNER-ESCHENBACH

Nur der Starke wird das **Schicksal** (9) zwingen.
FRIEDRICH V. SCHILLER

Schicksal (10) des Menschen, wie gleichst du dem Wind.
JOH. WOLFGANG V. GOETHE, »Gesang der Geister«

Was die Leute gemeiniglich das **Schicksal** (11) nennen, sind meistens nur ihre eigenen dummen Streiche.
ARTHUR SCHOPENHAUER

Was ist **Schicksal** (12), als Gott selbst, Gott mit Weisheit und Liebe?   JOH. KASPAR LAVATER

Wie anders sät der Mensch, und wie anders läßt das **Schicksal** (13) ihn ernten.
FRIEDRICH V. SCHILLER

Frohlocke nicht! Denn eifersüchtig sind des **Schicksals** (14) Mächte!
FRIEDRICH V. SCHILLER, »Wallensteins Tod«

O könnte man im Buch des **Schicksals** (15) doch lesen!
WILLIAM SHAKESPEARE, »Heinrich IV.«

Nur Mut, es wird schon **schiefgehen**.   Sprichwort

Das **Schiff** (1) läuft.
BETTINO CRAXI; nach einem Film von Federico Fellini; Sinn: man ist erfolgreich

Der Lord läßt sich entschuldigen; er ist zu **Schiff** (2) nach Frankreich.
FRIEDRICH V. SCHILLER, »Maria Stuart«

Der **Schiffe** (3) mastenreicher Wald.
FRIEDRICH V. SCHILLER, »Der Ring des Polykrates«

Etwas im **Schilde** führen.
Sprichwörtl. Redensart aus der Sprache der Ritter, deren Schilde Malereien und Verzierungen trugen; Sinn: etwas im Geheimen planen

Das sind **Schildbürgerstreiche**.
Sprichwörtl. Redensart; nach dem »Lalebuch« von 1598, worin über die törichten Handlungen der Bürger von Schilda berichtet wird; Schildbürger ursprünglich wohl ein mit einem Schild bewaffneter Bürger; später in der Bedeutung von Spießbürger

Es kämpfe jeder seine **Schlacht** allein.
FRIEDRICH V. SCHILLER, »Die Jungfrau von Orléans«

Ein **Schlachten** war's, nicht eine Schlacht zu nennen.
FRIEDRICH V. SCHILLER, »Die Jungfrau von Orléans«

Den ewigen **Schlaf** (1) schlafen.
Sprichwörtl. Redensart für den Tod; nach der Bibel, Jeremias 51,39

Der **Schlaf** (2) des Gerechten.
Sprichwörtl. Redensart; nach der Bibel, 3. Moses 26,6 u. a.

Der **Schlaf** (3) ist das Bild des Todes.
CICERO, »Tuskulanische Gespräche«

Der **Schlaf** (4) ist doch die köstlichste Erfindung.
HEINRICH HEINE, »William Ratcliff«

Der **Schlaf** (5) ist ein Hineinkriechen des Menschen in sich selbst.   FRIEDRICH HEBBEL

Der **Schlaf** (6) ist für den ganzen Menschen, was das Aufziehen für die Uhr.
ARTHUR SCHOPENHAUER

Den Seinen gibt's der Herr im **Schlafe** (7).
Sprichwort; nach der Bibel, Psalm 127,2

Schlaf (1), Kindchen, schlaf.
JOACHIM HEINRICH CAMPE, Lied

Geh **schlafen** (2), mein Herz, es ist Zeit.   RICARDA HUCH

Schlafen (3) ist eine Form von Kritik, vor allem im Theater.
GEORGE BERNARD SHAW

Wer **schläft** (4), der sündigt nicht, wer vorher sündigt, schläft besser.
Berliner Redensart; im 1. Teil sprichwörtlich

Beim **Schlafittchen** kriegen.
Sprichwörtl. Redensart; *Schlagfittich* [Schwungfedern des Vogels]; später für *Rockschoß* gebräuchlich; Sinn: jmd. erwischen

Schlag auf Schlag.
Redensart; nach JOH. WILHELM LUDWIG GLEIM, »Musenalmanach 1798«; gemeint war ein Gewitter; heutiger Sinn: hintereinander ohne Pause

Schlager sind Texte, die gesungen werden müssen, weil sie zu dumm sind, um gesprochen zu werden.   GISELA UHLEN

Schlagfertigkeit ist etwas, worauf du erst vierundzwanzig Stunden später kommst.
MARK TWAIN

Ein **Schlagwort** ist immer eine heruntergekommene Idee.
IGNAZIO SILONE

Eine **Schlange** am Busen nähren.
Sprichwörtl. Redensart; nach AESOPS Fabeln: »Der Bauer und die Schlange«, »Der Wanderer und die Natter«

Schlecht (1) und recht.
Sprichwörtl. Redensart; nach der Bibel, Hiob 1,1; schlecht im Sinne von schlicht; heutiger Sinn: etwas geht einigermaßen

Wen nennst du **schlecht** (2)? – Den, der immer beschämen will.
FRIEDRICH NIETZSCHE, »Die fröhliche Wissenschaft«

Frommt's, den **Schleier** aufzuheben?
FRIEDRICH V. SCHILLER, »Kassandra«

Schleswig-Holstein, meerumschlungen.
Gleichnamiges Lied von M. F. CHEMNITZ/K. G. BELLMANN

Sich (oder jemanden) aus der **Schlinge** ziehen.
Sprichwörtl. Redensart; Sinn: sich/ jmd. aus einer gefährlichen Situation befreien, sich wie ein Vogel aus der Falle befreien

Jemand sitzt hinter **Schloß** und Riegel.
Sprichwörtl. Redensart; Sinn: im Gefängnis sein

Schlösser, die im Monde liegen.
Aus der Operette »Frau Luna«; Musik von PAUL LINCKE

Dort ist **Schmalhans** Küchenmeister.
Sprichwörtl. Redensart; Sinn: es geht ärmlich zu

Wenn's am besten **schmeckt**, soll man aufhören.   Sprichwort

Wer mir **schmeichelt,** ist mein Feind; wer mich tadelt, ist mein Lehrer.
                Chinesisches Sprichwort

Auch der **Schmerz** (1) will seinen Ausdruck haben, und der Mann, vom Schmerze übermannt, braucht sich seiner Tränen nicht zu schämen.
FRIEDRICH V. BODENSTEDT, »Ada«

Kommt dir ein **Schmerz** (2), so halte still, und frage, was er von dir will.   EMANUEL GEIBEL

Mache nicht unerträglich den **Schmerz** (3) durch ewige Klagen!   SOPHOKLES, »Elektra«

Nur der verwandte **Schmerz** (4) entlockt uns die Träne, und jeder weint eigentlich für sich selbst.
HEINRICH HEINE, »Die Bäder von Lucca«

Schmerz (5) und Freude liegen in einer Schale; ihre Mischung ist der Menschen Los.
        JOH. GOTTFRIED SEUME

Gehabte **Schmerzen** (6), die hab' ich gerne.
WILHELM BUSCH, »Abenteuer eines Junggesellen«

Weiter hast du keine **Schmerzen** (7)?
Aus der Oper »Don Giovanni«; Musik von WOLFGANG AMADEUS MOZART

Ach neige, du **Schmerzensreiche,** dein Antlitz gnädig meiner Not.
JOH. WOLFGANG V. GOETHE, »Faust«

Jeder ist seines Glückes **Schmied.**   Sprichwort

Schmiere stehen.
Sprichwörtl. Redensart; Sinn: Wache stehen, wenn jemand ein Verbrechen ausführt; vom Hebräischen über das Rotwelsche sprichwörtlich geworden

Etwas frei/ganz nach **Schnauze** machen.
Berliner Redensart; Sinn: nach eigenem Belieben

Drei Männer im **Schnee.**
        Roman von ERICH KÄSTNER

Sich freuen wie ein **Schneekönig.**
Sprichwörtl. Redensart; Sinn: sich sehr freuen; gemeint: der Zaunkönig mit seinem Jubelruf

Aus dem **Schneider** sein.
Sprichwörtl. Redensart aus dem Skatspiel; über 30 Punkte bedeuten: aus dem Schneider sein; Sinn: etwas geschafft haben; ursprünglich: über 30 Jahre alt sein

Ein **Schnippchen** schlagen.
Sprichwörtl. Redensart vom verächtlichen Fingerschnippen her; Sinn: jmd. einen Streich spielen

Einen **Schnitzer** machen.
Sprichwörtl. Redensart für groben Fehler; so wie ein falscher Schnitt dem Holzschnitzer viel verderben kann

Das geht wie am **Schnürchen!**
Sprichwörtl. Redensart; Sinn: etwas gelingt reibungslos, so wie Marionetten am Band geführt werden

Schön (1) ist eigentlich alles, was man mit Liebe betrachtet.
CHRISTIAN MORGENSTERN, »Stufen«

Auch das **Schöne** (2) muß sterben.
FRIEDRICH V. SCHILLER, »Nänie«

Das ist das Los des **Schönen** (3) auf der Erde!
FRIEDRICH V. SCHILLER, »Wallensteins Tod«

Das höchste von allen Gütern ist der Frauen **Schönheit** (1).
FRIEDRICH V. SCHILLER, »Die Jungfrau von Orléans«

Ein altes Wort bewährt sich leider auch an mir, daß Glück und **Schönheit** (2) dauerhaft sich nicht vereinen.
JOH. WOLFGANG V. GOETHE, »Faust«

O wieviel holder blüht die **Schönheit** (3) doch, ist ihr der Schmuck der Treue mitgegeben.
WILLIAM SHAKESPEARE

Schönheit (4) ist eines der seltenen Wunder, die unsere Zweifel an Gott verstummen lassen.
JEAN ANOUILH

Schönheit (5) ist mächtig, Geld allmächtig.
Griechisches Sprichwort

Schönheit (6) ohne Anmut gleicht einer Rose ohne Duft.
Sprichwort aus Jamaika

Schönheit (7) ohne Anmut ist ein Angelhaken ohne Köder.
NINON DE LENCLOS

Schönheit (8) war die Falle meiner Tugend.
FRIEDRICH V. SCHILLER

Wahre Menschlichkeit ist köstlicher als alle **Schönheit** (9) der Erde.
JOH. HEINRICH PESTALOZZI

Allez! Der **Schönste** bist du nicht!
WILHELM BUSCH, »Schnurrdiburr«

Eine Gelegenheit beim **Schopfe** ergreifen.
Sprichwörtl. Redensart; der griech. Gott Kairos [Gott der rechten Moments], wurde mit einem Lockenkopf dargestellt; daher Sinn: sich eine Möglichkeit nicht entgehen lassen

Es ruht noch manches im **Schoß** der Zeit, das zur Geburt will.
WILLIAM SHAKESPEARE, »Othello«

Jemanden in seine **Schranken** weisen.
Sprichwörtl. Redensart; Sinn: jmd. seine Grenzen zeigen

Bei dem ist eine **Schraube** locker.
Sprichwörtl. Redensart; Sinn: jmd. ist im Kopf nicht ganz in Ordnung

Das ist der letzte **Schrei.**
Redensart aus der Modewelt; Sinn: etwas entspricht der letzten Mode; franz.: *dernier cri* [letzter Schrei]

Wo stehet das **geschrieben** (1)?
MARTIN LUTHER, »Der kleine Katechismus«

Wo steht denn das **geschrieben** (2), du sollst nur eine lieben?
Aus der Operette »Der liebe Augustin«; Musik von LEO FALL; Text von RUDOLF BERNAUER und ERNST WEHLISCH

Körper und Stimme leiht die **Schrift** dem stummen Gedanken, durch der Jahrhunderte Strom trägt ihn das redende Blatt.   FRIEDRICH V. SCHILLER

Die echten **Schriftsteller** sind die Gewissensbisse der Menschheit.
LUDWIG FEUERBACH, »Abaelard und Heloïse«

Dies ist nur ein kleiner **Schritt** (1) für einen Menschen, aber ein Riesenschritt für die Menschheit.
Astronaut NEIL ARMSTRONG, der am 20. 7. 1969 als erster Mensch den Mond betrat; engl.: *that's one small step for a man, one giant step for mankind.*

Dreifach ist der **Schritt** (2) der Zeit: zögernd kommt die Zukunft hergezogen, pfeilschnell ist das Jetzt entflogen, ewig still ist die Vergangenheit.
FRIEDRICH V. SCHILLER, »Der erste Spruch des Konfuzius«

Ein **Schritt** (3) vom Wege.
THEODOR FONTANE, »Effie Briest«

In gleichem **Schritt** (4) und Tritt.
LUDWIG UHLAND, »Der gute Kamerad«

Und munter fördert er die **Schritte** (5).
FRIEDRICH V. SCHILLER, »Die Kraniche des Ibykus«

Jemand ist von echtem **Schrot** und Korn.
Sprichwörtl. für jmd., der durch und durch aufrichtig, gediegen ist; in der Münzsprache war damit eine unverfälschte Münze gemeint

Umgekehrt wird ein **Schuh** draus!
Sprichwörtl. Redensart; Sinn: damit verhält es sich genau umgekehrt

Alle **Schuld** (1) rächt sich auf Erden.
Sprichwort; aus JOH. WOLFGANG V. GOETHE, »Der Harfenspieler«

Vom Unglück erst zieh ab die **Schuld** (2); was übrig ist, trag in Geduld.
THEODOR STORM, Sprüche

Jemand hat mehr **Schulden** als Haare auf dem Kopf.
Sprichwörtl. Redensart; nach der Bibel, Psalm 40,13; dort ist von Sünden die Rede, heute bezieht man es auf finanzielle Schuld

Wir sind nicht auf dieser Welt, um glücklich zu sein und zu genießen, sondern um unsere **Schuldigkeit** zu tun.
OTTO V. BISMARCK

Laß dir dein **Schulgeld** wiedergeben!
Sprichwörtl. Redensart; nach PETRONIUS, »Satyricon«; Sinn: für jmd. war der Schulbesuch zwecklos

Es gibt mehr Dinge zwischen Himmel und Erde, als eure **Schulweisheit** sich träumt.
WILLIAM SHAKESPEARE, »Hamlet«; engl.: *there are more things in heaven and earth, Horatio, than are dreamt of in your phantasy.*

Auf die leichte **Schulter** nehmen.
Sprichwörtl. Redensart; Sinn: auch schwerere Dinge gelassen nehmen oder zu wenig beachten

Wie **Schuppen** von den Augen fallen.
Sprichwörtl. Redensart; nach der Bibel, Apostelgeschichte 9,18; Sinn: etwas verstehen

Schuster (1), bleib bei deinen Leisten!
Sprichwort; nach PLINIUS, »Apelles«; Sinn: man soll sich nicht um Dinge kümmern, von denen man nicht viel versteht

Auf **Schusters** (2) Rappen.
Sprichwörtl. Redensart; Sinn: zu Fuß

Hier gilt es, **Schütze,** deine Kunst zu zeigen; das Ziel ist würdig, und der Preis ist groß.
FRIEDRICH V. SCHILLER, »Wilhelm Tell«

Daß du ihn **schwach** (1) gesehen, vergibt er nie.
FRIEDRICH V. SCHILLER, »Wilhelm Tell«

Schwach (2) sind wir alle.
WILLIAM SHAKESPEARE, »Maß für Maß«

Verbunden werden auch die **Schwachen** mächtig.
FRIEDRICH V. SCHILLER, »Wilhelm Tell«

Schwachheit, dein Name ist Weib!
WILLIAM SHAKESPEARE, »Hamlet«

Eine **Schwalbe** macht noch keinen Sommer.
Sprichwort; nach AESOP, der damit Aristoteles zitiert

Schwamm drüber!
Sprichwörtl. Redensart; nach der Operette »Der Bettelstudent«; Musik von KARL MILLÖCKER; Sinn: etwas soll vergessen sein

Nun sei bedankt, mein lieber **Schwan**.
Aus der Oper »Lohengrin« von RICHARD WAGNER

Jemandem **schwant** etwas.
Sprichwörtl. Redensart; Sinn: man vermutet etwas; eine Zusammenziehung von »ich ahne etwas« mit »Schwanengesang«, dem letzten Gesang der Schwäne vor ihrem Tode, wenn sie schon das Jenseits voraussahnen

Wofür sie besonders **schwärmt,** wenn er wieder aufgewärmt.
WILHELM BUSCH, »Max und Moritz«; gemeint: Sauerkohl der Witwe Bolte

Denn was man **Schwarz** auf Weiß besitzt, kann man getrost nach Hause tragen.
JOH. WOLFGANG V. GOETHE, »Faust«; danach Sprichwort

Ihr pflegt zu **schwatzen,** eh' Ihr handelt, und seid die Glocke Eurer Taten. Das ist Eure Weise, Lord; die meine ist: erst handeln und dann reden.
FRIEDRICH V. SCHILLER, »Maria Stuart«

Hinter **Schwedischen** Gardinen sitzen.
Sprichwörtl. Redensart für im Gefängnis sein

Der Rest ist **Schweigen** (1).
WILLIAM SHAKESPEARE, »Hamlet«

Reden ist Silber, **Schweigen** (2) ist Gold.   Sprichwort

Schweigen (3) ist die unerträglichste Erwiderung.
GILBERT KEITH CHESTERTON

Zwei Dinge sind schädlich für jeden, der die Stufen des Glücks will ersteigen; **Schweigen** (4), wenn Zeit ist zu reden, und Reden, wenn Zeit ist zu schweigen.
FRIEDRICH V. BODENSTEDT

Das **Schwein** (1) ist das Nonplusultra des Glücks.
FRIEDRICH HEBBEL

Schwein (2) haben.
Sprichwörtl. Redensart für ein Glück, das man eigentlich kaum verdient hat; nach alter Schützensitte erhielt der schlechteste Schütze als Spottpreis ein Schwein

Im **Schweiße** deines Angesichts sollst du dein Brot essen.
Sprichwörtl. Redensart; nach der Bibel, 1. Moses 3,19: *im Schweiße deines Angesichts.*

Das ist ein zweischneidiges **Schwert** (1).
Sprichwörtl. Redensart; nach der Bibel, Sprüche Salomos 5,4 u. a.; Sinn: eine Sache hat zwei Seiten

Wer das **Schwert** (2) nimmt, der soll durchs Schwert umkommen.   Bibel, Matthäus 26,52

Zum letzten Mittel, wenn kein andres mehr verfangen will, ist ihm das **Schwert** (3) gegeben.
FRIEDRICH V. SCHILLER, »Wilhelm Tell«

Im Jahre 1925 haben sich alle verpflichtet, Giftgas zu ächten, aber alle haben ihre Gasmasken behalten. **SDI** – das ist unsere Gasmaske.
Ronald Reagan, 1986; *SDI* [Rüstungsprogramm im Weltraum]

Es lächelt der **See,** er ladet zum Bade.
FRIEDRICH V. SCHILLER, »Wilhelm Tell«

Seefahrt ist not.
Lat. Sprichwort; danach Romantitel von GORCH FOCK; lat.: *navigare necesse est.*

Bekenntnisse einer schönen **Seele** (1).
JOH. WOLFGANG V. GOETHE, »Wilhelm Meisters Lehrjahre«; daraus Redensart

Den Leib können sie töten; die **Seele** (2) nicht.
Letzte Worte ULRICH ZWINGLIS, als er 1531 fiel

Die Augen sind der Spiegel der **Seele** (3).   Sprichwort

Eine schöne **Seele** (4).
FRIEDRICH V. SCHILLER, »Anmut und Würde«

Nun hat die liebe **Seele** (5) Ruh'.
Sprichwörtl. Redensart; nach der Bibel, Lukas 12,19

Von ganzem Herzen und von ganzer **Seele** (6).
Sprichwörtl. Redensart; nach der Bibel, 5. Moses 4,29 u. a.

Große **Seelen** (7) dulden still.
FRIEDRICH V. SCHILLER, »Don Carlos«

Verwandt sind sich alle starken **Seelen** (8).
FRIEDRICH V. SCHILLER, »Die Piccolomini«

Zwei **Seelen** (9) wohnen, ach, in meiner Brust.
Joh. Wolfgang v. Goethe, »Faust«; daraus Sprichwort

Das kann doch einen **Seemann** nicht erschüttern.
Lied aus dem Film »Paradies der Junggesellen«

Seemannsgarn spinnen.
Sprichwörtl. Redensart; Sinn: stark aufschneiden

An Gottes **Segen** (1) ist alles gelegen.   Sprichwort

Arbeit ist des Bürgers Zierde, **Segen** (2) ist der Mühe Preis.
Friedrich v. Schiller, »Die Glocke«

Des Vaters **Segen** (3) baut den Kindern Häuser.
Bibel, Jesus Sirach 3,11

Und mich ergreift ein längst entwöhntes **Sehnen.**
Joh. Wolfgang v. Goethe, »Faust«

Endstation **Sehnsucht** (1).
Bühnenwerk von Tennessee Williams

Nur wer die **Sehnsucht** (2) kennt, weiß, was ich leide.
Joh. Wolfgang v. Goethe, »Wilhelm Meisters Lehrjahre«; Lied der Mignon

Ich **bin** (sein 1), was ich bin.
William Shakespeare, »Othello«

Setz dir Perücken auf von Millionen Locken, setz deinen Fuß auf ellenhohe Socken, du bleibst doch immer, was du **bist** (sein 2).

Joh. Wolfgang v. Goethe, »Faust«

Was nicht **ist** (sein 3), das kann noch werden.
Ludwig Uhland, »Frühlingsglaube«

Mehr **sein** (4) als scheinen.
Lat. Wahlspruch; u. a. Cato der Ältere; lat.: *esse plus quam videri.*

Sein (5) oder Nichtsein, das ist hier die Frage.
William Shakespeare, »Hamlet«; engl.: *to be or not to be that is the question.*

Jedem das **Seine.**
Cicero, »Über die Pflichten«; bekannt als Wahlspruch, Devise des preußischen Schwarzen-Adler-Ordens; lat.: *suum cuique.*

Jedes Ding hat zwei **Seiten.**
Sprichwort

Selbst ist der Mann! Wer Thron und Kron' begehrt, persönlich sei er solcher Ehren wert!
Joh. Wolfgang v. Goethe, »Faust«

Das **Selbstbestimmungsrecht** der Völker.
These des US-Präsidenten Thomas W. Wilson, 1917

Ein **selbstisches** Gemüt kann nicht der Qual des engen Neids entfliehen.
Joh. Wolfgang v. Goethe

Die **Selbstüberschätzung** tötet den Erfolg im Keim.
Otto v. Bismarck

Es gibt eine schöne Form der Verstellung, die **Selbstüberwindung**, und eine schöne Form des Egoismus, die Liebe.
MARIE V. EBNER-ESCHENBACH

Es ist ein wenig, was man zur **Seligkeit** bedarf.
FRIEDRICH V. SCHILLER, »Don Carlos«

Sentimentalität nennen wir das Gefühl, das wir nicht teilen.
GRAHAM GREENE

Ist der **September** (1) lind, ist der Winter ein Kind.
Bauernregel

Ist **September** (2) warm und klar, hoffen wir auf ein fruchtbar Jahr.
Bauernregel

Soll der **September** (3) den Bauern erfreun, so muß er gleich dem Märze sein.
Bauernregel

Viel Eicheln im **September** (4), viel Schnee im Dezember.
Bauernregel

Wenn der **September** (5) noch donnern kann, setzen die Bäume viele Blüten an.
Bauernregel

Sesam, öffne dich!
Zauberformel aus »Tausendundeine Nacht«

Sex-Appeal ist das, was Männer nur mit den Händen beschreiben können.
USCHI GLAS

Sieben auf einen Streich.
Märchen »Das tapfere Schneiderlein« der GEBRÜDER GRIMM

Sind die **sieben Brüder** (1) naß,

regnet's lang ohne Unterlaß.
Bauernregel für den 27. Juni, den Siebenschläfertag

Wie's Wetter am **Siebenbrüdertag** (2), es sieben Wochen bleiben mag.
Bauernregel für den 27. Juni und 10. Juli

Sich selbst besiegen, ist der schönste **Sieg**.
FRIEDRICH V. LOGAU

Jemandem Brief und **Siegel** geben.
Sprichwörtl. Redensart; Sinn: man ist von einer Sache fest überzeugt

In diesem Zeichen wirst du **siegen** (1)!
EUSEBIUS, »Biographie Kaiser Konstantins«; der Kaiser soll seinen Sieg an der Milvischen Brücke 312 dem Kreuz verdankt haben und ließ sich daraufhin taufen; lat.: *in hoc signo vinces!*

Nun **siegt** (2) mal schön!
THEODOR HEUSS bei einem Bundeswehrmanöver, 1957

Was kann der **Sigismund** dafür, daß er so schön ist?
Aus der Operette »Im weißen Rößl«; Text von ROBERT GILBERT; Musik von RALPH BENATZKY

Völker, hört die **Signale**! Auf zum letzten Gefecht!
Lied »Die Internationale« von 1871; franz. Text von E. POTTIER, dt. von E. LUCKHARDT; Musik von P. CH. DE GEYTER

Das ist ein **Silberstreif** am Horizont.
Sprichwörtl. Redensart; nach GUSTAV STRESEMANN, 1924; Sinn: man hat neue Hoffnung

Zu **Silvester** (1) ein gutes Gewissen ist besser als Punsch und gute Bissen. Bauernweisheit

Wind in **Silvesters** (2) Nacht hat nie Korn und Wein gebracht.
Bauernregel für die Nacht vom 31. Dezember zum 1. Januar

Simon und Juda, die zwei, führen oft den Schnee herbei.
Bauernregel für den 28. Oktober

Wo man **singt**, da laß dich ruhig nieder; böse Menschen haben keine Lieder.
Sprichwort; nach Joh. Gottfried Seume, »Die Gesänge«; eigentlich: ... *Bösewichter haben keine Lieder*.

Die **Sinne** trügen nicht, aber das Urteil trügt.
Joh. Wolfgang v. Goethe, »Maximen und Reflexionen«

Nach uns die **Sintflut**!
Jeanne Antoinette de Pompadour, daraus Sprichwort; franz.: *après nous le déluge!*

Das ist eine **Sisyphusarbeit**.
Sprichwörtlich für fast unbezwingbare Arbeit; nach der griech. Sage, wonach Sisyphus im Hades [der Unterwelt] einen Marmorblock einen Hang hinaufrollen mußte, der aber, kaum angekommen, jedesmal wieder hinunterrollte

Böse Beispiele verderben gute **Sitten** (1). Sprichwort

Die **Sitten** (2) wechseln mit der Zeit.
Christoph Martin Wieland

Ländlich – **sittlich**.
Redensart für: es geht recht einfach zu

Jemand hat kein **Sitzfleisch**.
Sprichwörtl. Redensart für Unruhe, mangelnde Ausdauer

Skepsis ist der erste Schritt auf dem Wege zur Philosophie.
Denis Diderot

Lieber tot als **Sklav'** (1).
Nach Detlev v. Liliencron, »Pidder Lüng«

Ich bin es müde, über **Sklaven** (2) zu herrschen.
Friedrich der Grosse, 1785

Vor dem **Sklaven** (3), wenn er die Ketten bricht, vor dem freien Menschen erzittert nicht.
Friedrich v. Schiller, »Worte des Glaubens«

Zur **Sklaverei** gewöhnt der Mensch sich gut und lernt leicht gehorchen, wenn man ihn der Freiheit ganz beraubt.
Joh. Wolfgang v. Goethe, »Iphigenie auf Tauris«

Mich plagen keine **Skrupel** noch Zweifel, fürchte mich weder vor Hölle noch Teufel.
Joh. Wolfgang v. Goethe, »Faust«

Eine **Skulptur** muß immer voller Leben sein, das ist mein Ziel. Henry Moore

Ein **Snob** ist (1) ein Mensch, für den das Beste gerade schlecht genug ist.
Martin Held

Snob (2): ein Mann, der sich, wenn er ein Buch lesen will, selbst eins schreibt.
Robert Lembke

Sodom und Gomorrha.
Sprichwörtl. Redensart für Orte großer Unordnung, vor allem in sittlicher Hinsicht; nach der Bibel, 1. Moses 19,24 u. a.

Wir heften uns an seine **Sohlen**, das finstere Geschlecht der Nacht.
FRIEDRICH V. SCHILLER, »Die Kraniche des Ibykus«

Der verlorene **Sohn** (1).
Sprichwörtl.; nach der Bibel, Lukas 15, 11–32

Dies ist mein lieber **Sohn** (2), an dem ich Wohlgefallen habe.
Bibel, Matthäus 3,17

Es steht ein **Soldat** am Wolgastrand.
Aus der Operette »Der Zarewitsch«; Musik von FRANZ LÉHAR

Sommer ist bei uns nur ein grün angestrichener Winter.
HEINRICH HEINE

Die **Sonne** (1) bringt es an den Tag.
Sprichwort; nach der gleichnamigen Ballade von ADELBERT V. CHAMISSO

Die **Sonne** (2) ist die Universalarznei aus der Himmelsapotheke. AUGUST V. KOTZEBUE

Die **Sonne** (3) scheint über Gerechte und Ungerechte.
Bibel, Matthäus 5,45; neue Übersetzung: *... über Böse und Gute.*

Es leuchtet die **Sonne** (4) über Bös' und Gute, und dem Verbrecher glänzen wie dem Besten der Mond und die Sterne.
JOH. WOLFGANG V. GOETHE

Geh mir aus der **Sonne** (5)!
DIOGENES zu Kaiser Alexander dem Großen auf dessen Frage, was er sich von ihm wünsche

Hab' **Sonne** (6) im Herzen.
Gedicht von CAESAR FLAISCHLEN

Sonne (7), stehe still zu Gibeon und Mond im Tale Ajalon.
Bibel, Josua 10,12

Und die **Sonne** (8) Homers, siehe, sie lächelt auch uns.
FRIEDRICH V. SCHILLER, »Der Spaziergang«

Die Sonne schien ihm aufs Gehirn, da nahm er seinen **Sonnenschirm**.
HEINRICH HOFFMANN, »Der Struwwelpeter«

Mach es wie die **Sonnenuhr**: zähl die heitern Stunden nur!
Inschrift auf vielen Sonnenuhren

Alle Tage ist kein **Sonntag** (1).
Volksstück von C. CLEWING

Sonntags (2) nie!
Griech. Film von 1959 mit Melina Mercouri; daraus sprichwörtl. Redensart

Vor Nachtfrost bis du sicher nicht, bevor **Sophie** vorüber ist. Bauernregel für den 15. Mai

Man schafft so gern sich **Sorg'** (1) und Müh', sucht Arbeit auf und findet sie.
Tischlied »Freut euch des Lebens« von JOH. MARTIN USTERI; daraus sprichwörtlich

All eure **Sorge** (2) werfet auf ihn.
Bibel, 1. Petrus 5,7; gemeint ist Gott

Die **Sorge** (3) geziemt dem Alter, damit die Jugend eine Zeitlang sorglos sein könne.
JOH. WOLFGANG V. GOETHE, »Wilhelm Meisters Lehrjahre«

Die **Sorge** (4), sie schleicht sich durchs Schlüsselloch ein.
JOH. WOLFGANG V. GOETHE, »Faust«

Hast du die **Sorge** (5) nie gekannt?
JOH. WOLFGANG V. GOETHE, »Faust«

Martha, du hast viel **Sorge** (6) und Mühe.   Bibel, Lukas 10,11

Sorge (7) macht alt vor der Zeit.   Bibel, Jesus Sirach 30,26

Wenn wir nur etwas, das uns **Sorge** (8) macht, aus unserer Gegenwart verbannen, da glauben wir schon, nun sei es abgetan.
JOH. WOLFGANG V. GOETHE, »Wahlverwandtschaften«

Zu den höchsten Matten, unters stillste Dach wandelt wie der Schatten dir die **Sorge** (9) nach.   FRIEDRICH V. LOGAU

Alle **Sorgen** (1) nur auf morgen! Sorgen sind für morgen gut!
JOH. WOLFGANG V. GOETHE, »Jery und Bätely«

Auf, auf! Gib deinem Schmerz und **Sorgen** (2) gute Nacht!
PAUL GERHARDT, Geistliche Andachten

Borgen macht **Sorgen** (3).
Sprichwort

Es ist umsonst, daß ihr früh aufsteht und hernach lange sitzt und esset euer Brot mit **Sorgen** (4), denn den Seinen gibt's der Herr im Schlaf.
Bibel, Psalm 127,2

In eignen kleinen **Sorgen** (5) und Interessen zerstört sich der gemeine Geist.
FRIEDRICH V. SCHILLER, »Die Piccolomini«

Kleine **Sorgen** (6) machen viele Worte, große sind stumm.
Sprichwort

Mit **Sorgen** (7) und mit Grämen und mit selbsteigner Pein läßt Gott sich gar nichts nehmen; es muß erbeten sein.
PAUL GERHARDT, »Befiehl du deine Wege«

Weichet, **Sorgen** (8), von mir! Doch ach, den sterblichen Menschen läßt die Sorge nicht los, eh' ihn das Leben verläßt.
JOH. WOLFGANG V. GOETHE, »Süße Sorgen«

Es gibt in der **Sowjetunion** noch genug Manilotschina – wie beim Gutsbesitzer Manilow in Gogols »Tote Seelen«: schöne Worte, alle möglichen Ideen, aber nichts dahinter.
MICHAIL GORBATSCHOW

Der **Sozialismus** (1) ist die zu Ende gedachte Herdentiermoral.   FRIEDRICH NIETZSCHE

Dem Kapitalismus wohnt ein Laster inne: die ungleichmäßige Verteilung der Güter; dem **Sozialismus** (2) hingegen wohnt eine Tugend inne: die gleichmäßige Verteilung des Elends. WINSTON CHURCHILL

Das einzige, was **Sozialisten** von der Wirtschaft verstehen, ist, wie man an das Geld anderer Leute herankommt.
KONRAD ADENAUER

Ich bin der Rettungssanitäter des **Sozialstaates** und nicht sein Verhinderer.
NORBERT BLÜM, 1985

Soziologie ist der Mißbrauch einer zu diesem Zwecke erfundenen Terminologie.
KURT TUCHOLSKY

Fern im Süd' das schöne **Spanien**.
EMANUEL GEIBEL, »Der Zigeunerbube«

Stolz wie ein **Spanier**.
Sprichwörtl. Redensart; nach FRIEDRICH V. SCHILLER, »Don Carlos«; eigentlich: *stolz will ich den Spanier.*

Das kommt mir **spanisch** vor!
Sprichwörtl. Redensart; aus der Zeit Kaiser Karl V., der als Katholik und Spanier vor allem bei deutschen Protestanten im 16. Jh. unbeliebt war; Sinn: etwas erscheint merkwürdig oder verdächtig

Spare in der Zeit, dann hast du in der Not.
Sprichwort; im Volksmund oft: *Spare in der Not, dann hast du Zeit dazu!*

Wanderer, kommst du nach **Sparta,** verkündige dorten, du habest uns hier liegen gesehen, wie das Gesetz es befahl.
Inschrift für die bei den Thermo-

pylen gefallenen Spartaner; auch bei FRIEDRICH V. SCHILLER, »Der Spaziergang«; vgl. bei HEINRICH BÖLL, »Wanderer, kommst du nach Spa«

Spät (1) kommt ihr – doch ihr kommt.
FRIEDRICH V. SCHILLER, »Die Piccolomini«; daraus sprichwörtl. Redensart

Wer zu **spät** (2) kommt, den bestraft das Leben.
MICHAIL GORBATSCHOW, 1989

Besser ein **Spatz** (1) in der Hand als eine Taube auf dem Dach. Sprichwort

Die **Spatzen** (2) pfeifen es schon von den Dächern.
Sprichwörtl. Redensart für eine längst bekannte Tatsache

Mit **Speck** fängt man Mäuse.
Sprichwort

Sperenzchen machen.
Sprichwörtl. Redensart; Sinn: man macht Ausflüchte, erweckt Hoffnungen, macht Umstände; vom ital. *speranza* [Hoffnung]

Spezialisten sind Leute, die nur eine Seite auf der Fiedel haben.
HENRY MILLER

Einer **Sphinx** gleichen.
Sprichwörtl. Redensart für jmd., der etwas rätselhaft ist; nach der griech. Sagengestalt, die in Rätseln sprach

Spieglein, Spieglein an der Wand, wer ist die Schönste im ganzen Land?
Aus dem Märchen »Schneewittchen« der GEBRÜDER GRIMM

Hoher Sinn liegt oft im kindischen **Spiel** (1).
FRIEDRICH V. SCHILLER, »Thekla«

Gar schöne **Spiele** (2) spiel' ich mit dir!
JOH. WOLFGANG V. GOETHE, »Der Erlkönig«

Den **Spieß** umdrehen.
Sprichwörtl. Redensart; Sinn: die Rollen vertauschen, jmd. mit seinen eigenen Waffen bedrohen wie im Nahkampf früherer Zeiten

Spinne am Abend: erquickend und labend; Spinne am Morgen: Kummer und Sorgen.
Sprichwort; gemeint sind nicht die Tiere, sondern die Tätigkeit des Spinnens, die am Abend Zeitvertreib bedeutete, aber, bereits am frühen Morgen zum Lebensunterhalt betrieben, auf große Armut hindeutete

Der **Spion**, der aus der Kälte kam.
Roman von JOHN LE CARRÉ

Sie sind der Meinung: das ist **Spitze.**
HANS ROSENTHAL in der Fernsehsendung »Dalli-Dalli« bei besonders gelungenen Darbietungen der Kandidaten; daraus Redensart: *etwas ist Spitze;* Sinn: das ist besonders gut

Den **Splitter** im Auge des anderen sehen, aber nicht den Balken im eigenen.
Sprichwörtl. Redensart, nach der Bibel, Matthäus 7,4-5; Sinn: bei anderen Leuten kleine Fehler sehen, bei sich selbst nicht einmal die großen

Zum **Spott** der Leute werden.
Sprichwörtl. Redensart; nach der Bibel, Psalm 22,7

Auf der Bank der **Spötter** (1) sitzen.
Sprichwörtl. Redensart; nach der Bibel, Psalm 1,1

Viele **Spötter** (2) meinen, reich an Geist zu sein, und sind nur arm an Takt.
GEORG CHRISTOPH LICHTENBERG

Der Geist einer **Sprache** (1) offenbart sich am deutlichsten in ihren unübersetzbaren Worten.
MARIE V. EBNER-ESCHENBACH

Deutsche **Sprache** (2) – schwere Sprache.
Redensart

Die deutsche **Sprache** (3) ist die Orgel unter den Sprachen.
JEAN PAUL, Aphorismen

Die Gewalt einer **Sprache** (4) ist nicht, daß sie das Fremde abweist, sondern daß sie es verschlingt.
JOH. WOLFGANG V. GOETHE, »Maximen und Reflexionen«

Die **Sprache** (5) ist dem Menschen gegeben, um seine Gedanken zu verbergen.
U. a. bei CHARLES-MAURICE DE TALLEYRAND

Die **Sprache** (6) ist die Quelle der Mißverständnisse.
ANTOINE DE SAINT-EXUPÉRY

Die **Sprache** (7) ist gleichsam der Leib des Denkens.
FRIEDRICH HEBBEL

Die Zukunft der **Sprache** (8) ist die Formel.
C. W. CERAM

Mit jeder neu gelernten **Sprache** (9) erwirbst du eine neue Seele. Tschechisches Sprichwort

Solange eine **Sprache** (10) lebendig ist, ist keine Nation tot.
Tschechisches Sprichwort

Stets ist die **Sprache** (11) kekker als die Tat.
FRIEDRICH V. SCHILLER, »Die Piccolomini«

Wann beherrscht du eine fremde **Sprache** (12) wirklich? Wenn du Kreuzworträtsel in ihr lösen kannst.
KURT TUCHOLSKY

Wer fremde **Sprachen** (13) nicht kennt, weiß nichts von seiner eigenen.
JOH. WOLFGANG V. GOETHE, »Maximen und Reflexionen«

Würde Rom vom Spanischen oder Französischen die entliehenen Federn zurückfordern, so müßten diese **Sprachen** (14) wie nackte Krähen dastehen.
JAKOB BALDE

Ich ziehe es vor, miteinander, nicht übereinander zu **sprechen** (1). HELMUT KOHL

Niemals davon **sprechen** (2), immer daran denken.
LÉON GAMBETTA, 1871 über die franz. Niederlage gegen Preußen mit dem Verlust von Elsaß-Lothringen; franz.: *toujours y penser, jamais en parler.*

Am grünen Strand der **Spree.**
Sprichwörtl. Redensart nach einem Marschlied; bekannt auch als Romantitel von HANS SCHOLZ

Die **Spreu** (1) vom Weizen sondern.

Sprichwörtl. Redensart; nach der Bibel, Matthäus 3,12; Sinn: Gutes vom Schlechten unterscheiden

Wie **Spreu** (2), die der Wind verstreut. Bibel, Psalm 1,4

Ein **Sprichwort** (1) ist ein kurzer Satz, der sich auf lange Erfahrung gründet.
MIGUEL DE CERVANTES

Sprichwörter (2) sind der Spiegel der Denkart einer Nation.
JOH. GOTTFRIED HERDER

Sprichwörter (3) sind die Weisheit der Straßen. Sprichwort

Sprichwörter (4) sind ein öffentlicher Unterstützungsverein für Leute ohne eigene Gedanken. WILHELM RAABE

War einst ein junger **Springinsfeld.**
Aus der Oper »Der Waffenschmied« von ALBERT LORTZING; daraus Redensart

Jemandem auf die **Sprünge** (1) helfen.
Sprichwörtl. Redensart; Sinn: jmd. etwas erklären; auch: ihn antreiben

Keine großen **Sprünge** (2) machen können.
Sprichwörtl. Redensart für finanziellen Engpaß

Squash ist eine Sauna, in der man viel rennen muß.
HENRY KISSINGER

Der **Staat** (1) bin ich!
LUDWIG XIV. VON FRANKREICH zugeschrieben; franz.: *l'Etat c'est moi!*

Der **Staat** (2) ist eine Notordnung gegen das Chaos.
GUSTAV HEINEMANN

Staat (3) im Staate.
Redensart aus dem 16. Jh.; heute: das Militär

Woran erkenn' ich den besten **Staat** (4)? Woran du die beste Frau erkennst, – daran, mein Freund, daß man von beiden nicht spricht.
FRIEDRICH V. SCHILLER, »Der beste Staat«

Staatsbürger in Uniform.
Schlagwort über die Bundeswehr; geprägt als Leitbild für die Soldaten der Bundesrepublik

Ein **Staatsmann** (1) ist ein Politiker, der ein Ziel im Auge behält, ohne zu schießen.
GUSTAV STRESEMANN

Ein **Staatsmann** (2) ist ein Politiker, der seit zehn oder fünfzehn Jahren tot ist.
HARRY S. TRUMAN

Ein Vertrauensverhältnis zwischen den **Staatsmännern** (3) verschiedener Länder ist für die Lösung politischer Fragen von größter Bedeutung.
KONRAD ADENAUER

Die Religion kann nie schlimmer sinken, als wenn sie (...) zur **Staatsreligion** erhoben wird.
HEINRICH HEINE

Dieser Republikaner ist hart wie **Stahl**.
FRIEDRICH V. SCHILLER, »Fiesco«; daraus Redensart

An einem alten **Stamme** (1) ist gut ruhn.
Sprichwort; oft ironisch gebraucht für Beziehung einer jüngeren Frau zu einem älteren Mann

O lerne fühlen, welchen **Stammes** (2) du bist!
FRIEDRICH V. SCHILLER, »Wilhelm Tell«

Ich bin der Letzte meines **Stammes** (3).
FRIEDRICH V. SCHILLER, »Wilhelm Tell«

Der **Starke** ist am mächtigsten allein.
FRIEDRICH V. SCHILLER, »Wilhelm Tell«; daraus Redensart

Ein **Starlet** ist eine junge Schauspielerin, deren Talent noch schlummert – meist nicht allein.
ROBERT LEMBKE

Keine bleibende **Stätte** haben.
Sprichwörtl. Redensart; nach der Bibel, Hebräer 13,14: *denn wir haben hier keine bleibende Stätte, sondern die zukünftige suchen wir.*

Den **Staub** (1) von den Füßen schütteln.
Sprichwörtl. Redensart; nach der Bibel, Matthäus 10,14

Sich aus dem **Staube** (2) machen.
Sprichwörtl. Redensart für schnell, heimlich weglaufen

Staunen ist der erste Grund der Philosophie.
ARISTOTELES

Dein **Stecken** und Stab trösten mich.
Bibel, Psalm 23,4

Ein **Steckenpferd** ist das einzige Pferd, welches über jeden Abgrund trägt.
FRIEDRICH HEBBEL

Aus dem **Stegreif** sprechen.
Sprichwörtl. Redensart für etwas, das man ohne Vorbereitung tut; aus der Rittersprache; Sinn: etwas vom Pferd aus tun, ohne aus den Steigbügeln zu steigen

Hier **stehe** ich, ich kann nicht anders, Gott helfe mir. Amen!
MARTIN LUTHER (1521 in Worms) zugeschrieben; obwohl es sicher nicht der echte Wortlaut ist, wurde es zum Zitat

Du sollst nicht **stehlen.**
Bibel, 2. Moses 20,15; 7. Gebot

Ein **Stein** (1) des Anstoßes sein.
Sprichwörtl. Redensart; nach der Bibel, Jesaja 8,14; Petrus 2,8

Steter Tropfen höhlt den **Stein** (2).
Nach OVID, »Briefe aus Pontus«; zum Sprichwort geworden; lat.: *gutta cavat lapidem non vi sed saepe cadendo.*

Windstill muß St. **Stephan** sein, soll der nächste Wein gedeihn.
Bauernregel für den 26. Dezember

Graf! Dieser Mortimer **starb** (1) Euch sehr gelegen!
FRIEDRICH V. SCHILLER, »Maria Stuart«

Ich bin, spricht jener, zu **sterben** (2) bereit und bitte nicht um mein Leben.
FRIEDRICH V. SCHILLER, »Die Bürgschaft«

Man **stirbt** (3) nur einmal und für so lange.
JEAN BAPTISTE MOLIÈRE, »Der Liebesverdruß«

Euch **Sterblichen** zum Glücke verbarg der Götter Schluße die Zukunft eurem Blicke.
CHRISTIAN FÜRCHTEGOTT GELLERT, »Semnon«

Die **Sterne,** die begehrt man nicht.
JOH. WOLFGANG V. GOETHE, »Trost in Tränen«

Wie der **Sternenhimmel** bin ich still und bewegt.
FRIEDRICH HÖLDERLIN, »Hyperion«

Weißt du wieviel **Sternlein** stehen an dem blauen Himmelszelt?
Gleichnamiges Lied von JOH. WILHELM HEY

Sternstunden der Menschheit.
Essayband von STEFAN ZWEIG; daraus Redensart für besondere Ereignisse

Steuermann, laß die Wacht! Steuermann, her zu uns!
Aus der Oper »Der fliegende Holländer« von RICHARD WAGNER

Den **Stier** bei den Hörnern packen.
Sprichwörtl. Redensart; Sinn: mutig an eine Sache herangehen

Stille (1) Wasser sind tief.
Sprichwort; oft ergänzt: ... *und schmutzig.*

Die **Stillen** (2) im Lande.
Sprichwörtl. Redensart; nach der Bibel, Psalm 35,20

Nimm dich vor der Heuchelei der **stillen** (3) Leute in acht! Am tiefsten ist der Fluß, der keine Geräusche macht.

MARTIN OPITZ, Epigramme

Die größte Offenbarung ist die **Stille** (1). LAOTSE

Wohl, wer auf rechter Spur sich in der **Stille** (2) siedelt; im Offnen tanzt sich's nur, solang' Fortuna fiedelt.

JOH. WOLFGANG V. GOETHE, »Zahme Xenien«

Die **Stimme** (1) seines Herrn.
Redensart nach einem Werbeslogan der Grammophongesellschaft Electrola von 1899

Stimme (2) eines Rufers in der Wüste.
Sprichwörtl. Redensart; nach der Bibel, Matthäus 3,3

Eine eherne **Stirn** (1) haben.
Sprichwörtl. Redensart; nach der Bibel, Jesaja 48,4

Von der **Stirne** (2) heiß rinnen muß der Schweiß, soll das Werk den Meister loben.
FRIEDRICH V. SCHILLER, »Die Glocke«

Mich schuf aus gröberm **Stoffe** die Natur.
FRIEDRICH V. SCHILLER, »Wallensteins Tod«

Dummheit und **Stolz** (1) wachsen auf gleichem Holz.
Sprichwort

Stolz (2), unverzeihlicher Stolz!
GOTTHOLD EPHRAIM LESSING, »Minna von Barnhelm«

Strafe muß sein! Sprichwort

Am grauen **Strand,** am grauen Meer.
THEODOR STORM, »Die Stadt«; gemeint: Husum

Wenn alle **Stränge** reißen.
Sprichwörtl. Redensart aus der Sprache der Fuhrleute; Sinn: als letzter Ausweg

Jeder Teilnehmer am öffentlichen **Straßenverkehr** hat sich so zu verhalten, daß kein anderer gefährdet, geschädigt oder mehr als nach den Umständen unvermeidbar, behindert oder belästigt wird.
§ 1 der Straßenverkehrsordnung der Bundesrepublik Deutschland

Strategie ist die Wissenschaft des Gebrauchs von Zeit und Raum.
AUGUST NEIDHARDT V. GNEISENAU

Ein **Sträußchen** am Hute, den Stab in der Hand.
KONRAD ROTTER, »Wanderers Unglück«

Dieses war der erste **Streich** (1), doch der zweite folgt sogleich.
WILHELM BUSCH, »Max und Moritz«

Du mußt den **Streich** (2) erleiden oder führen.
FRIEDRICH V. SCHILLER, »Maria Stuart«

Nur keinen **Streit** vermeiden!
Redensart

Wenn zwei sich **streiten,** freut sich der Dritte. Sprichwort

Mit drakonischer **Strenge**.
Sprichwörtl. Redensart, die auf die
Gesetzgebung des Atheners DRA-
KON (um 621 v.Chr.) zurückgeht

Streß ist der Bazillus, der von
Unsicheren in leitender Stellung auf die Mitarbeiter übertragen wird.
　　　　　　　OLIVER HASSENCAMP

Die **Streusandbüchse** des Heiligen Römischen Reiches Deutscher Nation.
Beiname für die Mark Brandenburg

Das geht einem gegen den
Strich.
Sprichwörtl. Redensart; Sinn: et-
was paßt einem nicht, so wie eine
Katze nicht gegen den Strich ge-
streichelt werden mag

Striptease bedeutet Modellste-
hen für Leute, die keine Maler
sind. 　　　　　　　JERRY LEWIS

Der Ertrinkende klammert sich
auch an einen **Strohhalm.**
　　　　　　　　　　　Sprichwort

Gegen den **Strom** (1) schwimmen.
Sprichwörtl. Redensart; nach der
Bibel, Jesus Sirach 4,31; Sinn: sich
nicht anpassen

Man muß gegen den **Strom** (2)
schwimmen, um an die Quelle
zu gelangen.
　　　　　Chinesisches Sprichwort

Als wär's ein **Stück** von mir.
LUDWIG UHLAND, »Ich hatt' einen
Kameraden«; Titel der Autobio-
graphie von CARL ZUCKMAYER

Zwischen zwei **Stühlen** sitzen.
Sprichwörtl. Redensart; Sinn: man

kann sich zwischen zwei Dingen
nicht entscheiden, und läuft daher
Gefahr, keines zu erhalten

Die **Stunde** (1) drängt, und ra-
scher Tat bedarf's.
FRIEDRICH V. SCHILLER, »Wilhelm
Tell«

Meine **Stunde** (2) ist noch nicht
gekommen.
Bibel, Evangelium des Johannes
2,4

Das letzte **Stündlein** (3) hat geschlagen. Sprichwörtl. Redensart

Sturm (1) im Wasserglas.
Sprichwörtl. Redensart für einen
Wirbel um kleine Dinge; nach
CHARLES-LOUIS MONTESQUIEU;
ähnlich schon bei CICERO; franz.:
une tempête dans un verre d'eau

Sturm (2) und Drang.
Bezeichnung einer literarischen
Epoche Ende des 18. Jh.; nach
gleichnamigem Drama von FRIED-
RICH MAXIMILIAN KLINGER

Stützen der Gesellschaft.
Sprichwörtl. Redensart; nach
gleichnamigem Schauspiel von
HENRIK IBSEN

Nach **Süden** nun sich lenken
die Vöglein allzumal.
JOSEPH V. EICHENDORFF, »Wanderlied«; Lied der Prager Studenten

Wer unter euch ohne **Sünde**
(1) ist, der werfe den ersten
Stein.
Bibel, Evangelium des Johannes
8,7

Wir erschrecken über unsere
eigenen **Sünden** (2), wenn wir
sie an anderen erblicken.
　　　　JOH. WOLFGANG V. GOETHE

Sündenbabel.
Sprichwörtlich für Orte des Lasters; dem Untergang geweiht, wie die Stadt *Babel* in der Bibel, Jeremias 51 u. a.

Ein Sündenbock sein.
Sprichwörtl. Redensart; nach der Bibel, 3. Moses 16; Sinn: statt eines anderen beschuldigt werden

Gott sei mir **Sünder** (1) gnädig!
Bibel, Lukas 18,13

Jemand ist ein alter **Sünder** (2).
Sprichwörtl. Redensart; nach der Bibel, Jesaja 65,20

Wir sind allzumal **Sünder** (3).
Sprichwort; nach der Bibel, Römer 3,23

Die **Szene** wird zum Tribunal.
FRIEDRICH V. SCHILLER, »Die Kraniche des Ibykus«

Ehe man **tadelt,** sollte man immer erst versuchen, ob man nicht enschuldigen kann.
GEORG CHRISTOPH LICHTENBERG

Die **Tafel** (1) aufheben.
Sprichwörtl. Redensart für Beendigung der Mahlzeit; nach altem Brauch trug man die abnehmbare Tischplatte nach jedem Gang fort, belud sie neu und brachte sie am Ende der Mahlzeit endgültig fort

Die **Tafel** (2) ist der einzige Ort, wo man sich nicht schon in der ersten Stunde langweilt.
JEAN BRILLAT-SAVARIN, »Die Physiologie des Geschmacks«

Die **Tafelrunde** (1) ist entehrt, wenn ihr ein Falscher angehört.
WOLFRAM V. ESCHENBACH, »Parsival«

König Artus' **Tafelrunde** (2).
Sagenhafte Versammlung der Ritter um den britannischen König Artus

Da ward aus Abend und Morgen der erste **Tag** (1).
Bibel, 1. Moses 1,5

Das ist der **Tag** (2) des Herrn.
LUDWIG UHLAND, »Schäfers Sonntagslied«

Den gestrigen **Tag** (3) suchen.
Sprichwörtl. Redensart; Sinn: vergeblich Mühe aufwenden

Der **Tag** (4) ist eine Miniaturewigkeit.
RALPH WALDO EMERSON

Dies ist der **Tag** (5), den Gott gemacht.
CHRISTIAN FÜRCHTEGOTT GELLERT, »Weihnachtslied«

Jeder **Tag** (6) hat seine Plage, und die Nacht hat ihre Lust.
JOH. WOLFGANG V. GOETHE, »Wilhelm Meisters Lehrjahre«; Philine

Man soll den **Tag** (7) nicht vor dem Abend loben.   Sprichwort

O hätt' ich nimmer diesen **Tag** (8) gesehn!
FRIEDRICH V. SCHILLER, »Wallensteins Tod«

Und so fliehen meine **Tage** (9), wie die Quelle, rastlos hin.
FRIEDRICH V. SCHILLER, »Der Jüngling am Bache«

Alles in der Welt läßt sich ertragen, nur nicht eine Reihe von guten **Tagen** (10).
JOH. WOLFGANG V. GOETHE, »Sprüche in Reimen«

Herrlichen **Tagen** (11) führe ich euch entgegen!
KAISER WILHELM II., 1892

Zur **Tagesordnung,** weiter!
FRIEDRICH V. SCHILLER, »Wilhelm Tell«

Takt (1) ist das Wissen, wie weit man zu weit gehen darf.
JEAN COCTEAU

Takt (2) ist die Fähigkeit, andere so darzustellen, wie sie sich selbst gern sehen.
ABRAHAM LINCOLN

Takt (3) ist die Fähigkeit, einem anderen auf die Beine zu helfen, ohne ihm auf die Zehen zu treten.   CURT GOETZ

Takt (4) ist eine Geschicklichkeit, die den Menschen besser als Talent und Wissen über alle Schwierigkeiten fortführt.
        SAMUEL SMILES

Taktlosigkeit (1) ist der Entschluß, etwas zu sagen, das alle denken.   OSCAR WILDE

Taktlosigkeit (2) ist der lästigste und widerwärtigste der menschlichen Fehler.
       ANSELM FEUERBACH

Und ob ich schon wanderte im finstern **Tal** (1), fürcht' ich kein Unglück.   Bibel, Psalm 23,4

O **Täler** (2) weit, o Höhen, o schöner grüner Wald.
JOSEPH V. EICHENDORFF, »Abschied vom Walde«

Andere kommen und gehen, es werden dir andere gefallen: selbst dem großen **Talent** (1) drängt sich ein größeres nach.
JOH. WOLFGANG V. GOETHE, »Euphrosyne«

Da sitzt er nu mit das **Talent** (2) und kann es nicht verwerten.
DAVID KALISCH, »Berlin bei Nacht«

Darf sich ein **Talent** (3) die Freiheit nehmen, die sich das Genie nimmt? Ja, aber jenes verunglückt, wo dieses triumphiert.
ROBERT SCHUMANN, »Musik und Musiker«

Das **Talent** (4) arbeitet, das Genie schafft.
ROBERT SCHUMANN, »Musik und Musiker«

Das **Talent** (5) hat darin immer einen Vorsprung vor dem Genie, daß jenes andauert, dieses oft verpufft.   KARL GUTZKOW

Das **Talent** (6) ist freilich nicht erblich, allein es will eine tüchtige physische Unterlage.
JOH. PETER ECKERMANN, »Gespräche mit Goethe«

Es bildet ein **Talent** (7) sich in der Stille, sich ein Charakter in dem Strom der Welt.
JOH. WOLFGANG V. GOETHE, »Torquato Tasso«

Habe **Talent** (8), mein Lieber, dann schreibe, was du willst!
       FRANZ GRILLPARZER

Talent (9) ist das, was in eines Menschen Macht steht; Genius, in wessen Macht der Mensch steht.   JAMES R. LOWELL

Talent (10) ist oft ein Charakterdefekt.   KARL KRAUS

Bescheidenes Mißtrauen zu sich selbst ist zwar immer das Kennzeichen des wahren **Talents** (11), aber auch der Mut steht ihm gut an.
FRIEDRICH V. SCHILLER, Prosaische Schriften

Was die Epoche besitzt, das verkünden hundert **Talente** (12), aber der Genius bringt ahnend hervor, was ihr fehlt.
EMANUEL GEIBEL, »Ethisches und Ästhetisches in Distichen«

Tand, Tand ist das Gebilde von Menschenhand.
THEODOR FONTANE, »Die Brücke am Tay«

Es grüne die **Tanne,** es wachse das Erz, Gott schenke uns allen ein fröhliches Herz.
Harzer Spruch

O **Tannebaum,** o Tannebaum, wie grün sind deine Blätter.
AUGUST ZARNACK, Weihnachtslied; eigentlich: *wie treu sind . . .*

Tantalusqualen erleiden.
Sprichwörtl. Redensart für unnennbare Qualen; nach der griech. Sage von Tantalus, der in der Unterwelt Hunger und Durst leiden muß, obwohl Essen und Trinken in scheinbar erreichbarer Nähe sind

Etwas aufs **Tapet** bringen.
Sprichwörtl. Redensart; nach alter Bezeichnung für die Bezüge und Decken auf den Tischen, an denen man verhandelte; Sinn: einen Vorschlag machen, d. h. ihn auf den Tisch legen

Das bessere Teil der **Tapferkeit** (1) ist Vorsicht.
WILLIAM SHAKESPEARE, »Heinrich IV.«

Tapferkeit (2) ist stets ein Widerspruch in sich. Sie ist der mächtige Wille, am Leben zu bleiben, in der Bereitschaft, zu sterben.
GILBERT KEITH CHESTERTON

Wie von der **Tarantel** gestochen.

Sprichwörtl. Redensart für: einen großen Schrecken bekommen und plötzlich aufspringen, wie jmd., der von dieser Spinne angefallen wird

Auf frischer **Tat** (1) ertappen.
Sprichwörtl. Redensart aus dem Rechtswesen, dem »Codex Iustinianus« des 6. Jhs.; lat.: *in flagranti crimine comprehens;* daraus Redensart: *in flagranti*

Der Ausgang gibt den **Taten** (2) ihre Titel.
JOH. WOLFGANG V. GOETHE, »Die Vögel«

Er, der die größten **Taten** (3) läßt vollbringen, legt oft in schwache Hände das Gelingen.
WILLIAM SHAKESPEARE, »Ende gut – alles gut«; *er,* gemeint ist Gott

Mit **Taten** (4) sei ein Leben gefüllt, nicht mit untätigen Jahren.
OVID

Taten (5) sind Früchte, Worte nur Blätter.
Griechisches Sprichwort

Seid aber **Täter** des Worts und nicht Hörer allein.
Bibel, Jakobus 1,22

Tätigkeit ist das Salz des Lebens.
Sprichwort

Gebratene **Tauben** fliegen einem nirgends ins Maul.
SEBASTIAN BRANT, »Das Narrenschiff«; auch bei HANS SACHS; daraus Redensart

Es geht zu wie in einem **Taubenschlag.**
Sprichwörtl. Redensart; Sinn: es ist laut und unruhig, weil so viele Menschen ein- und ausgehen

Darum gehet hin und lehret alle Völker und **taufet** sie auf den Namen des Vaters und des Sohnes und des Heiligen Geistes.　Bibel, Matthäus 28,19

Aus dem Leben eines **Taugenichts.**
Novelle von JOSEPH V. EICHENDORFF

Der Glaube an die allein seligmachende **Technik** müßte unterdrückt, das Streben nach Wahrhaftigkeit gefördert werden.　ARNOLD SCHÖNBERG

Teile und herrsche!
Antiker Wahlspruch; nach HEINRICH HEINE; bereits von PHILIPP VON MAKEDONIEN gebraucht; bekannt durch LUDWIG XI. VON FRANKREICH; lat.: *divide et impera!*

Teilnahme ist der goldene Schlüssel, der die Herzen anderer öffnet.　SAMUEL SMILES

Das ist **Tells** Geschoß!
FRIEDRICH V. SCHILLER, »Wilhelm Tell«

Und trieb sie alle zum **Tempel** hinaus.
Bibel, Matthäus 21,12; Markus 11,15; Lukas 19,45; Evangelium des Johannes 2,15

Bedenkt, der **Teufel** (1), der ist alt, so werdet alt, ihn zu verstehn.
JOH. WOLFGANG V. GOETHE, »Faust«

Den **Teufel** (2) nicht an die Wand malen!
Sprichwörtl. Redensart; Sinn: etwas Böses heraufbeschwören; nach

alter Vorstellung erscheint der Teufel, wenn man von ihm spricht oder sein Bild malt

Denn, wenn es keine Hexen gäbe, wer, Teufel, möchte **Teufel** (3) sein?
JOH. WOLFGANG V. GOETHE, »Faust«

Der **Teufel** (4) ist los.
Sprichwörtl. Redensart; nach der Bibel, Offenbarung des Johannes 20,7; Sinn: es herrscht große Unruhe

Der **Teufel** (5) stellt dir nächstens doch ein Bein.
JOH. WOLFGANG V. GOETHE, »Faust«

Gibt man dem **Teufel** (6) den kleinen Finger, so nimmt er die ganze Hand.　Sprichwort

Und wenn die Welt voll **Teufel** (7) wär!
MARTIN LUTHER, »Ein feste Burg«

Verflucht, wer mit dem **Teufel** (8) spielt.
FRIEDRICH V. SCHILLER, »Wallensteins Tod«

Was willst du, armer **Teufel** (9), geben?
JOH. WOLFGANG V. GOETHE, »Faust«

Wenn man vom **Teufel** (10) spricht, ist er nicht weit.
Sprichwort

Zum **Teufel** (11) erst das Instrument! Zum Teufel hinterdrein den Sänger!
JOH. WOLFGANG V. GOETHE, »Faust«

In **Teufels** (12) Küche geraten.
Sprichwörtl. Redensart; Sinn: sich in eine gefährliche Lage bringen

Es sind in Deutschland die **Theologen,** die dem lieben Gott ein Ende machen.
HEINRICH HEINE, »Religion und Philosophie«

Die **Theorie** (1) sollte nicht vergessen, daß sie nichts weiter ist als angewandte Praxis.
GABRIEL LAUB

Die **Theorie** (2) träumt, die Praxis belehrt.
KARL V. HOLTEI, »Eine alte Jungfer«

Grau ist alle **Theorie** (3).
Sprichwörtlich nach JOH. WOLFGANG V. GOETHE, »Faust«: *grau, teurer Freund, ist alle Theorie und grün des Lebens goldener Baum.*

Hältst du für so lang das Leben, daß bis ans Grab du **Theorien** (4) studierst?
EMERICH MADACH, »Die Tragödie des Menschen«

Wenn St. **Thomas** dunkel war, gibt's ein schönes neues Jahr.
Bauernregel für den 21. Dezember

Ein **Thron** (1) ist nur ein mit Samt garniertes Brett.
NAPOLEON I.

Thron (2) und Altar.
Nach FRANÇOIS-MARIE VOLTAIRE

Auch auf **Thronen** (3) kennt man häusliches Glück.
KÖNIGIN LUISE VON PREUSSEN

Das läßt **tief** blicken.
Sprichwörtl. Redensart; nach einer Reichstagsrede des Abgeordneten A. SABOR, 1884

Ja, so sind sie! Schreckt sie alles gleich, was eine **Tiefe** (1) hat; ist ihnen nirgends wohl, als wo's recht flach ist.
FRIEDRICH V. SCHILLER, »Die Piccolomini«

Was die heulende **Tiefe** (2) da unten verhehle, das erzählt keine lebende glückliche Seele.
FRIEDRICH V. SCHILLER, »Der Taucher«

Das **Tiefste** hat das kleinste Publikum. THEODOR FONTANE

Der Mensch ist ein geselliges **Tier.**
ARISTOTELES; griech.: *zoon politicon*

Jedem **Tierchen** sein Pläsierchen. Sprichwort

Nicht jeder, der seiner Frau einen Nerz verweigert, ist ein **Tierschützer.** CHRIS HOWLAND

Die **Tinte** (1) hat uns wohl gelehrt; doch ärgert sie, wo sie nicht hingehört. Geschrieben Wort ist Perlen gleich; ein Tintenklecks ein böser Streich.
JOH. WOLFGANG V. GOETHE

In der **Tinte** (2) sitzen.
Sprichwörtlich für schlimme Lage

Ade, mein Land **Tirol**!
JULIUS MOSEN, »Andreas Hofer«

Bei **Tisch** (1) soll man keines Haders gedenken. Sprichwort

Dies Geschlecht kann sich nicht anders freun als bei **Tisch** (2).
FRIEDRICH V. SCHILLER, »Wallensteins Tod«

Reinen **Tisch** (3) machen.
Sprichwörtl. Redensart; Sinn: mit etwas aufräumen

Vor **Tische** (4) las man's anders.
FRIEDRICH V. SCHILLER, »Die Piccolomini«

Tischlein (5) deck dich, Esel streck dich, Knüppel aus dem Sack.
Märchen der GEBRÜDER GRIMM

Das **Tischtuch** zerschneiden.
Sprichwörtl. Redensart; Sinn: eine Beziehung abbrechen; nach altem Rechtsbrauch bei Ehescheidung

Das ist starker **Tobak**!
Sprichwörtl. Redensart; Sinn: das ist unerhört

Unter den **Töchtern** des Landes Umschau halten.
Redensart; nach der Bibel, 1. Moses 34,1

Arm oder reich, der **Tod** (1) macht alle gleich.   Sprichwort

Das Leben ist nur ein Moment, der **Tod** (2) ist auch nur einer.
FRIEDRICH V. SCHILLER, »Maria Stuart«

Der **Tod** (3) ist der Preis des Lebens.   JEAN GIRAUDOUX

Der **Tod** (4) ist die Ruhe, aber der Gedanke an den Tod ist der Störer jeglicher Ruhe.
CESARE PAVESE

Der **Tod** (5) ist kein Schnitter, der Mittagsruhe hält.
MIGUEL DE CERVANTES, »Don Quijote«

Ein allgemeines Übel ist der **Tod** (6).
JOH. WOLFGANG V. GOETHE, »Die natürliche Tochter«

Ein ewig Rätsel ist das Leben, und ein Geheimnis bleibt der **Tod** (7).   EMANUEL GEIBEL

Ein mächtiger Vermittler ist der **Tod** (8).
FRIEDRICH V. SCHILLER, »Die Braut von Messina«

Es ist ein Schnitter, der heißt **Tod** (9).   Kirchenlied

Rasch tritt der **Tod** (10) den Menschen an.
FRIEDRICH V. SCHILLER, »Wilhelm Tell«

Tod (11), wo ist dein Stachel? Hölle, wo ist dein Sieg?
Bibel, 1. Korinther 15,55

Wohltätig, heilend naht mir der **Tod** (12), der ernste Freund.
FRIEDRICH V. SCHILLER, »Maria Stuart«

Der Geschmack des **Todes** (13) ist auf meiner Zunge, ich fühle etwas, das nicht von dieser Welt ist.
Letzte Worte von WOLFGANG AMADEUS MOZART am 5. Dezember 1791

Wir sind alle des **Todes** (14).
Bibel, 2. Moses 12,33

Hier herrscht ein großes **Tohuwabohu**.
Sprichwörtl. Redensart für große Unordnung; nach der Bibel, 1. Moses 1,2; hebr. [wüst, leer]

Toleranz (1) ist die Eigenschaft, die dem Reichen zu erklären erlaubt, Armut sei keine Schande.   ROBERT LEMBKE

Toleranz (2) ist ein anderes Wort für Gleichgültigkeit.
WILLIAM SOMERSET MAUGHAM

Toleranz (3) ist gut, aber nicht gegenüber den Intoleranten.
WILHELM BUSCH; ähnlich KARL JASPERS

Toleranz (4) sollte eigentlich nur eine vorübergehende Gesinnung sein; sie muß zur Anerkennung führen. Dulden heißt beleidigen.
JOH. WOLFGANG V. GOETHE, »Maximen und Reflexionen«

Ist dies schon **Tollheit,** hat es doch Methode!
WILLIAM SHAKESPEARE, »Hamlet«

Der **Ton** macht die Musik.
Sprichwort

Da steh' ich nun, ich armer **Tor** (1), und bin so klug als wie zuvor.
JOH. WOLFGANG V. GOETHE, »Faust«

Ein **Tor** (2) findet allemal noch einen größeren Toren, der seinen Wert zu schätzen weiß.
CHRISTIAN FÜRCHTEGOTT GELLERT

Ein **Tor** (3) ist immer willig, wenn eine Törin will.
HEINRICH HEINE, »Heimkehr«

Toren (4) und gescheite Leute sind gleich unschädlich. Nur die Halbnarren und Halbweisen, das sind die gefährlichsten.
JOH. WOLFGANG V. GOETHE, »Maximen und Reflexionen«

Die **Torheiten** (1) der Väter sind für ihre Kinder verloren. Jede Generation muß ihre eigenen begehen.
FRIEDRICH DER GROSSE, »Die Geschichte des Siebenjährigen Krieges«

Unter allen **Torheiten** (2), die ein Mädchen begeht, ist immer ihre erste Liebe eine der größten.   AUGUST V. KOTZEBUE

Kurz vor **Toresschluß.**
Sprichwörtl. Redensart für ganz zuletzt; in alten Zeiten schloß man abends die Stadttore zu

Nur der ist wirklich **tot,** der keinen guten Namen hinterläßt.   Persisches Sprichwort

Ach, wie glücklich sind die **Toten** (1).
FRIEDRICH V. SCHILLER, »Das Siegesfest«

Laß die **Toten** (2) ihre Toten begraben!
Bibel, Matthäus 8,22; Lukas 9,60

Über die **Toten** (3) rede man nur Gutes.
Lat. Grabspruch; lat.: *de mortuis nil nisi bene;* im Berliner Volksmund fortgesetzt: ... *von den Toten sieht man nichts mehr als die Beene.*

Vergiß die treuen **Toten** (4) nicht!
THEODOR KÖRNER, Aufruf

Töte (1) einen – und du bist ein Mörder; töte tausend – und du bist ein Held.
Indisches Sprichwort

Du sollst nicht **töten** (2).
  Bibel, 2. Moses 20,13; 5. Gebot

Tradition ist gesiebte Vernunft des gesamten Volkes aus einem Jahrhundert in das andere. RICARDA HUCH

Die **Trägheit** unseres Geistes ist größer als die unserer Körper.
FRANÇOIS DE LA ROCHEFOUCAULD

Auf unserer Welt gibt es überhaupt nur zwei Arten von **Tragödien**. Daß man das, was man haben möchte, nicht bekommt, oder daß man es bekommt. OSCAR WILDE

Ein **Trainer** ist ein Mensch, der sein Brot im Schweiß des Angesichts anderer Menschen verdient. MARTIN LAUER

Die **Träne** (1) quillt, die Erde hat mich wieder!
JOH. WOLFGANG V. GOETHE, »Faust«

Auch die Dinge haben **Tränen** (2).
  VERGIL; lat.: *sunt lacrimae rerum.*

Die mit **Tränen** (3) säen, werden mit Freuden ernten.
  Bibel, Psalm 126,5

Die **Tränen** (4) lassen nichts gelingen; wer schaffen will, muß fröhlich sein.
  THEODOR FONTANE, Gedichte

O **Trank** voll süßer Labe!
JOH. WOLFGANG V. GOETHE, »Der Sänger«

Trau (1), schau, wem!
Sprichwort, das zur Vorsicht mahnt

Einem Menschen, den Kinder und Hunde nicht leiden können, ist nicht zu **trauen** (2).
  C. HILTY

Der **Traum** (1) ist der Wächter des Schlafes, nicht sein Störer.
  SIGMUND FREUD

Ein **Traum** (2), ein Traum ist unser Leben auf Erden hier.
JOHANN GOTTFRIED HERDER, »Ein Traum«

Meines Lebens schönster **Traum** (3) hängt an diesem Apfelbaum.
WILHELM BUSCH, »Max und Moritz«

Und er kommt zu dem Ergebnis: nur ein **Traum** (4) war das Erlebnis, weil, so schließt er messerscharf, nicht sein kann, was nicht sein darf.
CHRISTIAN MORGENSTERN, »Palmström«

Vielleicht ist alles doch nur ein **Traum** (5).
PEDRO CALDERON DE LA BARCA, »Das Leben – ein Traum«

Nimm alles leicht! Das **Träumen** (1) laß und Grübeln! So bleibst du wohlbewahrt vor tausend Übeln.
LUDWIG UHLAND, »Fortunat und seine Söhne«

Schlafen! Vielleicht auch **Träumen** (2) – Ja, da liegt's.
  WILLIAM SHAKESPEARE, »Hamlet«

Träumereien an französischen Kaminen.
Geschichtensammlung von RICHARD V. VOLKMANN (LEANDER)

Wenn auch ein Tag uns klar vernünftig lacht, in **Traumgespinst** verwickelt uns die Nacht.
JOH. WOLFGANG V. GOETHE, »Faust«

Traurig, aber wahr.   Redensart

Ach, ich bin des **Treibens** müde!
JOH. WOLFGANG V. GOETHE, »Wanderers Nachtlied«

Treu bleiben bis in die Todesstund' – wenn nichts dazwischen kummt.   Bauernweisheit

Auf **Treu** (1) und Glauben.
Sprichwörtl. Redensart; nach der Bibel, Jesaja 33,8; Sinn: man verläßt sich aufs Wort, nicht auf etwas Schriftliches

Sie hat die **Treu** (2) gebrochen, mein Ringlein brach entzwei.
JOSEPH V. EICHENDORFF, »Das zerbrochene Ringlein«

Üb immer **Treu** (3) und Redlichkeit bis an dein kühles Grab.
LUDWIG CHRISTIAN HEINRICH HÖLTY, »Der alte Landmann«; Musik WOLFGANG AMADEUS MOZART

Dem traue nie, der einmal **Treue** (4) brach.
WILLIAM SHAKESPEARE, »Heinrich IV.«

Die **Treue** (5), sie ist doch kein leerer Wahn.
FRIEDRICH V. SCHILLER, »Die Bürgschaft«

Treulich geführt ziehet dahin.

Aus der Oper »Lohengrin« von RICHARD WAGNER; der Hochzeitsmarsch

Ihr, die ihr die **Triebe** des Herzens kennt, sprecht, ist es Liebe, was hier so brennt?
Aus der Oper »Die Hochzeit des Figaro«; Musik von WOLFGANG AMADEUS MOZART

Keinen **Tropfen** (1) im Becher mehr und der Beutel schlaff und leer.
RUDOLF BAUMBACH, »Lindenwirtin«

Nur ein **Tropfen** (2) auf den heißen Stein.
Sprichwörtl. Redensart; Sinn: es ist zu wenig, um Erfolg zu bringen

Ein leidiger **Trost** (1).
Sprichwörtl. Redensart; nach der Bibel, Hiob 16,2

Ein süßer **Trost** (2) ist ihm geblieben.
FRIEDRICH V. SCHILLER, »Die Glocke«

Es ist ein großer **Trost** (3), andere dort scheitern zu sehen, wo man selbst gescheitert ist.
WILLIAM SOMERSET MAUGHAM

Jemand ist nicht ganz bei **Troste** (4).
Sprichwörtl. Redensart; Sinn: jmd. ist leicht verrückt

Der **Trotz** ist die einzige Stärke der Schwachen – und eine Schwäche mehr.
ARTHUR SCHNITZLER

Im **Trüben** (1) fischen.
Sprichwörtl. Redensart; Sinn: sich mit unredlichen Mitteln einen Vorteil verschaffen

Im **Trüben** (2) ist gut fischen.
Sprichwort nach AESOP

In **trüben** (3) Fällen muß derjenige wirken und helfen, der am klarsten sieht.
JOH. WOLFGANG V. GOETHE, »Die Wahlverwandtschaften«

Keine **Trübsal** (1) ficht den Sinn der Jugend an.
EURIPIDES, »Medea«

Trübsal (2) blasen.
Sprichwörtl. Redensart für traurig sein; früher verkündete ein vom Kirchturm von Blasinstrumenten begleiteter Choral einen Trauerfall

Vor / nach **Tschernobyl.**
Redensart, bezogen auf die Veränderungen der Lebensweise und -einstellungen nach dem Atomreaktorunglück im sowjet. Tsch. Ende April 1986

Glück hat auf die Dauer nur der **Tüchtige.** Sprichwort

Ach, der **Tugend** (1) schöne Werke, gerne möcht' ich sie erwischen. Doch ich merke, doch ich merke, immer kommt mir was dazwischen.
WILHELM BUSCH, »Kritik des Herzens«

Auch die **Tugend** (2) hat ihre Helden, wie der Ruhm, das Glück.
FRIEDRICH V. SCHILLER, »Wallensteins Tod«

Die **Tugend** (3) besteht nicht in dem Verzicht auf das Laster, sondern darin, daß man es nicht begehrt.
GEORGE BERNARD SHAW

Die **Tugend** (4) ist eine Eigenschaft, die nie so angesehen war wie das Geld.
MARK TWAIN

Die **Tugend** (5) wohnt in keinem Mann allein, die Kunst hat nie ein Mensch allein besessen.
JOH. WOLFGANG V. GOETHE

Eines Mannes **Tugend** (6) erprobt allein die Stunde der Gefahr.
FRIEDRICH V. SCHILLER, »Maria Stuart«

Ich weiß, aus welchen Fehlern unsere **Tugend** (7) keimt.
GOTTHOLD EPHRAIM LESSING, »Nathan der Weise«

Man spricht selten von der **Tugend** (8), die man hat; aber desto öfter von der, die uns fehlt.
GOTTHOLD EPHRAIM LESSING, »Minna von Barnhelm«

Seit außer Kurs die **Tugend** (9) ist, kursiert der Rubel sehr.
AUGUST V. PLATEN, »Der Rubel auf Reisen«

Tugend (10) ist die Summe der Dinge, die wir aus Trägheit, Feigheit oder Dummheit nicht getan haben. HENRY MILLER

Tugend (11) ist etwas zu behalten, das man eigentlich verlieren möchte. CURTZ GOETZ

Viele Menschen sehen die **Tugend** (12) mehr im Bereuen der Fehler als im Vermeiden.
GEORG CHRISTOPH LICHTENBERG

Wenn sich ein Laster genügend verbreitet hat, wird eine **Tugend** (13) daraus.

FRANK SINATRA

Zur **Tugend** (14), wie man zu sagen pflegt, ist eigentlich keiner recht aufgelegt.

WILHELM BUSCH

Nur zwei **Tugenden** (15) gibt's: o wären sie immer vereinigt. Immer die Größe auch gut, immer die Güte auch groß.

FRIEDRICH V. SCHILLER, »Güte und Größe«

Was **tu** (1) ich nicht um deinetwillen?

JOH. WOLFGANG V. GOETHE, »Faust«

Was man besonders gerne **tut** (2), ist selten ganz besonders gut.   WILHELM BUSCH

Hier sind wir versammelt zu löblichem **Tun,** drum, Brüderchen, ergo bibamus.

JOH. WOLFGANG V. GOETHE, »Ergo bibamus«; dt: *also wollen wir trinken*

Mit der **Tür** (1) ins Haus fallen.

Sprichwörtl. Redensart; Sinn: mit der Hauptsache beginnen, ohne lange drumherum zu reden

Zwischen **Tür** (2) und Angel.
Sprichwörtl. Redensart; häufig, wenn man im Weggehen noch aufgehalten wird

Geh unter, **Tyrann** (1)!

FRIEDRICH V. SCHILLER, »Fiesco«

Die zwei größten **Tyrannen** (2) der Erde: der Zufall und die Zeit.

JOH. GOTTFRIED HERDER, »Ideen zur Philosophie und Geschichte der Menschheit«

Wo es keine Sklaven gibt, da gibt es keine **Tyrannen** (3).

JOH. GOTTFRIED SEUME, »Spaziergang nach Syrakus«

Eine Grenze hat **Tyrannenmacht** (1).

FRIEDRICH V. SCHILLER, »Wilhelm Tell«

Tyrannenmacht (2) kann nur die Hände fesseln. Des Herzens Andacht hebt sich frei zu Gott.

FRIEDRICH V. SCHILLER, »Maria Stuart«

u

All unser **Übel** (1) kommt daher, daß wir nicht allein sein können. ARTHUR SCHOPENHAUER

Bei leerem Magen sind alle **Übel** (2) doppelt.
CHRISTOPH MARTIN WIELAND, »Wintermärchen«

Das **Übel** (3) erkennen, heißt schon, ihm teilweise abhelfen.
OTTO V. BISMARCK im Reichstag, 1891

Erlöse uns von dem **Übel** (4).
Bibel, Matthäus 6,13; Bitte aus dem Vaterunser; nach neuer Übersetzung: *... von dem Bösen*

Eure Rede sei ja, ja, nein, nein; was darüber hinaus ist, das ist von **Übel** (5).
Bibel, Matthäus 5,37

Heiraten ist, wenn man die Wahrheit prüft, ein **Übel** (6), aber ein notwendiges.
MENANDER; danach Redensart: *... notwendiges Übel*

Kein altes **Übel** (7) ist so groß, daß es nicht von einem neuen übertroffen werden könnte.
WILHELM BUSCH

Kein **Übel** (8) wird beweint, dem man entrann.
WILLIAM SHAKESPEARE »Die Komödie der Irrungen«

Viel **Übel** (9) hab' an Menschen ich bemerkt, das schlimmste ist ein unversöhnlich' Herz.
FRANZ GRILLPARZER, »Das Goldene Vlies«

Das ist das schlimmste von allen **Übeln** (10): im Vergangenen herumzugrübeln.
CAESAR FLAISCHLEN

Von zwei **Übeln** (11) soll man das kleinere wählen.
CICERO, »Von den Pflichten«; daraus Redensart

Gott sei Dank! Nun ist's vorbei mit der **Übeltäterei**!
WILHELM BUSCH, »Max und Moritz«

Darin bin ich dir **über**!
FRITZ REUTER, »Ut mine Stromtid«

Jedes **überflüssige** Wort wirkt seinem Zweck gerade entgegen.
ARTHUR SCHOPENHAUER, »Parerga und Paralipomena«

Ein gewisses **Übermaß** von Glück und Unglück übersteigt unser Empfindungsvermögen.
FRANÇOIS DE LA ROCHEFOUCAULD

Ein **Übermensch** sein.
Sprichwörtl. Redensart nach FRIEDRICH NIETZSCHE, »Zarathustra«

Übermut tut selten gut.
Sprichwort

Die **Übertreibung** ist lediglich ein bestätigendes Detail, das einer sonst schmucklosen und wenig überzeugenden Schilderung Ansehen verleihen soll.
WILLIAM S. GILBERT

Wer **überwindet**, der gewinnt.
JOH. WOLFGANG V. GOETHE, »Faust«

Im Brustton der tiefen **Über-**
zeugung (1).
Redensart nach HEINRICH V. TREIT-
SCHKE, »Fichte und die nationale
Idee«

Überzeugungen (2) sind oft die
gefährlichsten Feinde der
Wahrheit.
FRIEDRICH NIETZSCHE

Ohne **Übung** (1) und Erfahrung lernt man nichts.
MARTIN LUTHER

Übung (2) macht den Meister.
Sprichwort

Zu neuen **Ufern** lockt ein neu-
er Tag.
JOH. WOLFGANG V. GOETHE,
»Faust«

Wat dem Eenen sin **Uhl,** ist
dem Annern sin Nachtigall.
Sprichwort; bekannt durch FRITZ
REUTER, »Ut mine Stromtid«; *Uhl*
[Eule]; Sinn: jeder muß handeln,
wie er es für richtig hält

Des Dienstes immer gleichge-
stellte **Uhr** (1).
FRIEDRICH V. SCHILLER, »Die Piccolomini«

Die **Uhr** (2) geht nach dem
Mond.
Sprichwörtl. Redensart; Sinn: sie
geht falsch; aus den alten Zeiten,
da man die Tageszeit nur durch
Sonnenuhren bestimmen konnte,
in der Nacht also keine präzisen
Zeitangaben möglich waren

Die **Uhr** (3) schlägt keinem
Glücklichen.
FRIEDRICH V. SCHILLER, »Die Pic-
colomini«

Fort mußt du, deine **Uhr** (4) ist
abgelaufen.
FRIEDRICH V. SCHILLER, »Wilhelm
Tell«

Ich trage, wo ich gehe, stets
eine **Uhr** (5) bei mir.
Ballade »Die Uhr«; Musik von
CARL LOEWE

Rund um die **Uhr** (6).
Redensart für immer, Tag und
Nacht

Todsicher geht die **Uhr** (7)
falsch.
Verballhornte Übersetzung der
lat. Redensart: *mors certa, hora*
incerta. [Der Tod ist gewiß, die
Stunde ungewiß]

Was mich nicht **umbringt**,
macht mich stark.
FRIEDRICH NIETZSCHE, »Sprüche
und Pfeile«

Sage mir, mit wem du **um-**
gehst, und ich sage dir, wer du
bist.   Sprichwort

Umleitungen sind die beste
Chance, endlich die eigene
Stadt kennenzulernen.
DANNY KAYE

Umsonst ist der Tod.
Sprichwort; meist fortgesetzt:
. . . und der kostet das Leben.

Keine **Umstände** machen.
Sprichwörtl. Redensart; Sinn: unkompliziert sein; nach altdeutscher
Gerichtsbarkeit konnte jeder
Freie, der dem Gerichtshof bei-
wohnte (ihn »umstand«), ein Urteil anfechten

Dreimal **umgezogen** ist so gut
wie einmal abgebrannt.
BENJAMIN FRANKLIN

Ein **Umzug** ist ein halbes Sterben.   OTTO V. BISMARCK

Der große **Unbekannte**.
Begriff aus dem Rechtswesen; nach der Bibel, Hiob 36,26; wörtlich: *siehe, Gott ist groß und unbegreiflich.*

Das **Unbeschreibliche**, hier ist's getan.
JOH. WOLFGANG V. GOETHE, »Faust«

Der **Undank** (1) ist immer eine Art Schwäche; ich habe nie gesehen, daß tüchtige Menschen wären undankbar gewesen.
JOH. WOLFGANG V. GOETHE, »Maximen und Reflexionen«

Nichts zieht den **Undank** (2) so unausbleiblich nach sich als Gefälligkeiten, für die kein Dank zu groß wäre.
GOTTHOLD EPHRAIM LESSING, »Miß Sara Sampson«

Undank (3) ist der Welt Lohn.
Sprichwort

Wie schnell der Dank der Menschen doch verweht und **Undank** (4) wird.
SOPHOKLES, »Aias«

Dem **Undankbaren** dient kein rechter Mann.
FRIEDRICH V. SCHILLER, »Die Piccolomini«

Die **Undankbarkeit** ist eine Tochter des Stolzes.
MIGUEL DE CERVANTES

Das Schlimmste in allen Dingen ist die **Unentschlossenheit.**
NAPOLEON I.

Kein Mensch ist **unersetzlich**.
Sprichwort; ähnlich bei WILHELM V. HUMBOLDT, »Briefe an eine Freundin«; eigentlich: »...*unersetzbar in Geschäften*«

Ungeduld ist ein Hemd aus Brennesseln.
Polnisches Sprichwort

Ungeschickt läßt grüßen!
Sprichwort, wenn sich jmd. dumm anstellt

Das ist ein **ungeschriebenes** Gesetz.
Sprichwörtl. Redensart; Sinn: das versteht sich von selbst

Ungläubiger Thomas.
Sprichwörtl. Redensart; nach der Bibel, Evangelium des Johannes 20,24–29; der Jünger Thomas wollte nicht an Jesu Auferstehung glauben

Auch das **Unglück** (1) hat seinen Heroismus und seinen Ruhm.   NAPOLEON I.

Ein **Unglück** (2) kommt selten allein.   Sprichwort

Es ist merkwürdig, wie fern ein **Unglück** (3) ist, wenn es uns nicht betrifft.   JOHN STEINBECK

Und das **Unglück** (4) schreitet schnell.
FRIEDRICH V. SCHILLER, »Die Glocke«

Glücklicherweise kann der Mensch nur einen gewissen Grad des **Unglücks** (5) fassen; was darüber hinaus geht, vernichtet ihn oder läßt ihn gleichgültig.
JOH. WOLFGANG V. GOETHE, »Die Wahlverwandtschaften«

Hans Huckebein, der **Unglücksrabe**.
WILHELM BUSCH, gleichnamige Geschichte; daraus Redensart vom Unglücksraben

Wahre **Universalität** besteht nicht darin, daß man vieles weiß, sondern daß man vieles liebt. JACOB BURCKHARDT

Wenn ich mich im Zusammenhang des **Universums** betrachte, was bin ich?
LUDWIG VAN BEETHOVEN

Unkraut (1) ist die Opposition der Natur gegen die Regierung der Gärtner.
OSKAR KOKOSCHKA

Unkraut (2) ist eine Pflanze, deren Tugenden noch nicht entdeckt wurden.
RALPH WALDO EMERSON

Unkraut (3) vergeht nicht.
Sprichwort

Als **unmodern** zu gelten, ist schon der halbe Tod.
ANNA MAGNANI

Nichts ist **unmöglich**. (1)
Sprichwörtlich gewordene Werbung von Toyota

Nur allein der Mensch vermag das **Unmögliche** (2).
JOH. WOLFGANG V. GOETHE, »Das Göttliche«

Unmögliches (3) wird sofort erledigt, Wunder dauern etwas länger.
Redensart; oft in Büros/Behörden zu lesen

Die **UNO**: Organisation, in der jeder redet und keiner zuhört.
EUGENIA CHARLES, UNO-Botschafterin nach 1945

Das Recht des Stärkeren ist das stärkste **Unrecht** (1).
MARIE V. EBNER-ESCHENBACH

Unrecht (2) Gut gedeihet nicht.
Sprichwort; nach der Bibel, Sprüche Salomos 10,2

Eine **Unschuld** (1) vom Lande sein.
Sprichwörtl. Redensart; meist etwas verächtlich gebraucht; auch Filmtitel von 1933

Es ist deine **Unschuld** (2) nicht zu wissen, was Unschuld ist.
FRIEDRICH NIETZSCHE

Jemand ist ein **Unschuldslamm**.
Sprichwörtl. Redensart; nach der Bibel, Jesaja 53,57

Das ist blühender **Unsinn** (1).
Redensart

Unsinn (2), du siegst und ich muß untergehn.
FRIEDRICH V. SCHILLER, »Die Jungfrau von Orléans«

Was sagt sie uns für **Unsinn** (3) vor? Es will mir gleich den Kopf zerbrechen. Mich dünkt, ich hör' ein ganzes Chor von hunderttausend Narren sprechen.
JOH. WOLFGANG V. GOETHE, »Faust«

Wer weinte nicht, wenn das **Unsterbliche** vor der Zerstörung selbst nicht sicher ist?
JOH. WOLFGANG V. GOETHE, »Torquato Tasso«

Doch keinem gab die Natur das Vorrecht der **Unsterblichkeit** (1).
FRIEDRICH V. SCHILLERS »Macbeth«-Übersetzung

Unsterblichkeit (2) heißt: ein Mensch stirbt und seine Worte leben. Chinesisches Sprichwort

Unstet und flüchtig sollst du sein auf Erden.
Bibel, 1. Moses 4,12

Dies alles ist mir **untertänig**.
FRIEDRICH V. SCHILLER, »Der Ring des Polykrates«

Wenn alle **untreu** werden, so bleib' ich dir doch treu.
NOVALIS, »Geistliche Lieder«

Unverhofft kommt oft.
Sprichwort

Die **Unwissenheit** (1) ist eine Situation, die den Menschen ebenso hermetisch abschließt wie ein Gefängnis.
SIMONE DE BEAUVOIR

Unwissenheit (2) ist die Nacht des Geistes, eine Nacht ohne Mond und Sterne. KONFUZIUS

Den Fortschritt verdanken die Menschen den **Unzufriedenen**.
ALDOUS HUXLEY

Unzufriedenheit ist der erste Schritt in der Entwicklung von Menschen und Völkern.
OSCAR WILDE

Urahne, Großmutter, Mutter und Kind in dumpfer Stube beisammen sind.
GUSTAV SCHWAB, »Das Gewitter«

Die Witterung an St. **Urban** (1) zeigt des Herbstes Wetter an. Bauernregel für den 25. Mai

Scheint am **Urbanstag** (2) die Sonne, so gerät der Wein zur Wonne; regnet's aber, nimmt er Schaden und wird selten wohlgeraten.
Bauernregel für den 25. Mai

Kleine **Ursachen** – große Wirkungen. Sprichwort

Der **Ursprung** aller Dinge ist klein.
CICERO, »Über die Grenzen von Gut und Böse«

Wie der **Ursulatag** anfängt, so soll der Winter beschaffen sein.
Bauernregel für den 21. Oktober

Die **Utopien** sind oft nur vorzeitige Wahrheiten.
ALPHONSE DE LAMARTINE, »Geschichte der Girondisten«

Varus, Varus, gib mir meine Legionen wieder!
Röm. Kaiser AUGUSTUS zu seinem Feldherrn nach der Niederlage im Teutoburger Wald, 9 n. Chr.

Brüder, überm Sternenzelt muß ein lieber **Vater** (1) wohnen.
FRIEDRICH V. SCHILLER, » Lied an die Freude«

Das Blut allein macht lange noch den **Vater** (2) nicht.
GOTTHOLD EPHRAIM LESSING, »Nathan der Weise«

Der Erzieher verdient den Namen **Vater** (3) mehr als der Erzeuger.   TALMUD

Der **Vater** (4) vons Janze.
Berliner Redensart; Sinn: jmd. ist geistiger Urheber einer Sache

Du sollst deinen **Vater** (5) und deine Mutter ehren.
Bibel, 2. Moses 20,12; 4. Gebot

Ein **Vater** (6) ernährt eher zehn Kinder als zehn Kinder einen Vater.   Sprichwort

Ein **Vater** (7) soll zu Gott an jedem Tag beten: Herr, lehre mich, dein Amt beim Kinde zu vertreten.   FRIEDRICH RÜCKERT

Sprich mir von allen Schrecken des Gewissens; von meinem **Vater** (8) sprich mir nicht.
FRIEDRICH V. SCHILLER, »Don Carlos«

Vater (9) der Familie.
Röm. Rechtstitel; lat.: *pater familias*

Vater (10) des Vaterlandes.
Röm. Titel; nach CICERO, »Rede für Sestius«; später für den Kaiser benutzt; lat.: *pater patriae*

Vater (11), vergib ihnen, denn sie wissen nicht, was sie tun.
Bibel, Lukas 23,34

Vater (12) werden ist nicht schwer, Vater sein dagegen sehr.
WILHELM BUSCH, »Julchen«

Wohl dem, der seiner **Väter** (13) gern gedenkt.
JOH. WOLFGANG V. GOETHE, »Iphigenie auf Tauris«

Als ich das **Vaterland** (1) aus den Augen verloren hatte, fand ich es im Herzen wieder.
HEINRICH HEINE

Ans **Vaterland** (2), ans teure, schließ dich an.
FRIEDRICH V. SCHILLER, »Wilhelm Tell«

Erst in der Fremde erkennt man, was das **Vaterland** (3) ist.
GUSTAV FREYTAG, »Siebenleben«

Ich habe nur ein **Vaterland** (4), das heißt Deutschland.
HEINRICH FRIEDRICH KARL FREIHERR VOM UND ZUM STEIN, 1812

Kann uns zum **Vaterland** (5) die Fremde werden?
JOH. WOLFGANG V. GOETHE, »Iphigenie auf Tauris«

Lieb' **Vaterland** (6), kannst ruhig sein.
MAX SCHNECKENBURGER, »Die Wacht am Rhein«

Süß und ehrenvoll ist es, für das **Vaterland** (7) zu sterben.
HORAZ, Oden; lat.: *dulce et decorum est pro patria mori.*

Was ist des Deutschen **Vaterland** (8)?
ERNST MORITZ ARNDT, »Das ganze Deutschland soll es sein«

Es gibt viele schwierige **Vaterländer** (9). Das deutsche ist eines der schwierigsten.
GUSTAV HEINEMANN, 1974 in seiner Abschiedsrede als Bundespräsident

Vaterlandsliebe ist erweiterte Familienliebe.
MARIE V. EBNER-ESCHENBACH

Vielleicht kann ich diesem jungen Mann mit etwas **väterlichem** Rat helfen.
RONALD REAGAN (74) über Michail Gorbatschow (54) vor dem Genfer Gipfeltreffen USA-UdSSR am 19./20. November 1985

Oh, heiliger St. **Veit**, regne nicht, daß es uns nicht an Obst und Wein gebricht.
Bauernregel für den 15. Juni

Was ich **verachten** will, das muß ich auch kennen.
GORCH FOCK

Verächtlich ist gewiß der Mann, der ohne Grund verachten kann.
JOH. GOTTFRIED SEUME

Die Scheu vor der **Verantwortung** (1) ist die Krankheit unserer Zeit.
OTTO V. BISMARCK, 1870

Verantwortung (2) ist der Preis der Größe.
WINSTON CHURCHILL

Das bittere Brot der **Verbannung** essen.
WILLIAM SHAKESPEARE, »Richard III.«

Uns etwas **verbieten** heißt, uns danach lüstern machen.
MICHEL DE MONTAIGNE

Was nicht **verboten** ist, ist erlaubt.
Sprichwort; nach FRIEDRICH V. SCHILLER, »Wallensteins Lager«

Verdacht wohnt stets im schuldigen Gemüt; der Dieb scheut jeden Busch als einen Häscher.
WILLIAM SHAKESPEARE, »Heinrich VI.«

Einheit nur kann das **Verderben** (1) hemmen, und die Einheit fliehn wir wie die Pest.
JOH. GOTTFRIED SEUME, Gedichte

Verderben (2), gehe deinen Gang!
FRIEDRICH V. SCHILLER, »Fiesco«

Ein Zustand, der alle Tage neuen **Verdruß** zuzieht, ist nicht der rechte.
JOH. WOLFGANG V. GOETHE

Verehrung ist tiefgekühlte Liebe.
FRANÇOISE SAGAN

Der sei **verflucht** (1).
Bibel, 1. Korinther 16,22; Sinn: wenn jmd. den Herrn nicht lieb hat, der sei verflucht

Verflucht (2) und zugenäht!
Sprichwörtl. Redensart als Ausdruck größten Ärgers; aus einem alten Studentenlied: *Und da fast täglich, wie zum Hohn, ihm Knopf um Knopf abgeht, so hat er seinen Hosenlatz verflucht und zugenäht!*

Was **vergangen**, kehrt nicht wieder, aber, ging es leuchtend nieder, leuchtet's lange noch zurück.
KARL FORSTER, »Erinnerung und Hoffnung«

Laß das **Vergangene** vergangen sein!
JOH. WOLFGANG V. GOETHE, »Faust«

Die Zeiten der **Vergangenheit** (1) sind uns ein Buch mit sieben Siegeln.
JOH. WOLFGANG V. GOETHE, »Faust«

Ich glaube, daß über diejenigen, welche nichts von der **Vergangenheit** (2) wissen wollen, sehr bald auch die Zukunft den Stab brechen wird.
JAKOB GRIMM

Überwunden werden kann die **Vergangenheit** (3) nur von Menschen, von Männern und Frauen, in denen die Flamme des Guten lebendig ist, und die wissen, daß die Liebe eine stärkere Kraft ist als der Haß.
ERNST REUTER, 1948

Unbewältigte **Vergangenheit** (4).
Begriff, mit dem die Zeit des Dritten Reiches gemeint ist; aus einer Tagungseinladung der Evangelischen Akademie Berlin, 1955

Vergangenheit (5) bewältigt man dadurch, daß man die Zukunft besser macht.
MANFRED ROMMEL

Der Siege göttlichster ist das **Vergeben** (1).

FRIEDRICH V. SCHILLER, »Die Braut von Messina«

Vergeben (2) und Vergessen heißt kostbare Erfahrungen zum Fenster hinauswerfen.
ARTHUR SCHOPENHAUER, »Aphorismen zur Lebensweisheit«

Vergessen und Vergessenwerden! Wer lange lebt auf Erden, der hat wohl diese beiden zu lernen und zu leiden.
THEODOR STORM

Bei Gütern, die wir stets genießen, wird das **Vergnügen** (1) endlich matt.
CHRISTIAN FÜRCHTEGOTT GELLERT, »Das Kartenhaus«

Das größte **Vergnügen** (2) im Leben besteht darin, das zu tun, von dem die Leute sagen, du könntest es nicht.
WALTER BAGEHOT

Das **Vergnügen** (3) ist so nötig als die Arbeit.
GOTTHOLD EPHRAIM LESSING, »Der junge Gelehrte«

Ein **Vergnügen** (4) erwarten ist auch ein Vergnügen.
GOTTHOLD EPHRAIM LESSING, »Minna von Barnhelm«

Es kommt für alle Menschen die Zeit, wo sie sich vor nichts mehr fürchten als vor dem, was man in der Welt **Vergnügen** (5) nennt.
WILHELM RAABE, »Alte Nester«

Manches **Vergnügen** (6) besteht darin, daß man mit Vergnügen darauf verzichtet.
PETER ROSEGGER

So laßt ihm doch das kindliche **Vergnügen** (7)!
DAVID KALISCH/EMIL POHL, »Namenlos«; daraus Redensart

Das ist das **Verhängnis**: zwischen Empfängnis und Leichenbegängnis nichts als Bedrängnis. ERICH KÄSTNER

Verkaufen ist keine Kunst – aber dabei verdienen!
Sprichwort

Die Welt am Ende des neunzehnten Jahrhunderts steht unter dem Zeichen des **Verkehrs**.
KAISER WILHELM II., 1891

Ein **verkehrtes** Herz findet nichts Gutes.
Bibel, Sprüche Salomos 17,20

Was du erlangen kannst, das stillt nicht dein **Verlangen**; was dein Verlangen stillt, das kannst du nicht erlangen.
FRIEDRICH RÜCKERT

Eli, Eli, lama asabthani? Das ist: mein Gott, mein Gott, warum hast du mich **verlassen** (1). Bibel, Matthäus 27,46

Wer sich auf andere **verläßt** (2), der ist verlassen.
Sprichwort

Mit **Verlaub**, ich bin so frei.
WILHELM BUSCH, »Abenteuer eines Junggesellen«

Verliebe (1) dich oft, verlobe dich selten, heirate nie!
Sprichwort

Ich bin **verliebt** (2), man hält mich nicht für voll.
JOH. WOLFGANG V. GOETHE, »Faust«

Verliebtheit ist eine psychische Angina. JOSÉ ORTEGA Y GASSET

Viel besser, nie besitzen, als **verlieren**.
FRIEDRICH HEBBEL, »Nibelungen«

Meistens belehrt erst der **Verlust** (1) uns über den Wert der Dinge.
ARTHUR SCHOPENHAUER, »Aphorismen zur Lebensweisheit«

Nur halb ist der **Verlust** (2) des schönsten Glücks, wenn wir auf den Besitz nicht sicher zählen.
JOH. WOLFGANG V. GOETHE, »Torquato Tasso«

Verachte nur **Vernunft** (1) und Wissenschaft, des Menschen allerhöchste Kraft.
JOH. WOLFGANG V. GOETHE, »Faust«

Vernunft (2) ist die sanfte Gewalt, die allem, und selbst der Gewalt, Grenze und Maß setzt.
KARL JASPERS, »Die Atombombe und die Zukunft des Menschen«

Eine **Vernunftehe** schließen, heißt in den meisten Fällen, alle seine Vernunft zusammennehmen, um die wahnsinnigste Handlung zu begehen, die ein Mensch begehen kann.
MARIE V. EBNER-ESCHENBACH

Verrat trennt alle Bande.
FRIEDRICH V. SCHILLER, »Wallensteins Tod«

Verraten und verkauft.
Redensart; Ausdruck der Verzweiflung

Der **Verräter** schläft nicht.
Nach der Bibel, Matthäus 26,46

Hier sind wir **versammelt** zu löblichem Tun.
JOH. WOLFGANG V. GOETHE, »Ergo bibamus«

Verschwiegenheit zu fordern ist nicht das Mittel, sie zu erlangen.
JOH. WOLFGANG V. GOETHE, »Wilhelm Meisters Wanderjahre«

Beide schaden sich selbst: der zuviel **verspricht** (1) und der zuviel erwartet.
GOTTHOLD EPHRAIM LESSING

Wer viel **verspricht** (2) und hält nicht, der ist wie Wolken und Wind ohne Regen.
Bibel, Sprüche Salomos 25,14; nach neuer Übersetzung: *Wer Geschenke verspricht . . .*

Wir wollen nicht die **Verstaatlichung** des Menschen, sondern die Vermenschlichung des Staates.   HEINRICH PESTALOZZI

Der **Verstand** (1) ist das nächstliegende Werkzeug, mit dem der Mensch rechnen kann.
JOSÉ ORTEGA Y GASSET

Der **Verstand** (2) und die Fähigkeit, ihn zu gebrauchen, sind zwei verschiedene Gaben.
FRANZ GRILLPARZER

Ein gewöhnlicher **Verstand** (3) ist wie ein schlechter Jagdhund, der die Fährte eines Gedankens schnell annimmt und schnell wieder verliert.
HUGO V. HOFMANNSTHAL

Mehr Glück als **Verstand** (4) haben.   Sprichwort

Mein **Verstand** (5) steht still.
FRIEDRICH V. SCHILLER, »Kabale und Liebe«

Reue ist **Verstand** (6), der zu spät kommt.
ERNST V. FEUCHTERSLEBEN, Aphorismen

Wer über gewisse Dinge den **Verstand** (7) nicht verliert, der hat keinen zu verlieren.
GOTTHOLD EPHRAIM LESSING, »Emilia Galotti«

Wo **Verstand** (8) befiehlt, ist der Gehorsam leicht.
THEODOR FONTANE

Das von selbst **Verständliche** wird gemeinhin am gründlichsten vergessen und am seltensten getan.
CHRISTIAN MORGENSTERN

Alles **verstehen** (1) heißt alles verzeihen.   GERMAINE DE STAËL

Willst du dich selber erkennen, so sieh, wie es die anderen treiben. Willst du dich selber **verstehn** (2), blick in dein eigenes Herz.
FRIEDRICH V. SCHILLER, »Votivtafeln«

Verstehst (3) du auch, was du liest?
Bibel, Apostelgeschichte 8,30

Verstellung ist der offenen Seele fremd.
FRIEDRICH V. SCHILLER, »Die Piccolomini«

Wer sich **verteidigt**, klagt sich an.
Sprichwort; nach HIERONYMUS; im Französischen verbreitet; franz.: *qui s'excuse, s'accuse.*

Kann man einem Mann trauen, erübrigt sich ein Vertrag, kann man ihm nicht **vertrauen** (1), erübrigt sich ein Vertrag erst recht.
JEAN PAUL GETTY

Und wenn ihr euch nur selbst **vertraut** (2), vertrauen euch die anderen Seelen.
JOH. WOLFGANG V. GOETHE, »Faust«

Vertrauen ist gut, Kontrolle ist besser.
Redensart; nach einem russischen Sprichwort; bekannt durch LENIN; eigentlich: *Vorsicht ist gut . . .*

So recht von Herzen hundsgemein, das können nur **Verwandte** (1) sein.   Sprichwort

Verwandte (2) sind auch Menschen.   Sprichwort

In des Wortes **verwegenster** Bedeutung.
Redensart; nach FRIEDRICH V. SCHILLER, »Don Carlos«

Greuel der **Verwüstung.**
Redensart; nach der Bibel, Daniel 9,27

Ich bin **verzagt,** wenn Menschen vor mir zittern.
FRIEDRICH V. SCHILLER, »Don Carlos«

Denn wo der Mensch **verzweifelt,** lebt kein Gott.
JOH. WOLFGANG V. GOETHE, »Epimenides«

Man möchte immer eine große Lange, und dann bekommt man eine kleine Dicke – c'est **la vie**!
KURT TUCHOLSKY; deutsch: . . . *so ist das Leben!*

Hast du **viel** (1), so gib reichlich.   Bibel, Tobias 4,9

Ich meine nicht vieles, sondern **viel** (2); ein weniges, aber mit Fleiß.
GOTTHOLD EPHRAIM LESSING, »Emilia Galotti«

Wir möchten so **viel** (3): haben, sein und gelten. Daß einer alles hat, das ist selten.
KURT TUCHOLSKY

Öffne dir ein Hinterpförtchen durch »**vielleicht**« (1), das nette Wörtchen.
WILHELM BUSCH, »Schein und Sein«

Vielleicht (2) ist ein schlauer Krebs, der vor- und rückwärts gehen kann.   WILHELM BUSCH

Vinzenz (1) Sonnenschein füllt die Fässer mit Wein.
Bauernregel für den 22. Januar

Wie das Wetter um **Vinzenz** (2) war, wird es sein das ganze Jahr.
Bauernregel für den 22. Januar

Virus ist ein lateinisches Wort, welches Ärzte verwenden, wenn sie sagen wollen: »Ich weiß es auch nicht«.
BOB HOPE

Da steht man machtlos **vis-à-vis**.
Redensart aus dem Französischen; *vis-à-vis* [gegenüber]; Sinn: da kann man nichts machen

La Dolce **Vita.**
Filmtitel von FELLINI aus den fünfziger Jahren; deutsch: *das süße Leben;* daraus Redensart

Gefriert es St. **Vital,** gefriert es noch fünfzehnmal.
                    Bauernregel für den 28. April

Den **Vogel** (1) abschießen.
Sprichwörtl. Redensart; Sinn: die beste Leistung erzielen, wie ein Schützenkönig

Der **Vogel** (2), scheint mir, hat Humor.
WILHELM BUSCH, »Es sitzt ein Vogel auf dem Leim«

Wenn einer, der mit Mühe kaum gekrochen ist auf einen Baum, schon meint, daß er ein **Vogel** (3) wär, so irrt sich der.
WILHELM BUSCH, »Der fliegende Frosch«

Vögel (4), die morgens singen, holt abends die Katze.
                                        Sprichwort

Der **Vogelfänger** bin ich ja.
Aus der Oper »Die Zauberflöte«; Text von EMANUEL SCHIKANEDER; Musik von WOLFGANG AMADEUS MOZART

Ein **Volk** (1) ist tot, wenn seine Götter tot sind.
STEFAN GEORGE, »Das neue Reich«

Was rennt das **Volk** (2), was wälzt sich dort die langen Gassen brausend fort?
FRIEDRICH V. SCHILLER, »Der Kampf mit dem Drachen«

Wir sind ein **Volk** (3) und einig wolln wir handeln.
FRIEDRICH V. SCHILLER, »Wilhelm Tell«

Was die **Völker** (1) groß macht, sind in erster Linie nicht ihre großen Männer, sondern die Höhe der Mittelmäßigen.   JOSÉ ORTEGA Y GASSET

Wer zählt die **Völker** (2), nennt die Namen, die gastlich hier zusammenkamen?
FRIEDRICH V. SCHILLER, »Die Kraniche des Ibykus«

Der **Völkerbund** ist eine Liebeserklärung ohne Heiratsversprechen.   ALFRED V. TIRPITZ

Es ist **vollbracht**!
Bibel, Evangelium des Johannes 19,30; Jesu letzte Worte

Ganz in **Vollkommenheit** (1) siehst du kein Ding erglänzen! Warum? Damit dein Geist hab' etwas zu ergänzen.
FRIEDRICH RÜCKERT, »Die Weisheit des Brahmanen«

Vollkommenheit (2) ist die Norm des Himmels; Vollkommenes wollen die Norm der Menschen.
            JOH. WOLFGANG V. GOETHE

Vollkommenheit (3) muß das Ziel jedes wahren Künstlers sein.
            LUDWIG VAN BEETHOVEN

Am **Vorabend** großer Ereignisse stehen.
Sprichwörtl. Redensart; nach einem Ausspruch NAPOLEONS I., 1813

Vornehm geht die Welt zugrunde. Sprichwort

Das wahre Kennzeichen moderner **Vornehmheit** (1) ist Schmarotzertum.
GEORGE BERNARD SHAW

Vornehmheit (2) ist Entsagen.
WALTHER RATHENAU

Vornehmheit (3) ist nichts als alter Reichtum. JOHN GAY

Man kann viel, wenn man sich nur viel **vornimmt.** Sprichwort

Aus **Vorsatz** (1) hast du nie, aus Leichtsinn stets gefehlt.
JOH. WOLFGANG V. GOETHE, »Die Laune der Verliebten«

Alle guten **Vorsätze** (2) haben etwas Verhängnisvolles: sie werden unweigerlich zu früh gefaßt. OSCAR WILDE

Gute **Vorsätze** (3) sind Schecks, auf eine Bank gezogen, bei der man kein Konto hat. OSCAR WILDE

Vorschußlorbeeren erlangen.
Sprichwörtl. Redensart; nach HEINRICH HEINE, »Plateniden«; Sinn: gerühmt werden, noch bevor eine Leistung erbracht ist

Den Zufall gibt die **Vorsehung,** zum Zweck muß ihn der Mensch gestalten.
FRIEDRICH V. SCHILLER, »Don Carlos«

Die **Vorsicht** (1) geht zu sacht, die Zuversicht zu keck; Vorsicht, mit Zuversicht vereint, gelangt zum Zweck.
FRIEDRICH RÜCKERT

Vorsicht (2) ist die Einstellung, die das Leben sicher macht, aber selten glücklich.
SAMUEL JOHNSON

Vorsicht (3) ist ein besserer Soldat als Übereilung.
WILLIAM SHAKESPEARE, »Heinrich IV.«

Schlecht weht der Wind, der keinen **Vorteil** bringt.
WILLIAM SHAKESPEARE, »Heinrich VI.«

Daß irgendein Mensch auf Erden ohne **Vorurteil** (1) sein könne, ist das größte Vorurteil. AUGUST V. KOTZEBUE

Die Sitte folgt dem Urteil nicht, sie folgt dem **Vorurteil** (2).
KARL GUTZKOW, »Uriel Acosta«

Tanz auf dem **Vulkan** (1).
Sprichwörtl. Redensart; nach A. SALVANDY, franz. Gesandter in Neapel, 1830; Sinn: man wird sich einer drohenden Gefahr nicht bewußt und lebt ganz unbekümmert

Menschen sind wir, schlafen sämtlich auf **Vulkanen** (2).
JOH. WOLFGANG V. GOETHE, »Zahme Xenien«

Wach (1) auf, mein Herz, und singe!
PAUL GERHARDT, Kirchenlied

Wachet (2) und betet, daß ihr nicht in Anfechtung fallet!
Bibel Matthäus 26,41; ähnlich Markus 14,38

Die **Waffen** (1) nieder!
Roman von BERTHA V. SUTTNER

Die **Waffen** (2) ruhn, des Krieges Stürme schweigen.
FRIEDRICH V. SCHILLER, »Die Jungfrau von Orléans«

Durch fremde **Waffen** (3) gründet sich kein Thron.
FRIEDRICH V. SCHILLER, »Demetrius«

Nicht, wer zuerst die **Waffen** (4) ergreift, ist Anstifter des Unheils, sondern wer dazu nötigt.
NICCOLÒ MACHIAVELLI

Waffen (5) sind die schlechtesten Argumente.
Schwedisches Sprichwort

Frisch **gewagt** (1) ist halb gewonnen.
Sprichwort

Ich hab's **gewagt** (2).
Wahlspruch ULRICH V. HUTTENS

Wer nichts **waget** (3), der darf nichts hoffen.
FRIEDRICH V. SCHILLER, »Wallensteins Lager«

Erst wäg's, dann **wag's** (4).
Wahlspruch von HELMUTH V. MOLTKE

Wer **wagt** (5), gewinnt.
Sprichwort

Der erste Grund, warum wir die **Wahl** (1) gewonnen haben, war die amtierende Regierung.
OSKAR LAFONTAINE, 1985

Wer die **Wahl** (2) hat, hat die Qual.
Sprichwort

Der **Wahn** ist kurz, die Reu ist lang.
FRIEDRICH V. SCHILLER, »Die Glocke«

Das ist gewißlich **wahr** (1).
Bibel, 1. Timotheus 3,1

Es kann sein, daß nicht alles **wahr** (2) ist, was ein Mensch dafür hält (denn er kann irren); aber in allem, was er sagt, muß er wahrhaft sein (er soll nicht täuschen).
IMMANUEL KANT

Nichts ist groß, was nicht **wahr** (3) ist.
GOTTHOLD EPHRAIM LESSING

So **wahr** (4) Gott lebt.
Bibel, Hiob 27,2

Wenn es nicht **wahr** (5) ist, so ist es doch gut erfunden.
GIORDANO BRUNO, »Gli eroici furori«; ital.: *se non è vero, è molto bene trovato.*

Das Schöne tut seine Wirkung schon bei der bloßen Betrachtung, das **Wahre** (1) will Studium.
FRIEDRICH V. SCHILLER, Prosaische Schriften

Das **Wahre** (2) ist eine Fackel, aber eine ungeheure; deswegen suchen wir alle nur blinzelnd, so daran vorbeizukommen, in Furcht sogar, uns zu verbrennen.
JOH. WOLFGANG V. GOETHE, »Maximen und Reflexionen«

Das Leben dem **Wahren** (3) weihen.
JUVENAL, »Satiren«; lat.: *vitam impendere vero.*

Etwas **Wahres** (4) find' ich in diesen Worten.
FRIEDRICH V. SCHILLER, »Don Carlos«

Wahrhaft gegen Freund und Feind.
FRIEDRICH V. SCHILLER, »Lied an die Freude«

Wahrhaftig (1) zu sein ist menschliche Tugend und scheidet ewig den edleren Geist von der gemeinen Natur.
EMANUEL GEIBEL

Wahrhaftiger (2) Mund besteht immerdar, aber die falsche Zunge besteht nicht lange.
Bibel, Sprüche Salomos 12,19

Der Wein ist stark, der König stärker, die Weiber noch stärker, aber die **Wahrheit** (1) am allerstärksten.
MARTIN LUTHER, »Tischreden«

Die nackte **Wahrheit** (2).
Redensart nach HORAZ, »Oden«; lat.: *nuda veritas*

Die **Wahrheit** (3), die die römische Kirche diktiert, ist unwandelbar.   PAPST PIUS X., 1911

Die **Wahrheit** (4) ist das Kind der Zeit, nicht der Autorität.
BERTOLT BRECHT

Die **Wahrheit** (5) ist der Amboß, der viele Hämmer überdauert hat.   Sprichwort

Die **Wahrheit** (6) ist immer das Beste.   SOPHOKLES

Die **Wahrheit** (7) liegt in der Mitte.   Sprichwort

Die **Wahrheit** (8) richtet sich nicht nach uns, lieber Sohn, sondern wir müssen uns nach ihr richten.
MATTHIAS CLAUDIUS, »An meinen Sohn Johannes«

Durch Vernunft, nicht durch Gewalt soll man die Menschen zur **Wahrheit** (9) führen.
DENIS DIDEROT

Es gehört dazu ein trefflicher Mann, der ein Löwenherz habe, unerschrocken die **Wahrheit** (10) zu schreiben.
MARTIN LUTHER

Es hat mir so wollen behagen, mit Lachen die **Wahrheit** (11) zu sagen.
HANS JAKOB CHRISTOFFEL V. GRIMMELSHAUSEN, »Simplizissimus«

Ihr werdet die **Wahrheit** (12) erkennen, und die Wahrheit wird euch freimachen.
Bibel, Evangelium des Johannes 8,32

Kinder und Narren sagen die **Wahrheit** (13).   Sprichwort

Niemand hat die **Wahrheit** (14). Wir alle suchen sie.
KARL JASPERS

Nur Kinder, Narren und alte Leute können es sich leisten, immer die **Wahrheit** (15) zu sagen.

HANS JOACHIM KULENKAMPFF

Schneller hebt die **Wahrheit** (16) ihr Haupt aus dem Irrtum als aus der Verworrenheit.

LEONARDO DA VINCI

Wahrheit (17) kann man nicht vertragen.

GEORG ROLLENHAGEN

Was ist **Wahrheit** (18)?
Bibel, Evangelium des Johannes 18,38

Weh dem, der zu der **Wahrheit** (19) geht durch Schuld! Sie wird ihm nimmermehr erfreulich sein.
FRIEDRICH V. SCHILLER, »Das verschleierte Bild zu Sais«

Die einfachsten **Wahrheiten** (20) sind es gerade, auf die der Mensch immer erst am spätesten kommt.

LUDWIG FEUERBACH

Zu jeder Zeit liegen einige große **Wahrheiten** (21) in der Luft. Sie bilden die geistige Atmosphäre des Jahrhunderts.
MARIE V. EBNER-ESCHENBACH

Im **Wald** (1) und auf der Heide, da such' ich meine Freude, ich bin ein Jägersmann.
JOH. WILHELM JACOB BORNEMANN, »Jägerlied«

Wer hat dich, du schöner **Wald** (2), aufgebaut so hoch da droben?
JOSEPH V. EICHENDORFF, »Jägers Abschied«

Wie man in den **Wald** (3) hineinruft, so schallt es heraus.
Sprichwort

Ich ging im **Walde** (4) so für mich hin; und nichts zu suchen war mein Sinn.
JOH. WOLFGANG V. GOETHE, »Gefunden«

Von drauß' vom **Walde** (5) komm' ich her.
THEODOR STORM, Weihnachtsgedicht

Nun ruhen alle **Wälder** (6), Vieh, Menschen, Städt' und Felder, es schläft die ganze Welt.
PAUL GERHARDT, »Abendlied«

Im Schwarzen **Walfisch** zu Askalon.
VICTOR V. SCHEFFEL, »Altassyrisch«

Und es **wallet** und siedet und brauset und zischt.
FRIEDRICH V. SCHILLER, »Der Taucher«

Regen auf **Walpurgisnacht** hat immer ein gutes Jahr gebracht.
Bauernregel für die Nacht vom 30. April zum 1. Mai

Mein Gott, **Walter!**
Schlager; gesungen von MIKE KRÜGER

Und dann schleich' ich still und leise immer an der **Wand** lang.
Berliner Lied; Musik von WALTER KOLLO

Wann? Wie? Und wo? Das ist die leidige Frage.
JOH. WOLFGANG V. GOETHE, »Faust«

Gut immer ist redliche **Warnung** des Freundes.
HOMER, »Ilias«

Warte (1), warte nur ein Weilchen, bald kommt das Glück auch zu dir.
Schlager; Musik von WALTER KOLLO

Der Dinge **warten** (2), die da kommen sollen.
Sprichwörtl. Redensart; nach der Bibel, Lukas 21,26; meist zitiert: *Der Dinge harren* ...

Das **Was** bedenke, mehr bedenke Wie.
JOH. WOLFGANG V. GOETHE, »Faust«

Alle **Wasser** (1) laufen ins Meer.
Bibel, Prediger Salomo 1,7

Das **Wasser** (2) rauscht', das Wasser schwoll.
JOH. WOLFGANG V. GOETHE, » Der Fischer«

Es wird überall nur mit **Wasser** (3) gekocht.   Sprichwort

Sie konnten zusammen nicht kommen, das **Wasser** (4) war viel zu tief.
Volkslied aus Westfalen nach der Ballade »Die Königskinder«; danach Redensart

Unsere Zukunft liegt auf dem **Wasser** (5).
KAISER WILHELM II., 1898

Kein **Wässerlein** (6) trüben können.
Sprichwörtl. Redensart; nach AESOPS Fabel, »Der Wolf und das Lamm«; Sinn: unschuldig sein oder tun

So schafft' ich am sausenden **Webstuhl** der Zeit.
JOH. WOLFGANG V. GOETHE, »Faust«

Der **Wechsel** (1) allein ist das Beständige.
ARTHUR SCHOPENHAUER, »Parerga und Paralipomena«

Ein jeder **Wechsel** (2) schreckt den Glücklichen.
FRIEDRICH V. SCHILLER, »Die Braut von Messina«

Der nächste **Weg** (1) zu Gott ist durch der Liebe Tür.
ANGELUS SILESIUS, »Der Cherubinische Wandersmann«

Einen **Weg** (2) gehen, den man nicht wiederkommt.
Sprichwörtl. Redensart; nach der Bibel, Hiob 16,22; Sinn: sterben

Krumme **Wege** (3) gehen.
Sprichwörtl. Redensart; nach der Bibel, Richter 5,6; Sinn: etwas tun, was nicht legal ist

Half ihm doch kein **Weh** (1) und Ach.
JOH. WOLFGANG V. GOETHE, »Das Heidenröslein«

Aber **wehe** (2), wehe, wehe, wenn ich auf das Ende sehe.
WILHELM BUSCH, »Max und Moritz«

Wehe (3)! Weh mir! Welche Töne!
FRIEDRICH V. SCHILLER, »Die Jungfrau von Orléans«

Das **Weib** (1) schweige in der Kirche.
Nach der Bibel, 1. Korinther 14,34; lat.: *mulier taceat in ecclesia.*

Der Mann hat sein Ziel und das **Weib** (2) seinen Sinn.
CHRISTIAN MORGENSTERN, »Stufen«

Du sollst nicht begehren deines Nächsten **Weib** (3), Knecht, Magd, Vieh oder alles, was sein ist.
Bibel, 2. Moses 20,17; 10. Gebot

Ein schönes **Weib** (4) ohne Zucht ist wie eine Sau mit einem goldenen Haarband.
Bibel, Sprüche Salomos 11,22; nach neuer Übersetzung: ... *mit einem goldenen Ring durch die Nase.*

Ein tugendsames **Weib** (5) ist eine Krone ihres Mannes; aber ein böses ist wie Eiter in seinen Gebeinen.
Bibel, Sprüche Salomos 12,4; neue Übersetzung: *eine tüchtige Frau* ...

Entflieh mit mir und sei mein **Weib** (6).
HEINRICH HEINE, »Tragödie«

Lieblich und schön sein ist nichts; ein **Weib** (7), das den Herrn fürchtet, soll man loben.
Bibel, Sprüche Salomos 31,30

Weib (8), was habe ich mit dir zu schaffen?
Bibel, Evangelium des Johannes 2,4

Wer ein holdes **Weib** (9) errungen, mische seinen Jubel ein.
FRIEDRICH V. SCHILLER, »Lied an die Freude«

Besser im Winkel auf dem Dach wohnen als mit einem zänkischen **Weibe** (10) zusammen in einem Hause.
Bibel, Sprüche Salomos 21,9

Ach, welch ein schwaches Ding das Herz des **Weibes** (11) ist!
WILLIAM SHAKESPEARE, »Caesar«

Männer richten nach Gründen; des **Weibes** (12) Urteil ist seine Liebe: wo es nicht liebt, hat schon gerichtet das Weib.
FRIEDRICH V. SCHILLER, »Weibliches Urteil«

Da werden **Weiber** (1) zu Hyänen und treiben mit Entsetzen Scherz.
FRIEDRICH V. SCHILLER, »Die Glocke«

Die **Weiber** (2)! Die Weiber! Man vertändelt gar zu viel Zeit mit ihnen.
JOH. WOLFGANG V. GOETHE, »Clavigo«

Die **Weiber** (3) sind von Natur beredt und können die Redekunst wohl. MARTIN LUTHER

Ob die **Weiber** (4) so viel Vernunft haben als die Männer, mag ich nicht entscheiden, aber sie haben ganz gewiß nicht so viel Unvernunft.
JOH. GOTTFRIED SEUME, »Apokryphen«

Verwünschtes Volk der **Weiber** (5)!
FRIEDRICH V. SCHILLER, »Wilhelm Tell«

Wer die **Weiber** (6) haßt, wie kann der leben?
JOH. WOLFGANG V. GOETHE

Wie fällt doch ein Geheimnis **Weibern** (7) schwer!

WILLIAM SHAKESPEARE, »Caesar«

Ach wie so trügerisch sind **Weiberherzen!**

Aus der Oper »Rigoletto«; Musik von GIUSEPPE VERDI

Das Ewig-**Weibliche** (1) zieht uns hinab.

FRIEDRICH NIETZSCHE, »Jenseits von Gut und Böse«

Das Ewig-**Weibliche** (2) zieht uns hinan.

JOH. WOLFGANG V. GOETHE, »Faust«

Dem Leben rechte **Weihe** kann nur eignes Schaffen geben.

FRIEDRICH V. BODENSTEDT

Grüne **Weihnacht** (1), weiße Ostern.   Bauernregel

Hängt zur **Weihnacht** (2) Eis von den Zweigen, kannst du zu Ostern Palmen schneiden.

Bauernregel für den 25. Dezember

Gute Nacht, viel Glück, fröhliche **Weihnachten** (3), und Gott segne euch alle auf der guten Erde.

Astronaut WILLIAM ANDERS, als er in der Weihnachtsnacht 1968 mit Apollo 8 den Mond umkreiste.

Ist **Weihnachten** (4) hell und klar, so hofft man auf ein fruchtbar' Jahr.

Bauernregel für den 25. Dezember

Ist es windig an den **Weihnachtstagen**, sollen viel Obst die Bäume tragen.   Bauernregel

Morgen kommt der **Weihnachtsmann.**

AUGUST HEINRICH HOFFMANN V. FALLERSLEBEN, Weihnachtslied

Nicht nur zur **Weihnachtszeit** (1).   Novelle von HEINRICH BÖLL

Oh du fröhliche, oh du selige, gnadenbringende **Weihnachtszeit** (2).

JOH. DANIEL FALK, Weihnachtslied

Sag an, wo **weiltest** du so lang?

Aus der Oper »Tannhäuser« von RICHARD WAGNER

Der **Wein** (1) ist die Milch der Alten.   Sprichwort

Der **Wein** (2) ist unter den Getränken das nützlichste, unter den Arzneien das schmackhafteste, unter den Nahrungsmitteln das angenehmste.

PLUTARCH

Der **Wein** (3) macht lose Leute, und starkes Getränk macht wild.

Bibel, Sprüche Salomos 20,1

Ein Mädchen und ein Gläschen **Wein** (4) kurieren alle Not.   JOH. WOLFGANG V. GOETHE

Im **Wein** (5) ist Wahrheit.

Lat. Sprichwort; lat.: *in vino veritas.*

Jemandem reinen **Wein** (6) einschenken.

Sprichwörtl. Redensart; Sinn: jmd. die Wahrheit sagen

Jungen **Wein** (7) in alte Schläuche füllen.

Nach der Bibel, Matthäus 9,17

Wer nicht liebt **Wein** (8), Weib, Gesang, der bleibt ein Narr sein Leben lang.
Sprichwort; MARTIN LUTHER zugeschrieben, wahrscheinlich aber von JOH. HEINRICH VOSS

Wohlauf, noch getrunken den funkelnden **Wein** (9).
JUSTINUS KERNER, »Wanderlied«; Melodie von ROBERT SCHUMANN

Voll süßen **Weins** (10) sein.
Redensart; nach der Bibel, Apostelgeschichte 2,13

O Welt, bei deinen Sachen ist **Weinen** (1) mehr als Lachen.
FRIEDRICH V. LOGAU

Wer wird denn **weinen** (2), wenn man auseinandergeht, wo an der nächsten Ecke schon ein andrer steht.
Aus der Operette »Die Scheidungsreise« von HUGO HIRSCH

Leise, leise, fromme **Weise**, schwing dich auf zum Sternenkreise.
Aus der Oper »Der Freischütz«; Musik von CARL MARIA V. WEBER

Der **Weise** (1) kann des Mächtigen Gunst entbehren, doch nicht der Mächtige des Weisen Lehren.
FRIEDRICH V. BODENSTEDT

Stets äußert sich der **Weise** (2) leise, vorsichtig und bedingungsweise. WILHELM BUSCH

Wahrlich, keiner ist **weise** (3), der nicht das Dunkel kennt.
HERMANN HESSE, »Diesseits«

Kein **Weiser** (4) jammert um den Verlust, er sucht mit freud'gem Mut ihn zu ersetzen.
WILLIAM SHAKESPEARE, »Heinrich IV.«

An **Weisheit** (1), Alter und Gnade zunehmen.
Nach der Bibel, Lukas 2,52

Das ist der **Weisheit** (2) letzter Schluß: nur der verdient sich Freiheit wie das Leben, der täglich sie erobern muß.
JOH. WOLFGANG V. GOETHE; Redensart: *der Weisheit letzter Schluß*

Die **Weisheit** (3) eines Menschen mißt man nicht an seiner Erfahrung, sondern nach seiner Fähigkeit, Erfahrungen zu machen.
GEORGE BERNARD SHAW

Die **Weisheit** (4) ist ein Quell: je mehr man aus ihr trinkt, je mehr und mächtiger sie wieder treibt und springt.
ANGELUS SILESIUS, »Der Cherubinische Wandersmann«

Die **Weisheit** (5) ist nur in der Wahrheit.
JOH. WOLFGANG V. GOETHE, Sprüche

Die **Weisheit** (6) nicht mit Löffeln gefressen haben.
Sprichwort

Mensch, lerne dich selbst erkennen: das ist der Mittelpunkt aller **Weisheit** (7).
GOTTHOLD EPHRAIM LESSING

Weisheit (8) erwerben ist besser als Gold und Einsicht erwerben besser als Silber.
Bibel, Sprüche Salomos 16,16

Weisheit (9) mit dem Sonnenblick, große Göttin, tritt zurück, weiche vor der Liebe!
FRIEDRICH V. SCHILLER, »Triumph der Liebe«

Zweifel ist der **Weisheit** (10) Anfang.   RENÉ DESCARTES

Und wie wir's dann zuletzt so herrlich **weit** gebracht.
JOH. WOLFGANG V. GOETHE, »Faust«

Bis an der **Welt** (1) Ende.
Bibel, Matthäus 28,20 u. a.

Daß wir uns in ihr zerstreuen, darum ist die **Welt** (2) so groß.
JOH. WOLFGANG V. GOETHE

Dem Mutigen gehört die **Welt** (3).   Sprichwort

Der ganzen **Welt** (4) hat's selbst Gott nicht recht tun können.   Jugoslawisches Sprichwort

Die dritte **Welt** (5).
Name für die meist unterentwickelten Länder in Afrika, Asien, Lateinamerika, die weder zum West- noch zum Ostblock gehören

Die ganze **Welt** (6) liegt im argen.
Bibel, 1. Brief des Johannes 5,19

Die ganze **Welt** (7), die dreht sich drum, das Geld, das ist die Achse.
WILHELM MÜLLER, »Der Bankier«

Die neue **Welt** (8).
Beiname Amerikas; nach dem Wappenspruch von Kolumbus

Die **Welt** (9) ist eine Bühne, aber die Rollen sind schlecht verteilt.   OSCAR WILDE

Die **Welt** (10) ist ein Schauplatz; du kommst, siehst, gehst vorüber.   MATTHIAS CLAUDIUS

Die **Welt** (11) ist eine Glocke, die einen Riß hat: sie klappert, aber klingt nicht.
JOH. WOLFGANG V. GOETHE, »Maximen und Reflexionen«

Die **Welt** (12) ist eine Komödie für die, die denken, und eine Tragödie für die, die fühlen.
HORACE WALPOLE

Die **Welt** (13) ist voll von Leuten, die Wasser predigen und Wein trinken.
GIOVANNINO GUARESCHI

Die **Welt** (14), obgleich sie wunderlich, ist gut genug für dich und mich.   WILHELM BUSCH

Die **Welt** (15) wird nie gut, aber sie könnte besser werden.
CARL ZUCKMAYER

Gott befohlen, Brüder! In einer anderen **Welt** (16) wieder!
FRIEDRICH V. SCHILLER, »Die Schlacht«

Hier ist die **Welt** (17) mit Brettern vernagelt.
Sprichwörtl. Redensart; Sinn: da geht es nicht mehr weiter

Ich sah die **Welt** (18) unter mir dahinfliehen, als würde ich von den Lüften fortgetragen.
NAPOLEON I., 1796

Ich verstehe die **Welt** (19) nicht mehr.
FRIEDRICH HEBBEL, »Maria Magdalena«

Nicht von dieser **Welt** (20) sein.
Sprichwörtl. Redensart; nach der Bibel, Evangelium des Johannes 8,23; Sinn: versponnen sein

Die beste aller **Welten** (21).
Sprichwörtl. Redensart; nach GOTTFRIED WILHELM LEIBNIZ, »Theodize«

Die **Weltgeschichte** (1) ist die Summe dessen, was vermeidbar gewesen wäre.
BERTRAND RUSSELL

Die **Weltgeschichte** (2) ist eine Verschwörung der Diplomaten gegen den gesunden Menschenverstand.
ARTHUR SCHNITZLER

Ein Treppenwitz der **Weltgeschichte** (3).
Sprichwörtl. Redensart; nach Buch von W. HERTSLET; Sinn: eine unerwartete, meist etwas komische Wendung in der Geschichte

Prophete rechts, Prophete links, das **Weltkind** in der Mitte.
JOH. WOLFGANG V. GOETHE, »Dichtung und Wahrheit«; Redensart vom Weltkind nach der Bibel, Lukas 16,8

Wenig, aber von Herzen.
Redensart, oft mit etwas ironischem Beiklang; nach der Bibel, Tobias 4,9

Wenn das Wörtchen **wenn** nicht wär', wär' mein Vater Millionär. Sprichwort

So gib mir auch die Zeiten wieder, da ich selbst noch im **Werden** war.
JOH. WOLFGANG V. GOETHE, »Faust«

Wer glaubt, etwas zu sein, hat aufgehört, etwas zu **werden** (2).
RUDOLF HERZOG

Das Ende krönt das **Werk** (1).
WILLIAM SHAKESPEARE, »Troilus und Cressida«

Die unbegreiflich hohen **Werke** (2) sind herrlich wie am ersten Tage.
JOH. WOLFGANG V. GOETHE. »Faust«

Gute **Werke** (3) haben keinen Namen.
MARTIN LUTHER, »Tischreden«

Ihre **Werke** (4) folgen ihnen nach.
Bibel, Offenbarung des Johannes 14,13

Zum **Werke** (5), das wir ernst bereiten, geziemt sich wohl ein ernstes Wort.
FRIEDRICH V. SCHILLER, »Die Glocke«

Ein jeder gibt den **Wert** sich selbst.
FRIEDRICH V. SCHILLER, »Wallensteins Tod«

In die Tiefe mußt du steigen, soll sich dir das **Wesen** zeigen.
FRIEDRICH V. SCHILLER, »Die Sprüche des Konfuzius«

Mensch, werde **wesentlich,** denn wenn die Welt vergeht, so fällt der Zufall weg, das Wesen, das besteht.
ANGELUS SILESIUS

Wetterwendisch sein.
Sprichwörtl. Redensart; nach der
Bibel, Matthäus 13,21; Markus
4,17; Sinn: unbeständig sein

Alles ist **wichtig** (1) nur auf
Stunden. THEODOR FONTANE

Das **Wichtige** (2) bedenkt man
nie genug.
JOH. WOLFGANG V. GOETHE, »Die
natürliche Tochter«

Wer nicht mit mir ist, der ist
wider mich.
Bibel, Matthäus 12,30; Lukas
11,23

Passiven **Widerstand** leisten.
Parole, von H. V. UNRUH 1848 geprägt; als gewaltloser Widerstand
auch von Gandhi praktiziert

Es wird mir so, ich weiß nicht
wie.
JOH. WOLFGANG V. GOETHE,
»Faust«

Das war mir, ich muß geste-
hen, gar kein freudig' **Wiedersehen** (1).
Aus der Oper »Undine« von AL-
BERT LORTZING

Wiedersehen (2) macht Freude!
Sprichwörtl. Redensart; meist gebraucht, um jmd. dazu zu ermun-
tern, ausgeliehene Dinge zurück-
zugeben

Laßt den **Wienern** ihren Pra-
ter; Weimar, Jena, das ist gut.
JOH. WOLFGANG V. GOETHE, »Die
Lustigen von Weimar«

Den Menschen macht der
Wille (1) groß und klein.
FRIEDRICH V. SCHILLER, »Wallen-
steins Tod«

Der gute **Wille** (2) ist die
Hauptsache.
WILLIAM SHAKESPEARE, »Heinrich
IV.«

Des Menschen **Wille** (3), das
ist sein Glück.
FRIEDRICH V. SCHILLER, »Wallensteins Lager«

Des Menschen **Wille** (4) ist sein
Himmelreich. Sprichwort

Wie viele Male schaut der
Wille (5) durchs Fenster, ehe
die Tat durchs Tor geht.
ERASMUS VON ROTTERDAM

Wo ein **Wille** (6) ist, ist auch
ein Weg. Sprichwort

Willenskraft Wege schafft.
Sprichwort

Willensstärke ist die Fähigkeit,
beim Fernsehen aus einer vol-
len Schale nur eine Salzmandel
zu essen. ROBERT LEMBKE

Willkommen, edler Lord!
FRIEDRICH V. SCHILLER, »Maria
Stuart«

Vermessene **Willkür** hat der
getreuen Natur göttlichen Frieden gestört.
FRIEDRICH V. SCHILLER, »Genius«

Der **Wind** (1) bläst, wo er will.
Bibel, Evangelium des Johannes
3,8

Der **Wind** (2) hat mir ein Lied
erzählt.
Lied aus dem Film »La Ha-
banera«; gesungen von ZARAH
LEANDER

Der **Wind** (3) zieht seine Ho-
sen an, die weißen Wasserho-
sen.
HEINRICH HEINE, »Die Heimkehr«

Ich spucke gegen den **Wind**
(4).
Autobiographie von JOAN LOWELL

In den **Wind** (5) sprechen.
Sprichwörtl. Redensart; nach der
Bibel, 1. Korinther 14,9; Sinn: et-
was vergeblich sagen

Jemandem den **Wind** (6) aus
den Segeln nehmen.
Sprichwörtl. Redensart; Sinn: jmd.
zuvorkommen

Wer **Wind** (7) sät, wird Sturm
ernten.
Sprichwort; nach der Bibel, Hosea
8,7

Wind (8) von etwas bekommen.
Sprichwörtl. Redensart aus der Jägersprache: der Jäger muß verhindern, daß das Wild ihn wittert,
d. h. Wind von ihm bekommt;
Sinn: eine gefährliche Situation
vorher erkennen

In alle **Winde** (9) zerstreut.
Sprichwörtl. Redensart; nach der
Bibel, Hesekiel 17,21

Vom **Winde** (10) verweht.
Roman von MARGRET MITCHELL;
engl.: *gone by the wind*

Kampf mit den **Windmühlen-
flügeln.**
Sprichwörtl. Redensart; nach MI-
GUEL DE CERVANTES, »Don Quijote«; Sinn: vergebliches Mühen

Ein **Wink** mit dem Zaunpfahl.
Sprichwörtl. Redensart; Sinn: ein
deutlicher Hinweis

Der alte **Winter** (1) in seiner
Schwäche zog sich in rauhe
Berge zurück.
JOH. WOLFGANG V. GOETHE,
»Faust«

Der nächste **Winter** (2) kommt
bestimmt.
Werbeslogan der Kohlenbranche
seit 1963

Der **Winter** (3) ist ein rechter
Mann, kernfest und auf die
Dauer.
MATTHIAS CLAUDIUS, »Ein Lied,
hinter dem Ofen zu singen«

Mir ist es **winterlich** im Leibe.
JOH. WOLFGANG V. GOETHE,
»Faust«

Winterstürme wichen dem
Wonnemond.
Aus der Oper »Die Walküre« von
RICHARD WAGNER

Kleine Ursachen, große **Wirkungen.**   Sprichwort

Bei einem **Wirte** wundermild,
da war ich jüngst zu Gaste.
LUDWIG UHLAND, »Einkehr«

Es zogen drei Burschen wohl
über den Rhein, bei einer Frau
Wirtin (1), da kehrten sie ein.
LUDWIG UHLAND, Trinklied

Frau **Wirtin** (2) hat auch . . .
Anfangszeile der erotischen Wirtin-
nenverse (in Goethe-Jahrbüchern)

Jede **Wirtschaft** beruht auf
dem Kreditsystem, das heißt,
auf der irrtümlichen An-
nahme, der andere werde ge-
pumptes Geld zurückzahlen.
KURT TUCHOLSKY

Man müßte eine **Wirtschaftsordnung** finden, in der jeder
die Kosten für das, was er an-
richtet, selbst trägt, statt sie
auf andere abzuwälzen.
HOIMAR V. DITFURTH

Ich **weiß** (wissen 1), daß ich nichts weiß. SOKRATES

Was ich nicht **weiß** (wissen 2), macht mich nicht heiß.
Sprichwort; nach OVID »Liebeskunst«

Wat man nicht **weiß** (wissen 3), dat muß sich erklären.
JÜRGEN V. MANGER alias TEGTMEIER

Nicht **wissen** (4), was rechts oder links ist.
Sprichwörtl. Redensart; nach der Bibel, Jonas 4,11

Weder aus noch ein **wissen** (5).
Sprichwörtl. Redensart für Ratlosigkeit; nach der Bibel, 1. Könige 3,7

Wir **wissen** (6) wohl, wer wir sind; aber nicht, was wir werden können.
WILLIAM SHAKESPEARE, »Hamlet«

Alles **Wissen** (1) ist Erinnerung. THOMAS HOBBES

Mit dem **Wissen** (2) wächst der Zweifel.
JOH. WOLFGANG V. GOETHE, »Maximen und Reflexionen«

Wissen (3) ist ein Schatz, der seine Besitzer überallhin begleitet. Chinesisches Sprichwort

Ich halte dafür, daß das einzige Ziel der **Wissenschaft** (1) darin besteht, die Mühseligkeit der menschlichen Existenz zu erleichtern. BERTOLT BRECHT

Wissenschaft (2) ist die jüngste Weltreligion, die erste, die wirklich die gesamte Welt umfaßt. LUDWIG MARCUSE

Wissenschaft (3) ist nur eine Hälfte, Glauben ist die andere.
NOVALIS

Die Geschichte der **Wissenschaften** (4) ist eine große Fuge, in der die Stimmen der Völker nach und nach zum Vorschein kommen.
JOH. WOLFGANG V. GOETHE, »Maximen und Reflexionen«

Alles **wissenschaftliche** Arbeiten ist nichts anderes, als immer neuen Stoff in allgemeine Gesetze zu bringen.
WILHELM V. HUMBOLDT

Die lustige **Witwe**.
Operette; Musik von FRANZ LÉHAR

Der **Witz** (1) ist das einzige Ding, was umso weniger gefunden wird, je eifriger man es sucht. FRIEDRICH HEBBEL

In traurigen Zeiten blüht der **Witz** (2). Jüdisches Sprichwort

Lieber einen Freund verlieren, als einen **Witz** (3).
HORAZ, Satiren

Witz (4) ist Intellekt auf dem Bummel. OSCAR WILDE

Kürze ist des **Witzes** (5) Seele.
WILLIAM SHAKESPEARE, »Hamlet«

Wohl dem, der frei von Schuld und Fehle bewahrt die kindlich reine Seele.
FRIEDRICH V. SCHILLER, »Die Kraniche des Ibykus«

Laßt **wohlbeleibte** Männer um mich sein, mit glatten Köpfen, und die nachts gut schlafen.
WILLIAM SHAKESPEARE, »Caesar«

Alle **Wohlgerüche** Arabiens.
WILLIAM SHAKESPEARE, »Macbeth«

Nur wer im **Wohlstand** lebt, lebt angenehm.
BERTOLT BRECHT, »Dreigroschenoper«; Musik von KURT WEILL

Wohltaten, die für morgen projektiert, geplant oder vorgesehen sind, zählen für die hungernden Menschen von heute überhaupt nicht.
INDIRA GANDHI

Wohltätig ist des Feuers Macht, wenn sie der Mensch bezähmt, bewacht.
FRIEDRICH V. SCHILLER, »Die Glocke«

Wohltätigkeit kennt keinen Unterschied der Nation.
HELMUTH V. MOLTKE

In meines Vaters Hause sind viele **Wohnungen**.
Bibel, Evangelium des Johannes 14,2

Der **Wolf** (1) in der Fabel.
Sprichwörtl. Redensart; nach TERENZ, »Die Brüder«; Sinn: man spricht über jmd., der gerade kommt; lat.: *lupus in fabula*

Ein **Wolf** (2) ist einer ganzen Herde Schafe zuviel.
JOH. WOLFGANG V. GOETHE, »Götz von Berlichingen«

Wen der **Wolf** (3) nicht zerriß, den prellte der Fuchs.
FRIEDRICH V. SCHILLER, »Fiesco«

Mit den **Wölfen** (4) muß man heulen.
Sprichwort; Sinn: man muß sich anpassen

St. **Wolfgang** Regen verspricht ein Jahr voll Segen.
Bauernregel für den 31. Oktober

Aus der **Wolke** (1) strömt der Regen, quillt der Segen.
FRIEDRICH V. SCHILLER, »Die Glocke«

Eilende **Wolken** (2)! Segler der Lüfte. Wer mit euch wanderte, wer mit euch schiffte.
FRIEDRICH V. SCHILLER, »Maria Stuart«

Im **Wolkenkuckucksheim** leben.
Sprichwörtl. Redensart; nach ARISTOPHANES, »Die Vögel«; Sinn: nicht auf dem Boden der Tatsachen sein

Wer nicht **will** (wollen 1), der hat schon. Redensart

Wollen (2) hab' ich wohl, aber vollbringen das Gute finde ich nicht. Bibel, Römer 7,8

Das **Wort** (1) sie sollen lassen stahn.
MARTIN LUTHER, »Ein feste Burg«

Das **Wort** (2) verwundet leichter, als es heilt.
JOH. WOLFGANG V. GOETHE, »Die natürliche Tochter«

Denn eben wo Begriffe fehlen, da stellt ein **Wort** (3) zur rechten Zeit sich ein.
JOH. WOLFGANG V. GOETHE, »Faust«

Du sprichst ein großes **Wort** (4) gelassen aus!
JOH. WOLFGANG V. GOETHE, »Iphigenie auf Tauris«; daraus Sprichwort

Ein böses **Wort** (5) läuft bis ans Ende der Welt.
WILHELM BUSCH

Gib nicht zu schnell dein **Wort** (6), so brauchst du's nicht zu brechen.   FRIEDRICH RÜCKERT

Von einem **Wort** (7) läßt sich kein Jota rauben.
JOH. WOLFGANG V. GOETHE, »Faust«

Der **Worte** (8) sind genug gewechselt, laßt mich auch endlich Taten sehn.
JOH. WOLFGANG V. GOETHE, »Faust«

Haltet euch an meine **Worte** (9) und nicht an meine Werke.
Nach der Bibel, Matthäus 23,3

Verzeih, ich kann nicht hohe **Worte** (10) machen.
JOH. WOLFGANG V. GOETHE, »Faust«

Wo **Worte** (11) selten, haben sie Gewicht.
WILLIAM SHAKESPEARE, »Richard II.«

Worte (12) sind die mächtigste Droge, welche die Menschheit benutzt.   RUDYARD KIPLING

Worte (13), Worte, nichts als Worte.
WILLIAM SHAKESPEARE, »Troilus und Cressida«

Wie brennt meine alte **Wunde**!
HEINRICH HEINE, »Die Grenadiere«

Das große unzerstörbare **Wunder** (1) ist der Menschenglaube an Wunder.
JEAN PAUL, »Vorschule der Ästhetik«

Das **Wunder** (2) ist des Augenblicks Geschöpf.
JOH. WOLFGANG V. GOETHE, »Die natürliche Tochter«

Das **Wunder** (3) ist des Glaubens liebstes Kind.
JOH. WOLFGANG V. GOETHE

Die **Wunder** (4) ruhn, der Himmel ist verschlossen.
FRIEDRICH V. SCHILLER, »Die Jungfrau von Orléans«

Ich weiß, es wird einmal ein **Wunder** (5) geschehn.
Lied aus dem Film »Die große Liebe«; gesungen von ZARAH LEANDER

Sein blaues **Wunder** (6) erleben.
Sprichwörtl. Redensart; als Warnung gedacht; im Mittelalter ließen Zauberer zu Beginn ihrer Vorstellung blaue Dämpfe um sich verbreiten

Wunder (7): eine Begebenheit, deren Grund nicht in der Natur zu finden ist.
IMMANUEL KANT

Des Knaben **Wunderhorn**.
Liedersammlung von ACHIM V. ARNIM und CLEMENS BRENTANO

Wunderliche Heilige.
Redensart; nach der Bibel, Psalm 4,4

Ick **wundre** mir über jar nischt mehr.
Berliner Couplet von OTTO REUTTER

Dein **Wunsch** (1) ist mir Befehl!   Redensart

Der **Wunsch** (2) ist oft der Vater des Gedankens.   Sprichwort

Unsere **Wünsche** (3) sind Vorgefühle der Fähigkeiten, die in uns liegen, Vorboten desjenigen, was wir zu leisten imstande sein werden.
                    JOH. WOLFGANG V. GOETHE

Wer dein Mehl hat, hat auch deine **Würde**.
                    Afrikanisches Sprichwort

Der **Würfel** ist gefallen.
Sprichwörtl. Redensart für eine Entscheidung, so wie CAESAR sie mit dem Überschreiten des Rubikons getroffen hat; eigentlich aus dem Griechischen; lat.: *alea iacta est.*

Da steckt der **Wurm** drin!
Sprichwörtl. Redensart für etwas, was nicht in Ordnung ist, was auch verdächtig sein kann

Jetzt geht's um die **Wurst**.
Sprichwörtl. Redensart; Sinn: eine Entscheidung steht bevor, die letzten Kraftreserven werden gefordert

Die Axt an die **Wurzel** (1) legen.
                    Nach der Bibel, Matthäus 3,10

Hier sind die starken **Wurzeln** (2) deiner Kraft.
FRIEDRICH V. SCHILLER, »Wilhelm Tell«

Schau nicht in eines **Wüterichs** (1) Gesicht, sein Antlitz gleicht dem offnen Tor der Hölle.
                    Persisches Sprichwort

Glaubt nicht, daß bei dem größten Glücke ein **Wüterich** (2) jemals glücklich ist.
CHRISTIAN FÜRCHTEGOTT GELLERT, Fabeln

X/Y

Jemandem ein »X« für ein »U«
(vor)machen.
Sprichwörtl. Redensart; Sinn: jmd.
betrügen wollen; man schrieb die
lat. Buchstaben *U* und *V* früher
gleich; *V* als Zahl fünf; *X* als Zahl
zehn; schrieb ein Wirt *V* [fünf] an
und ersetzte er das später durch
X = [zehn], so mußte sein Kunde
das Doppelte zahlen

Eine Frau gleicht einer **Xan-
thippe** (1).
Sprichwörtl. Redensart; Sinn: eine
Frau gilt als zänkisch, wie die des
griech. Philosophen SOKRATES,
Xanthippe

Daß der Gatte **Xanthippes** (2)
ein so großer Philosoph geworden ist, ist merkwürdig. Während allem Gezänk noch denken! Aber schreiben konnte er
nicht, das war unmöglich: Sokrates hat kein einziges Buch
hinterlassen.
HEINRICH HEINE, »Gedanken und
Einfälle«

Ach! Hier lieg' ich und strecke
nach deinen Knien die Hände
flehend aus. Oh, vernimm, Jupiter **Xenius**, mich!
JOH. WOLFGANG V. GOETHE, »Römische Elegien«

Jemand ist ein **Yankee** (1).
Spitzname für die US-Amerikaner;
engl. Form des niederländischen
Kosenamens *Jan*; seit dem Sezes-
sionskrieg, also ab 1860, als abfäl-
lige Bezeichnung für die Nord-
staatler bekannt

Yankee-Doodle (2).
Um 1750 entstandenes Spottlied
auf die amerikanischen Truppen
im Unabhängigkeitskrieg gegen
England; Nationallied der Nord-
amerikaner

Armer **Yorick**!
WILLIAM SHAKESPEARE, »Hamlet«;
Name des königlichen Spaßma-
chers; Pseudonym des engl.
Schriftstellers Lorenz Stern; engl.:
poor Yorick

Aussehen wie der Tod von
Ypern.
Sprichwörtl. Redensart; auch bekannt als »Tod von Basel«; jmd.
sieht schlecht, krank aus; aus alten
Darstellungen des Todes auf Ge-
mälden entstanden; *Ypern* [Stadt
in Belgien]

Die **Zahl** ist das Wesen der Dinge.   Pythagoras

Ich **zahle** (1) dir in einem andern Leben.
Friedrich v. Schiller, »Resignation«

Ach! Reines Glück genießt doch nie, wer **zahlen** (2) soll und weiß nicht wie.
Wilhelm Busch, »Maler Klecksel«

Ein jeder **zählt** nur sicher auf sich selbst.
Friedrich v. Schiller, »Wilhelm Tell«

Viktoria! Viktoria! der kleine weiße **Zahn** (1) ist da!
Matthias Claudius, »Als der erste Zahn durch war«

Die **Zähne** (2) zusammenbeißen.
Sprichwörtl. Redensart; nach der Bibel, Matthäus 8,12; Sinn: sich zusammennehmen

Was macht man sich aus der Liebe der ganzen Menschheit, wenn man **Zahnweh** oder Migräne hat?   Theodor Fontane

Jemand ist ein **Zappelphilipp**.
Sprichwörtl. Redensart; nach Heinrich Hoffmann, »Der Struwwelpeter«

Also sprach **Zarathustra**.
Sprichwörtl. Redensart; nach gleichnamigem Werk von Friedrich Nietzsche; Zarath' ustra [Name des altiranischen Religionsstifters und Propheten; wahrscheinlich 630–553 v. Chr.]

Zärtlichkeit ist das Ruhen der Leidenschaft.
Joseph Joubert, »Gedanken und Maximen«

Wein und schöne Mädchen sind zwei **Zauberfädchen**, die auch die erfahrnen Vögel gern umgarnen.
Friedrich Rückert,   »Östliche Rosen«

Ja, wäre nur ein **Zaubermantel** mein, und trüg' er mich in fremde Länder!
Joh. Wolfgang v. Goethe, »Faust«

Mondbeglänzte **Zaubernacht,** die den Sinn gefangen hält, wundervolle Märchenwelt, steige auf in der alten Pracht!
Ludwig Tieck, »Kaiser Octavianus«

Der Dichter steht mit dem **Zauberstab** auf wolkigem Bergesthrone.
Emanuel Geibel, »König Dichter«

Die oberen **Zehntausend.**
Redensart für gesellschaftliche Oberschicht

Es geschehen noch **Zeichen** (1) und Wunder.
Redensart; nach der Bibel, 5. Moses 7,19 u. a.

Zeichen (2) der Zeit.
Redensart; nach der Bibel, Matthäus 16,3

Zwischen den **Zeilen** lesen.
Sprichwörtl. Redensart; Sinn: verborgenen Sinngehalt einer Sache erkennen; im Mittelalter war es üblich, beim Übersetzen eines fremden Textes das deutsche Wort über das fremdsprachige Wort zu schreiben

Alles zu seiner **Zeit** (1).
Sprichwort; nach der Bibel, Prediger Salomo 3,1; eigentlich: *ein jegliches hat seine Zeit.*

Die gute alte **Zeit** (2).
Redensart für die Vergangenheit

Die **Zeit** (3) ist aus den Fugen.
WILLIAM SHAKESPEARE, »Hamlet«; daraus Redensart

Die **Zeit** (4) ist das kostbarste Gut; man kann sie für Geld nicht kaufen.
Jüdisches Sprichwort

Die **Zeit** (5) ist eine geräuschlose Feile.
Italienisches Sprichwort

Es begab sich aber zu der **Zeit** (6) ...
Bibel, Lukas 2,1; Beginn der Weihnachtsgeschichte

Kinder, wie die **Zeit** (7) vergeht!
Lied von FRIEDRICH SCHRÖDER

Kommt **Zeit** (8), kommt Rat.
Sprichwort

Nicht in die ferne **Zeit** (9) verliere dich, den Augenblick ergreife, der ist dein.
FRIEDRICH V. SCHILLER, Übersetzung des »Macbeth« von SHAKESPEARE

Niemand kann vor seiner **Zeit** (10) davonlaufen.
ALBERT SCHWEITZER

Unaufhaltsam enteilet die **Zeit** (11).
FRIEDRICH V. SCHILLER, »Das Unwandelbare«

Wer nicht kommt zur rechten **Zeit** (11), muß nehmen, was da übrigbleibt.
Sprichwort

Wir eilen mit dem Strom der **Zeit** (13) stets näher hin zur Ewigkeit.
JOACHIM NEANDER

Zeit (14) ist Geld.
Englisches Sprichwort; engl.: *time is money.*

Die **Zeiten** (1) sind nicht mehr, wo Berta spann.
OTTO V. BISMARCK, 1870; nach dem italienischen Sprichwort: *non è più il tempo che Berta filava;* gemeint: die gute alte Zeit

Die **Zeiten** (2) sind vorbei.
Redensart; nach JOH. WOLFGANG V. GOETHE, »Götz von Berlichingen«

Das **Zeitliche** segnen.
Redensart für sterben; nach alter Sitte segnete ein Sterbender die Angehörigen

Die **Zeitung** ist die Konserve der Zeit.
KARL KRAUS

Das ist eine **Zeitungsente**.
Redensart für Falschmeldung in der Presse

Ist die Zeit das Kostbarste unter allem, so ist **Zeitverschwendung** die allergrößte Verschwendung.
BENJAMIN FRANKLIN

Die **Zensur** ist die jüngere von zwei schändlichen Schwestern, die ältere heißt Inquisition.
JOH. NEPOMUK NESTROY, »Freiheit in Krähwinkel«

Einst spielt' ich mit **Zepter**, mit Krone und Stern.
Aus der Oper »Zar und Zimmermann« von ALBERT LORTZING

Das **Zeremoniell** (1) an Höfen, im Umgang – was ist es anderes als Formalienkram und Klauberei?   IMMANUEL KANT

Was das für Menschen sind, deren ganze Seele auf dem **Zeremoniell** (2) ruht!
JOH. WOLFGANG V. GOETHE, »Die Leiden des jungen Werther«

O welch ein edler Geist ist hier **zerstört**!
WILLIAM SHAKESPEARE, »Hamlet«

Himmel und Erde zu **Zeugen** anrufen.
Redensart; nach der Bibel, 5. Moses 4,26 u. a.

Du sollst nicht falsch **Zeugnis** reden wider deinen Nächsten.
Bibel, 2. Moses 20,16; 8. Gebot

Bedecke deinen Himmel, **Zeus** (1), mit Wolkendunst.
JOH. WOLFGANG V. GOETHE, »Prometheus«

Was tun, spricht **Zeus** (2)?
FRIEDRICH V. SCHILLER, »Die Teilung der Erde«

Nur Beharrung führt zum **Ziel.**
FRIEDRICH V. SCHILLER, »Der zweite Spruch des Konfuzius«

Wie **Zieten** aus dem Busch.
Sprichwörtl. Redensart für unvermitteltes Auftreten einer Person; nach THEODOR FONTANE, »Der alte Zieten«; schon 1774 bekannter Beiname für den Reitergeneral, dessen plötzliches Erscheinen vor dem Feind berühmt war

Zeigen, wo der **Zimmermann** das Loch gelassen hat.
Sprichwörtl. Redensart; Sinn: jmd. hinauswerfen

Er stand auf seines Daches **Zinnen.**
FRIEDRICH V. SCHILLER, »Der Ring des Polykrates«

Tochter **Zion,** freue dich! Jauchze laut, Jerusalem!
Aus der Oper »Judas Makkabäus«; Musik von GEORG FRIEDRICH HÄNDEL; bekanntes Weihnachtslied

Mit **Zittern** und Zagen.
Sprichwörtl. Redensart zum Ausdruck großer Angst, Aufregung; nach der Bibel, Apostelgeschichte 9,6

Was die Menschen **Zivilisation** (1) nennen, ist der Zustand gegenwärtiger Sitten; was sie Barbarei nennen, das sind die Sitten der Vergangenheit.
ANATOLE FRANCE

Zivilisation (2): der Osten verliert sein Östliches, der Westen sein Westliches, beide ihr Köstliches.
GERHART HAUPTMANN

Zivilisation (3) ist erzwungene Tierzähmung des Menschen.
FRIEDRICH NIETZSCHE

Zivilisation (4) ist die unablässige Vermehrung unnötiger Notwendigkeiten.
MARK TWAIN

Die Menschen sind insgesamt je **zivilisierter** (1), desto mehr Schauspieler. IMMANUEL KANT

Die überkultivierten Rosen verlieren ihren Duft, die **überzivilisierten** (2) Menschen ihre Seele. ZENTA MAURINA

Mein Vater, Winston Churchill, sagte einmal zu mir, es sei uns **zivilisierten** (3) Menschen zwar gelungen, das Raubtier in uns auszuschalten, nicht jedoch den Esel.
SARAH CHURCHILL

Wer am **Zoll** sitzt, ohne reich zu werden, ist ein Pinsel.
JOH. WOLFGANG V. GOETHE, »Clavigo«

Alte **Zöpfe** abschneiden.
Sprichwörtl. Redensart; Sinn: überholte Bräuche beseitigen; so wie die Zopftracht der Soldaten um 1780 abgeschafft wurde

Auch der **Zorn** (1) verdirbt die Besten!
FRIEDRICH V. SCHILLER, »Das Siegesfest«

Blick zurück im **Zorn** (2).
Drama von JOHN OSBORNE; engl.: *look back in anger*

Der **Zorn** (3) gehört wohl zu den größten Sünden; doch ist kein Mensch, der nie gezürnt.
WILLIAM SHAKESPEARE, »Timon von Athen«

Eifer und **Zorn** (4) verkürzen das Leben.
Bibel, Jesus Sirach 30,26

Ein Ende nimmt des Mannes Witz, hat großer **Zorn** (5) ihn in Besitz.
Mittelhochdeutscher Spruch

Es ist kein **Zorn** (6) so bitter als der Frauen Zorn.
Bibel, Jesus Sirach 25,21

Ich halte meinen **Zorn** (7), wie es dem Ältern geziemt, zurück.
JOH. WOLFGANG V. GOETHE, »Iphigenie auf Tauris«

Lasset die Sonne nicht über eurem **Zorn** (8) untergehen!
Bibel, Epheser 4,26

Man soll, wenn einen der **Zorn** (9) übermannt, höflich bleiben.
OTTO V. BISMARCK im Reichstag, 1882

Schon wieder rennt der **Zorn** (10) mit dem Verstand davon.
GOTTHOLD EPHRAIM LESSING, »Emilia Galotti«

Sobald der Mensch in **Zorn** (11) gerät, gerät er in Irrtum.
TALMUD

Zorn (12) ist ein kurzer Wahnsinn.
HORAZ, Episteln, lat.: *ira furor brevis est.*

Dem **Zorne** (13) geht Reue auf den Socken nach. Sprichwort

Die Schalen des **Zorns** (14) ausgießen.
Redensart; nach der Bibel, Offenbarung des Johannes 16,1

Geh du hin und prügle ihn; ich bin zu **zornig** (1).
PLATO; von PLUTARCH überliefert

Einen **Zornigen** (2) erkennt man am besten auf dem Spiel, auf der Buhlschaft und auf der Jagd.
MARTIN LUTHER, »Tischreden«

Denn welchen der Herr lieb hat, den **züchtigt** er.
Bibel, Hebräer 12,6

Wer **zuerst** kommt, mahlt zuerst.
Sprichwörtl. Redensart; nach altem Rechtsbrauch; aus dem »Sachsenspiegel« von EIKE V. REPGOW

Der **Zufall** (1) ist der einzig legitime Herrscher des Universums.
NAPOLEON I.

Der **Zufall** (2) ist ein Rätsel, welches das Schicksal dem Menschen aufgibt.
FRIEDRICH HEBBEL, Tagebücher

Seine Majestät, der **Zufall** (3).
Nach einem Ausspruch FRIEDRICHS DES GROSSEN, 1773

Zufall (4) ist der gebräuchlichste Deckname des Schicksals.
THEODOR FONTANE

Zufall (5) ist die in Schleier gehüllte Notwendigkeit.
MARIE V. EBNER-ESCHENBACH

Zufall (6) ist ein Wort ohne Sinn: nichts kann ohne Ursache existieren.
FRANÇOIS-MARIE VOLTAIRE, Philosophisches Taschenwörterbuch

Zufall (7) ist vielleicht das Pseudonym Gottes, wenn er nicht unterschreiben will.
ANATOLE FRANCE

Herr Gott, du bist unsere **Zuflucht** für und für.
Bibel, Psalm 90,1

Iß und trink und sei **zufrieden** (1).
Sprichwort; nach der Bibel, Lukas 12,19

Um **zufrieden** (2) zu sein, das heißt über der Not zu stehen, kommt es nicht darauf an, was man hat, sondern darauf, was man ist.   JEREMIAS GOTTHELF

Am Ende einer Bahn ist gut **Zufriedenheit** (1); doch wer am Anfang ist zufrieden, kommt nicht weit.
FRIEDRICH RÜCKERT, »Die Weisheit des Brahmanen«

Die größte Freud' ist doch die **Zufriedenheit** (2).
WILHELM BUSCH, »Max und Moritz«

Ja, **Zufriedenheit** (3) ist unser bestes Gut.
WILLIAM SHAKESPEARE, »Heinrich VIII.«; engl.: *our content is our best having.*

Zufriedenheit (4) ist der größte Reichtum.   Sprichwort

Zufriedenheit (5) ist eine Tugend, Selbstzufriedenheit ein Fehler.   Sprichwort

Zufriedenheit (6) wohnt mehr in Hütten als in Palästen.
Sprichwort

In den letzten **Zügen** liegen.
Sprichwörtl. Redensart für im Sterben liegen; nach der Bibel, Makkabäer 3,31-32; *Zug* kommt hier von ziehen und bedeutet: in die Ewigkeit ziehen

Das Merkwürdigste an der **Zukunft** (1) ist wohl die Vorstellung, daß man unsere Zeit später die gute alte Zeit nennen wird. JOHN STEINBECK

Die **Zukunft** (2) hat schon begonnen. Buch von ROBERT JUNGK

Die **Zukunft** (3) ist als Raum der Möglichkeiten der Raum unserer Freiheit. KARL JASPERS

Gar töricht ist, wer auf die **Zukunft** (4) baut. JEAN BAPTISTE RACINE

Das ist **Zukunftsmusik**.
Sprichwörtl. Redensart; nach RICHARD WAGNER, »Das Kunstwerk der Zukunft«; Sinn: das ist noch nicht aktuell

Die **Zunge** (1) ist ein Dolch im Fleisch. Spanisches Sprichwort

Seine **Zunge** (2) im Zaum halten.
Sprichwörtl. Redensart; nach der Bibel, Jakobus 1,26

Vieles auf der Welt kommt **zusammen** (1), aber selten die richtigen Paare. AUGUST STRINDBERG

Was nicht **zusammen** (2) kann bestehen, tut am besten, sich zu lösen.
FRIEDRICH V. SCHILLER, »Die Jungfrau von Orléans«

Was Gott **zusammengefügt** hat, das soll der Mensch nicht scheiden.
Nach der Bibel, Matthäus 19,6

Man kann viel, wenn man sich nur recht viel **zutraut**.
WILHELM V. HUMBOLDT, »Briefe an eine Freundin«

Jesus, meine **Zuversicht**.
Kirchenlied von LUISE HENRIETTE V. BRANDENBURG

Wer Weisheit übt, legt anderen keinen **Zwang** auf.
FRIEDRICH V. BODENSTEDT, »Mirza Schaffy«

Im Reich der **Zwecke** (1) hat alles entweder einen Preis oder eine Würde.
IMMANUEL KANT, »Metaphysik«

Es wächst der Mensch mit seinen größern **Zwecken** (2).
FRIEDRICH V. SCHILLER, »Wallensteins Lager«

Der **Zweifel** (1) ist's, der Gutes böse macht.
JOH. WOLFGANG V. GOETHE, »Iphigenie auf Tauris«

Des Glaubens Sonde ist der **Zweifel** (2).
JOH. GOTTFRIED SEUME

Auf keinen grünen **Zweig** kommen.
Sprichwörtl. Redensart; nach der Bibel, Hiob 15,32; Sinn: es nicht weit bringen; auch altgermanischer Brauch, wonach ein Grundstückskäufer als Glückssymbol eine Scholle mit einem grünen Zweig erhielt

Das ist Freude, das ist Leben,
wenn's von allen **Zweigen** (2)
schallt.
LUDWIG UHLAND, »Freie Kunst«

Es ließe sich alles trefflich
schlichten, könnte man die Sachen **zweimal** verrichten.
JOH. WOLFGANG V. GOETHE

Ach! Die Erscheinung war so
riesengroß, daß ich mich recht
als **Zwerg** empfinden sollte.
JOH. WOLFGANG V. GOETHE,
»Faust«

Ich bin ein armes **Zwiebelchen**,
nimm mir das nicht übelchen.
Ich bin ein ungezognes Kind,
weil meine Eltern Säufer sind.
JOACHIM RINGELNATZ

Fronvogt, wie wird die Feste
denn sich nennen, die wir da
baun? **Zwing** Uri soll sie heißen.
FRIEDRICH V. SCHILLER, »Wilhelm
Tell«

Ich will doch sehen, wer mich
hält – wer mich **zwingt** – wer
der Mensch ist, der einen Menschen zwingen kann.
GOTTHOLD EPHRAIM LESSING,
»Emilia Galotti«

Es ist schon fünf vor **zwölf** (1).
Sprichwörtlich für: fast zu spät

Zwischen **zwölf** (2) und Mittag
kann noch viel geschehen.
Sprichwort

Schön ist ein **Zylinderhut**,
wenn man ihn besitzen tut.
WILHELM BUSCH, »Münchner Bil-
derbogen«

Ein **Zyniker** ist ein Mensch,
der von allem den Preis und
von nichts den Wert kennt.
OSCAR WILDE

Zynismus: daß man von niemand mehr erwartet, als man
selber ist.   ELIAS CANETTI

Register der Verfasser von Sprüchen

Das folgende Register listet die Verfasser der Redensarten, Sprüche, Aphorismen usw. in alphabetischer Reihenfolge mit ihren jeweiligen Fundstellen im Lexikonteil auf; die Fundstelle – *Anouilh, Jean; Liebe 21* – bedeutet zum Beispiel, daß der 21. Spruch zum Thema »Liebe« von Jean Anouilh stammt. Bei jedem Verfasser sind also die Stichwörter* aufgeführt, unter denen man im Lexikon der Sprüche nachschlagen kann. Das Register erhebt keinen Anspruch auf Vollständigkeit, was die Lebensdaten der Verfasser betrifft, in manchen wenigen Fällen waren keine genaueren Lebensdaten zu recherchieren.

*Die Stichwörter sind mit denen des Stichwortverzeichnisses ab S. 9 ff. identisch.

A

ABRAHAM
A SANTA CLARA
(1644–1709)
Ehre 1
Hirte
Nagel 3
Rache 9

ABRAHAM, IBN ESRA
(um 1092–1167)
Menschen 3

ACCIUS, LUCIUS
(170– um 85 v. Chr.)
hassen 2

ADENAUER, KONRAD
(1876–1967)
Anfang 4
ärgern 1
einzig
Jäger
Lage
Liebe 5
Macht 6
Mann 1
Menschen 12
Politik 10
Sozialist
Staatsmann 3

ÄSOP
(6. Jh. v. Chr.)
blind 2
Feder 2
Löwe 2
Schlange
Schwalbe
Trübe 2
Wässerlein

ALEXIS, WILLIBALD
(1798–1871)
Kugel

ALEXANDER, PETER
(geb. 1926)
Bett
Früchte 2

ALTENBURG, MICHAEL
(1584–1640)
Häuflein

AMBESSER, AXEL V.
(1910–1988)
Meinung 1
prominent

AMÉRY, CARL V.
(geb. 1922)
Risiko

ANDERSEN,
HANS-CHRISTIAN
(1805–1875)
Leben 3
Prinzessin

ANDERS, WILLIAM
(amerikanischer
Astronaut 1968)
(geb. 1933)
Weihnachten 3

ANDRASSY, GYULA
(1823–1890)
Fall 6

ANGELUS, SILESIUS
(1624–1677)
Augen 7
Christus 4
Weg 1
Weisheit 4
wesentlich

ANOUILH, JEAN
(1910–1987)
Lebenskünstler
Liebe 21
Schönheit 4

APEL, HANS
(geb. 1932)
Pferd 4

ARCHIMEDES
(um 285–212 v. Chr.)
Angeln

ARISTOPHANES
(um 445–385 v. Chr.)
Athen
Profit
Wolkenkuckucksheim

ARISTOTELES
(um 384–322 v. Chr.)
Glück 15
politisch 4
Punkt 1
Rede 2
Schwalbe
Staunen
Tier

ARMSTRONG, NEILL
(geb. 1930)
Schritt 1

ARNDT,
ERNST MORITZ
(1769–1860)
beten 9
Deutschland 1
Eisen 1
Licht 11
Liebe 9
Reben
Rhein 1
Vaterland 8

ARNIM, ACHIM V.
(1781–1831)
Wunderhorn

AUERBACH,
BERTHOLD
(1812–1882)
Idee 1

AUGUSTINUS
(354–430)
Gehorsam 1
Gerechtigkeit 1
glauben 1
lesen 2

AUGUSTUS
(63 v. – 14 n. Chr.)
Varus

AUSTIN, ALFRED
(1835–1913)
öffentlich 5

————————————

B

BAGEHOT, WALTHER
(1826–1877)
Vergnügen 2

BALDE, JAKOB
(1604–1668)
Sprache 14

BALZAC, HONORÉ DE
(1799–1850)
Bürokratie 1
Freund 1

BAMM, PETER
(1897–1975)
Albernheit
Narrheit 1

FRIEDRICH I.
(BARBAROSSA)
(1125–1190)
Kaiser 2

BAUDELAIRE, CHARLES
(1821–1867)
Genie 8

BAUMBACH, RUDOLF
(1840–1905)
Tropfen 1

BAYLY,
THOMAS HAYNES
(1797–1893)
lang 1

BEAUVOIR, SIMONE DE
(1908–1986)
altern
Unwissenheit 1

BECKENBAUER, FRANZ
(geb. 1945)
Schauen

BECKETT, SAMUEL
(1906–1989)
Moralist 1

BEETHOVEN,
LUDWIG VAN
(1770–1827)
Abscheulicher
Freude 5
Himmel 2
Luft 1
Menschen 1
Millionen
Schicksal 6
Universum
Vollkommenheit 3

BELMONDO, JEAN PAUL
(geb. 1933)
Autorennfahrer

BENATZKY, RALPH
(1884—1957)
Sigismund

BENN, GOTTFRIED
(1886—1956)
Gedicht 2

BERGER, SENTA
(geb. 1941)
Flirt 2

BERNHARD
DE CLAIRVAUX
(1091—1153)
Licht 7

BETHMANN-HOLLWEG,
THEOBALD V.
(1856—1921)
frei 3

BIERBAUM,
OTTO JULIUS
(1865—1910)
Humor 4

BIERCE, AMBROSE
(1842—1914)
Egoist 1
Emanzipation
Experte
Feigling
Igel
Mausoleum

BIOLEK, ALFRED
(geb. 1934)
Masse

BISMARCK, OTTO V.
(1815—1898)
Ausländische
Biertrinken
Bürokratie 2
Canossa 2
Chemiker
Christentum 3
Freiheit 4
Gesamtheit
Geschäfte
Geschichte 6

Gesetze 1
Gott 23
Ich 2
Kirche 5
Krieg 5
Macht 9
menschlich 2
Narrenschiff
Pferd 2
Politik 2, 3, 6, 7
politisch 1,3
Preuße 2
Schuldigkeit
Selbstüberschätzung
Übel 3
Umzug
Verantwortung 1
Zeiten 1
Zorn 9

BIZET, GEORGES
(1838—1875)
Kampf 1
Liebe 12

BLÜM, NORBERT
(geb. 1935)
Politiker
Sozialstaat

BLÜTHGEN, VICTOR
(1844—1920)
Gipfel 2

BODELSCHWINGH,
FRIEDRICH V.
(1831—1910)
Licht 14

BODENSTEDT,
FRIEDRICH V.
(1819—1892)
Paradies 1
Schmerz 1
Schweigen 4
Weihe
der Weise 1
Zwang

BOETHIUS
(um 480—524)
Philosoph 1

BÖHM, KARLHEINZ
(geb. 1928)
Menschen 7

BÖLL, HEINRICH
(1917—1985)
Clown
Weihnachtszeit 1

BONHOEFFER,
DIETRICH
(1906—1945)
Gott 15
Leben 10

BORMANN, EDWIN
(1851—1912)
Tierchen

BÖRNE, LUDWIG
(1786—1837)
Butterbrot
ideal
Krankheit 3
Macht 1
öffentlich 3
Poesie 3
regieren 3, 4
Religion 9

BORNEMANN, JOHANN
WILHELM JACOB
(1766—1851)
Wald 1

BORTNJANSKIJ, DMITRIJ
STEPANOWITSCH
(1751—1825)
Liebe 18

BÖTTCHER, MAXIMILIAN
(1872—1950)
Hinterhaus

BRANDT, RAINER
(geb. 1936)
Pferd 4

BRANDT, WILLY
(1913—1992)
Mauer 2

BRANT, SEBASTIAN
(1458−1521)
betrügen 1
Taube

BRECHT, BERTOLT
(1898−1956)
Charakter 3
Courage 2
Dunkel 3
Geld 10
Haifisch
hinlegen
Krieg 10
Plan 2
Schicksal 1
Wahrheit 4
Wissenschaft 1
Wohlstand

BRENTANO, CLEMENS
(1778−1842)
Mauer 1
Wunderhorn

BRILLAT-SAVARIN,
ANTHELME
(1755−1826)
Tafel 2

BROMFIELD, LOUIS
(1896−1956)
Regen 3

BRUNO, GIORDANO
(1548−1600)
wahr 5

BUBER, MARTIN
(1878−1965)
Gott 12

BUCHANAN, JAMES
(1791−1868)
Demokratie 5

BÜCHNER, GEORG
(1813−1837)
Revolution 1

BUCK, PEARL S.
(1892−1973)
Begeisterung

Glück 18
Lachen 3

BUCKLE,
HENRY THOMAS
(1821−1862)
Dunkel 1

BUGENHAGEN,
JOHANNES
(1485−1558)
christlich
Jesus

BÜLOW, BERNHARD V.
(1849−1929)
Nibelungentreue
Platz

BULWER-LYTTON,
EDWARD GEORGE
(1803−1873)
Dichter

BURCKHARDT, JACOB
(1818−1897)
Ruhm 2
Universalität

BÜRGER,
GOTTFRIED AUGUST
(1747−1794)
brav 2
Geduld 1

BURKHARD, PAUL
(1911−1977)
Papa

BURMANN,
GOTTLIEB WILHELM
(1737−1805)
Arbeit 1

BUSCH, WILHELM
(1832−1908)
Ärger
Argwohn 2
bang 1

Bilder 1
bissel
das Böse 3
Bosheit
Brauch 3
Dame 3
Ei 3
einsam
Enthaltsamkeit
Entrüstung 2
Fortuna
Gedanken 1, 4
Geistlichkeit
Gesellschaft 3
das Gute 1
Idee 4
irren 4
Jüngling 2
Kinder 9
Klavier
Künstler 1
Lachen 1
Liebe 41, 46
lügen 1
Max
Moral 3
Musik 1, 4
Opportunist
Pessimist 2
Prinzip 2, 3
rickeracke
Rotwein
Ruf 4
Ruhe 2
Sauerbrot
Sauseschritt
Schmerz 6
der Schönste
schwärmen
Streich 1
Toleranz 3
Traum 3
Tugend 1, 14
tun 2
übel 7
Übeltäterei
Unglücksrabe
Vater 12
Verlaub
vielleicht 1, 2
Vogel 2, 3
wehe 2
der Weise 2
Welt 14

Wort 5
zahlen 2
Zufriedenheit 2
Zylinderhut

BYRON, GEORGE
GORDON NOEL
(1788−1824)
berühmt
groß 2
Mißtrauen 2

C

CAESAR,
GAJUS JULIUS
(100−44 v. Chr.)
kommen 1
Rom 2
Würfel

CALDERON DE LA
BARCA, PEDRO
(1600−1681)
öffentlich 2
Traum 5

CAMBRONNE, PIERRE
(1770−1842)
Garde

CAMPBELL, THOMAS
(1777−1844)
Ereignis 2

CAMPE,
JOACHIM HEINRICH
(1746−1818)
schlafen 1

CAMUS, ALBERT
(1913−1960)
Presse

CANETTI, ELIAS
(1905−1994)
Zynismus

CARLYLE, THOMAS
(1795−1881)
Geschichte 9

CARMEN SYLVA
(1843−1916)
Bescheidenheit 3
Freude 4
Glück 14
Krieg 4

CATO,
MARCUS PORCIUS
(234−149 v. Chr.)
Karthago
Sein 4

CATULL,
GAJUS VALERIUS
(um 84−54 v. Chr.)
leben 3

CAVOUR, CAMILLO
(1810−1861)
Kirche 3

CERAM, C. W.
(1915−1972)
Sprache 8

CERVANTES,
MIGUEL DE
(1547−1616)
Ritter 2
Sprichwort 1
Tod 5
Undankbarkeit
Windmühlenflügel

CHAMFORT,
NICOLAS-SEBASTIEN
(1741−1794)
Krieg 8

CHAMISSO,
ADELBERT V.
(1781−1838)
Bauer 1
Besitz 1
fassen
Haupt 2
Liebe 38
Lorbeer 2
Macht 5
der Mächtige

Riese 3
Rom 2
Sonne 1

CHAPLIN, CHARLIE
(1889−1977)
Nachtclub

CHARLES, EUGENIA
(UNO-Botschafterin nach
1945) (geb. 1919)
UNO

CHATEAUBRIAND,
FRANÇOIS RENÉ DE
(1768−1848)
Gerechtigkeit 4

CHÂTILLON,
WALTHER V.
(1135−1200)
Charybdis 2

CHEMNITZ,
MATTHÄUS FRIEDRICH
(1815−1870)
Schleswig-Holstein

CHESTERFIELD,
PHILIP DORMER
(1694−1773)
Bescheidenheit 1
Oper 2

CHESTERTON,
GILBERT KEITH
(1874−1936)
Gott 28
Schweigen 3
Tapferkeit 2

CHRISTINE
VON SCHWEDEN
(1626−1689)
Geduld 2

CHURCHILL, SARAH
(1914−1982)
zivilisiert 3

CHURCHILL,
WINSTON LEONARD S.
(1874−1965)
Demokratie 3
Fehler 1
Sozialismus 2
Verantwortung 2

CICERO,
MARCUS TULLIUS
(106−43 v. Chr.)
Bücher 4
Gedächtnis
Gewohnheit
gleich
Glück 3
lieben 5
das Neue 6
nutzen 3
Philippika
Recht 1
Schlaf 3
das Seine
Sturm
Übel 11
Ursprung
Vater 10

CLAUDIUS, MATTHIAS
(1740−1815)
Armut 1
Eigentum 2
Erdenleben
frei 2
Freiheit 1
Himmel 9
Mond
quälen 1
Reise 2
Wahrheit 8
Welt 10
Winter 3
Zahn 1

CLAUSEWITZ, CARL
PHILIPP GOTTFRIED V.
(1780−1831)
Krieg 2

CLEWING, CARL
(nach 1945)
Sonntag 2

COCTEAU, JEAN
(1889−1963)
Künstler 2
Takt 1

COLETTE,
SIDONIE GABRIELLE
(1873−1954)
Frau 1

COLIGNY,
GASPARD DE
(1519−1572)
Feuer 2

COOPER,
JAMES FENIMORE
(1789−1851)
Kriegsbeil

CORNEILLE, PIERRE
(1606−1684)
geben 2
Lügner

CORVINUS, MATTHIAS
(um 1440−1490)
Österreich

COWARD,
NOEL PIERCE
(1899−1973)
Mode 2

CRAXI, BETTINO
(1934−2000)
Schiff 1

CYRANO
DE BERGERAC
(1619−1699)
rächen

───────────────

D

DACH, SIMON
(1605−1659)
Mensch 6

DALI, SALVADOR
(1904−1989)
Jugend 2

DALIDA
(1933−1987)
Regen 1

DANTE ALIGHIERI
(1265−1321)
bereuen
Freunde 2

DARWIN,
CHARLES ROBERT
(1809−1882)
Dasein

DAVIDOFF, ZINO
(1906−1994)
leben 2
rauchen

DEHMEL, RICHARD
(1863−1920)
Liebe 14

DELACROIX, EUGÈNE
(1798−1863)
Gemälde

DEMOSTHENES
(384−322 v. Chr.)
der Freie 2

DESBARREAUX,
JACQUES VALLÉE
(1599−1673)
Eierkuchen

DESCARTES, RENÉ
(1596−1650)
denken 1
Weisheit 10

DIDEROT, DENIS
(1713−1784)
Skepsis
Wahrheit 9

DIEPGEN, EBERHARD
(geb. 1941)
Berlin 1

DIETRICH, MARLENE
(1901−1992)
Kopf 1

DIOGENES
(um 400−323 v. Chr.)
Sonne 5

DISRAELI, BENJAMIN
(1804−1881)
Freundschaft 4
Mensch 13
Nachsicht 2

DISSELHOF, AUGUST
(1829−1903)
Heimatland

DITFURTH, HOIMAR V.
(1921−1991)
Wirtschaftsordnung

DODERER, HEIMITO V.
(1896−1966)
Melancholie 2

DOSTOJEWSKIJ,
FJODOR
MICHAIJLOWITSCH
(1821−1881)
Geld 5
lieben 2
Mensch 20

DURIEUX, TILLA
(1880−1971)
Freund 9
Hoffnung 1

DURRELL, LAURENCE
(1912−1999)
Politik 16

DÜRRENMATT,
FRIEDRICH
(1921−1990)
Leserlichkeit

──────────────

E

EBNER-ESCHENBACH,
MARIE V.
(1830−1916)
Arbeitgeber
Ausnahme 2

Dummheit 2
Ehe 10
Eigensinn
Fortschritt 2
Freiheit 6, 14
geduldig
helfen 2
Kindheit
Langeweile
Macht 8
Mode 4
Nachsicht 1
Resignation
Reue
Schicksal 8
Selbstüberwindung
Sprache 1
Unrecht 1
Vaterlandsliebe
Vernunftehe
Wahrheit 21
Zufall 5

ECKERMANN,
JOHANN PETER
(1792−1854)
Reform
Talent 6

EDEN,
ROBERT ANTHONY
(1897−1977)
Diplomatie

EHRE, IDA
(1900−1989)
jung 1

EICHENDORFF,
JOSEPH V.
(1788−1857)
ehrlich 1
frisch 1
Grund
Gunst 7
gut 2
Nacht 6
Süden
Tal 2
Taugenichts
Treue 2
Wald 2

EIKE VON REPGOW
(1180−1233)
zuerst

EINSTEIN, ALBERT
(1879−1955)
Persönlichkeit 2

ELIOT, GEORGE
(1819−1880)
Frauen 3

ELIOT,
THOMAS STEARNS
(1888−1965)
Hölle 3

EMERSON,
RALPH WALDO
(1803−1882)
Freund 2, 3
Freundschaft 9
Gesellschaft 1
Held 1
Tag 4
Unkraut 2

EMPEDOKLES
(um 483−425 v. Chr.)
Element 3

ENGELS, FRIEDRICH
(1820−1895)
Gespenst
Klassenkampf
Proletarier 1, 2

EPIKUR
(341−271 v. Chr.)
reich 2

ERASMUS
V. ROTTERDAM,
DESIDERIUS
(1469−1536)
Wille 5

ERHARD, LUDWIG
(1897−1977)
Kompromiß
Reichtum 3

ERNST, OTTO
(1862−1926)
Bürokrazius

ERWIN, RALPH
(20. Jh.)
Hand 4

EUKLID
(um 300 v. Chr.)
beweisen

EURIPIDES
(um 485−406 v. Chr.)
Frauen 4
genug 2
Jammern 1
menschlich 1
nirgends
Schicksal 4
Trübsal 1

EUSEBIUS
(um 263−339)
Einfalt 3
siegen 1

F

FALK,
JOHANNES DANIEL
(1768−1826)
Auge 2
Weihnachtszeit 2

FALL, LEO
(1873−1925)
Heinerle
schreiben 2

FALLADA, HANS
(1893−1947)
Blechnapf
Mann 8

FANFANI, AMINTORE
(1908−1999)
Allianz
öffentlich 4

FAULKNER, WILLIAM
(1897−1962)
Menschheit 1
das Neue 4

FELLINI, FEDERICO
(1920−1993)
Moral 2
Schiff 1

FEUCHTERSLEBEN,
ERNST V.
(1806−1849)
Sache 6
scheiden 1
Verstand 6

FEUERBACH, ANSELM
(1829−1880)
Taktlosigkeit 2

FEUERBACH,
LUDWIG ANDREAS
(1804−1872)
essen 3
Religion 2
Schriftsteller
Wahrheit 20

FICHTE,
JOHANN GOTTLIEB
(1762−1814)
Finsternis 2

FINCK, WERNER
(1902−1978)
Arm 2
Bretter 1
Humor 2
Konferenz
Redner

FLAISCHLEN, CAESAR
(1864−1920)
Sonne 6
Übel 10

FLAUBERT, GUSTAVE
(1821−1880)
Erfolg 1

FLOTOW, FRIEDRICH V.
(1812−1883)
Martha

FOCK, GORCH
(1880−1916)
Seefahrt
verachten

FONTANE, THEODOR
(1819−1898)
Anständigkeit 2
Arbeit 4
Courage 1
Ehre 6
Eltern
Entrüstung 3
Ernst 2
Feld
frei 1
Glück 11
glücklich 4
Hahn 6
Heimat 1, 2
Herzensgüte
Irrungen 1
die Jungen 1
Lebenskreise
Liebe 15
Mensch 22
Menschen 9, 13
Natürlichkeit
Optimist 1
Ribbeck
Richter 2
Schritt 3
Tand
das Tiefste
Träne 4
Verstand 8
wichtig
Zahnweh
Zieten
Zufall 4

FORD, HENRY
(1863−1947)
Denken 2
Hühnereier
Mißerfolg

FORSTER, KARL
(1904−1963)
vergangen

FRANCE, ANATOLE
(1844−1924)
Zivilisation 1
Zufall 7

FRANCK, SEBASTIAN
(1499−1543)
Adam 2
Michel

FRANKLIN, BENJAMIN
(1706−1790)
Bewunderung
Blitz 1
umziehen
Zeitverschwendung

FRANZ JOSEPH I.
VON ÖSTERREICH
(1830−1916)
Glocken 1

FREIDANK
(Anfang 13. Jh.)
reden 2
Schatz 1

FREILIGRATH,
FERDINAND
(1810−1876)
haben
lieben 1

FRENZEL, HERBERT A.
(geb. 1908)
Bücher 5

FREUD, SIGMUND
(1856−1939)
Traum 1

FREYTAG, GUSTAV
(1816−1895)
Vaterland 3

FRIEDRICH III.
VON PREUSSEN
(1831−1888)
leiden

FRIEDRICH II.
(DER GROSSE)
VON PREUSSEN
(1712−1786)
Aberglaube 2
Bataillon
Berg 1
Bücher 2
entscheiden
Fasson
Fürst
Glück 21
Hund 5
Intoleranz 3
Pflicht 3, 4
Regent
regieren 1
Rhabarber
Sklave 2
Torheit
Zufall 3

FRIEDRICH
DER SCHÖNE
VON ÖSTERREICH
(1286−1330)
öffentlich 1

FRIEDRICH
WILHELM III.
VON PREUSSEN
(1770−1840)
Gott 18
Kirche 6

FRISCH, MAX
(1911−1991)
Eifersucht 2

FRÖBEL,
FRIEDRICH WILHELM
(1782−1852)
Erziehung 2

G

GABIN, JEAN
(1904−1979)
Ehe 1
Höflichkeit 2

GALILEI, GALILEO
(1564−1642)
bewegen
Mathematik

GALSWORTHY, JOHN
(1867−1933)
Ideal 2

GAMBETTA, LÉON
(1838−1882)
sprechen 2

GANDHI, INDIRA
(1917−1984)
Wohltat

GANDHI, MAHATMA
(1869−1948)
Christus 1
Europa 1
Gott 5
Kampf 2

GARBO, GRETA
(1905−1990)
reich 1

GARDNER, ED
(19. Jh.)
Oper 4

GARY, ROMAIN
(1914−1980)
Avantgardisten

GAST, LISE
(1906−1988)
Leben 4

GAY, JOHN
(1685−1732)
Vornehmheit 3

GEIBEL, EMANUEL
(1815−1884)
deutsch 4
Freude 8
Frühling 2
Glocken 3
Jahr
Kaiser 8
klug
Kritik 1
Liebe 23
Ostern 1
Politiker 1
Schmerz 2
Spanien
Talent 12
Tod 7
wahrhaftig 1
Zauberstab

GEISSLER,
HORST WOLFRAM
(1893−1983)
Augustin
das Erfüllte
Liebe 36

GÉLIN, DANIEL
(geb. 1921)
Gedächtnis 8

GELLERT, CHRISTIAN
FÜRCHTEGOTT
(1715−1769)
genießen 1
Himmel 2
neu 1
Preis 2
Ruhm 3
die Sterblichen
Tag 5
Tor 2
Vergnügen 1
Wüterich 2

GENET, JEAN
(1910−1986)
Ehe 6

GENTZ, FRIEDRICH V.
(1764−1832)
Intoleranz 1

GEORGE, STEFAN
(1868−1933)
Volk 1

GERHARD, WILHELM
(1780−1858)
Landgraf

GERHARDT, PAUL
(1607−1676)
Freude
Lämmlein
ruhen
scheiden 2
Sorgen 2, 7
wachen 1
Wald 6

GETTY, JEAN PAUL
(1892−1976)
Geld 14
vertrauen 1

DE GEYTER, JAN
(1830−1905)
Signal

GIDE, ANDRÉ
(1869−1951)
Gott 26
Journalismus
Kunst 4

GIESEBRECHT,
LUDWIG
(1792−1873)
Brigg

GILBERT, ROBERT
(1899−1978)
Berlin 3

GILBERT, WILLIAM
(1836−1911)
Übertreibung

GILM, HERMANN V.
(1812−1864)
Reseden

GIRAUDOUX, JEAN
(1882−1944)
Tod 3

GLAS, USCHI
(geb. 1944)
Sache 7
Sex-Appeal

GLASSBRENNER,
ADOLF
(1810−1876)
Eisenbahn 1

GLEIM, JOHANN
WILHELM LUDWIG
(1719−1803)
Schlag

GLÜCK, ALOIS
(geb. 1940)
Natur 2

GNEISENAU,
AUGUST NEIDHARDT V.
(1760−1831)
Strategie

GOLDONI, CARLO
(1707−1793)
öffentlich 2

GOLDSTEIN, L. M.
(19./20. Jahrhundert;
1902 zitiert)
Land 2

GOETHE,
JOHANN WOLFGANG V.
(1749−1832)
Abend 3
Aberglaube 1
Absicht
alles 3
allwissend
alt 4

Anfang 6
Anmaßung
anwenden
Äonen
Arbeit 5
Armut 5, 9
Arsch
Aufopferung
Augen 4
Augenblick 3
das Außerordentliche
Band
bang 2
Behagen
behalten
Beifall
Bekenntnis
bemühen
Beschränkung
Besen 1
das Beste 3
Beutel
bewundert
bilden
Bilder 2
Bildung 3
Blut 2
borniert
das Böse 2
Bösewicht
Botschaft
Brauch 1
bringen
Brot 6
Cäsar 4
Champagnerwein
Charakter 1
Christentum 2
dahin
Dame 2
Denken 4
Dichtkunst
Dichtung
Drang
dunkel 4
das Echte 1, 2
edel
Ehe 4
Ehre 7, 8
ehrlich 3
das Eine 2
Eis
Engel 2
entweder

ererbt
ergehen
erlaubt
erlösen
Erziehung 4
Feind 1
Ferne
Finsternis 4
Fläschchen
Fräulein 1, 2
Freiheit 13
Freude 2
Friede 8
Gabe 3
geboren
gefährlich 1
Geheimnis 1
Geist 5, 7
gelehrt
Gemüt 4
Genügsamkeit
gescheit
Geschichte 11
Geschlecht 2
Gesetz 2
Gestalt 2, 3
Gewalt 2, 3
Gipfel 4
Glaube 5
Gleichnis
Glück 1
Gold 2
golden 2
Götter 1
Götz
Grabstein
Griechen
Gunst 5
Güter 2
halb
Händedruck
hängen
Haus 4
Heinrich 2
Helene
helfen 3, 4
Helfer 1
Herren 1
herrschen
Herz 4, 8
Hof 1
hoffen 2
Höflichkeit
Hölle 4

Hypothese
Idee 2, 3
immerzu
das Innerste
Interesse
Ironie
irren 2, 3, 5
Irrtum 5
Jagd 3
Jammer
Jugend 3, 4, 6
kannibalisch
kehren
Kern 1
Kind 2, 6
Kinder 2
Kirche 1
Knabe
König 2
köstlich 2
Kunst 1, 8
Lauf
Leben 5, 30
leicht 2
Leipzig
Licht 8, 12
Liebe 20, 35
lieben 3, 4
Lied 1
Lorbeerreis
Lorbeerzweig
Macht 4
Magister
Mann 7
Mannsbild
Mathematiker
Mensch 15, 19
Menschengeschlecht
Menschenleben
Mühlrad
Mütterchen
mutterseelenallein
Nachkommenschaft
nah
Name 2, 4
Narr 4
Naseweis
Natur 3
Neigung 2
Nein 2
das Neue 3
Not 5
nutzen 2
oben 2

Obrigkeit 2
Ordnung 1
Pfingsten
Politik 8
predigen
Prüfung
Qual 2
Quark
Ränzlein
rastlos
Rätsel 1
Recht 4, 11, 12
Rednerei
Regen 4
Regierung 2
Reise 1, 4
Religion 5, 12
Republik
Rose 4, 9
rufen
Ruhe 1, 3
Ruhm 5
Sache 1
Säule
Schatten 2
Schauspiel 1, 2
Schein 6
schicken
Schicksal 10
schmerzensreich
Schönheit 2
Schuld 1
schwarz
Seele 1, 9
Sehnen
Sehnsucht 2
sein 2
selbst
selbstisch
Sinn
Sklaverei
Skrupel
Sonne 4
Sorge 3, 4, 5, 8
Sorgen 1, 8
Spiel 2
Sprache 4, 13
Stern
Stille 2
Sünde 2
Tag 6, 10
Talent 1, 7
Tat 2
Teufel 1, 3, 5, 9, 11

Theorie 3
Tinte 1
Tod 6
Toleranz 4
Tor 1, 4
Träne 1
Trank
Traumgespinst
das Treiben
trübe 3
Tugend 5
das Tun
tun 1
überwinden
Ufer
das Unbeschreibliche
Undank 1
Unglück 5
das Unmögliche 2
Unsinn 3
das Unsterbliche
Vater 13
Vaterland 5
Verdruß
das Vergangene
Vergangenheit 1
verlieben 2
Verlust 2
Vernunft 1
versammelt
Verschwiegenheit
vertrauen 2
verzweifelt
Vollkommenheit 2
Vorsatz 1
Vulkan 2
das Wahre 2
Wald 4
wann
was
Wasser 2
Webstuhl
weh 1
Weiber 2, 6
weiblich 2
Wein 4
Weisheit 2, 5
weit
Welt 2, 11
Weltkind
das Werden 1
Werk 2
das Wichtige
wie

Wiener
Winter 1
winterlich
Wissen 2
Wissenschaft 4
Wolf 2
Wort 2, 3, 4, 7, 8, 10
Wunder 2, 3
Wunsch 3
Xenius
Zaubermantel
Zeiten 2
Zeremoniell 2
Zeus 1
Zoll
Zorn 7
Zweifel 1
zweimal
Zwerg

GOETZ, CURT
(1888–1960)
Idealismus
Liebe 28
Takt 3
Tugend 11

GORBATSCHOW,
MICHAIL
(geb. 1931)
Sowjetunion
spät 2

GOTTHELF, JEREMIAS
(1797–1854)
zufrieden 2

GRABBE,
CHRISTIAN DIETRICH
(1801–1836)
Land 7
das Lebende
Mittelweg 3
Rache 8

GRASS, GÜNTER
(geb. 1927)
erinnern

GREEN, JULIEN
(1900–1998)
Leben 26

GREENE, GRAHAM
(1904–1991)
Sentimentalität

GREY, EDWARD
(1862–1933)
Europa

GRILLPARZER, FRANZ
(1791–1872)
fallen 2
Liebe 4
lügen 6
Meer
Ruhm 7
Talent 8
übel 9
Verstand 2

GRIMM, JAKOB
(1785–1863)
Vergangenheit 2

GRIMM,
JAKOB U. WILHELM
(1786–1859)
Heinrich 1
Kröpfchen
Rumpelstilzchen
satt
sieben
Spieglein
Tisch 5

GRIMMELSHAUSEN,
HANS JAKOB
CHRISTOFFEL V.
(1622–1676)
Wahrheit 11

GROTHE, FRANZ
(1908–1982)
Nacht 5

GRUBER,
FRANZ XAVER
(1787–1863)
Nacht 10

GRUNER, WOLFGANG
(1926–2002)
Psychotherapeut

GUARESCHI,
GIOVANNINO
(1908–1968)
Außenpolitik
Diplomat 2
Kritiker
Lorbeer 3
Welt 13

GUINESS, ALEC
(1914–2000)
Gentleman
Mann 12

GUITRY, SACHA
(1885–1957)
Flirt 1
Liebe 11, 27

GUTZKOW,
KARL FERDINAND
(1811–1878)
alles 1
Geheimrat
Journalist
Talent 5
Vorurteil 2

_____

H

HABE, HANS
(1911–1977)
Diktatur 3
Ewigmorgiger

HALM, FRIEDRICH
(1806–1871)
Gedanke 5

HÄNDEL,
GEORG FRIEDRICH
(1685–1759)
Zion

HASE, VICTOR
(19. Jh.)
Hase 3

HASSENCAMP, OLIVER
(1921–1988)
Grünanlage
Streß

HAUFF, WILHELM
(1802–1827)
Morgenrot
Roß 3

HAUG, FRIEDRICH
(1761–1829)
Gedächtnis 7

HAUPTMANN,
GERHARDT
(1862–1946)
Abhängigkeit 2
dunkel 3
Zivilisation 2

HAUSMANN, MANFRED
(1898–1986)
Demokratie 2
Faulheit 4

HAYDN, JOSEPH
(1732–1809)
Kaiser 5

HEBBEL, FRIEDRICH
(1813–1863)
abstrahieren
Begriff
Charakter 10
Ding 2
Einfall
frei 4
gebildet 1
Gold 1
Irrtum 1
Kinder 6
Kunst 3
Mensch 10
Menschheit 3
Monolog
Oper 1
Poesie 2
Publikum
Ruhm 1
Schlaf 5
Schwein 1

Sprache 7
Steckenpferd
verlieren
Welt 19
Witz 1
Zufall 2

HEGEL, GEORG
FRIEDRICH WILHELM
(1770–1831)
Geschichte 1

HEINE, HEINRICH
(1797–1856)
bedeuten
betteln
Bücher 3
Charakter 7
Christentum 1
Deutschland 2
Elend
Flügel 2
Frühlingsnacht
Gedanke 2
Gemüt 1, 3
Geschichte 7
Herz 6
Hütte 3
Kaiser 1
Kaufmann
Komödie
lieben 7
Liebe 7
Mann 9
Mitternacht
Napoleon
Narr 3
Narrheit 2
Paris 2
Poesie 1
Rose 5
Schlaf 4
Schmerz 4
Sommer
Staatsreligion
teilen
Theologe
Tor 3
Vaterland 2
Vorschußlorbeeren
Weib 6
Wind 3

Wunde
Xanthippe 2

HEINEMANN, GUSTAV
(1899–1976)
Autorität
Staat 2
Vaterland 9

HEISENBERG,
WERNER
(1901–1976)
Idee 5

HELD, MARTIN
(1908–1992)
Snob 1

HEMINGWAY, ERNEST
(1899–1961)
Buch 3
Glück 10
klassisch

HENSEL, LUISE
(1798–1876)
müde

HERAKLIT
(um 550– um 480 v. Chr.)
fließen
Krankheit 1
Krieg 1

HERBERGER, SEPP
(1897–1977)
Ball

HERDER,
JOHANN GOTTFRIED
(1744–1803)
Gunst 1
Leiche
Licht 6
Sprichwort 2
Traum 2
Tyrann 2

HERTSLET,
WILLIAM LEWIS
(1839–1898)
Weltgeschichte

HERWEGH, GEORG
(1817–1875)
Rad 2

HERZOG, RUDOLF
(1869–1943)
werden 2

HESIOD
(753–680 v. Chr.)
Arbeit 2
Gefilde
Pandora

HESSE, HERMANN
(1877–1962)
Dunkel 2
Einsamkeit 2
glauben 2
Leben 20
Nebel
der Weise 3

HEUSS, THEODOR
(1884–1963)
Politik 18
reisen
siegen 2

HEY,
JOHANN WILHELM
(1789–1854)
Sternlein

HEYSE, PAUL
(1830–1914)
Anerkennen
dulden 1
das Echte 3
Kinder 3

HIERONYMUS,
SOPHRONIUS
EUSEBIUS
(um 347–419)
Not 1
verteidigen

HILTY, CARL
(1833–1909)
trauen 2

HIPPOKRATES
(um 460– um 377 v. Chr.)
Menschen 2

HIRSCH, HUGO
(1884–1961)
weinen 2

HOBBES, THOMAS
(1588–1679)
Gerechtigkeit 3
Krieg 7
Wissen 1

HÖCHERL, HERMANN
(1912–1989)
Legalität

HOFFMANN, HEINRICH
(1809–1894)
Friederich
Katze 4
Konrad
Leberwurst 1
Mohr 2
Mutter 2
Sonnenschirm
Zappelphilipp

HOFFMANN
V. FALLERSLEBEN,
AUGUST
(1798–1874)
Deutschland 3
Einigkeit
Weihnachtsmann

HÖFLING, EUGEN
(1808–1880)
Burschenherrlichkeit

HOFMANNSTHAL,
HUGO V.
(1874–1929)
Verstand 3

HÖLDERLIN,
FRIEDRICH
(1770–1843)
Sternenhimmel

HOLTEI, KARL V.
(1798–1880)
Theorie 2

HÖLTY, LUDWIG
CHRISTIAN HEINRICH
(1748–1776)
Treue 3

HOMER
(8. Jh. v. Chr.)
Charybdis 1
dulden 2
eitel
geflügelt
Hände 2
lächeln 3
Messer
Nektar
Rede 4
Warnung

HOPE, BOB
(geb. 1903)
Pünktlichkeit 2
Virus

HORAZ,
QUINTUS FLACCUS
(65–8 v. Chr.)
das Angenehme
Denkmal
fehlerfrei
Glück 19
Kopf 5
Mittelweg 1
Mücke
nackt 2
Öl 4
Vaterland 7
Wahrheit 2
Witz 3
Zorn 12

HORTON, PETER
(geb. 1935)
Protest

HOWLAND, CHRIS
(geb. 1928)
Frau 7
Tierschützer

HUBSCHMID, PAUL
(1918–2002)
halbgebildet

HUCH, RICARDA
(1864–1947)
schlafen 2
Tradition

HUGO, HERMANN
(1588–1629)
fromm

HUGO, VICTOR
(1802–1885)
Buchdruck
Genie 3
Glück 5
Melancholie 1

HUMBOLDT,
ALEXANDER V.
(1769–1859)
Ahnen
Alter 6

HUMBOLDT,
WILHELM V.
(1767–1835)
Energie
genießen 2
Gesundheit 3
unersetzlich
wissenschaftlich
Zutrauen

HUS, JAN
(1369–1415)
Einfalt

HUTTEN, ULRICH V.
(1488–1523)
wagen 1

HUXLEY,
ALDOUS LEONARD
(1894–1963)
Idealismus 2
der Unzufriedene

I

IBSEN, HENRIK
(1828–1906)
Politik 15
Stütze

J

JAHN,
FRIEDRICH LUDWIG
(1778–1852)
frisch 2

JASPERS, KARL
(1883–1969)
Erziehung 3
Forscher
Gleichgültigkeit
Toleranz 3
Vernunft 2
Wahrheit 14
Zukunft 3

JEAN, PAUL
(1763–1825)
Alter 3
Armut 4
Berlin 2
Dichter
Erinnerung
Gefahr 1
Heiterkeit
Höflichkeit 3
Kunst 5
Not 4
Religion 11
Sprache 3
Wunder 1

JOHNSON, SAMUEL
(1709–1784)
Hölle 1
Vorsicht 2

JOUBERT, JOSEPH
(1754–1824)
Freundschaft 6
Zärtlichkeit

PAPST JULIUS III.
(1487–1555)
regieren 5

JUNGK, ROBERT
(1913–1994)
Zukunft 2

JUVENAL, DECIMUS
(58–138 n. Chr.)
Brot
Geist 3
Rabe 1
Satire 1
das Wahre 3

K

KALISCH,
FRIEDRICH, WILLIAM
(1820–1872)
komisch
Talent 2
Vergnügen 7

KAMP, ADOLF V.
(1796–1867)
Mai 1

KANT, IMMANUEL
(1724–1804)
Erziehung 1
Faulheit 1
Gerechtigkeit 6
Glaube 15
Mensch 7
Religion 6
wahr 2
Wunder 7
Zeremoniell 1
zivilisiert 1
Zweck 1

KARAJAN, HERBERT V.
(1908–1989)
Fanatismus

KÄSTNER, ERICH
(1899–1974)
Amt 4
das Gute 3
Leben 29
Not 9

Rückgrat
Schnee
Verhängnis

KATHARINA
DIE GROSSE
VON RUSSLAND
(1729–1796)
Intoleranz 2

KAYE, DANNY
(1913–1987)
Faulheit 3
Lebensstandard
Umleitung

KELLER, GOTTFRIED
(1819–1890)
Augen 8
Eifersucht 1
Jugend 1
Kleid

KELLER, PAUL
(1873–1932)
Ferien

KENNEDY,
JOHN FITZGERALD
(1917–1963)
Berliner 2

KERNER, JUSTINUS
(1786–1862)
Wein 9

KEY, ELLEN
(1849–1926)
Jahrhundert 1

KIERKEGAARD,
SÖREN
(1813–1855)
Ehe 2
Haß 2
Leben 12

KING, MARTIN LUTHER
(1929–1968)
Glaube 3

KINKEL,
JOHANN GOTTFRIED
(1815–1882)
Cäsar 2

KIPLING, RUDYARD
(1865–1936)
Blut 4
Wort 12

KISHON, EPHRAIM
(geb. 1924)
Frauenseele

KISSINGER, HENRY
(geb. 1923)
Squash

KLAUS + KLAUS
(Sängerduo der 80er
Jahre des 20. Jh.)
Nordseeküste

KLEIST, HEINRICH V.
(1777–1811)
Quacksalber

KLINGER, FRIEDRICH
MAXIMILIAN
(1752–1831)
Sturm 2

KLOPSTOCK,
FRIEDRICH GOTTLIEB
(1724–1803)
Gipfel 3

KNIGGE, ADOLF V.
(1752–1796)
Gesellschaft 2

KNITTEL, JOHN
(1891–1970)
alt 1

KOHL, HELMUT
(geb. 1930)
denken 5
Frechheit

Karawane
Land 6
Politik 1
sprechen 1

KOKOSCHKA, OSKAR
(1886–1980)
Europa 2
Unkraut 1

KOLLO, WALTER
(1878–1940)
Linde
Mai 2, 5
Wand
warten 1

KONFUZIUS
(um 551– um 479 v. Chr.)
Gegenseitigkeit
Unwissenheit 2

KOPISCH, AUGUST
(1799–1853)
damals
Heinzelmännchen

KÖRNER,
KARL THEODOR
(1791–1813)
Jagd 2
Leiche
Natur 5
das Töten 4

KOTZEBUE, AUGUST V.
(1761–1819)
Arznei 2
bleiben 3
Egoist 2
Hof 3
Irrtum 3
politisch 2
Sonne 2
Torheit 2
Vorurteil 1

KOWA, VIKTOR DE
(1904–1973)
Geizhals 2
Konversation

KRAUS, KARL
(1874–1936)
Bildung 1
Erotik
Talent 10
Zeitung

KREUTZER, KONRADIN
(1780–1849)
Nachtlager

KRÜGER, MIKE
(geb. 1951)
Nippel
Walter

KUGLER,
FRANZ THEODOR
(1808–1858)
Saale

KULENKAMPFF,
HANS-JOACHIM
(1921–1998)
Mark 2
Wahrheit 15

L

LA BRUYÈRE, JEAN DE
(1645–1696)
Eitelkeit 1

LA FONTAINE, JEAN DE
(1621–1695)
fortgehen
helfen 6
Kastanie
die Kleinen
Obrigkeit 1
Ruhm 4

LAFONTAINE, OSKAR
(geb. 1943)
Wahl 1

LAMARTINE,
ALPHONSE DE
(1790–1869)
Utopie

LANGBEIN, AUGUST
FRIEDRICH ERNST
(1757–1835)
Großmutter 1

LAOTSE
(4./3. Jh. v. Chr.)
Stille 1

LA ROCHEFOUCAULD,
FRANÇOIS DE
(1613–1680)
Beredsamkeit
Neidlosigkeit
Trägheit
Übermaß

LAUB, GABRIEL
(1928–1996 oder 1998)
Aphorismus
Theorie 1

LAUER, MARTIN
(geb. 1937)
Trainer

LAVATER,
JOHANN KASPAR
(1741–1801)
Schicksal 12

LEANDER, ZARAH
(1907–1981)
Wind 2
Wunder 5

LE CARRÉ, JOHN
(CORNWELL, MOORE
DAVID JOHN)
(geboren 1931)
Spion

LE FORT, GERTRUD V.
(1876–1971)
Chaos

LEHÁR, FRANZ
(1870–1948)
Frauen 2
lächeln 1
Mädchen 3
Maxim
Soldat
Witwe

LEIBNIZ,
GOTTFRIED WILHELM
(1646–1716)
Religion 1
Welt 21

LEIP, HANS
(1893–1983)
Kaserne

LEMBKE, ROBERT
(1913–1989)
Fernsehen 1
Fernsehkritiker
Mutterglück
Religion 10
Snob 2
Starlet
Toleranz 1
Willensstärke

LENCLOS, NINON DE
(1620–1705)
Schönheit 7

LENIN, WLADIMIR
ILJITSCH ULJANOW
(1870–1924)
Kapitalist
Recht 10
Vertrauen

LEONARDO DA VINCI
(1452–1519)
Wahrheit 16

LESSING,
GOTTHOLD EPHRAIM
(1729–1781)
Abrede
beten 10
Betrüger
ehrlich 7, 8
Einfalt 1
die Empfindsamen
Engel 1
ernsthaft
Feder 2
freuen 1
Gebet 1
Gerechtigkeit 5
gesund 1
Gift 3

das Gute 4
lassen 2
Mann 2
Mensch 2, 23
Perle 2
Rache 4
Rummel 3
Sache 5
Stolz 2
Tugend 7, 8
Undank 2
Vater 2
Vergnügen 3, 4
versprechen 1
Verstand 7
viel 2
wahr 3
Weisheit 7
Zorn 10
zwingen

LEWIS, JERRY
(geb. 1926)
Milliardär
Pistole 1
Striptease

LICHTENBERG,
GEORG CHRISTOPH
(1742–1799)
Blei
Buch 2
Fehler 2
Gedächtnis 4
gering
Gleichheit
glücklich 5
Kraft 1
raten
Spötter 2
tadeln
Tugend 12

LICHTWER,
MAGNUS GOTTFRIED
(1719–1783)
blind 2
Narr 1

LILIENCRON, DETLEV V.
(1844–1909)
Sklave 1

LINCKE, PAUL
(1866–1946)
Berliner 1
Kopf 2
Maus 1
Schloß 2

LINCOLN, ABRAHAM
(1809–1865)
Demokratie 4
Freiheit 7, 15
gerecht
Menschen 10
Takt 2

LINDAU, PAUL
(1839–1919)
Johannistriebe

LIPPMANN, WALTER
(1889–1974)
Krieg 6

LISZT, FRANZ
(1811–1886)
Genie 2

LISI, VIRNA
(geb. 1937)
Liebe 37

LIVIUS, TITUS
(59 v.–17 n. Chr.)
Abend 4
der Besiegte
Gefahr 2

LLOYD GEORGE
DAVID
(1863≥–1945)
Freiheit 5

LOCKE, JOHN
(1632–1704)
Logik

LOGAU, FRIEDRICH V.
(1604–1655)
Erben
Freundschaft 2
Gesetz

Hof 2
Klugheit 2
Krieg 9
Sieg
Sorge 9
das Weinen 1

LONGFELLOW,
HENRY W.
(1807–1882)
Musik 2

LORENTZ, LORE
(1920–1994)
Dementi 2
Nostalgie

LORTZING, ALBERT
(1801–1851)
betrügen 2
freuen 2
Größe 2
Heil
Jüngling 1
Kind 5
Natur 4
Reichtum 4
Springinsfeld
Wiedersehen 1
Zepter

LOEWE, CARL
(1796–1869)
Uhr 5

LÖWE, FEODOR
(1816–1890)
Dame 1

LOWELL,
JAMES RUSSELL
(1819–1891)
Talent 9

LOWELL, JOAN
(geb. 1902)
Wind 4

LOWITZ, SIEGFRIED
(1914–1999)
Dummheit 1

LUDWIG II.
VON BAYERN
(1845–1886)
Berge 4
Rätsel 3

LUDWIG XI.
VON FRANKREICH
(1423–1483)
teilen

LUDWIG XIV.
VON FRANKREICH
(1638–1715)
Staat 1

LUDWIG XVIII.
VON FRANKREICH
(1755–1824)
Marschallstab
Pünktlichkeit 1

LUISE HENRIETTE
VON BRANDENBURG
(1627–1667)
Zuversicht

LUISE VON PREUSSEN
(1776–1810)
Thron 3

LUTHER, MARTIN
(1483–1546)
Ablaß
Amt 2
Apfelbäumchen
arbeiten 1
Beleidigung 1
beten 5
Burg
Christ 1, 2
Christenmensch
Evangelium
fahren 1
Freund 7
Früchte 1
der Geizige
Geschrei
Glaube 4, 9
Gott 24
Himmel 8
Kinder 4

Konzil
lesen 1
Not 2
Recht 15
Rute
schreiben 1
stehen
Teufel 7
Übung 1
Wahrheit 1, 10
Weiber 3
Wein 8
Werk 3
Wort 1
der Zornige 2

LUTZE, A.
(Hofdichter, Ende des
19. Jh.)
Ehejoch

M

MAAZEL, LORIN
(geb. 1930)
Sachertorte

MACCHIAVELLI,
NICCOLÒ
(1469–1527)
Hof 4
Waffe 4

MACKEBEN, THEO
(1897–1953)
Nacht 2

MADACH, EMERICH
(1823–1864)
Theorie 4

MAGNANI, ANNA
(1908–1973)
Mann 4
unmodern

MAISTRE, JOSEPH
MARIE, CONTE DE
(1753–1821)
Regierung 1

MALPASS,
ERIC LAWSON
(1910–1996)
morgens

MALRAUX, ANDRÉ
(1901–1976)
Kultur 2

MANGER, JÜRGEN V.
(1923–1994)
wissen 3

MANN, HEINRICH
(1871–1950)
Alter 1

MANN, THOMAS
(1875–1955)
Bewußtsein
Nationalismus 2
putzen
Religion 7

MANZONI, CARLO
(1902–1975)
Opportunismus
Opposition

MAO TSE-TUNG
(1893–1976)
Blume 2
Kommunismus
Politik 17

MARCUSE, LUDWIG
(1894–1971)
Aufklärung
Denken 3
gesund 2
Klassiker
neu 2
Optimismus
philosophieren
Wissenschaft 2

MARK AUREL
(121–180)
der Intellektuelle 2
Leben 27

MARSHALL, TONY
(geb. 1928)
Maid

MARTIAL,
MARCUS VALERIUS
(um 40 n. Chr.–um
103 n. Chr.)
Armsein
leben 6
nirgends

MARX, KARL
(1818–1883)
Diktatur 1
Gespenst
Klassenkampf
Opium
Philosoph 2
Proletariat
Proletarier 1, 2

MASTROIANNI,
MARCELLO
(1924–1997)
Liebe 10

MAUGHAM,
WILLIAM SOMERSET
(1874–1965)
Ehemann
Geld 3
Toleranz 2
Trost 3

MAURIAC, FRANÇOIS
(1885–1970)
Deutschland 5
Gnade 1
hassen 1

MAURINA, ZENTA
(1897–1978)
zivilisiert 2

MAZZINI, GIUSEPPE
(1805–1872)
Familie
Ideal 1
Leben 9

MELLES, SUNNYI
(geb. 1959)
Liebeserfahrung

MENANDER
(um 342−291 v. Chr.)
Bildung 2
erziehen
leben 7
Übel 6

MENZEL, ADOLPH V.
(1815−1905)
Genie 5

MERCOURI, MELINA
(1925−1994)
sonntags 2

MEYER,
CONRAD FERDINAND
(1825−1898)
Sagenkreis

MEYSEL, INGE
(geb. 1910)
leben 1

MICHELANGELO
BUONARROTI
(1475−1564)
Genius

MILLER, HENRY
(1891−1980)
Krieg 11
Landstreicher
Liebe 32
Spezialist
Tugend 10

MILLÖCKER, KARL
(1842−1899)
Schwamm

MILTON, JOHN
(1608−1674)
Frau 2
Paradies 2

MIRABEAU, HONORÉ
(1749−1791)
Leben 14

MITCHELL, MARGRET
(1900−1949)
Wind 10

MOHAMMED
(um 570−632)
Himmel 5

MOLIÈRE,
JEAN BAPTISTE
(1622−1673)
Rede 5
sterben 3

MOLTKE,
HELMUTH, GRAF V.
(1800−1891)
Abrüstung
Gedanke 4
Lobhudelei
marschieren
Nation 3
wagen 4
Wohltätigkeit

MOMMSEN, THEODOR
(1817−1903)
Menschen 8

MONTAIGNE,
MICHEL DE
(1533−1592)
verbieten

MONTAND, YVES
(1921−1994)
ernst 4

MONTESQUIEU,
CHARLES DE
(1689−1755)
Freiheit 2
Gehorsam 5
Sturm 1

MONTHERLANT,
HENRY DE
(1896−1972)
Politik 14

MOORE, HENRY
(1898−1986)
Skulptur

MORAVIA, ALBERTO
(1907−1990)
Diktatur(en) 2, 4
der Intellektuelle 1

MORGENSTERN,
CHRISTIAN
(1871−1914)
Chimäre
Ehrfurcht
Ich 1
kennenlernen
Lachen 2
Mensch 28
messerscharf
Möwe
Philosophie 2
schön 1
Traum 4
das Verständliche
Weib 2

MÖRIKE, EDUARD
(1804−1875)
Frühling 1
Liebe 17

MORROW-LINDBERGH,
ANNE
(1906−2001)
rein 2

MORUS, THOMAS
(1478−1535)
gut 1

MOSCHEROSCH,
JOHANN MICHAEL
(1601−1669)
Dunkel 4

MOSEN, JULIUS
(1803−1867)
Tirol

MOZART,
WOLFGANG AMADEUS
(1756−1791)
alle 3
Bacchus 1
Bildnis
Champagner
Gefühle
Geld 12
Hand 6
Liebchen
Mädchen 1

Mann 14
Oper 3
Rache 7
Schmerz 7
Tod 13
Treue 3
Trieb
Vogelfänger

MÜCHLER, KARL
(1763−1857)
Keller

MÜGGENBURG,
GÜNTER
(geb. 1926)
Mikrophon

MÜLLER, WILHELM
(1794−1827)
Ahnen
Brunnen
Welt 7

MÜLLNER, ADOLF
(1774−1829)
Örindur

MÜNCHHAUSEN,
BÖRRIES V.
(1874−1945)
Reithosen

N

NAPOLEON I.
(1769−1821)
arm 3
Erfolg 3
das Erhabene
Feder 1
Gedächtnis 5
Genie 7
Geschichte 10
Marschallstab
Politik 4
Pyramide
Reichtum 1
Religion 4
Thron 1
Unentschlossenheit
Unglück 1

Vorabend
Welt 18
Zufall 1

NEANDER, JOACHIM
(1650−1680)
Hauf
loben 2
Zeit 13

NEPOS, CORNELIUS
(um 100−um 32 v. Chr.)
Neid 1

NESTROY,
JOHANN NEPOMUK
(1801−1862)
Jux
Zensur

NICKLISCH, HANS
(1911−2001)
Mutter 1

NICOLAI, OTTO
(1810−1849)
Büblein

NIETZSCHE,
FRIEDRICH WILHELM
(1844−1900)
Abbild
Bedürfnis
Beruf
Ehe 7
Ereignis 1
Erlebnis
Frauen 1
Freund 13
Furcht
Gastfreundschaft
Geschichte 8
Gott 8
Größe 1
Gut 5
hart
Heimat 3
Hoffnung 2
Kind 1
Krieg 3
Kultur 3
Leben 21
menschlich 7

Pflicht 5
Philosophie 1
schlecht 2
Sozialismus 1
Übermensch
Überzeugung 2
umbringen
Unschuld 2
weiblich 1
Zarathustra
Zivilisation 3

NOACK, URSULA
(1918−1987)
Beamter

NOVALIS
(1772−1801)
blau 1
Element 4
Engländer
Frucht 2
Riese 5
untreu
Wissenschaft 3

O

OLIAS, LOTHAR
(1913−1990)
Reeperbahn

O'NEILL, EUGENE
(1888−1953)
Diplomat 1

OPHÜLS, MAX
(1902−1957)
Ehe 8

OPITZ, MARTIN
(1597−1639)
still 3

ORTEGA Y GASSET,
JOSÉ
(1883−1955)
Leben 18
Nationalismus 1
Verliebtheit
Verstand 1
Völker 1

ORWELL, GEORGE
(1903–1950)
Bruder 1

OSBORNE, JOHN
(1929–1994)
Abrüstungskonferenz
Computer
Gedächtnis 9
Zorn 2

OVID, PUBLIUS NASO
(43 v.–8 n. Chr.)
allein 2
Alter 5
beten 8
Geschenk
golden 1
hoffen 1
Kraft 5
Mittelweg 2
Stein 2
Tat 4
wissen 2

P

PARACELSUS,
THEOPHRASTUS
BOMBAST
(1493–1541)
Gift 1

PARKINSON, CYRIL
(1909–1993)
lächeln 2

PAPST PAUL VI.
(1897–1978)
Kirche 4

PAVESE, CESARE
(1908–1950)
Tod 4

PERINET, JOACHIM
(1763–1816)
brav 3

PESTALOZZI,
JOHANN HEINRICH
(1746–1827)
Entschlossenheit

Mensch 11
Schönheit 9
Verstaatlichung

PETRONIUS,
GAJUS ARBITER
(gestorben 66 n. Chr.)
Fisch 2
Schulgeld

PEYNET, RAYMOND
(1908–1999)
Liebe 26

PEYREFITTE, ROGER
PIERRE
(1907–2000)
Arbeitsessen
Dementi 1

PFLEGHAR, MICHAEL
(1933–1991)
Abstinenzler

PHILIPP, GUNTHER
(geb. 1918)
Faulheit 2

PHILIPP II.
VON MAKEDONIEN
(382–336 v. Chr.)
teilen

PINTER, HAROLD
(geb. 1930)
Jurist

PAPST PIUS X.
(1835–1914)
Wahrheit 3

PLATEN, AUGUST V.
(1796–1835)
Busento
Tugend 9

PLATO
(um 428–348 v. Chr.)
Liebe 45
zornig 1

PLAUTUS,
TITUS MACCIUS
(um 254–um 184 v. Chr.)
Hemd
Herr 5

PLINIUS DER ÄLTERE
(23–79 n. Chr.)
Leuchte
Schuster 1

PLUTARCH
(45–125 n. Chr.)
Charakter 4
kommen 1
Rom 2
Wein 2
zornig 1

POE, EDGAR ALLAN
(1809–1849)
Glück 22

POINCARÉ,
HENRI JULES
(1854–1912)
Gedanke 3

POMPADOUR, JEANNE
ANTOINETTE DE
(1721–1764)
Sintflut

POPE, ALEXANDER
(1688–1744)
Amüsement
Partei 1

POSTMAN, NEILL
(geb. 1931)
Fernsehen 3

POUND, EZRA
(1885–1972)
Künstler 4
regieren 2

PROTAGORAS
(um 481–um 411 v. Chr.)
Mensch 9

PROUDHON, PIERRE-JOSEPH
(1809−1865)
Eigentum 1

PUBLILIUS SYRUS
(1. Jh. v. Chr.)
doppelt 2
Erben

PUCCINI, GIACOMO
(1858−1924)
Händchen

PULVER, LISELOTTE
(geb. 1929)
die Prominenten

PYTHAGORAS
(um 570−497 v. Chr.)
Zahl

Q

QUINTILIAN, MARCUS FABIUS
(um 35−um 96 n. Chr.)
Kleid

R

RAABE, WILHELM
(1831−1910)
Genie 4
Lesen
Sprichwort 4
Vergnügen 5

RABELAIS, FRANÇOIS
(um 1494−1553)
Appetit
Geschmack

RACINE, JEAN
(1639−1699)
Zukunft 4

RADECKI, SIGISMUND
(1891−1970)
Ehe 5

RAIMUND, FERDINAND
(1790−1836)
Geld 6
Hobel

RAMLER, KARL WILHELM
(1725−1798)
nutzen 1

RATHENAU, WALTHER
(1867−1922)
Entrüstung 1
Glück 5
Macht 10
Politik 12
Vornehmheit 2

REAGAN, RONALD
(geb. 1911)
SDI
väterlich

REICHERT, LUDWIG OTTO
(19. Jahrhundert)
pünktlich

RELLSTAB, LUDWIG
(1799−1860)
Lied 2

REMARQUE, ERICH-MARIA
(1898−1970)
das Neue 7

REMIGIUS VON REIMS
(436−533)
beten 3

REUTER, ERNST
(1889−1953)
Berlin 4
Friede 3
Vergangenheit 3

REUTER, FRITZ
(1810−1874)
Powerteh
über
Uhl

REUTTER, OTTO
(1870−1931)
der Alte
Fleck
fünfzig
wundern

RINCKART, MARTIN
(1586−1649)
danken 2

RINGELNATZ, JOACHIM
(1883−1934)
Humor 1
Zwiebelchen

RIST, JOHANN
(1607−1667)
Geist 4

RIVEL, CHARLIE
(1896−1983)
Leben 17

ROGERS, WILLIAM PIERCE
(1913−2001)
Einkommenssteuer

ROLLENHAGEN, GEORG
(1542−1609)
Gabe 5
Wahrheit 17

ROMMEL, MANFRED
(geb. 1928)
Vergangenheit 5

ROOSEVELT, FRANKLIN DELANO
(1882−1945)
das Konservative
Radikalist

ROQUETTE, OTTO
(1824−1896)
Rose 3

ROSEGGER, PETER
(1843−1918)
Patriotismus 1
Vergnügen 6

ROSENTHAL, HANS
(1925−1987)
Feind 3
Spitze

ROTH, EUGEN
(1895−1976)
fehlen
Mensch 16

ROTTER, KONRAD
(1801−1851)
Sträußchen

ROUSSEAU,
JEAN JACQUES
(1712−1778)
Beleidigung 2
Geburt
Geschmack 1
Glück 9
Natur 6
Quelle 5
Respekt

RÜCKERT, FRIEDRICH
(1788−1866)
Abend 1
Baum 1
Besitz 2
Freund 12
Glück 12
Hahn 5
Hoffnung 5
interessant
Johannistriebe
Liebe 1
Nachbar 2
Rache 1
Roland
Schein 5
Vater 7
Verlangen
Vollkommenheit 1
Vorsicht 1
Wort 6
Zauberfädchen
Zufriedenheit 1

RÜHMANN, HEINZ
(1902−1994)
Optimist 3

RUSSELL, BERTRAND
ARTHUR WILLIAM
(1872−1970)
Moralist 2
Patriotismus 2
Weltgeschichte 1

S

SABOR, A.
(19. Jh.)
tief

SACER,
GOTTFRIED WILHELM
(1635−1699)
reimen

SACHS, HANS
(1494−1576)
Taube

SAGAN, FRANÇOISE
(geb. 1935)
Erfahrung 1
Frau 6
Verehrung

SAINT-EXUPÉRY,
ANTOINE DE
(1900−1944)
Freude 3
Gebet 2
Liebe 22
Mensch 25
schenken
Sprache 6

SAIS, TATJANA
(nach 1945 als
Kabarettistin bekannt)
Junggeselle 2

SALLUST,
GAJUS CRISPUS
(86−35 v. Chr.)
Eintracht 1
Freundschaft 1
Recht 6

SALVANDY, N. A.
(Französischer Gesandter
in Neapel, 19. Jh.)
Vulkan 1

SARTRE, JEAN PAUL
(1905−1980)
Hölle 2

SCHEFFEL,
JOSEF VICTOR V.
(1826−1886)
Abschiednehmen 2
behüten
Flügel 1
das Irdische 1
Leben 1
Römer
Walfisch

SCHELL, MARIA
(geb. 1926)
Schauspieler 2

SCHELLING,
FRIEDRICH WILHELM
JOSEPH V.
(1775−1854)
Architektur
Kraft 4

SCHENKENDORF,
MAX V.
(1783−1817)
Freiheit 11

SCHILLER,
FRIEDRICH V.
(1759−1805)
Abrede
alle 2
das Alte
Amt 1, 5
Aranjuez
Arbeit 6
Argwohn 1
Arkadien
Arm 1, 3
Arznei 1
aufgeben
Augenblick 1, 2
Axt
Bacchus
Bank 1
bedenken
der Bedrängte

Berge 3
beschäftigt
bleiben 2
Blendwerk
Blut 5
Bogen 1, 3
Braut
brav 1
Bretter 2
Brüder 2
Brust 1, 2
Bube
Bund
Carlos
Charakterbild
Christus 2
Concordia 2
Dame 4
Dank 1, 2
Denkart
denken 3
Dionys 2
Disziplin
Dolch
Drachen
dulden 3
dunkel 2
Egoismus
Ehre 2
eifersüchtig
Einfachheit
einig
Eitelkeit 3
Element 2, 5
enden
Erde 3
Erfolg 2
ernst 1, 3
Fall 3, 5
Faust
Fensterhöhle
fleuchen
Fluch
Form
Franz
die Fremde
Freude 1, 5
Freund 5, 6, 14
Friede 4
der Frömmste
fürchten 1, 2
Fürstendiener
Gasse
Gast 3

Gattin
Gaukelspiel
Gedanke 1
Gedanken 2
Gedankenfreiheit
Geduld 4
gefährlich 2
Gehorsam 3, 4
Geld 11
Gemüt 2
Genie 1
Geschick
Geschlecht 2, 3
Gesetz 5
Gesundheit 2
Gewinn 3
Gewissen 2
Glanz
Glas
Glaube 1, 2, 12, 14
Gleichmaß
Glocke 2
Glück 7
der Glückliche
Gott 2, 6, 11, 20
groß 1
Gunst 4
Gürtel 2
Güte 1
Handschlag
Haß 1
Haupt 3
Heilige
Held 2, 3
Heldenstück
helfen 1, 7, 8
Helios
Herz 3, 9, 12
hierher
Himmel 6, 7
Hoffnung 3
Hütte 1
Ibykus
Ideal 3, 5
das Irdische 2, 3
Irrfahrt
Irrtum 2, 4
Jahrhundert 2
Jammern 3
jetzt
Joch 3
Johanna
Jugend 5
Kaiser 7

Kamerad 2
Kampf 3
Karl
Kern 2
Kirche 2
Klang
Kleinigkeit
klug 3
Klugheit 1
kommen 2
König 1, 4
köstlich 3
Kraft 6
Kreuz 2
Kultur 1
Kunst 2, 6
Künstler 3
Kuß
Leben 24, 25, 28
das Lebende
leergebrannt
leidenfrei
Licht 13
Liebe 6, 25, 44
Lorbeer 1
loslassen
Mädchen 4
Mai 3
Mann 3
Mars
Meister 2
Mensch 1, 12, 18, 26
Menschen 1, 4
menschlich 3, 4, 5, 6
Millionen
Mime
Minna
Mohr 1
der Mutige
Nacht 8
Nation 2
natürlich
Neid 2
Neigung 1
das Neue 1
Not 3
Notwendigkeit
Nutzen
oben 1
öffentlich 2
Ordnung 2
Österreicher
Pappenheimer
Partei 3

pfeilgeschwind
Pflicht 1, 2
Phantasie
Plan 1
plündern
Pöbel
Port
Preis 1
prüfen
Qual 1, 3
Quartier
Quelle 1, 2
Rache 6
Rat 1
Raum 1, 2
räuspern
Rechenschaft
recht 2
Rede 1, 3
Redlichkeit
reden 3
Reichtum 5
Reiz 1, 2
rennen
retten
Retter
Richter 1, 3
Ring
Riesenmaß
Rittersmann
Roß 2
Ruf 3
Ruhe 4
Ruhm 6
Sache 8
Schatz 2
Schein 1, 2
Scheu
Schicksal 5, 9, 13, 14
Schiff 2, 3
Schlacht
Schlachten
Schleier
das Schöne 2, 3
Schönheit 1, 8
Schrift
Schritt 2, 5
Schütze
schwach 1
die Schwachen
schwatzen
Schwert 3
See
Seele 4, 7, 8

Segen 2
Seligkeit
Sklave 3
Sohle
Sonne 8
Sorgen 5
Spanier
Sparta
spät 1
Spiel 1
Sprache 11
Staat 4
Stahl
Stamm 2, 3
der Starke
sterben 1, 2
Stirn 2
Stoff
Streich 2
Stunde 1
Szene
Tag 8, 9
Tagesordnung
Talent 11
Tell
Teufel 8
Tiefe 1, 2
Tisch 2, 4
Tod 2, 8, 10, 12
Tote 1
Treue 5
Trost 2
Tugend 2, 6, 15
Tyrann 1
Tyrannenmacht 1, 2
Uhr 1, 3, 4
der Undankbare
Unglück 4
das Unmögliche 1
Unsinn 2
Unsterblichkeit 1
untertänig
Vater 1, 8
Vaterland 2
verboten
verderben 2
vergeben 1
Verrat
Verstand 5
verstehen 2
Verstellung
verwegen
verzagt
Volk 2, 3

Völker 2
Vorsehung
Waffen 2, 3
wagen 3
Wahn
das Wahre 1, 4
wahrhaft
Wahrheit 19
wallen
Wechsel 2
wehe 3
Weib 9, 12
Weiber 1, 5
Weisheit 9
Welt 16
Werk 5
Wert
Wesen
Wille 1, 3
Willkommen
Willkür
Wohl
wohltätig
Wolf 3
Wolke 1, 2
Wunder 4
Wurzel 2
zahlen 1
zählen
Zeit 9, 11
Zeus 2
Ziel
Zinnen
Zorn 1
zusammen 2
Zweck 2
zwingen

SCHLEGEL,
AUGUST WILHELM V.
(1767–1845)
Religion 3

SCHLEGEL,
FRIEDRICH V.
(1772–1829)
Ideal 4

SCHLEIERMACHER,
FRIEDRICH DANIEL
(1768–1834)
Eifersucht 3

SCHMIDT, HELMUT
(geb. 1918)
Bibliothek
Gipfeltreffen

SCHMITZ, JUPP
(1901–1991)
bezahlen

SCHNECKENBURGER,
MAX
(1819–1849)
Rhein 2
Vaterland 6

SCHNITZLER, ARTHUR
(1862–1931)
Fehler 3
Haß 4
Lebensklugheit
Trotz
Weltgeschichte 2

SCHÖNBERG, ARNOLD
(1874–1951)
Technik

SCHOPENHAUER,
ARTHUR
(1788–1860)
Bildung 4
ehrlich 5
Einsamkeit 1
Freund 11
Freunde 1
Genie 6
Gesundheit 1
heiraten 1
Höflichkeit 4
Karte 2
Leben 6
Meinung 2
Nachwelt 1
das Neue 2
Reichtum 2
Schicksal 11
Schlaf 6
Übel 1
überflüssig
vergeben 2
Verlust 1
Wechsel 1

SCHRÖDER,
FRIEDRICH
(1910–1972)
Zeit 7

SCHROTH,
HANNELORE
(1917–1988)
Liebe 30

SCHUBART, CHRISTIAN
FRIEDRICH DANIEL
(1739–1791)
Chronos

SCHUBERT, FRANZ
(1797–1828)
Lied 2
Rinde

SCHUBERTH, EMILIO
(1904–1972)
Mode 1

SCHUMACHER, KURT
(1895–1952)
Alliierte

SCHUMANN, ROBERT
(1810–1856)
Talent 3, 4

SCHURZ, CARL
(1829–1906)
Ideale 6

SCHWAB, GUSTAV
(1792–1850)
Reiter
Urahne

SCHWEITZER, ALBERT
(1875–1965)
Bruder 2
Demut
Denken 5
Ethik
Freiheit 10
Kraft 2
Mensch 4
Musik 3
Recht 13
Zeit 10

SEIDEL,
HEINRICH WOLFGANG
(1876–1945)
Geduld 3

SENECA,
LUCIUS ANNAEUS
(um 4 v.–65 n. Chr.)
arm 4
Begehrlichkeit
Fürst
glücklich 1
Hand 2
irren 1
lernen
naturgemäß

SEUME,
JOHANN GOTTFRIED
(1763–1810)
Schmerz 5
singen
Tyrann 3
verächtlich
Verderben 1
Weiber 4
Zweifel 2

SEXTUS EMPIRIKUS
(um 200–250)
Mühle 3

SHAKESPEARE,
WILLIAM
(1564–1616)
Abhängigkeit 1
Affe 2
Anfang 3
Ast
Auskommen 1
Beförderung
Behauptung
beten 6, 12
Brutus 1, 2
Cäsar 3, 5
Credo
Dänemark
denken 2, 4
Ehre 3
ehrlich 6
Einbildung 2
Eindruck
Fall 2

Fallende
Feuer 1
Fleisch 3
Freund 8
Freundschaft 3
fröhlich 1
gaffen
Gedanken 3, 5
Geheimnis 2
gehen
gehorchen
Geld 13
Geschichte 2
Gesicht
Gestalt 1
Gewinn 2
Grab
Großmutter 2
Grund
das Gute 2
Haupt 1
Iden
Inhalt
Instrument
Irrungen 2
Jammern 2
Kappe 1
König 3
Kummer
Kunst 7
Land 3
Lärm
Liebe 2, 43
Löwe 1
Macht 2
Mädchen 2
Mann 6
Nacht 1
Nachtigall 2
Name 1
Narr 2
neu 3
Ohr 1
Othello
Pferd 3
Politik 11
Prediger 1
Rat 5
Rebellion
Recht 3, 14
reden 4
reif
Riese 4
Ruf 1

Sache 2
Schauspieler 1
Schicksal 7, 15
Schönheit 3
Schoß
Schulweisheit
schwach 2
Schwachheit
Schweigen 1
sein 1, 5
Tapferkeit 1
Tat 3
Tollheit
träumen 2
Treue 4
Übel 8
Verbannung
Verdacht
Vorsicht 3
Vorteil
Weib 11
Weiber 7
der Weise 4
Werk 1
Wille 2
wissen 6
Witz 5
wohlbeleibt
Wohlgeruch
Wort 11, 13
Yorick
Zeit 3
zerstören
Zorn 3
Zufriedenheit 3
zweifeln

SHAW,
GEORGE BERNARD
(1856–1950)
Anständigkeit 1
Freiheit 9
Leben 8
Liebe 29
Macht 7
Menschheit 2
Pessimist 1
Schicksal 3
schlafen 3
Tugend 3
Vornehmheit 1
Weisheit 3

SHELLEY,
PERCY BYSSHE
(1792–1822)
Gedicht 1

DE SICA, VITTORIO
(1902–1974)
Fernsehen 4

SIBELIUS, JEAN
(1865–1957)
Pianist

SILONE, IGNAZIO
(1900–1978)
Politik 5
Schlagwort

SIMMEL, GEORG
(1858–1918)
gebildet 2

SIMMEL,
JOHANNES MARIO
(geb. 1924)
Kaviar

SIMON, CLAUDE
(geb. 1913)
Leben 7

SIMONIDES
(um 556–467 v. Chr.)
Malerei

SINATRA, FRANK
(1915–1998)
Tugend 13

SMILES, SAMUEL
(1812–1904)
achten
Beispiel
Charakter 9
Persönlichkeit 1
Takt 4
Teilnahme

SOKRATES
(um 470–399 v. Chr.)
essen 2
wissen 1

SOLON
(um 640−um 560 v. Chr.)
Gesetz 1
glücklich 3

SOMMERAUER, ADOLF
(1910−1991)
Kinder 1

SOPHOKLES
(um 640−406 v. Chr.)
Erlösung
das Gewaltige
Gewinn 1
Mensch 21
mithassen
Recht 5
Schicksal 2
Schmerz 3
Undank 4
Wahrheit 6

SPENGLER, OSWALD
(1880−1936)
Friede 1
Geschichte 4

SPINOZA, BARUCH DE
(1632−1677)
Friede 2

SPOERL, HEINRICH
(1887−1955)
Engel 4

SPRINGER, AXEL
(1912−1985)
Deutschland 4
Glaube 13
groß
Leben 2

STAËL, GERMAINE DE
(1766−1817)
Liebe 31
verstehen 1

STEIN, HEINRICH
FRIEDRICH KARL,
FREIHERR VOM UND
ZUM
(1757−1831)
Vaterland 4

STEINBECK, JOHN
(1902−1968)
Unglück 3
Zukunft

STOLZ, ROBERT
(1880−1975)
ärgern 2
Prater

STORM, THEODOR
(1817−1888)
der Freie 1
Glaube 6
Nachtigall 1
Schuld 2
Strand
vergessen
Wald 5

STRAUSS, JOHANN
(1825−1899)
Gäste 1
glücklich 2
Lebenszweck

STRESEMANN,
GUSTAV
(1878−1929)
Silberstreifen
Staatsmann 1

STRINDBERG, AUGUST
(1849−1912)
Literatur
zusammen 1

SUARÈS, ANDRÉ
(1868−1948)
Politik 9

SUETON,
GAJUS TRANQUILLUS
(um 70−140)
Charakter 5
eilen
Geld 9

SUTTNER, BERTHA V.
(1843−1914)
Waffe 1

SVEVO, ITALO
(1861−1928)
Ideologe

SWIFT, JONATHAN
(1667−1745)
Satire 2

SWOBODA, HEINRICH
(1856−1926)
Qualität

T

TACITUS,
PUBLIUS CORNELIUS
(um 55−um 120 n. Chr.)
Bärenhaut

TAGORE,
RABINDRANATH
(1861−1941)
Gott 7

TALLEYRAND,
CHARLES-MAURICE
(1754−1838)
Hochverrat
Idealist
Sprache 5

TENNYSON, ALFRED
(1809−1892)
Gehorsam 2

TERENTIUS, PUBLIUS
AFER (TERENZ)
(um 190−159 v. Chr.)
Berge 2
dasselbe
Kopf 5
menschlich 8
Wolf 1

TERSTEEGEN,
GERHARD
(1697−1769)
Liebe 18

MUTTER TERESA
(1910−1997)
Menschen 14

THAKERAY,
WILLIAM MAKEPEACE
(1811−1863)
Eitelkeit 2
Humor 3

THALES VON MILET
(um 625−um 547 v. Chr.)
erkennen

THIERSCH,
JOHANN BERNHARDT
(1794−1855)
Preuße 1

THIESS, FRANK
(1890−1977)
Geschichte 3

THOMALLA, GEORG
(1915−1999)
küssen

THOMAS VON KEMPEN
(um 1380−1471)
das Innere

TIECK, LUDWIG
(1773−1853)
Zaubernacht

TIEDGE,
CHRISTOPH AUGUST
(1752−1841)
Freude 6

TIRPITZ, ALFRED V.
(1849−1930)
Völkerbund

TOLSTOI, LEO
(1828−1910)
Geld 4

TREITSCHKE,
HEINRICH V.
(1834−1896)
Überzeugung 1

TRIVULZIO,
JEAN JACQUES
(um 1441−1518)
Kriegführen

TRUFFAUT, FRANÇOIS
(1932−1984)
Improvisation

TRUMAN, HARRY S.
(1884−1972)
Staatsmann 2

TUCHOLSKY, KURT
(1890−1935)
deutsch 2
dick
Enge
Erfahrung 3
Leben 19
Liebe 40
Mann 11
Memoiren
Milljöh
mögen
Moral 1
Nation 1
Nationalökonomie
Satiriker
Soziologie
Sprache 12
vie
viel 3
Wirtschaft

TWAIN, MARK
(1835−1910)
Bankier
Demokratie 1
Feigheit
Mensch 8
Nächstenliebe
schlagfertig
Tugend 4
Zivilisation 4

U

UHLAND, LUDWIG
(1787−1862)
alles 2
Eiche
Flur
Gast 1
Gegenwart
Gesang
Kamerad 1
Luft 2

Sänger
Schritt 4
sein 3
Stück 1
Tag 2
das Träumen 1
Wirt
Wirtin 1
Zweig 2

UHLEN, GISELA
(geb. 1919)
Schlager

UNRUH,
HANS VIKTOR V.
(1806−1886)
Widerstand

URNER,
ANNA BARBARA
(1760−1803)
Abendsonne

USTERI,
JOHANN MARTIN
(1763−1827)
freuen 3
Sorge 1

USTINOV, PETER
(geb. 1921)
Fernsehen 2

V

VALENTE, CATERINA
(geb. 1931)
Junggeselle 1

VALENTIN, KARL
(1882−1948)
Optimist 2

VARNHAGEN V. ENSE,
RAHEL
(1772−1833)
Eigentum 3

VALÉRY, PAUL
(1871−1945)
Geschichte 5

VERDI, GIUSEPPE
(1813–1901)
Macht 3
Weiberherz

VERGIL,
PUBLIUS MARO
(70–19 v. Chr.)
Amor
Danaergeschenk
Geist 2
Träne 2

VISCHER,
FRIEDRICH THEODOR
(1807–1887)
Objekt

VOLKMANN
(LEANDER), RICHARD
(1830–1889)
Träumerei

VOLTAIRE,
FRANÇOIS-MARIE
(1694–1778)
Geistesherr
Glück 6
Nachwelt 2
Rang
sagen 1
Thron 2
Zufall 6

VOSS,
JOHANN HEINRICH
(1751–1826)
beten 2
Hände 2
Wein 8

_____

W

WAALKES, OTTO
(geb. 1948)
Mensch 5

WAGGERL,
KARL HEINRICH
(1897–1973)
Glück 2

WAGNER, RICHARD
(1813–1883)
blicken
Glaube 11
Kreis
Meister 1, 3
Nacht 9
Schwan
Steuermann
treulich
weilen
Wintersturm
Zukunftsmusik

WALDOFF, CLAIRE
(1884–1957)
Hermann

WALPOLE, HORACE
(1717–1797)
Welt 12

WALTHER VON DER
VOGELWEIDE
(um 1170–1230)
das Innere 1
Mensch 24

WARNKE, JÜRGEN
(geb. 1931)
Entwicklungshilfe

WEBER,
CARL MARIA V.
(1786–1826)
Bursch
Jammertal
Jungfernkranz
Samiel
Weise

WEBER, KARL JULIUS
(1767–1832)
Charakter 8
Ruhm 8

WEIL, SIMONE
(1909–1943)
Revolution 3

WELLER, RENÉ
(geb. 1950)
Revolution 4

WELLES, ORSON
(1915–1985)
Fernsehen 5
Liebe 34

WELLINGTON,
ARTHUR WELLESLEY
(1769–1852)
Nacht 4

WERFEL, FRANZ
(1890–1945)
Recht 9

WEST, MAE
(1892–1983)
Kurve

WEIZSÄCKER,
CARL FRIEDRICH V.
(geb. 1912)
Freiheit 3

WEIZSÄCKER,
RICHARD V.
(geb. 1920)
deutsch 3
Freiheit 8
Hand 1

WIELAND,
CHRISTOPH MARTIN
(1733–1813)
Fall 7
Natur 1
Pan
Religion 8
Sitte 2
Übel 2

WILDE, OSCAR
(1854–1900)
Ehe 3
Einladung
Erfahrung 2

Fortschritt 1
Frau 3
Freund 16
Gedächtnis 6
Geld 1
Intuition
Leben 16
Mann 13
Mode 3
Revolution 2
Taktlosigkeit 1
Tragödie
Unzufriedenheit
Vorsatz 2, 3
Welt 9
Witz 4
Zyniker

WILDUNGEN,
HEINRICH V.
(18./19. Jahrhundert)
Jagdtag

WILHELM II.
(1859–1941)
Partei 2
Tag 11
Verkehr
Wasser 5

WILLIAMS,
TENNESSEE
(1914–1985)
Sehnsucht 1

WILSON, HAROLD
(1916–1995)
Antiquitäten
Recht 8

WILSON,
THOMAS WODDROW
(1856–1924)
Recht 8
Selbstbestimmungsrecht

WINCKELMANN,
JOHANN JOACHIM
(1717–1768)
Einfalt 2

WODEHOUSE,
PELHAM GRENVILLE
(1881–1975)
Butler

WOLFRAM
V. ESCHENBACH
(um 1170–1220)
Tafelrunde 1

Z

ZARNACK, AUGUST
(1777–1827)
Tannebaum

ZELLER, CARL
(1842–1898)
grüßen
Rose 8

ZIEMANN, SONJA
(geb. 1926)
passieren

ZILLE, HEINRICH
(1858–1929)
Milljöh

ZUCKMAYER, CARL
(1896–1977)
Laudatio
Stück 1
Welt 15

ZWEIG, STEFAN
(1881–1942)
Politik 19
Sternstunde

ZWINGLI, ULRICH
(1484–1531)
Seele 2

Register fremdsprachiger Sprüche

In diesem Register sind alle fremdsprachigen Spruchweisheiten mit ihrer Fundstelle im Lexikonteil angegeben. Die in Originalsprache zitierten Sprüche sind hier im Register mit (+)-Zeichen versehen. Die entsprechende Übersetzung dazu finden Sie ebenfalls im Lexikonteil. Die hier aufgeführten Fundstellen fremdsprachiger Redensarten sind unter dem deutschen Stichwort verzeichnet, also zum Beispiel: *französisch; Adel 1* (+) bedeutet, daß das erste Zitat zum Thema »Adel« aus dem Französischen stammt und sich das Originalzitat ebenfalls an dieser Stelle im alphabetisch geordneten Lexikonteil befindet.

---

afrikanisch
heiraten 2
Würde

arabisch
Jagd 1

belgisch
Frau 5

chinesisch
das Böse
Freund 17
Freundschaft 8
früher
Geld 15
Glück 8
Gunst 3
Meinung 3
Menschen 5
Quelle 3
Rache 2
schmeicheln
Unsterblichkeit 2
Wissen 3

dänisch
Haß 3

englisch
Anfang 3 (+)
beten 6, 12 (+)
Bruder 1 (+)

Brutus 1, 2 (+)
Caesar 3 (+), 5
Dänemark (+)
Demokratie 4 (+)
Ereignisse 2 (+)
flower (+)
gelobt
Krieg 6
lang 1 (+)
love (+)
Macht 2 (+)
Mann 6 (+)
Moral 1
Nachtigall (+)
neu 3 (+)
Paradies (+)
Pferd 3 (+)
Politik 11 (+)
Schritt 1 (+)
Schulweisheit (+)
Sein 5 (+)
Wind 10 (+)
Yorick (+)
Zeit 14 (+)
Zorn 2 (+)
Zufriedenheit 3 (+)

französisch
Adel 1 (+)
Appetit (+)
Berg 1 (+)
Crème (+)

Eierkuchen 2 (+)
Freiheit 12 (+)
Freund 4
Geschmack 2 (+)
Gesetze 2
Gunst 6
Kaiser 3 (+)
Liebe 42
Mißtrauen 1
Politik 4 (+)
Pünktlichkeit 1 (+)
Ritter 1 (+)
Schelm (+)
Schrei (+)
Sintflut (+)
sprechen 2 (+)
Staat 1 (+)
Sturm 1 (+)
verteidigen (+)
vie (+)
vis-à-vis

griechisch
allzuviel
Angeln
Chronos (+)
erkennen
erziehen
essen
Schönheit 5
Tat 5
Tier (+)

Register der Bauernregeln

Hier sind in alphabetischer Reihenfolge alle Stichwörter aufgeführt, unter denen Sie im Lexikonteil die betreffende Bauernregel* finden.

*Dem interessierten Leser empfehlen wir hierzu das Humboldt-Taschenbuch »Bauernweisheiten und Bauernregeln« (ht 596) von H. und O. Kostenzer.

Register der Namen, Orte und Personen

Bedeutende Namen, Orte und Personen, die in den Sprüchen behandelt werden, sind hier jeweils mit ihrer Fundstelle (Stichwort) aufgeführt; das Stichwort in Klammern verweist auf die Stelle, an der der Spruch zu dem jeweiligen Ort, Namen oder der jeweiligen Person zu finden ist: *Afrika (Welt 5)* bedeutet zum Beispiel, daß sich im Lexikonteil das fünfte Zitat zum Thema »Welt« auf Afrika bezieht.

D
Damon (Dionys 2)
Delphi (erkennen)
deutsch (Berlin 1, Einigkeit,
    Land 8, Sprache 2, 3, Streu-
    sandbüchse, Vaterland 9)
das Deutsche (Dichter, Partei 2,
    Vaterland 8)
Deutschland (Rhein 1, Vater-
    land 4)
Desdemona (beten 12)
Drakon (Strenge)

E
Electrola (Stimme 1)
Elsaß (Riese 3)
Emilia (beten 10)
Emma (Möwe)
Eriwan, Radio (Prinzip 1)
Euphrosyne (Grazien)
Eva (Adam 2)

F
Fernsehlotterie (Platz, Mark 3)
Frankreich (Paris 2, Schiff 2)
Franz (Kaiser)
Franzose (Mathematiker)
französisch (Sprache 14, Träume-
    rei)
Friedrich der Große (Geistesherr)
Friedrich Wilhelm III. (Preuße 1)
Friedrich, W. (Martha)
Friedland (Nacht 8)
Friedrichstraße (mögen)

G
Genf (väterlich)
Gibeon (Sonne 7)
Gilbert, Robert (Sigismund, Papa)
Goethe, Joh. Wolfgang. (erziehen)
Goliath (Riese 2)
Gomorrha (Sodom)
Gogol (Sowjetunion)
Gorbatschow (väterlich)
Granada (Nachtlager)
Gretchen (Religion 5)
griechisch (Einfalt 2)

H
Habsburg (Dank 1)
Hans Huckebein (Unglücksrabe)
Harz (Tanne)

Havelland (Ribbeck)
Haydn, Joseph (Deutschland 3,
    Einigkeit, Kaiser 5)
Hedwig (Gallus 1)
Heinrich IV. (Canossa)
Herakles (Augiasstall)
Hippokrates (Kunst)
Homer (Gelächter, Sonne 8)
Husum (Strand)

I/J
Io (Argusauge)
Jan (Yankee)
Jena (Bürgerspflicht, Wiener)
Jerusalem (Zion)
Jesuiten (Mittel)
Jesus (vollbracht, Zuversicht)
Jupiter (Xenius)
Juli (Ruprecht)
Juda (Simon)

K
Kain (Abel)
Karl der Große (Heidenangst)
Katharina die Große (Potemkin)
Kempff, Wilhelm (Pianist)
Köln (Heinzelmännchen)
Kollo, René (Gäste 1)
Kolumbus (Ei 1)
Konstantin der Große (siegen 1)
Küßnacht (Gasse)

L
Lateinamerika (Welt 5)
lateinisch (Virus)
Lea (Affe 2)
Léon, Victor (Heinerle)
Ludwig II (Berge 4)
Luther, Martin (Ränzlein)
Lützow (Jagd 2)

M
Martha (Sorge 6)
Marx (Liebe 21)
März (Iden, Lorbeer 1)
Maunz (Katze 4)
Methusalem (alt 3)
Miller, J. M. (Geld 12)
Milvische Brücke (siegen 1)
Minz (Katze 4)
Mitterand, François (denken 5)

Moritz (Max)
Mortimer (sterben 1)
Mohr, Joseph (Nacht 10)

N
Napoleon III. (lügen 4)
Niedeck, Burg (Riese 3)
Nimrod (Jagdtag)

O
Octavio (Heldenstück)
Odysseus (dulden 2)
Ostsee (mögen)
Oxenstierna, Axel Graf v.
  (regieren 5)

P/Q
Papageno (Mädchen 1)
Paris (Leipzig)
Plutarch (Cäsar 2, kommen 1)
Pohl, Emil (Vergnügen 7)
Pommerland (Maikäfer)
Prag (Süden)
Prater (Wiener)
Preußen (Nacht 4)
Pygmalion (halbgebildet)
Don Quijote (Ritter 2)

R
Rhein (Wirtin 1)
Rom (Berliner 2, Sprache 14)
römisch (Wahrheit 3)
Rubikon (Cäsar 1)
v. Ruer (Bärenhaut)

S
Saulus (Paulus)
Schikaneder, Emanuel (Bildnis,
  Gefühl, Mädchen 1, Mann 14,
  Rache 7, Vogelfänger)
Schilda (Schildbürgerstreiche)
Scholz, Hans (Spree)
Schöneberg (Mai 2)
schwäbisch (Eisenbahn 2)

Schumann, Robert (Großmutter 1)
Scylla (Charybdis 1, 2)
Seneca (hassen 2)
Servatius (Pankratius)
Shaw, George Bernard (halbgebil-
  det)
spanisch (Sprache 14)
Spartaner (lakonisch)
Spree (Berlin 3)
Stein, W. (bezahlen)
Stern, Lorenz (Yorick)
Sueton (hassen 2)
Sokrates (Xanthippe 1, 2)

T
Talmud (Frau 4, Mensch 27, Vater
  3, Zorn 11)
Tersteegen, G. (Liebe 18)
Teutoburger Wald (Varus)
Thalia (Grazien)
Thermopylen (Sparta)
Thomas (ungläubig)
Thule (König 2)
Thüringen (Landgraf)
Timotheus (Ibykus)
Tirol (Kirche 7, Rosen 8)
Treitschke (Abscheulicher, Luft 1)
Troja (Parisurteil)
Trojaner (Danaergeschenk)

U/V
Uri (zwingen)
USA (Land 2)
Vespasian (Geld 9)

W/Z
Waterloo (Garde)
Weill, Kurt (s. Bertolt Brecht)
Wehlisch, Ernst (schreiben 2)
Weimar (Wiener)
Westfalen (Wasser)
Wien (Balkan, Sachertorte)
Wilhelm II. (Lotse)
Wolga (Soldat)
Zeus (Argusaugen)

Register der Bibelzitate

Sämtliche Bibelzitate im Lexikonteil sind hier mit Stichwortangabe (jeweils in Klammer) aufgeführt: *Hosea/8, 7 (Wind 7)* bedeutet zum Beispiel, daß dieses Bibelzitat im Lexikonteil das siebte Zitat zum Thema »Wind« ist.

Apostelgeschichte

2,13 (Wein 10)
4,32 (Herz 5)
5,29 (Gott 19)
8,30 (verstehen 3)
9,2 (Paulus 5)
9,6 (Zittern)
9,18 (Schuppen)
20,35 (geben 1)

Chronik

1. Teil 12,19 (Hals 1)
1. Teil 16,34 (danken 1, Herr 6)
2. Teil 19,7 (Ansehen)

Daniel

5,25 (Menetekel)
5,27 (leicht 1)
9,27 (Verwüstung)

Epheser

4,26 (Zorn 8)

Esther

4,1 (Sack)

Galater

6,2 (Last)
6,7 (säen 1)

Habakuk

1,3 (Gewalt 1)

Haggai

2,6 (Himmel 4)

Hebräer

1,14 (dienstbar)
4,12 (Mark 1)
12,6 (züchtigen)
13,8 (Christus 3)
13,14 (Stätte)

Hesekiel

17,21 (Wind 9)
30,16 (Angst 1)

Hiob (Hiobsbotschaft)

1,1 (schlecht 1)
1,21 (nackt 1)
4,15 (Haare 2)
8,9 (gestern)
15,32 (Zweig 1)
16,2 (Trost 1)
16,22 (Weg 2)
21,23 (frisch 4)
27,2 (wahr 4)
36,26 (Unbekannter)
38,11 (hierher)
42,3 (hoch)

Hosea

8,7 (Wind 7)

Jakobus

1,17 (Gabe 1)
1,22 (Täter)

1,26 (Zunge 2)
5,16 (Gerechte 2)

Jeremia

16,5 (Gnade 4)
51 (Sündenbabel)
51,39 (Schlaf 1)

Klagelieder des Jeremias

2,12 (Geist 1)

Jesaja

8,14 (Stein 1)
28,16 (Grundstein)
33,8 (Treue 1)
34,8 (Rache 3)
38,1 (Haus 3)
40,3 (Prediger 2)
48,4 (Stirn 1)
53,57 (Unschuldslamm)
65,20 (Sünder 2)

Jesus Sirach

3,11 (Segen 3)
3,27 (Gefahr 3)
4,31 (Strom 1)
12,19 (Fäustchen)
21,11 (Hölle 1)
25,21 (Zorn 6)
30,26 (Sorge 7, Zorn 4)

Johannes, Brief

1. Buch; 5,19 (Welt 6)

Evangelium des Johannes

1,1 (Anfang 5)
2,4 (Stunde 2, Weib 8)
2,10 (getreu)
2,15 (Tempel)
3,8 (Wind 1)
3,19 (Finsternis 3)
6,35 (Brot 4)
8,7 (Sünde 1)
8,23 (Welt 20)
8,32 (Wahrheit 12)
11,25 (Auferstehung)
14,2 (Wohnung)
18,36 (Reich 2)
18,37 (sagen 2)
18,38 (Wahrheit 18)
19,15 (kreuzigen)
19,30 (vollbracht)
20,17 (rühren)
20,24-29 (ungläubig)
20,29 (glauben 4)

Offenbarung des Johannes

1,8 (A 1)
5,1 (Buch 1)
14,13 (Werk 4)
12,9 (Engel 3)
16,1 (Zorn 14)
20,2-3 (Reich 1)
20,7 (Teufel 4)
22,20 (Ja)

Jona

4,11 (wissen 4)

Josua

10,12 (Sonne 7)

Kolosser

3,9 (Adam 3)
3,25 (Ansehen)

Könige

1. Buch; 3,7 (wissen 5)
1. Buch; 3,16-28 (Salomo)

Korinther

1. Buch

3,10 (Gott 29)

7,38 (heiraten 3)
13,1 (Engelszungen)
13,2 (Glaube 7, Prophet 3)
13,13 (Glaube 10)
14,9 (Wind 5)
14,34 (Weib 1)
15,33 (Geschwätz)
15,55 (Tod 11)
16,22 (verflucht 1)

Korinther

2. Buch

3,6 (Buchstabe)

Evangelium des Lukas

1,37 (Gott 1)
2,1 (Zeit 6)
2,13 (Heerscharen)
2,14 (Ehre 4)
2,52 (Weisheit 1)
4,4 (Brot 3, Mensch 14)
7,24 (Rohr)
9,23 (Kreuz 1)
9,55 (Geist 8)
9,60 (Tote 2)
10,7 (Lohn)
10,11 (Sorge 6)
10,30 (Räuber 2)
10,30-37 (Samariter)
10,34 (Öl 3)
11,9 (bitten)
11,23 (wider)
12,19 (Seele 5, zufrieden 1)
14,23 (Haus 1)
14,27 (Kreuz 1)
15,11-32 (Sohn 1)
16,9 (Mammon)
16,8 (Weltkind)
16,19 (herrlich)
16,21 (Brosamen)
18,11 (Pharisäer)
18,13 (Sünder 1)
18,16 (Kinder 8)
19,11 (Pfund 2)
19,40 (Menschen 15)
19,45 (Tempel)
21,26 (warten 2)
21,33 (Himmel 3)
22,44 (Blut 3)

22,53 (Finsternis 5)
23,11 (Pontius)
23,34 (Vater 11)
23,46 (Geist 6)
24,29 (Abend 2)
24,36 (Friede 5)

Makkabäer

2. Buch

3,31 (Züge)
3,38 (Leben 23)
7,28 (nichts 1)

Maleachi

3,16 (Denkzettel)
3,20 (Gerechtigkeit 2)

Markus

4,17 (wetterwendisch)
5,9 (Legion)
8,34 (Kreuz 1)
10,14 (Kinder 8)
10,21 (Kreuz 2)
11,15 (Tempel)
14,38 (wachen 2)
15,13 (kreuzigen)
15,33 (Gott 4)
16,16 (Glaube 8, glauben 5)

Matthäus

1,23 (Gott 9)
3,2 (Buße)
3,3 (Stimme 2)
3,10 (Wurzel 1)
3,11 (Feuertaufe)
3,12 (Spreu 1)
3,17 (Sohn 2)
4,4 (Brot 3, Mensch 14)
4,16 (Licht 9)
4,17 (Buße)
5,3 (geistlich)
5,4 (Leid 1)
5,5 (Sanftmütiger)
5,8 (Herz 14)
5,13 (Salz)
5,15 (Licht 10)
5,26 (Heller)
5,37 (Übel 5)
5,38 (Auge 1)
5,45 (Sonne 3)

6,3 (Hand 5)
6,3 (Almosen)
6,6 (beten 11)
6,11 (täglich)
6,13 (Übel 4)
6,24 (Herren 2)
6,28 (Lilien)
6,34 (Plage)
7,4-5 (Splitter)
7,5 (Heuchler)
7,6 (Perle 3)
7,7 (bitten)
7,15 (Prophet 4)
7,16 (Früchte 6)
7,26 (Sand 1)
8,11 (Abraham)
8,12 (Zahn 2)
8,22 (Tote 2)
9,17 (Wein 7)
10,14 (Staub 1)
10,38 (Kreuz 1)
11,15 (Ohren 8)
11,28 (kommen 3)
11,30 (Joch 1)
12,24-27 (Beelzebub)
12,30 (wider)
12,34 (Herz 10)
13,8 (Boden, Land 1, Frucht 3)
13,21 (wetterwendisch)
13,47 (Prophet 1)
16,3 (Zeichen 2)
16,23 (Satan)
16,24 (Kreuz 1)
17,4 (Hütte 2)
19,6 (zusammen, Gott 22)
19,14 (Kinder 8)
19,24 (Kamel)
19,30 (der Erste)
21,12 (Tempel)
21,13 (Herz 11)
22,14 (auserwählt)
22,21 (Kaiser 4)
23,3 (Wort 9)
23,12 (erhöhen)
23,23 (das Eine 1)
25,18 (Pfund 1)
25,32-33 (Schaf 3)
26,34 (Hahn 3)
26,39 (Kelch)
26,41 (Fleisch 1, wachen 2)
26,46 (Verräter)
26,52 (Schwert 2)
27,11 (sagen 2)
27,24 (Hände 1)
27,46 (verlassen 1)
28,19 (taufen)
28,20 (Matthäi 1, Welt 1)

Micha
7,3 (Sache 3)

**Moses
1. Buch**
1,1 (Anfang 2, Gott 21)
1,2 (Tohuwabohu)
1,3 (Licht 3)
1,5 (Tag 1)
1,26 (fleuchen)
1,27 (Bild)
1,28 (fruchtbar)
2,9 (Baum 2)
2,17 (Erkenntnis)
2,18 (allein 1, Mensch 17)
3,9 (Adam)
3,16 (gebären)
3,19 (Erde 1, Schweiß)
4,9 (Abel, Hüter)
4,12 (unstet)
5,26-27 (alt 3)
5,27 (Methusalem)
6,12-13 (Fleisch 4)
10,9 (Nimrod)
12,7 (gelobt)
19,11 (Blindheit)
19,24 (Sodom)
19,26 (Salzsäule)
25,34 (Linsengericht)
32,12 (Sand 3)
34,1 (Töchter)
37,3 (Rock)
37,27 (Fleisch 2)
40,14 (gedenken)

**Moses
2. Buch**
1,14 (Leben 15)
2,14 (Richter 4)
3,8 (Land 4)
10,22 (Finsternis 1)
12,33 (Tod 14)
15,9 (Mütchen)
16,3 (Ägypten)
20,2-3 (Herr 4./1. Gebot)
20,3 (Götter 3./1. Gebot)
20,7 (Name 3./2. Gebot)
20,8 (Feiertag 3. Gebot)
20,12 (Vater 5./4. Gebot)
20,13 (töten 2./5. Gebot)
20,14 (ehebrechen 6. Gebot)
20,15 (stehlen 7. Gebot)
20,16 (Zeugnis 8. Gebot)
20,17 (Haus 2./9. Gebot)
20,17 (Weib 3./10. Gebot)
21,24 (Auge 1)
23,26 (Recht 2)

**Moses
3. Buch**
16 (Sündenbock)
19,18 (der Nächste 2)
19,23 (Alter 4)
26,6 (Schlaf 2)

**Moses
4. Buch**
6,25 (Herr 2)
31,26-27 (Raub)
33,55 (Auge 3)

**Moses
5. Buch**
4,26 (Zeuge)
4,29 (Seele 6)
7,19 (Zeichen 1)
8,3 (Brot 3, Mensch 14)
25,4 (Ochse)
27,15-26 (Amen)
28,25 (Scheitel)
28,29 (dunkel 1)
32,5 (Schandfleck)
32,10 (Augapfel)
32,35 (Rache 5)

Nehemia

4,7 (Lückenbüßer)

Psalmen

1,1 (Spötter 1)
1,4 (Spreu 2)
4,4 (wunderlich)
22,7 (Spott)
23,1 (Herr 1)
23,4 (Stecken, Tal 1)
23,5 (Öl 1)
34,20 (der Gerechte 1)
35,20 (die Stillen 2)
37,3 (bleiben 1)
40,13 (Schulden)
73,19 (Ende 2)
75,5 (Gottlose)
84,7 (Jammertal)
90,1 (Zuflucht)
90,2 (Ewigkeit)
90,10 (köstlich 2)
91,4 (Fittiche)
91,12 (Hände 3)
94,15 (Recht 7)
118,26 (loben 3)
119,86 (Gebote)
121,1 (Augen 6)
126,5 (Träne 2)
127,2 (Schlaf 7,
    Kinder 5,
    Sorgen 4)
130,1 (Not 2)
145,15 (Augen 1)
150,6 (loben 1)

Petrus

1. Brief

2,8 (Stein 1)
4,8 (Liebe 16)
5,7 (Sorge 2)

Richter

5,6 (Weg 3)

Römer

3,23 (Sünder 3)
7,8 (wollen 2)
7,22 (Mensch 3)
8,28 (Gott 25)
8,31 (Gott 16)
12,12 (fröhlich 2)
12,19 (Rache 5)
12,20 (Kohlen 2)
12,21 (das Böse 4)
13,1 (Obrigkeit 3)
13,7 (Ehre 5)
14,7-8 (leben 4)

Ruth

1,16 (hingehen)

Salomo – Hohes Lied

2,2 (Rose 1)
8,6 (Liebe 39)

Salomo –Prediger

1,7 (Wasser 1)
1,8 (Nimmersatt)
1,9 (das Neue 5)
3,1 (Zeit 1)
3,12 (gütlich)
3,13 (Gabe 2)

Salomo – Sprüche

4,24 (Lästermaul)
5,4 (Schwert 1)
6,6 (Ameise)
8,14 (Rat 4)
10,2 (Unrecht 2)
11,22 (Weib 4)
12,4 (Weib 5)
12,19 (wahrhaftig 2)
13,24 (Kind 8)
15,17 (Kraut 1)
16,9 (Mensch 5)
16,16 (Weisheit 8)
16,18 (Fall 4)
16,31 (Haare 1)
17,20 (verkehrt)
18,22 (Ehefrau)

20,1 (Wein 3)
20,29 (Haare 1)
21,9 (Weib 10)
22,1 (Ruf 2)
25,14 (versprechen 2)
26,27 (Grube)
28,27 (die Armen)
31,30 (Weib 7)

Salomo – Weisheit

2,8 (freuen 3)

Samuel

1. Buch

1,15 (Herz 7)
16,7 (Augen 5, Herr 3)
17 (Riese 2)

2. Buch

7,9 (groß 3)
8,18 (Krethi)
13,20 (Herz 13)
20,2 (ferne)

Thessalonicher

1. Brief

3,10 (Arbeiten 3)
5,2 (Dieb 1)
5,22 (Schein 4)

Timotheus

1. Brief

3,1 (wahr 1)
5,18 (Lohn)
6,10 (Geiz)
16,8 (Kinder 3)

Titus

Brief

15 (der Reine 1)

Tobias

4,9 (viel 1, wenig 9)
4,16 (andere)
5,28 (frisch 4)
6,3 (fressen 1)

Register der Sprichwörter und sprichwörtlichen Redensarten

Hier sind in alphabetischer Reihenfolge unter dem jeweiligen Stichwort alle Sprichwörter und sprichwörtlichen Redensarten aufgeführt, die der lexikalische Teil enthält. *Bad 1/2/3* bedeutet z. B., daß die ersten drei Sprüche zum Stichwort »Bad« der Kategorie Sprichwort/sprichwörtliche Redensart angehören.

A

A 1/2, abblitzen, Abend 4/5, abends, Abraham, abwarten, acht, Adam 3, Adamskostüm, Adel 1/2, Ader, Affe 1/3, Ägypten, Aktien, alle 1, alles 1, allzuviel, Alm, alt 2/3/5, das Alter 2, Amen, Amt 3, Amtsschimmel, der andere, anders, Anfang 1, Angeln, angeben, das Angenehme, Angriff, Angst, anno, Ansehen, Antreiber, Antwort, Apfel, Appetit, Arbeit 1/2/3/7, arbeiten 2/3, Arbeiter, Argusaugen, Ärmel, arm 1/2, Armut 2/3/6/7/8, Arsch, Arznei 1, Arzt 1/2, Athen, aufschieben 1/2, Augapfel, Auge 2/3/4, Augen 1/2/3, Augiasstall, Auskommen, Ausnahmen 1, Ausrede, außen, Axt

B

Bad 1/2/3, Balkan, Balken, Bangemachen, Bank 2, Bär, Bärenhaut, Bart 1, Bauch, Bauer 2/3, Bauernfang, Baum 2, Bäume 1/2, Beelzebub, beharren, Bein, Beinbruch, Beispiel 2, Bekenntnisse, Berg 2, Berge 2, das Beste 2, Besuch 1/2, beten 1/4/7, betrügen 1, Betrüger, betten, blamieren, Blatt, blau 2, bleiben, blind 1/2/3, Blindheit, Blitz 2, Blücher, Blume 1, Blut 1/3, Bock, Bockshorn, Boden, Bogen 1/2, böhmisch, Bolle, Borgen, Böse 4, Braten, brav 1, Bretter, Brosamen, Brot 7, Brotkorb, Buch 1, Butter 1/2

C

C, Canossa 1, Caesar 1, Cerberus, Charakter 6, Charybdis, Chemie, Christentum 3, Crème

D

Danaergeschenk, Dänemark, Dank 1, dasselbe, Denken 1, Denkzettel, deutsch, Dichter, Dieb 1/2, dienstbar, Ding 1, Dolch, doppelt 1/2, drei 1/2, dumm, dunkel 1, das Dunkel 4/5, Dunst

E

edel, Ehre 2/5/3, ehrlich 2/4, Ei 1/2/4, Eierkuchen, Eigenlob, eilen, Einbildung 1, einer, einmal, Einsicht, Eintracht 2, Eisen 2/3, Eisenbahn, Eitelkeit 2, Elefant, Element 1, Ende 1/2, Engel 3, Engelszungen, Erben, erlaubt, erstens, Esel 1/2/3, essen 1/2/3/4

F

fahren 2, Fall 1/4/6, faul, Fäustchen, Feder 2, Feind 2, Ferien, ferne, fett, Feuerprobe, Feuertaufe, Finsternis 1, Fisch 1/2, Fischer, Fittiche, Fleisch 1/2/4, Fleiß, fleuchen, Flinte, Floh, Fluch, Flügel 2, Flur, Formulare, fragen, frei 3, freien, fressen, Freude 7, Freund 12, Freundschaft 7, Frieden 7, frisch 3/4, fromm, Frucht 1/3, Früchte 3/5, früher, fühlen, fünfzig

G

Gabe 2/4, Galgenhumor, Gänsemarsch, Garaus, Gast 2, Gäste 2, Gaul, geben 1, Gedächtnis 1/3, Gedanke 5, Geduld 5, Gefahr 2/3, Gefilde, Gefühle, Gegensätze, Geige, Geist 1/4/8, Gelächter, Geld 2/7/8/9, gelobt, Gemüt 2/3, genug 1, Geschlecht 1, Geschmack 2/3/4, Geschrei, Geschwindigkeit, Gesetz 1/5, gestern, getreu, gewagt, Gewalt 1, gewinnen, Gewissen 1, Gewitter, Gift 2, Gipfel 1, Glanz, Glashaus, Glaube 7/8, glauben 3/5, gleich, Glocke 1/2/3, Glück 3/13/16/17, der Glückliche, Gnade 2/4, Gold 1, Goldwaage, gordisch, Gott 3/4/10/14/17/27, Götter 1/2, die Gottlosen, Gras 1/2, Groschen, die Größe, Grube, Grundstein, Gunst 2, Gürtel 1, Gut 2, gütlich

H

Haar 2/3/4, Hafer, Hahn 1/2/4, Häkchen, Hals 1/2/3/4, Hand 2/3, Hände 1/3, Handwerk 1/2, Hänschen, Hase 1/2/3, Hasenpanier, Haupt 2, Haus 3, Häuschen, Haussegen, Haut 1/2, Hebel, Hehler, Heidenangst, Heidenlärm, Heirat, helfen 5, Helfer 2, Heller, Hemd, herausnehmen, Herd, herein, Herkules, Herr 5, Herren 2, herrlich, Herz 1/2/5/7/10/11/13, Heuchler, heute, hierher, Himmel 4/5, Himmelreich, Hinz, Hiobsbotschaft, hobeln, hoch, Hochzeit, Hof 1, hoffen 1, Höflichkeit 1, Holland, Hölle 1/5, Hopfen 1/2, Horcher, Hühnchen, Hühner, Hund 1/2/3/4/6/7, Hundertste, Hunger, Hungertuch, Hut 1/2

I/J

irren, ja, Joch 1/2, Jubel 2, Jubeljahr, jucken, jung 2, die Jungen 2

K

Kaiser 6, Kamm, Kampf 1, Kanone 1/2/3, Kante, Kappe 2, Karte 1, Kassel, Kastanien, Katze 1/2/3, Kauf, Kavalier, kehren, Kelch, Kerbe, Kern 1, Kind 1/3/4/6/7, Kinder 7/9, Kinderstube, Kirche 7, Kirchenlicht, Klee, Kleider, klein, Klemme, Klinge, Klotz, klug 1, der Klügere, Köche, Kohlen 1/2, Konzept, Kopf 3/4/5/6, kopieren, Korb, Korn 1, Krach 3, Kraft 4, Krähe, Krankheit 1, Kraut 2, Krethi, Kreuz 1/3, Kriegsbeil, Kritik 2, Kuh 1/2, Kuhhaut, Kuppelpelz, kurz, Kürze, Kürzere, Küßchen

L

lächeln 3, lachen 1/2, lakonisch, Land 1/5/6/8/9, lange 2, Lärm, Lästermaul, Lauscher, Leben 4/15/22/23, Lebenslicht, Leber 1/2, leergebrannt,

Legalität, Lehrjahre, Leiche, leicht 1, Leid 2, Leim, Leitung, lernen, Letzte, Leuchte, Leviten, Licht 1/2/4/5/9/10, lieben 6, Liebe 3/16/19/24/45, Lilien, Linsengericht, Loch 1/2, Lorbeer 4/5/6, loslassen, Löwe 2, Lückenbüßer, Lüge, lügen 2/3/7, Lunte

M

Made, madig 1/2, Magen, Mammon, Mann 5/9/10, Mäntelchen, Mark 1, Marschallstab, Matthäi, Maul, Maus 2, mehr, Meinungen 4, Mensch 3/9/11, menschlich 5, Menetekel, Messer, Methusalem, Michel, Mittel, Mittelweg 1, Mohr 1, Moral 3, morgen 1, Morgenstunde, Mücke, Mühle 1/3, Murmeltier, Müßiggang, Mütchen, mutterseelenallein

N

Nachbar 1, Nachricht, der Nächste 1, Nächstenliebe, Nacht 3/7, Nachtigall 3, Nachtlager, Nacken, nackt 2, Nagel 1/2/4/5, Name 2/4, Narrenhände, Nase 1/2, Natur 4/6, Neapel, nehmen 1/2, nein 1, Nektar, Neune, nichts 2, Nieren 1/2, Nimmersatt, Nimrod, nirgends, nobel, Nord, Not 1/3/6/7/8/10/11, Nürnberger, Nuß, nutzen 4

O

Oberhand, Oberwasser, Objekt, Obrigkeit 4, öffentlich 2, Ohr 2/3/4/5/6/7, Okuli, Öl 2/3/4, Ölgötze, Olim, Opium, Ordnung 3/4, Oskar, Ostern 2

P

Päckchen, Pandora, panisch, Pantoffel, Papier, Pappenheimer, päpstlich, Papst, Parisurteil, Paroli, Pastor, Pastorentöchter, Pauken, Pech, Pegasus, Pelz, Perle 1/2/3, Petto, Pfeffer, Pfeife, Pfennig, Pferd 1/4/5/6, Pflicht 4, Pfund 1/2, Pharisäer, Philippika, Phönix, Pistole 2/3, Platz, plaudern, Pontius, Porzellankiste, Potemkin, Prä, Pranger, Prediger 2, Prinzessin, probieren, Proletarier 2, Prophet 1/3, prüfen, Pulver, Punkt 1/2, Puppen

Q

quälen 2, Qualität, Quelle 4/5, Quintessenz, Quivive

R

Rabe 1/2, Rache 2/3/10, Rad 1, Rahm, rasten, Rat 2/3/4, Rätsel 2, Ratte, Raub, Räuber 2, Rauch, Raum 2, Rechnung, recht 1/2/3, Recht 2/5/6/7/8, Rede 1/3/4, reden 1, Regel, Regen 2/7, Register, das Reine 1, Retourkutsche, Riegel, Riese 1/2, Rippen, Ritter 1, Rock, Rohr, Rohrspatz, Rom 1/3, Rose 2/6, Roß 1, Rubel, Ruhe 4/5, ruhig, Rummel 1/2, rühren 1

S

Sache 3/4, Sack, säen 1/2, salomonisch, Salz, Salzsäule, Samariter, Sand 1/2/3/4, Sänger, Sattel, sauer, Schaden 1/2, Schaf 1/2/3, Schale, Schandfleck, Schatten 1, Schauspiel, Schein 3, Scheitel, Scherben, schiefgehen, Schild, Schildbürgerstreich, Schlaf 1/2/7, schlafen 4, Schlafittchen, Schlag, Schlange, schlecht 1, Schlinge, Schloß 1, Schmalhans, schmecken, Schmied, Schmiere, Schneekönig, Schneider, Schnippchen,

Schnitzer, Schnürchen, Schönheit 5, Schopf, Schranken, Schraube, Schrei, Schrot, Schuh, Schuld 1, Schulden, Schulgeld, Schulter, Schuppen, Schuster 1/2, Schwalbe, Schwamm, schwanen, schwarz, schwedisch, Schweigen 2, Schwein 2, Schweiß, Schwert 1, Seefahrt, Seemannsgarn, Seele 1/3/5/6/9, Segen 1, Seite, Sesam, Siegel, Silberstreif, Sisyphusarbeit, Sitte 1, sittlich, Sitzfleisch, Sodom, Sohn 1, Sonne 1/9, Sonntag 2, Sorgen 3/6, 12/15, Spanier, spanisch, sparen, spät, Spatz 1/2, Speck, Sperenzchen, Sphinx, Spieß, Spinne, Spitze, Splitter, Spott 1/3, Spötter 1, Sprache, Spreu 1, Sprichwort 3, Springinsfeld, Sprung 1/2, Staat 3, Staatsbürger, Stahl, Stamm 1, der Starke, Stätte, Staub 1/2, Stegreif, stehen, Stein 1/2, Sternstunden, Stier, Stimme 1/2, still 1/2, Stirn 1, Stolz 1, Strafe, Stränge, Streit, streiten, Strenge, Strich, Strohhalm, Strom, Stuhl, Stunde 3, Sturm 1, Stützen, Sündenbabel, Sündenbock, Sünder 2/3

T

Tafel 1, Tag 3/7, Tantalusqualen, Tapet, Tarantel, Tat 1, Tätigkeit, Tauben, Taubenschlag, Teufel 2/4/6/10/12, Theorie 3, tief, Tierchen, Tinte 2, Tisch 1/3, Tischtuch, Tobak, Töchter, Tod 1, Tohuwabohu, Ton, Torschluß, trauen 1, traurig, treu, Treue 1, Tropfen 2, Trost 1/4, Trübe 1/2, Trübsal, der Tüchtige, Tür 1/2

U

Übel 6/11, Übermensch, Übermut, Überzeugung 1, Übung 2, Uhl, Uhr 2/6, umgehen, Umstände, umsonst, das Unbekannte, Undank 3, unersetzlich, ungeschickt, ungeschrieben, ungläubig, Unglück 2, Unglücksrabe, Unkraut 3, Unmögliches 3, Unrecht 2, Unschuld 1, Unschuldslamm, unverhofft, Ursache

V

Vater 4/6, verboten, verflucht 2, Vergnügen 7, verkaufen, verlassen 2, verlieben, verraten, Verstand 4, verstehen 1, verteidigen, Vertrauen, Verwandter 1/2, verwegen, Verwüstung, vis-à-vis, vital, Vogel 1/4, Vorabend, vornehm, vornehmen, Vorschußlorbeeren, Vulkan 1

W

Wagen 1/5, Wahl 2, Wahrheit 2/5/7/13, Wald 3, warten 2, Wasser 3/4/6, Weg 2/3, Wein 1/5/6/7/10, Weisheit 1/2/6, Welt 6/17/20, Weltgeschichte 3, Weltkind, wenig, wenn, wetterwendisch, Wiedersehen 2, Wille 5, Willenskraft, Wind 5/6/7/8/9, Windmühlenflügel, Wink, Wirkung, wissen 2/4/5, Wolf 1/4, Wolkenkuckucksheim, wollen 1, Wort 4, Wunder 6, wunderlich, Wunsch 1/2, Würfel, Wurm, Wurst

X/Y/Z

X, Xanthippe, Ypern, Zahn 2, Zappelphilipp, Zarathustra, Zehntausend, Zeichen 1/2, Zeilen, Zeit 1/2/4/5/8/12/14, Zeiten 2, das Zeitliche, Zeitungsente, Zeuge, Ziel, Zieten, Zimmermann, Zittern, Zopf, Zorn 13/14, zuerst, zufrieden 1, Zufriedenheit 4/5/6, Zügen, Zunge 2, Zweig 1, zwölf 1/2

Register der Synonyme und sinntragenden Stichwörter

Dieses Register erschließt Ihnen zusätzliche Möglichkeiten, das jeweils passende Sprichwort zu finden. Es schlüsselt die Spruchweisheiten und Redensarten des Lexikonteils nach weiteren Stichwörtern, Synonymen und sinntragenden Begriffen in alphabetischer Reihenfolge auf. Die in Klammern stehenden Ausdrücke sind mit dem Hauptstichwort im Lexikonteil identisch, zum Beispiel: *altklug (Frucht 1)* bedeutet, daß das erste Zitat zu »Frucht« im Lexikonteil auch das Thema »altklug« behandelt.

A

abbrennen (umziehen)
Abend (Gäste)
– (Spinne)
– (Tag 1,7)
Abfalleimer (Nation 1)
Ablehnung (Leiche)
abschießen (Vogel 1)
abschneiden (Zopf)
abschweifen
  (das Hundertste)
absurd (Leben 7)
abwarten (Geschichte 6)
Abweisung (Korb)
ach (wehe 1)
Achse (Welt 7)
Affe (Buch 2)
ahnen (Braten)
– (schwanen)
ahnungsvoll (Engel 2)
alle (das Eine 2)
allein (eener)
– (Erfahrung 3)
– (Flur)
– (Mensch 17)
– (mutterseelenallein)
– (Nacht 5)
– (Nebel)
– (Übel 1)
allgemein
  (wissenschaftlich)
Alphabet (Mathematik)
All (Ich 1)
alt (Freund 9)
– (jung 1,2)
– (Kuh 2)
– (Kunst 8)
– (leben 8)

– (Methusalem)
– (Rotwein)
– (Sorge 7)
– (Stamm 1)
– (Teufel 1)
– (Zeit 3)
Altar (Thron 1)
der Alte (Haare 1)
– (Junge 2)
– (Neue 1)
– (Wein 1)
Alter (Begeisterung)
– (Jugend 1, 6)
– (Sorge 3)
– (Weisheit 1)
– (Zorn 7)
altklug (Frucht 1)
Altweibersommer
  (Allerheiligen)
Amboß (Wahrheit 5)
Ambrosia (Nektar)
amen (Ja)
amüsieren (Bolle)
ändern (Mode 3)
sich ändern (Adam 3)
anders (Neue 1)
Anerkennung (Toleranz 4)
Anfang (A)
– (Zufriedenheit 1)
anfangen (beharren)
Anfechtung (wachen 2)
Angel (Tür 2)
Angelhaken (Schönheit 7)
angenehm (Musik 1)
– (Wohlstand)
Angesicht (Herr 2)
Angina (Verliebtheit)
angreifen (helfen 1)
Angst (Heidenangst)

– (zittern)
sich anklagen
  (verteidigen)
anklopfen (bitten)
Anmut (Schönheit 6,7)
anpassen (Sache 3)
sich anpassen
  (Mäntelchen)
– (Wolf 4)
Ansehen (Übertreibung)
Anspruch (mehr)
– (mögen)
Ansteckung (Meinung 1)
Anstifter (Waffe 4)
Anstoß (Stein 1)
Anstrengung (Blut 3)
– (Denken 3)
– (Schweiß)
antreiben (Sprung 1)
antun (andere)
Antwort (fragen)
– (lakonisch)
anvertrauen (Herz 7)
anzünden (Florian 2)
Apfel (Rose 9)
– (Rute)
Apfelbaum (Traum 3)
Apostel (Buch 2)
Apotheke (Sonne 2)
Arbeit (Denken 2)
– (Glück 12)
– (köstlich 2)
– (Persönlichkeit 2)
– (Segen 2)
– (Sisyphus)
– (Sorge 1)
– (Vergnügen 3)
arbeiten (beten 1)
– (gesund 1)

– (Gott 7)
– (Mensch 7)
Arbeiter (Antreiber)
– (Arbeitgeber)
– (Lohn)
arg (Welt 6)
Ärger (Leber 2)
– (verflucht 2)
ärgern (bissel)
Argument (Waffe 5)
arm (Beutel)
– (Hungertuch)
– (Teufel 9)
– (Tod 1)
– (Yorick)
Arm (Rad 2)
Armee (Faust)
ärmlich (Schmalhans)
Armut (Poesie 2)
– (Powerteh)
– (Toleranz 1)
Artillerie (Glocken 1)
Arznei (Gesetze 1)
– (Sonne 2)
– (Wein 2)
Arzt (Meinung 4)
– (Virus)
Asche (Phönix)
– (Sack)
Atem (Luft 1)
Atmosphäre
  (Wahrheit 21)
Aufbruch (Kassel)
Aufgabe (Freundschaft 5)
aufgeben (Flinte)
– (Nagel 4)
– (Sache 6)
aufgeregt (Häuschen)
Aufheben (Rummel 2)
aufhören (schmecken)
Aufmerksamkeit (Korn 1)
aufräumen (Tisch 3)
aufrichtig (Freund 2)
– (Freunde 1)
aufschieben (Bank)
aufwachen (wachen 1)
Auge (Gesetz 5)
– (Heuchler)
– (Krähe)
– (müde)
– (Oper 2)
– (Sand 2)
– (Schuppen)
– (Seele 3)
– (Splitter)
– (Vaterland 1)
Augenblick (Glück 2)
– (helfen 3)
– (jetzt)
– (Wunder 2)
August (Februar 3)
– (Juli 3)

Ausdauer (Courage 1)
– (Sitzfleisch)
auseinandergehen
  (weinen 2)
Auseinandersetzung
  (Hühnchen)
der Auserwählte
  (ehrlich 6)
Ausflüchte (Sperenzchen)
Ausgang (Tat 2)
Ausgeglichenheit
  (Glaube 3)
ausgehen (Konrad)
sich auskennen
  (Rummel 1)
Ausnahme (Regel)
ausnehmen (Ader)
ausnutzen (gütlich)
ausruhen (Lorbeer 5)
das Äußere
  (das Innere 1, 2)
Aussuchen (Leben 19)
Auster (Optimist 1)
auswählen (erinnern)
Ausweg (Stränge)
ausweichen (Eisen 3)
Auto (Faulheit 4)
Autorität (Wahrheit 4)
Axt (Wurzel 1)

B

Bach (Mühle 2)
Bad (See)
Badereise (Gesundheit 3)
Bahre (Formulare)
Balken (Heuchler)
Band (Splitter)
Bank (Spötter 1)
– (Vorsatz 3)
Bankkonto (Glück 9)
Barbar (Dichtung)
Barbarei (Zivilisation 1)
barmherzig (Liebe 16)
Barmherzigkeit (Gnade 4)
– (Nächstenliebe)
Barsch (Gaul)
Bart (Prophet 2)
– (Frühling 1)
Bauch (Loch 2)
– (Ränzlein)
Bauer (Handschlag)
– (Kaiser 6)
Baum (Fabian 2)
– (Früchte 1)
– (Matthias 4)
Becher (Tropfen 1)
bedenken (was)
sich bedienen (Politik 14)
bedrängen (Hölle 5)
Bedrängnis (Verhängnis)
Bedürfnis (menschlich 5)

beeindrucken (Nieren 1)
beenden (Gefühle)
Befehl (Wunsch 1)
begraben (Tote 2)
Begriff (Wort 3)
Behaglichkeit (Lachen 1)
behalten (Tugend 11)
Beharrung (Ziel)
beherrschen (Mensch 4)
Beherrschung (Zahn 2)
behindern
  (Straßenverkehr)
Bein (Feigling)
– (Kopf 4)
– (Lüge)
– (Mark 1)
– (Takt 3)
– (Teufel 5)
Beinbruch (Hals 3)
Beispiel (Erziehung 2)
– (Sitte 1)
beißen (Hund 3, 4)
– (Rose 9)
bekanntmachen
  (Glocke 1)
bekräftigen (Kerbe)
Bekenntnis (Seele 1)
bekommen (Tragödie)
bekränzen (Lorbeer 6)
belanglos (Sturm 1)
belästigen
  (Straßenverkehr)
beleidigt (Leberwurst)
Belieben (Schnauze)
betten (Hund 4)
belügen (Bär)
sich bemühen (erlösen)
bereuen (Kreuz 2)
– (Tugend 12)
Berg (Auge 6)
– (Glaube 7)
– (Menschen 5)
– (Prophet 3)
– (Rache 2)
– (Winter 1)
berufen (auserwählt)
beruhigen (Öl 2)
beschämen (Kohlen 2)
– (schlecht 2)
bescheiden (Licht 10)
Bescheidenheit
  (Eitelkeit 1)
beschmieren
  (Narrenhände)
beschränkt (Kirchenlicht)
– (Leitung)
– (Pulver)
beschützen (Fittiche)
beschwören (Teufel 2)
Besitz (Bildung 2)
besitzen (erben)
– (reich 1)

– (verlieren)
der Bessere (Kritik 1)
Besserung (Einsicht)
das Beste (Rahm)
das Beständige
　(Wechsel 1)
Bestätigung (Mühle 1)
bestrafen (Denkzettel)
Bestseller (Menschheit 1)
beten (Liebe 18)
– (Not 8)
– (Sorgen 7)
– (wachen 2)
betroffen (Herz 13)
betrübt (lieben 4)
betrügen (Leim)
– (Ohr 2)
– (X)
betrunken (Affe)
Bett (Hühner)
– (Mutterglück)
betteln (Leben 14)
Bettelmann (Kaiser 6)
Bettler (Gabe 3)
beugen (Recht 2)
Beutel (Macht 9)
– (Tropfen 1)
bevorstehen (Vorabend)
Bewährung (Feuerprobe)
– (Feuertaufe)
bewegt (Sternenhimmel)
Beweis (Behauptung)
bewundern (Narr 1)
Bewunderung (Respekt)
Bier (Hawaii)
Bildung (Einbildung 1)
– (Reise 4)
billig (recht 3)
Billigkeit (Recht 6)
Bindung (prüfen)
Biographie (Geschichte 9)
Bitte (Bund)
bitter (Mann 1)
Bittgang (Canossa 1)
blasen (Wind 1)
Blatt (satt)
– (Tannenbaum)
– (Tat 5)
blicken (tief)
– (Zorn 2)
blind (Glück 3)
Blinder (Mensch 10)
Blitz (Gedanke 3)
blöd (Masse)
bloßstellen (Pranger)
blühend (Rose 3)
– (Unsinn 1)
Blume (Ruhm 4)
Blut (Champagner)
– (Fleisch 2)
– (Vater 2)
Blutwurst (Rache 10)

Bock (Menschen 6)
– (Schaf 3)
Bord (Lotse)
borgen (Sorge 3)
Borstenvieh
　(Lebenszweck)
böse (Kinder 9)
– (Macht 10)
– (Sanftmut)
– (Schein 4)
– (Wort 5)
– (Zweifel 1)
das Böse (das Gute 1)
– (Schelm)
– (Sonne 3, 4)
Bösewicht (singen)
Brand (Politik 16)
Brauch (Zopf)
brechen (Wort 6)
Brei (Köche)
brennen (Nagel 5)
– (Wunde)
Brennessel (Ungeduld)
Brett (Thron 1)
– (Welt 17)
Brot (Butter 2)
– (Gerechtigkeit 4)
– (Jakob 1)
– (Mensch 14)
Brot (Schweiß)
– (Sorge 4)
– (Trainer)
– (Verbannung)
brotlos (Poesie)
brüllen (Löwe 1)
Brunnen (Kind 7)
Bruder (Hüter)
– (Menschen 1)
– (Nachbar 1)
– (Neigung 1)
– (das Tun)
– (Vater 1)
– (Welt 16)
Brüderlichkeit (Freiheit 12)
Brust (Pistole 2)
– (Seele 9)
Brustton (Überzeugung 1)
Buch (Leben 26)
– (Menschheit 1)
– (Schicksal 15)
– (Snob 2)
– (Xanthippe 2)
Bühne (Politik 5)
– (Welt 9)
Bummel (Witz 4)
Bund (Brüder 1)
Bürger (Kaiser 6)
– (Segen 2)
Bürgertum
　(der Intellektuelle)
Bursche (Wirtin 1)
Busch (Zieten)

Busen (Schlange)
büßen (Bad 1)
Butter (Ehemann)

C

Chance (Aktien)
Chaos (Kultur 3)
– (Staat 2)
Charakter (Gesellschaft 1)
– (Talent 7, 10)
Christ (Ablaß)
– (beten 5)
– (Gehorsam 3)
Christfest (Jakob 2)
christlich (Europa 1)
– (Nächstenliebe)
Chronik (Schauspieler 1)
Clown (Papa)

D

Dach (Säulen)
– (Spatz 1, 2)
– (Zinnen)
Dampfschiff (Faulheit 4)
Dank (Preis 2)
– (Undank 2, 4)
dankbar (Gebet 1)
danken (Herr 6)
Datum (Hochverrat)
Dauer (Winter 3)
davonkommen (Leben 23)
davonlaufen (Zeit 10)
Deckname (Zufall 4)
Deibel (Haare 4)
dekorativ (Frau 3)
Demokratie (Diktatur 3, 4)
Demut (Sack)
Denken (Logik)
– (Protest)
– (Sprache 7)
– (Amüsement)
– (entscheiden)
– (Konversation)
– (Mensch 5)
– (sprechen 2)
– (Taktlosigkeit 1)
Denker (Dichter)
Denkmal (Nachwelt 1)
deutlich (Name 4)
Deutscher (Dichter)
Dezember (September 4)
dichten (Denken 4)
– (Pegasus)
– (Zauberstab)
Dieb (Verdacht)
Diebstahl (Eigentum 1)
Diener (Fürst)
Dienst (Uhr 1)
Dienstbote (dienstbar)

Diesseits (Religion 10)
Diktatur (Proletariat)
Ding (Fernsehen 3)
Diplomat
  (Weltgeschichte 2)
diplomatisch (Blume 1)
Distanz (Liebe 46)
Doge (Recht 14)
Doktor (Magister)
Dolch (Dionys 2)
– (Zunge 1)
Donner (April)
Dorf (Kirche 7)
– (Potemkin)
Dorn (Auge 3)
– (Leben 1)
– (Rose 1, 2)
– (Ruhm 8)
Dosis (Gift 1)
drakonisch (Strenge)
Drang (Sturm 2)
drängen (Tat 2)
Draufgänger (Blücher)
draußen (Land 6)
der Dritte (Bund)
– (streiten)
– (Welt 5)
drohen (Pistole 2)
Drohen (Recht 5)
Droge (Liebe 10)
– (Wort 12)
Druckkunst (Blei)
Drucksache (küssen)
Duett (Liebe 38)
duftend (Reseden)
dulden (Seele 7)
– (Toleranz 4)
dumm (drei 2)
– (Fehler 2)
– (Mühlrad)
– (Kopf 2)
– (Schlager)
– (Schulgeld)
Dummheit (Erfahrung 2)
– (die Kleinen)
– (Liebe 36)
– (Stolz 1)
– (Tugend 10)
Dunkel (Aufklärung)
– (weise 3)
dunkel (Rede 3)
– (Schicksal 4)
Dunkelheit (Licht 14)
dürfen (Traum 4)
durstig (Reichtum 2)
durchfallen (Pauken)
durchhalten (Ohr 5)
durchschauen
  (Nachtigall 3)
– (Pappenheimer)
durchtrieben (Nacken)
– (Ohr 6)

E

edel (blicken)
– (Ideal 4)
– (Mensch 15)
Edelmann (Adam 2)
– (Kaiser 6)
Egoismus
  (Selbstüberwindung)
Ehe (Kinder 4)
– (Liebe 8, 11)
– (Ring)
ehern (Stirn)
Ehre (Feind 2)
– (Nation 2)
– (Schatz 1)
– (selbst)
ehren (Alter 4)
– (Meister 1)
ehrenwert (Brutus 2)
Ehrfurcht (menschlich 4)
– (Religion 7)
Ehrgeiz (Glück 22)
ehrlich (arm 3)
Eicheln (September 4)
Eifer (blind 2)
– (Zorn 4)
Eifersucht (Allianz)
eifersüchtig (Schicksal 14)
Eile (Kohle 1)
– (Nagel 5)
der Einäugige (blind 1)
Einbahnstraße (Diktatur 4)
eindringen (Mark 1)
einfach (Wahrheit 20)
Einfachheit (Quelle 5)
Einhalt (Paroli)
Einheit (Verderben 1)
einig (Volk 3)
einigermaßen (schlecht 1)
einleuchtend
  (ungeschrieben)
Einmischung (Ei 4)
einreden (Floh)
einsam (Menschen 3)
– (Nebel)
Einsamkeit (Egoismus)
– (schenken)
Einsamsein (Leben 20)
Einsatz (Kastanie)
Einsatzbereitschaft
  (Himmel 4)
einschüchtern
  (Bockshorn)
Einsicht (Weisheit 8)
einst (olim)
Eintracht (Concordia 1)
Eis (Esel 3)
– (Februar 1)
– (Hornung 2)
– (Matthäus 3)
Eisen (Rose 7)

eiskalt (Händchen)
Elefant (Mücke)
Elend (Leiden)
– (Sozialismus 2)
Eltern (Zwiebel)
Empfängnis (Verhängnis)
empfinden (Schicksal 8)
empfindlich (Prinzessin)
Empörung (Gott 4)
Ende (A)
– (Anfang 3)
– (Aranjuez)
– (Fleisch 4)
– (Matthäus 1)
– (wehe 2)
– (Welt 1)
– (Werk 1)
– (Zufriedenheit 1)
endgültig (gerecht)
Endstation (Sehnsucht)
Energie (Fanatismus)
Engel (Heerscharen)
– (Liebe 7)
engherzig (helfen 2)
Engstirnigkeit
  (Fanatismus)
entbehren (genießen 1)
– (reich 1)
Entdeckungsreise (Ehe 2)
Ente (Hühnerei)
entkommen (Schlinge)
entrinnen (Übel 8)
entsagen (Vornehmheit 2)
Entsagung (behüten)
Entscheidung (Herkules)
– (Pferd 1)
– (Würfel)
– (Wurst)
Entschluß (Menschen 9)
entschuldigen (tadeln)
Entschuldigung (Liebe 36)
Entsetzen (Haare 2)
– (Weiber 1)
entsetzt (Salzsäule)
Entwicklung
  (Unzufriedenheit 3)
Epoche (Talent 12)
erbärmlich (Resignation)
erblich (Talent 6)
Erbse (Prinzessin)
Erde (Himmel 3)
– (Macht 5)
– (Quartier)
– (Raum 1)
– (Salz)
– (Schulweisheit)
– (Träne 1)
– (Traum 2)
– (Weihnachten 3)
– (Zeuge)
Erdensohn (Sagenkreis)
Erdentage (Äonen)

Ereignisse (Vorabend)
erfahren (Hase 2)
Erfahrung (Sprichwort 1)
– (Übung 1)
– (vergeben 2)
– (Weisheit 3)
erfinderisch (Not 10)
Erfolg (Risiko)
– (Schneider)
– (Schrift 1)
– (Selbstüberschätzung)
– (Träne 4)
erfolglos (Pontius)
– (Zweig 1)
erfunden (wahr 5)
ergebnislos (Sand 4)
erhaben (groß)
sich erholen (Phönix)
Erinnerung (Gedächtnis 7)
– (Wissen 1)
erkennen (Früchte 5, 6)
– (Pappenheimer)
– (Übel 3)
Erkenntnis (Baum 2)
erklären (wissen 3)
erlangen (verlangen)
erlaubt (Prinzip 3)
– (verboten)
erleben (Schicksal 8)
erledigt (Loch 1)
erleichtern
  (Wissenschaft 1)
Erleichterung (Gott 10)
– (Kreuz 3)
erlösen (bemühen)
– (Übel 4)
erniedrigt (erhöht)
ernst (Lage)
– (Mütterchen)
– (Notwendigkeit)
– (Werk 5)
Ernte (Januar 2)
– (Juni 1)
– (Medardus)
ernten (Schicksal 13)
– (Wind 7)
erreichen (kopiert)
erröten (Mensch 8)
Ersatz (Lückenbüßer)
erscheinen (Wolf 1)
Erscheinung (Zwerg)
ertappen (Tat 1)
ertragen (das Jammern 1)
– (Tag 10)
erträglich (Beinbruch)
Ertrinkende (Strohhalm)
erwarten (versprechen 1)
– (Zynismus)
erwerben (erben)
– (Güter 2)
erwischen (Schlafittchen)
Erz (Denkmal)

– (Engelszungen)
– (Tanne)
erzählen (Reise 2)
Erzeuger (Vater 3)
Erzieher (Kindheit)
– (Vater 3)
Erziehung (Kinderstube)
erzwingen
  (das Unmögliche 1)
Esel (Tisch 5)
– (zivilisiert 3)
Essen (Appetit)
essen (arbeiten 3)
– (fett)
– (Kultur 2)
– (zufrieden 1)
Eule (Athen)
ewig (Geschick)
– (Lorbeerzweige)
– (Rache 1)
Ewigkeit (Abbild)
– (Tag 4)
– (Zeit 13)
Existenz (Erdenleben)

F

Fabel (Wolf 1)
fabulieren (Mütterchen)
Fackel (das Wahre 2)
Fähigkeit (Wunsch 3)
Fall (Mensch 21)
Fallschirm (Hoffnung 1)
falsch (Uhr 2, 7)
– (wahrhaftig 2)
– (Zeugnis)
der Falsche
  (Tafelrunde 1)
Falschmeldung
  (Zeitungsente)
Familie (Kind 4)
– (Vater 9)
– (Vaterlandsliebe)
Fanatismus
  (Intoleranz 1, 3)
Farbe (Dame 1)
– (Preuße 1)
Fasching (Rosenmontag)
faustdick (Ohr 6)
faul (abends)
– (Dänemark)
– (Jäger)
– (Ordnung 4)
der Faule (Ameise)
Februar (Hornung 1, 2)
Fehler (Hund 5)
– (klug 1)
– (Schnitzer)
– (Splitter)
– (Taktlosigkeit 2)
– (Tugend 7, 12)
– (Vorsatz 1)

feige (Macht 1)
der Feige (Gefahr 1)
Feigheit (Tugend 10)
Feile (Zeit 5)
Feind (Freunde 1, 3)
– (Kommunismus)
– (recht 2)
– (schmeicheln)
– (Überzeugung 2)
– (Wirtschaft 1)
feindlich (Hund 2)
– (Mann 3)
der Feindliche
  (Gastfreundschaft)
Feld (Lilie)
– (Nachbar 3)
Ferkel (März)
fern (nah)
Ferne (Nachbar 1)
Fernsehen (Faulheit 4)
– (Willensstärke)
fertig (ruhig)
fesseln
  (Tyrannenmacht 2)
Feste (zwingen)
Festung (Gedächtnis 5)
Feuer (Eisen 3)
– (Hahn 1)
– (Kind 3)
– (Leben 8)
– (Liebe 2, 19)
– (Öl 4)
– (wohltätig)
Feuerwerk (Publikum)
Filmindustrie
  (Fernsehen 2)
Finanzen (Rose 6)
– (Sprung 2)
finden (Bitten)
– (gebildet 2)
Finger (Teufel 6)
fischen (Regen 6)
– (das Trübe 1, 2)
flach (Tiefe 1)
in flagranti (Tat 1)
Flamme (Leben 8)
Flasche (Redner)
Fleisch (Fisch 1)
Fleischtöpfe (Ägypten)
Fleiß (Ernst 2)
– (König 1)
fleißig (abends)
Fliegen (Not 6)
Fluch (Sänger)
Flucht (Hasenpanier)
– (Politik 1)
flüchten (retten)
flüchtig (unstet)
Flügel (Hoffnung 1)
Fluß (Menschen 5)
– (Quelle 4)
– (still 3)

Fohlen (März)
folgen (Werk 4)
Formel (Sprache 8)
formen (Kinder 2)
Formalienkram
   (Zeremoniell 1)
fort (Uhr 4)
Fortschritt (Faulheit 4)
– (unzufrieden)
Fortuna (Stille 2)
Frage (Politik 9)
– (wann)
fragwürdig (Gestalt 1)
Frau (Bücher 5)
– (Diplomat 3)
– (Flirt 1)
– (Geschlecht 1)
– (Intuition)
– (Mann 5, 11, 13)
– (Mode 2)
– (Sauerbrot)
– (Schönheit 1)
– (Staat 4)
– (Tierschützer)
– (Xanthippe 1)
– (Zorn 1)
Frauenzimmer
   (Häßlichkeit)
frech (herausnehmen)
– (Oskar)
– (Römer)
frei (Denken 4)
– (frisch 2)
– (Gedanken 3)
– (Kirche 3)
– (Mensch 12)
– (Presse)
– (Sklave 3)
– (Tyrannenmacht 2)
– (Verlaub)
freigebig (Besitz 2)
– (Gesamtheit)
Freiheit (Berge 3, 4)
– (Berliner 2)
– (Demokratie 1)
– (Einigkeit)
– (Erziehung 3)
– (Friede 3)
– (Geld 5)
– (Kultur 1)
– (Macht 8)
– (Sklaverei)
– (Talent 3)
– (Weisheit 2)
– (Zukunft 3)
Freiheitsbegierde
   (Nationalismus 2)
Freiheitsentzug (Ehe 6)
freimütig (Leber 1)
– (reden 1)
fremd (kennenlernen)
– (Zaubermantel)

– (Waffe 3)
das Fremde (Sprache 4)
Fremde (Vaterland 3, 5)
fressen (Bauer 2)
Freude (Alter 6)
– (Eierkuchen 1)
– (Mensch 24)
– (Schmerz 5)
– (Träne 3)
– (Wiedersehen 2)
– (Zufriedenheit 2)
– (Zweig 2)
sich freuen (leben 7)
– (streiten)
– (Tisch 2)
Freund (Feind 3)
– (Neigung 1)
– (Tod 12)
– (wahrhaft 1)
– (Warnung)
– (Witz 3)
Freundschaft
   (Aufopferung)
– (Ehe 7)
– (Herz 5)
– (Mensch 6)
– (Pech)
– (Rose 7)
Friede (Arbeit 4)
– (Chemiker)
– (Concordia 1)
– (Ehre 4)
– (Eierkuchen 1)
– (Freiheit 8)
– (der Frömmste)
– (Krieg 8)
– (Willkür)
fröhlich (enden)
– (frisch 2)
– (Träne 4)
Fröhlichkeit (ärgern 2)
Frohnatur (Mütterchen)
fromm (frisch 2)
– (lesen 1)
Frosch (April 2)
Frucht (Jakob 1)
– (Tat 5)
früh (Meister 2)
– (Vorsatz 2)
– (Vorschußlorbeeren)
Frühjahr (Georg 1)
– (Hornung 1)
– (Lambert)
– (Paulus 4)
Frühling (Eis)
– (Januar 1)
– (März 3)
– (Phantasie)
Fuchs (Charakter 5)
– (Wolf 3)
fühlen (Brust 2)
Fühlhorn (Künstler 4)

Fuge (Wissenschaft 4)
– (Zeit 3)
sich fügen (ja)
Fülle (Armut 9)
Furcht (Entrüstung 3)
– (Glück 5)
fürchten (Diktatur 2)
– (hassen 2)
sich fürchten
   (Vergnügen 5)
der Furchtsame
   (Gefahr 1)
Fuß (Hand 3)
– (Natur 2)
– (Schuster 2)
– (Staub 1)

G

Gabe (Kinder 5)
gähnen (fressen)
Gang (Canossa 1)
Gans (Gabe 4)
Gardine (schwedisch)
Gartenlaube
   (Fernsehen 1)
Gärtner (Bock)
– (Pankratius)
– (Unkraut 1)
Gasmaske (SDI)
Gast (Abend 5)
– (Arbeit 5)
– (Nachtclub)
geben (Gerechtigkeit 1)
Gebet (fröhlich 2)
– (der Gerechte 2)
gebildet (Krieg 4)
Gebot (Not 7)
gebrauchen (Verstand 2)
Geburt (Licht 1)
Gedächtnis (Glück 10)
– (Lügner)
Gedanke (Narr 3)
– (Schrift)
– (Sprache 5)
– (Verstand 3)
– (Wunsch 2)
Gedeihen (Himmel 9)
gedenken (Vater 13)
gediegen (Schrot)
Geduld (Genius)
– (Rat 1)
– (Rhabarber)
– (Recht 11)
– (Schuld 2)
geduldig (fröhlich 2)
– (Papier)
Gefahr (Brüder 2)
– (Leben 21)
– (Löwe 2)
– (Teufel 12)
– (Tugend 6)

– (Vulkan 1)
gefährden
(Straßenverkehr)
gefährlich (denken 4)
– (Mittelweg 3)
– (Idealist)
Gefährte (Neigung 1)
gefallen (Engel 3)
– (erlaubt)
Gefälligkeit (Undank 2)
Gefängnis (Blechnapf)
– (Schloß 1)
– (schwedisch)
– (Unwissenheit 1)
Gefecht (Signal)
Gefühl (Name 2)
– (Nation 1)
Gegengift (Reben)
Gegenwart (Pessimist 2)
gegenwärtig
(Zivilisation 1)
Geheimnis (Genie 1)
– (öffentlich 2)
– (Tod 7)
– (Weiber 7)
gehen (klug 2)
Gehirn (Sonnenschirm)
gehorchen (Gott 19)
Gehorsam (Verstand 8)
Geist (Buchstabe)
– (Element 4)
– (Fleisch 1)
– (Glas)
– (Liebe 2, 45)
– (Sprache 1)
– (Trägheit)
– (Unwissenheit 2)
– (Vollkommenheit 1)
– (zerstört)
Geizhals (Sanftmut)
gekränkt (Satiriker)
gelassen (Wort 4)
Geläute (Gemüt 1)
Gelegenheit (Schopf)
die Geliebten (Armut 4)
geliebt (reich 2)
Geliebter (dahin)
Geld (Bad 3)
– (bezahlen)
– (Chimäre)
– (Heinerle)
– (Kriegführen)
– (Liebe 42)
– (Macht 9)
– (Mammon)
– (Mark 2)
– (Nationalökonomie)
– (Räuber 1)
– (Schönheit 5)
– (Sozialist)
– (Tugend 4)
– (Welt 7)

– (Wirtschaft)
– (Zeit 4, 14)
Geldangelegenheit
(Charakter 2)
gelten (Prophet 1)
gemein (Verwandter 1)
Gemüse (Lorbeer 3)
Gemütskrankheit
(Liebe 11)
Generation (Torheit 1)
Generaldirektor
(Ehemann)
Genie (Ernst 2)
– (Macht 7)
– (Talent 3, 4, 5)
Genius (Talent 9, 12)
genießen (Kavalier)
– (Vergnügen 1)
Genuß (Klavier)
Gepäck (Nachwelt 2)
Geräusch (still 3)
– (Musik 4)
der Gerechte (Schlaf 2)
– (Sonne 3)
Gerechtigkeit (Gnade 3)
– (Gunst 6)
– (Haß 4)
– (Jurist)
– (Kaiser 2)
Gerede (prominent)
gerne (tun 2)
Gerstenwein (pünktlich)
Gerücht (Dementi 1)
gescheit (Dummheit 2)
– (Tor 4)
Geschenk (Danaer)
– (Freundschaft 4, 5, 7)
– (Hand 1)
Geschichte
(Charakterbild)
– (Enge)
Geschicklichkeit (Takt 4)
Geschlechter (Reithose)
Geschmack (Tod 13)
Geschoß (Tell)
geschrieben (schwarz)
Gesang (bang)
– (Flügel 2)
– (Kampf 3)
– (Wein 8)
gesellig (Tier)
Gesellschaft (Crème)
– (Freundschaft 6)
– (Humor 3)
– (Klassenkampf)
– (Recht 8)
– (Stützen)
Gesetz (Sparta)
– (ungeschrieben)
– (wissenschaftlich)
Gesicht (Satire 2)
– (Wüterich 1)

Gesinde (Herr 5)
gestern (leben 1)
gesund (frisch 4)
– (Menschen 2)
Gesundheit (Glück 10)
– (Krankheit 2, 3)
– (Kultur 2)
Getränk (Wein 2)
getrennt (marschieren)
gewachsen (Sattel)
Gewalt (Recht 4)
– (Vernunft 2)
– (Wahrheit 9)
Gewicht (Wort 11)
Gewinn (Schaf 2)
gewinnen (Leben 25)
– (überwinden)
– (wagen 1, 5)
Gewissen (Bewußtsein)
– (Freiheit 10)
– (Kunst 3)
– (Silvester 1)
– (Vater 8)
Gewissensbisse
(Gedächtnis 9)
– (Schriftsteller)
sich gewöhnen
(Mensch 22)
Gewohnheit (Charakter 4)
Gewohnheitstier
(Mensch 11)
Giftgas (SDI)
Gipfel (Hütte 3)
glänzen (Gold 1)
Glas (Glück 18)
– (Liebe 33)
Glatze (wohlbeleibt)
glauben (fassen)
– (Gott 24)
Glaube (Botschaft)
– (christlich)
– (Denken 3)
– (Politik 8)
– (Rede 2)
– (Treue 1)
– (Wissenschaft 3)
– (Wunder 1, 3)
– (Zweifel 2)
gleich (arm 1)
Gleichgültigkeit
(Toleranz 2)
Gleichheit (Chaos)
– (Freiheit 12)
glimpflich (Auge 4)
Glocke (schwatzen)
– (Welt 11)
Glück (Bücher 2)
– (Cäsar 2)
– (Fall 2)
– (frei 1)
– (Genügsamkeit)
– (Gesundheit 1)

- (groß)
- (Hoffnung 2)
- (Liebe 20)
- (lieben 3)
- (Mannsbild)
- (Narr 2)
- (Pferd 5)
- (Reichtum 4)
- (Ruhm 7)
- (Scherben)
- (Schmied)
- (Schönheit 2)
- (Schweigen 4)
- (Schwein 1, 2)
- (der Tüchtige)
- (Tugend 2)
- (Übermaß)
- (Verlust 2)
- (Verstand 4)
- (warten 1)
- (Weihnacht 3)
- (Wille 3)
- (Wüterich 2)
- (zahlen 2)
glücklich (Geld 7)
- (Lebenskünstler)
- (lieben 4)
- (naturgemäß)
- (Schuldigkeit)
- (Tote 1)
- (Vorsicht 2)
- (Wechsel 2)
der Glückliche (Uhr 3)
Glückwunsch (Hals 3)
Gnade (Gerechtigkeit 5)
- (Gott 29)
- (Weisheit 1)
Gold (Blei)
- (Morgenstunde)
- (Schweigen 2)
- (Weisheit 8)
golden (Mittelweg 1)
Gott (Anfang 2, 5)
- (Ansehen)
- (arbeiten 1)
- (Armut 1)
- (Bataillon)
- (der Bedrängte)
- (Bild)
- (Burg)
- (danken 2)
- (Ehre 4)
- (Eisen 1)
- (Gabe 2, 4)
- (Gedanke 1)
- (Geld 11)
- (Genie 2)
- (Gesicht)
- (das Gute 4)
- (helfen 7)
- (Herr 4)
- (Himmel 2)

- (hingehen)
- (Ideal 4)
- (Kaiser 2, 4, 5)
- (Kinder 2, 6)
- (Kirche 6)
- (Kunst 4)
- (Leben 3, 10)
- (leben 1)
- (Liebe 9)
- (lieben 2)
- (Mathematik)
- (Mensch 5, 28)
- (Mühle 3)
- (der Mutige)
- (Mutter 4)
- (Name 3)
- (nichts 1)
- (Not 11)
- (Obrigkeit 3, 4)
- (quälen 1)
- (Qual 2)
- (Recht 9)
- (Reform)
- (Religion 11)
- (Ruhm 3)
- (Schatz 1)
- (scheiden 1)
- (Schicksal 12)
- (Schönheit 4)
- (Segen 1)
- (Sorge 2)
- (Sorgen 7)
- (stehen)
- (Sünder 1)
- (Tag 5)
- (Tanne)
- (Tat 4)
- (Theologe)
- (Tyrannenmacht 2)
- (der Unbekannte)
- (Vater 7)
- (verlassen 1)
- (verzweifeln)
- (wahr 4)
- (Weg 1)
- (Weihnacht 3)
- (Welt 4, 16)
- (Zufall 7)
- (Zuflucht)
- (zusammenfügen)
Götter (Gunst 4)
- (Mensch 26)
- (Menschengeschlecht)
- (menschlich 3)
- (Napoleon)
- (Neid 2)
- (Schauspiel 1)
- (Volk 1)
Götterspeise (Nektar)
Gottesdienst (Musik 3)
Gottesgabe (Freund 5)
Gottheit (Rache 8)

göttlich (vergeben 1)
Grab (Theorie 4)
- (Treue 3)
grämen (Sorgen 7)
grau (Theorie 3)
grauen (Heinrich 2)
das Grauen
    (Fensterhöhlen)
Grausen (Gast 3)
Greis (Reiz 1)
Grenze (Rhein 1)
- (Schranke)
- (Tyrannenmacht 1)
- (Vernunft 2)
Greuel (Verwüstung)
grollen (Herz 6)
groß (Mann 2)
- (Menschen 8)
- (Menschheit 3)
- (Neidlosigkeit)
- (Riese 2)
- (wahr 3)
Größe (Bösewicht)
- (Einfalt 2)
- (Macht 2)
- (Tugend 15)
- (Verantwortung 2)
Großmut (Rache 1)
Großmutter (Urahne)
Großvater (Großmutter 1)
Grübeln (Träumen 1)
grün (Zweig 1)
grüßen (ehrlich 1)
- (Rose 5)
Gunst (Charakterbild)
- (Beförderung)
gut (Drang)
- (edel)
- (Ende 1)
- (Gott 21)
- (Hütte 2)
- (lange 2)
- (Macht 10)
- (Welt 14, 15)
- (Zeit 2)
Gut (Freiheit 2, 3)
- (Schönheit 1)
- (Sozialismus 2)
- (Zufriedenheit 3)
das Gute (das Böse 2, 4)
- (die Ferne)
- (Lachen 2)
- (natürlich 1)
- (das Neue 2)
- (Sonne 3, 4)
- (Tote 3)
- (Vergangenheit 3)
- (verkehrt)
- (wollen 2)
- (Zweifel 1)
Güte (danken 1)
- (Sanftmut)

– (Tugend 15)
Gutherzigkeit (Politik 8)
gutmütig (Schale)

H

Haare (Haut)
– (Mann 12)
– (Schulden)
Habgier (nehmen 2)
Habsucht (Armut 2)
Hader (Tisch 1)
Hafer (Paris 1)
halten (versprechen 2)
Hammer (Kommunismus)
– (Wahrheit 5)
Hand (Almosen)
– (Sex-Appeal)
– (Spatz 1)
– (Teufel 6)
handeln (Macht 4)
– (schwatzen)
Handschrift (Leserlichkeit)
hängen (Nürnberger)
Harfenklang (Diplomat 1)
Harm (Jammern 2)
harren (warten 2)
hart (Landgraf)
– (Stahl)
Hase (Hund 7)
Haß (Charakterbild)
– (Kraut 1)
– (Vergangenheit 3)
hassen (Karl)
– (Weiber 6)
häßlich (Nacht 3)
hastig (Hals 2)
Haupt (Öl 1)
Hauptsache (Pflicht 3)
Haus (Nachbar 2)
– (Nord)
– (Säulen)
– (Segen 3)
– (Tür 1)
– (Wohnung)
häuslich (Thron 3)
Hausmädchen (Perle 1)
Heer (Kaiser 1)
Heide (Wald 1)
heil (Reise 3)
heilen (Wort 2)
heilig (Rache 7)
die Heiligen (wunderlich)
Heilige Schrift (Glaube 4)
Heiliger Geist (taufen)
heimlich (Dunkel 4)
– (öffentlich 1)
Heimweh
  (Kurfürstendamm)
heimzahlen
  (Retourkutsche)
Heirat (Liebe 35)

heiraten (Österreich)
– (Übel 6)
– (verlieben 1)
Heiratsversprechen
  (Völkerbund)
heiser (Abhängigkeit 1)
heiß (essen 4)
– (wissen 2)
heiter (Blitz 2)
– (Kunst 6)
– (Sonnenuhr)
Heiterkeit (Jubel 2)
Held (töten 1)
– (Tugend 2)
helfen (Gott 14)
– (Samiel)
Henne (Ei 2)
– (Hahn 5)
– (Kritiker)
herabsetzen (madig 1)
herausragend (Leben 2)
Herbst (März 3)
– (Urban 1)
Herde (Wolf 3)
Herdentiermoral
  (Sozialismus 1)
Herr (Christenmensch)
– (Dame 3)
– (danken 1)
– (frei 2)
– (Haus 4)
– (leben 4)
– (loben 1, 2, 3)
– (Magdalena)
– (Rache 3, 5)
– (Schlaf 7)
– (Stimme 1)
– (Weib 7)
– (züchtigen)
Herrenjahre (Lehrjahre)
herrlich (Werk 2)
Herrschaft (Gehorsam 2)
– (Reichtum 5)
herrschen (gehorchen)
– (teilen)
Herrscher (Zufall 1)
hervorragend
  (Einsamkeit 1)
Herz (Auge 5)
– (Beutel)
– (Du)
– (Gedanke 5)
– (Herr 3)
– (Irrfahrt)
– (Kunst 7)
– (lachen 1)
– (Liebe 17, 27)
– (Mann 14)
– (quälen 1)
– (Qual 3)
– (Rache 2)
– (reich 2)

– (Religion 8)
– (Ruhe 1)
– (Seele 6)
– (Sonne 6)
– (Tanne)
– (Teilnahme)
– (Tyrannenmacht 2)
– (Übel 9)
– (Vaterland 1)
– (wachen 1)
– (Weib 11)
– (wenig)
Heu (Margret)
heucheln (Hof 2)
Heuchelei (still 3)
heulen (Wolf 4)
heute (Brot 5)
– (leben 1)
– (Leben 4)
Hexe (Teufel 3)
Hexerei
  (Geschwindigkeit)
Hilflosigkeit
  (Entrüstung 1)
hilfreich (edel)
hilfsbereit (Heller)
– (Samariter)
Hilfsbereitschaft
  (Bruder 2)
Himmel (Erfolg 2)
– (Kirche 2)
– (Liebe 23)
– (Mensch 18)
– (Mond)
– (Schulweisheit)
– (Vollkommenheit 2)
– (Wunder 4)
– (Zeuge)
– (Zeus 1)
Himmelszelt (Sternlein)
himmelhochjauchzend
  (lieben 4)
Himmelreich (Buße)
hinauswerfen
  (Zimmermann)
hindern (Handwerk 2)
hinnehmen (Kauf)
hintereinander
  (Gänsemarsch)
Hinterhalt
  (Danaergeschenk)
– (Grube)
Hinweis (Wink)
Hirte (Herr 1)
hoch (Fall 7)
Hochmut
  (Bescheidenheit 3)
– (Fall 4)
– (Lorbeer 2)
– (menschlich 3)
hochmütig (Roß 1)
Hochzeit (Leben 28)

– (treulich)
Hof (Zeremoniell 1)
Hoffart (Christus 2)
hoffen (wagen 3)
Hoffnung (Alter 3)
– (fröhlich 2)
– (Glaube 10)
– (Silberstreif)
hoffnungslos (Alter 1)
höflich (Zorn 9)
Höflichkeit (Leserlichkeit)
– (Pünktlichkeit 1)
Höhe (Ehre 4)
– (Fall 3)
– (Tal 2)
Höhle (Löwe 2)
Hölle (Blendwerk)
– (Himmel 4)
– (Skrupel)
– (Tod 11)
– (Wüterich 1)
Holz (Stolz 1)
hören (fühlen)
– (Ohr 8)
Hörer (Täter)
Horizont (politisch 3)
– (Silberstreif)
Hormone (Liebe 32)
– (Moral 2)
Horn (Stier)
Hose (Wind 3)
Honig (Josefi)
– (Land 4)
honigsüß (Rede 4)
Humanität (Recht 13)
Humor (Evangelium)
– (Galgenhumor)
– (Vogel 2)
Hund (der Letzte)
– (Karawane)
– (trauen 2)
hungern (Gürtel 1)
– (Wohltat)
hungrig (betteln)
Hut (Sträußchen)
Hütte (Glanz)
– (Krieg 8)
– (Raum 2)
– (Zufriedenheit 6)
Hyäne (Weiber 1)

I

Ich (Ferien)
– (Gedicht 2)
– (Universum)
Ideal (Jahrhundert 2)
Idee (Christentum 1)
– (Einfall)
– (Schlagwort)
– (Sowjetunion)
das Ideelle (Liebe 35)

Identifikation (Element 1)
Idyll (Gefilde)
illegal (Weg 3)
Illusion (Oper 1)
immer (Uhr 6)
Inhalt (Mode 2)
Inhaltsverzeichnis
  (Menschheit 3)
Inquisition (Zensur)
Insel (Engländer)
Inspiration (Genie 5)
Instrument (Teufel 11)
interessant
  (Journalismus)
– (Menschenleben)
Interesse (politisch 2)
Intellekt (Witz 4)
Intelligenz (Computer)
intim (Maxim)
intolerant (Toleranz 3)
Intoleranz
  (Gleichgültigkeit)
inwendig (Eigentum 2)
– (Mensch 3)
Iota (Wort 7)
irdisch (Größe 2)
das Irdische (Helios)
irren (Konzil)
– (Vögel 3)
– (wahr 2)
Irrtum (Bilder 2)
– (Wahrheit 16)
– (Zorn 11)
Irrwahn (Meinung 2)

J

ja (Prinzip 1)
– (Übel 5)
Jagd (zornig 2)
Jagdhund (Verstand 3)
Jäger (Nimrod)
– (Wald 1)
Jahr (pfeilgeschwind)
Jahrhundert (Pyramide)
– (Schrift)
– (Tradition)
– (Wahrheit 21)
Jahrmarkt (Eitelkeit)
jammern (weise 5)
jenseits (Gut 5)
Jenseits (Religion 10)
jetzt (Schritt 2)
Jubel (Schneekönig)
– (Weib 9)
jucken (Moralist 1)
Jugend (Begeisterung)
– (Geld 6)
– (Sorge 3)
– (Trübsal 1)
der jugendliche Held
  (Leben 17)

Juli (Ruprecht)
jung (alt 2, 4)
– (lieben 7)
– (naseweis)
die Junge (die Alten)
Jüngling (Neigung 2)

K

Kaffee (Brauch 2)
Kaiser (helfen 7)
– (Herz 12)
Kaktus (Igel)
Kälte (Eligius)
– (Spion)
Kamel (Gras 2)
Kamin (Träumerei)
Kammerherr
  (Geistesherr)
Kämmerlein (beten 11)
Kampf (Dasein)
– (Drache)
– (Windmühlenflügel)
kämpfen (Jugend 1)
Kanzler (Alliierte)
Kapitalismus
  (Sozialismus)
Kardinal (Papst)
Karriere (Marschallstab)
Kartoffel (Bauer 3)
– (Lorbeer 4)
Katze (Hund 2)
– (Vogel 4)
Kaugummi (Fernsehen 5)
Kegel (Kind 4)
kennen (verachten)
Kern (Schale)
Kernpunkt (Punkt 1)
– (Quintessenz)
Kerze (Nacht 1)
Ketten (Mensch 12)
– (Proletarier 1)
– (Ring)
– (Sklave 3)
Kiemen (Gaul)
Kimme (Korn 2)
Kind (Anmaßung)
– (Bad 2)
– (ehrlich 5)
– (Geist 8)
– (Geld 15)
– (Güter 1)
– (Hof 1)
– (Jahrhundert 1)
– (Leben 8)
– (Menschen 9)
– (morgen 2)
– (Mutterglück)
– (Revolution 1)
– (schlafen 1)
– (Segen 3)
– (Torheit 1)

– (trauen 2)
– (Urahne)
– (Vater 6, 7)
– (Wahrheit 13, 15)
kindlich (Gemüt 2)
– (Vergnügen 7)
– (wohl)
Kirche (Narrenschiff)
– (Wahrheit 3)
– (Weib 1)
Kirchenmaus (arm 2)
Kirchhof (Ruhe 4)
Klage (geduldig)
– (Schmerz 3)
klagen (leiden)
Klang (Glocke 3)
Klapper (Welt 11)
Klarheit (Bild 2)
klassisch (Buch 3)
Klatsch (sprechen 1)
Kleid (Obrigkeit 1)
– (ehrlich 8)
klein (Übel 11)
– (Ursprung)
Kleinigkeit (Glück 14)
klingen (Welt 11)
klug (betrügen)
– (gefährlich 1)
– (lesen 1)
– (Schaden 1)
– (Tor 1)
Kluge (Frauen 4)
Knabe (Mädchen 4)
– (Quelle 1)
– (Rotwein)
Knappe (Rittersmann)
Knecht (Christenmensch)
– (Eisen 1)
– (der Freie 1)
– (Obrigkeit 4)
– (Weib 3)
Knoten (gordisch)
Knüppel (Tisch 5)
Koch (Hunger)
kochen (essen 4)
– (Wasser 3)
Köchin (Glück 9)
Köder (Schönheit 7)
Kohle (Liebe 19)
Komfort (Denken 3)
komische Alte (Leben 17)
kommen (klug 2)
– (spät 1)
Kommunismus
   (Gespenst)
Komödie (Welt 12)
König (Gott 18)
– (Interesse)
– (Kaiser 6)
– (Kirche 6)
– (loben 2)
– (Napoleon)

– (Pünktlichkeit 1)
– (Wahrheit 1)
Königreich (Pferd 3)
können (Anerkennen)
Konsequenz (A 2)
Konserve (Zeitung)
Konto (Vorsatz 3)
Kontrolle (Vertrauen)
Konversationslexikon
   (gescheit)
Kopf (Brett 1)
– (Religion 8)
Korn (Nachbar 3)
– (Schrot)
Körper (Element 4)
– (Geist 3)
– (Trägheit)
kostbar (Zeit 4)
– (Zeitverschwendung)
Kosten
   (Wirtschaftsordnung)
Kraft (Riese 4)
– (Nation 3)
– (Wurzel 2)
Kragen (Humor 1)
Krähe (Sprache 14)
Kranich (Ibykus)
krank (Braunbier)
– (Menschen 2)
Kranke (Gesunde)
Krankheit
   (Verantwortung 1)
Kranz (Braut)
– (Dame 4)
kränzen (Cäsar 4)
kratzen (jucken)
– (Moralist)
kraus (Haare 4)
Krebs (Vielleicht 2)
Kreditsystem (Wirtschaft)
Kreuz (Joch 3)
– (siegen 1)
Kreuzworträtsel
   (Sprache 12)
Krieg (Abrüstung)
– (Chemiker)
– (Ehe 9)
– (Friede 1, 2)
– (Jagd 3)
– (love)
– (Maikäfer)
– (Österreich)
– (Politik 17)
– (Waffen 2)
Kritik (schlafen 3)
Krone (getreu)
– (Haare 1)
– (Haupt 1)
– (Liebe 15, 20)
– (Weib 5)
– (Zepter)
Krückstock (blind 3)

Krümel (Brot 7)
– (Liebe 40)
krumm (Weg 3)
Küche (Teufel 12)
Kuchen (Kompromiß)
Küchenpersonal
   (Jüngling 2)
kühl (Herz 8)
Kulisse (politisch 1)
Kult (rauchen)
Kultur (Geschichte 4)
– (Krieg 3)
– (Politik 18)
kulturell (Europa 2)
künftig (Menschen 4)
Kunst (Armut 3)
– (Gegenwart)
– (Inhalt)
– (Natur 3)
– (Not 4)
– (Politik 6, 9)
– (regieren 2, 3)
– (Tugend 5)
Künstler (bilden)
– (Vollkommenheit 3)
Kupferstecher
   (Freund 12)
kurieren (Wein 4)
Kürze (lakonisch)
– (Witz 5)
küssen (Frauen 2)
– (Hand 4)
Kutte (Kappe 1)

L

Labe (Trank)
Lächeln (Lachen 2)
Lachen (Liebe 1)
– (Weinen 1)
– (Wahrheit 11)
lachen (Humor 4)
– (Mensch 5)
– (Politiker 2)
lachend (Erben)
– (ernsthaft)
das Lächerliche
   (das Erhabene)
Lamm (März 2)
Land (Brauch 1)
– (Güter 1)
– (Räuber 1)
– (still 2)
– (Unschuld 1)
ländlich (sittlich)
lang (ehrlich 4)
– (Kunst 1)
lange (Puppen)
langdauernd
   (Amtsschimmel)
langsam (ehrlich 2)
langweilen (Tafel 2)

langweilig (Erfülltes)
Lärm (Demokratie 5)
– (Eierkuchen 2)
– (Kraft 2)
Larven (Brust 2)
Lasche (Nippel)
Last (Armut 4)
– (Gast 2)
– (Republik)
Laster (Menschen 10)
– (Müßiggang)
– (Not 4)
– (Tugend 3, 13)
Laterne (Kaserne)
Laub (Martin 3)
laufen (fahren 2)
launisch (Bein)
Laus (Leber 2)
leben (Ehre 6)
– (essen 2)
– (naturgemäß)
– (Weiber 6)
– (Wohlstand)
lebend (Tiefe 2)
lebendig (Buchstabe)
– (Glaube 2)
– (Liebeserfahrung)
lebensgefährlich
    (Leben 29)
Lebenskreis (gebildet 1)
Lebenskunst (alt 2)
Lebensregel
    (Gegenseitigkeit)
Leben (Arbeit 1)
– (Auferstehung)
– (Brot 4)
– (Demut)
– (Freunde 2)
– (Gedicht 1)
– (Ideal 3)
– (Irrtum 4)
– (Kern 2)
– (Kunst 1, 6)
– (lernen)
– (Licht 6)
– (Mai 3)
– (Mann 3)
– (Ordnung 3)
– (Qualität)
– (Reiz 2)
– (Ruhm 6)
– (Schauspieler 2)
– (Skulptur)
– (Sorge 17)
– (spät 2)
– (sterben 2)
– (Tapferkeit 2)
– (Tat 4)
– (Tätigkeit)
– (Theorie 4)
– (Tod 2, 3, 7)
– (Traum 2, 3)

– (umsonst)
– (Vergnügen 2)
– (Vita)
– (Vorsicht 2)
– (das Wahre 3)
– (Wein 8)
– (Weisheit 2)
– (zahlen 1)
– (Zorn 4)
– (Zweig 2)
Lehrgeld (Erfahrung 1)
Lehrmeisterin
    (Erfahrung 1)
Legion (Varus)
Lehm (Erde 3)
Lehrer (Beispiel 1)
– (Hypothese)
– (schmeicheln)
Leib (Riesenmaß)
– (Schatz 1)
– (Seele 2)
– (Sprache 2)
– (winterlich)
Leichenbegängnis
    (Verhängnis)
Leichenzug (Ehre 3)
leicht (Erde 2)
– (träumen 1)
– (Schulter)
Leichtsinn (Vorsatz 1)
Leid (geduldig)
leiden (Gerechte 1)
– (Kirche 4)
– (Qual 2)
– (Sehnsucht 2)
Leidenschaft (Bücher 2)
– (Eifersucht 3)
– (Zärtlichkeit)
leise (Wand)
– (Weise)
– (Weiser 2)
leisten (bedenken)
– (Leben 14, Wunsch 3)
sich leisten (Prominenter)
Leisten (Schuster 1)
Leistung (Autorität)
– (Persönlichkeit 2)
– (Vogel 1)
Leiter (Kirche 2)
– (Liebe 23)
Lerche (Nachtigall 2)
lernen (Fehler 1)
– (Hänschen)
– (Mächtige)
lesen (Kultur 2)
– (Neue 2)
– (Tisch 4)
– (verstehen 3)
– (Zeilen)
der Letzte (der Erste)
– (Stamm 3)
Leu (gefährlich 2)

leuchten (vergangen)
Leute (Spott)
Licht (Dunkel 1, 3)
– (Europa 2)
– (Finsternis 3, 4)
– (Kinder 3)
lieb (Königskinder)
Liebe (Abhängigkeit 2)
– (Christus 1)
– (christlich)
– (Eifersucht 1)
– (empfindsam)
– (Engelszungen)
– (Erziehung 2)
– (Freundschaft 3)
– (Glaube 10)
– (Glück 13)
– (golden 1)
– (Haß 2, 3)
– (hassen 1)
– (Idee 3)
– (Johannistriebe)
– (Jugend 3)
– (Kinder 6)
– (Klugheit 3)
– (Kopf 1)
– (Kraut 1)
– (Licht 6)
– (love)
– (Mann 13, 14)
– (Meer)
– (Nacht 9)
– (Religion 9)
– (Schicksal 12)
– (schön 1)
– (Selbstüberwindung)
– (Torheit 2)
– (Trieb)
– (Verehrung)
– (Vergangenheit 3)
– (Weg 1)
– (Weib 12)
– (Weisheit 9)
– (Zahnweh)
– (zornig 2)
lieben (Ehe 5)
– (Gestalt 2)
– (Glück 4)
– (Gott 25)
– (mithassen)
– (Karl)
– (Kind 8)
– (Kinder 2)
– (leben 3)
– (Mädchen 3)
– (Menschen 14)
– (der Nächste 2)
– (Raum 2)
– (schreiben 2)
– (Universalität)
– (züchtigen)
Liebende

(Schauspiel 1)
liebenswürdig (Irrtum 5)
Liebeserklärung
   (Völkerbund)
lieblich (Kurve)
Liebste (scheiden 1)
Lied (Liebe 38)
– (singen)
– (Wind 2)
Likör (Brauch 3)
lindern (Öl 3)
links (Hand 5)
– (wissen 4)
Literatur (Bücher 2)
Lob (Bescheidenheit 1)
– (Sagenkreis)
loben (Klee)
– (Tag 7)
Loch (Zimmermann)
locker (Pastorentöchter)
– (Schraube)
lockig (Jüngling 1)
Lohn (Politik 2)
– (Undank 3)
Löffel (Weisheit 6)
Lord (Schiff 2)
– (Willkommen)
löschen (Feuer 1, 2)
lösen (Rätsel 1)
– (Tischtuch)
– (zusammen 2)
Löwe (März 2)
Löwenherz (Wahrheit 10)
Luft (Berliner 1)
– (Radikalist)
– (Welt 18)
Luftfahrt (Pistole 1)
Luftkissen (Höflichkeit 4)
Lüge (Geschichte 10)
lügen (das Blaue 2)
– (Leben 13)
– (Seemannsgarn)
Lügner
   (Einkommensteuer)
– (Sanftmut)
Lust (Rache 1)
– (Tag 6)
lüstern (verbieten)
lustig (sauer)
Luxus (Freiheit 4)

M

Macht (Finsternis 5)
– (Talent 9)
mächtig (Eiche)
– (der Schwache)
– (der Starke)
der Mächtige
   (der Weise 1)
machtlos (vis-a-vis)
Madame (Hand 4)

Mädchen (Torheit 2)
– (Wein 4)
– (Zauberfädchen)
Magen (Kirche 1)
– (Liebe 24)
– (Übel 2)
Magd (Weib 3)
Mahl (Hände 2)
mahlen (zuerst)
Mahlzeit (Tafel 1)
Mai (Leben 28)
– (Miete)
Majestät (Zufall 3)
Maler (Gemälde)
Malz (Hopfen 1, 2)
Mammon (Europa 1)
Manieren (Höflichkeit 2)
Mann (beten 9)
– (brav 1, 2)
– (Erfolg 3)
– (Ernst 2)
– (Frau 4, 6)
– (Frauen 3)
– (Hahn 2)
– (Kind 1)
– (Neigung 2)
– (rastlos)
– (Schnee)
– (selbst)
– (Sex-Appeal)
– (Wahrheit 10)
– (Weib 2, 5, 12)
– (Weiber 4)
– (Tugend 5, 6)
– (undankbar)
– (Zorn 5)
Manneswort (Handschlag)
Mantel (Liebe 16)
– (politisch 2)
Märchen (Leben 3)
Märchenwelt
   (Zaubernacht)
Marmor (Rose 7)
März (Lorbeer 1)
– (Oktober 3)
– (September 3)
Maskenball
   (Gesellschaft 1)
Maß (Mensch 9)
Mast (Schiff 3)
Materie (Geist 2)
Maul (Gaul)
– (Ochse)
Maus (Katze 3)
– (Speck)
das Mausen (Katze 2)
Meer (Sand 3)
– (Strand)
– (Wasser 1)
Meeresboden
   (Menschenherz)
Mehl (Maus 2)

– (Würde)
Meinung (Amt 1)
– (Herz 3)
– (Regent)
Meinungsfreiheit
   (sagen 1)
Meißel (Künstler 3)
Meister (Beschränkung)
– (Stirn 2)
– (Übung 2)
Mensch (allein 1)
– (Anständigkeit 2)
– (ärgern 1)
– (beten 10)
– (Brot 3)
– (Bruder 2)
– (Ehrfurcht)
– (eitel)
– (Engel 1)
– (essen 2)
– (Freund 17)
– (Gerechtigkeit 6)
– (das Gewaltige)
– (Grabstein)
– (Idealismus 1)
– (Idee 5)
– (irren 4, 5)
– (Irrtum 3, 5)
– (Kunst 4)
– (Leben 16, 20)
– (Liebe 7, 14, 30)
– (lieben 2)
– (menschlich 4)
– (Nacht 5)
– (Persönlichkeit 1)
– (Pessimist 1)
– (Pianist)
– (politisch 4)
– (Qual 2)
– (Rache 8, 9)
– (recht 1)
– (Recht 9)
– (reich 2)
– (Religion 2, 7, 12)
– (Respekt)
– (Ruhm 3)
– (säen 1)
– (Schicksal 1, 10, 13)
– (Schlaf 6)
– (Schmerz 5)
– (Sklaverei)
– (Snob 1)
– (Sorgen 7)
– (Talent 9)
– (Tier)
– (Tod 10)
– (Trainer)
– (trauen 2)
– (Tugend 5)
– (unersetzlich)
– (Unglück 5)
– (das Unmögliche 2)

– (Unsterblichkeit 2)
– (Unwissenheit 1)
– (Unzufriedenheit)
– (Vernunft 1)
– (Vernunftehe)
– (Verstaatlichung)
– (Verstand 1)
– (Verwandter 2)
– (verzweifeln)
– (Vollkommenheit 2)
– (Vorsehung)
– (Vorurteil 1)
– (Vulkan 2)
– (wahr 2)
– (Wahrheit 20)
– (Weisheit 3, 7)
– (wesentlich)
– (Wille 1, 3)
– (wohltätig)
– (Zeremoniell 2)
– (Zivilisation 3)
– (zivilisiert 1, 2, 3)
– (Zorn 3, 11)
– (Zufall 2)
– (zusammenfügen)
– (Zweck 2)
– (zwingen)
Menschenhand
  (Element 2)
– (Tand)
Menschenkenntnis
  (Höflichkeit 2)
Menschenverstand
  (gesund 2)
– (Weltgeschichte 2)
Menschenzungen
  (Engelszungen)
Menschheit (Ideologe)
– (Jammer)
– (Liebe 14)
– (Musik 2)
– (Schriftsteller)
– (Schritt 1)
– (Sternstunden)
– (Wort 12)
menschlich (bleiben 2)
– (Moral 1)
– (Riesenmaß)
– (wahrhaftig 1)
Menschlichkeit
  (Schönheit 9)
Meteor (Genie 7)
Methode (Tollheit)
Milch (Denkart)
– (Land 1)
– (Wein 1)
Milde (Klang)
Migräne (Zahnweh)
Militär (Rock)
Militärdienst (Ehe 6)
Millionär (Milliardär)
– (wenn)

Minister (Butterbrot)
Mission (Leben 9)
Mißgeschick (Geburt)
Mißtrauen (Talent 11)
Mißverständnis
  (Sprache 6)
Mist (Hahn 4)
miteinander (sprechen 1)
Mittag (zwölf 2)
Mittel (Register)
– (Schwert 3)
– (Wahrheit 7)
mittelmäßig (Völker 1)
Mittelpunkt (Geige)
Mode (Schrei)
Modell (Striptease)
mogeln (ernst 4)
das Mögliche (Politiker 1)
Möglichkeit (Pfund 1, 2)
– (Zukunft 2)
Moment (Tod 2)
Mönch (Kappe 1)
Mond (bleiben 3)
– (Regen 5)
– (Schloß 2)
– (Sonne 4, 7)
– (Uhr 2)
– (Zaubernacht)
Moral (Computer)
– (Erotik)
– (Furcht)
– (Menschheit 2)
moralisch (Rückgrat)
Mörder (töten 1)
Mördergrube (Herz 11)
morgen (heute)
– (leben 1)
– (Sorgen 1)
– (Wohltat)
Morgen (Spinne)
– (Tag 1)
Morgenrot (Neujahrstag)
Mücke (Fortuna)
– (Geduld 5)
– (Mensch 27)
müde (treiben)
Mühe (Arbeit 4)
– (köstlich 2)
mühelos (Ärmel)
mühevoll (Krach)
Mühle (rickeracke)
Mühlenrad (Grund)
Mund (Herz 10)
– (Morgenstunde)
– (wahrhaftig 2)
munter (Schritt 5)
Muskeln (lächeln 2)
Musik (Architektur)
– (Oper 3)
– (Ton)
müssen (Mensch 23)
Mut (schiefgehen)

– (quälen 1)
– (Talent 11)
mutig (Stier)
– (Welt 3)
der Mutige (Gefahr 1)
mutlos (Geduld 2)
Mutter (Büblein)
– (nackt 1)
– (Urahne)
– (Vater 5)

N

Nachbar (der Frömmste)
Nachbarin (Fläschchen)
nachgeben (der Klügere)
– (Demokratie 3)
– (Pfeife)
Nachgiebigkeit (Politik 8)
Nachruf (Laudatio)
Nachruhm (Glück 21)
Nachsicht (Augen 3)
nachsichtig (Lachen 3)
der Nächste (Haus 2)
– (helfen 1)
– (Liebe 5)
– (Weib 3)
– (Zeugnis)
Nacht (Anna 2)
– (Geschlecht 3)
– (Licht 7)
– (Lied 2)
– (Rat 3)
– (Sohlen)
– (Sorgen 2)
– (Tag 6)
– (Traumgespinst)
– (Unwissenheit 2)
– (Weihnacht 3)
– (Zaubernacht)
Nachtfrost (Sophie)
Nachtigall (Rose 4)
– (Uhl)
Nachtisch (Früchte 4)
Nachwelt (das Echte)
– (Mime)
nackt (Adamskostüm)
– (Wahrheit 2)
Nadelöhr (Kamel)
Nagel (Kopf 6)
– (Meinung 3)
nah (Ferne)
Nahrungsmittel (Wein 2)
Name (tot 1)
– (Völker 2)
Narr (hoffen 1)
– (Hoffnung 4)
– (Kinder 7)
– (Tor 4)
– (Unsinn 3)
– (Wahrheit 13, 15)
– (Wein 8)

närrisch (neu 1)
Nase (Quark)
naß (Pelz)
Nation (Sprache 10)
– (Sprichwort 2)
– (Wohltätigkeit)
Natur (Gedanke 2)
– (Glaube 12)
– (Gott 11)
– (Mensch 4)
– (Örindur)
– (Quacksalber)
– (Qual 3)
– (Stoff)
– (Unkraut 1)
– (Unsterblichkeit 1)
– (Willkür)
– (Wunder 7)
Naturfehler (Frau 2)
necken (lieben 6)
nehmen (behalten)
– (geben 1)
– (Gerechtigkeit 3)
– (lesen 2)
Neid (selbstisch)
nein (Übel 5)
Nelke (Rose 7)
Nerz (Tierschützer)
nett (meckern)
Netz (Gesetz 4)
neu (das Alte)
– (Geschichte 7)
– (Ufer)
– (Welt 8)
neugierig (Nase 2)
Nichts (Sache 1)
Nichtsein (Sein 5)
Nichtstun (Bärenhaut)
nie (jetzt)
– (Ostern 2)
Not (beten 7)
– (Gesetz 2)
– (Holland)
– (die Schmerzensreiche)
– (sparen)
das Nötige
  (Beredsamkeit)
Notlage (Hals 4)
notwendig (Übel 6)
Notwendigkeit (Zufall 5)
Null (Ahnen)
Nutzen (Partei 1)
nützlich (angenehm)

O

oben (Gabe 1)
– (Ich 2)
Oberschicht
  (Zehntausend)
Obst (Juli 2)
– (Veit)

– (Weihnachtstag)
Odem (loben 1)
oder (entweder)
offen (Blatt)
– (Herz 2, 11)
– (Feststellung)
offenbar (dunkel 2)
Offenbarung (Stille 1)
das Offene (Stille 2)
Offenheit (Politik 8)
oft/immer (unverhofft)
Ohr (Gott 27)
– (Oper 2)
Optimist (Pessimist 2)
Ordnung (Hand 3)
– (Haus 3)
– (morgens)
Orgel (Sprache 3)
Original (Gemüt 4)
Osten (Nord)
– (Zivilisation 2)
Ostern (Matthäus 2)
– (Palmsonntag)
– (Weihnacht 1, 2)

P

Paar (zusammen 1)
Palast (Krieg 8)
– (Zufriedenheit 6)
Palme (Weihnacht 2)
Paradies (Augenblick 1)
– (Erinnerung)
passiv (Widerstand)
Paukenschlag
  (Diplomat 1)
pausenlos (Schlag)
Pech (Unglücksrabe)
Pein (Reben)
– (Sorgen 7)
peinlich (Liebe 16)
Peitsche (Frauen 1)
Pensum (Leben 6)
Perle (Optimist 1)
– (Tinte 1)
Person (Amt 2)
Persönlichkeit (achten)
Perücke (sein 2)
pessimistisch
  (Optimismus)
Pfau (Mann 4)
Pfeffer (Hase 1)
pfeifen (Mensch 16)
Pfeil (Bogen 3)
Pferd (Denken 1)
– (fallen 3)
– (Kamerad 2)
– (Menschen 6)
– (Paradies 1)
Pfingsten (Ostern 2)
Pflanze (Licht 13)
– (Unkraut 2)

Pflicht (Arbeitgeber)
– (heiraten 1)
– (Macht 8)
– (Religion 6)
Philosoph (Xanthippe 2)
Philosophie (Skepsis)
– (Staunen)
Physik (Chemie)
Pilot (Autorennfahrer)
pingelig (Macht 6)
Pinsel (Zoll)
Plage (Armut 5)
– (Jammertal)
– (Tag 6)
Plan (Petto)
planen (Schild)
Pläsierchen (Tierchen)
platonisch (Liebe 45)
Plethi (Krethi)
Pöbel (neu 1)
Poesie (Aberglaube 1)
– (Malerei)
– (Narrheit 2)
– (Oper 3)
Poet (Dichtkunst)
politisch (Lied 1)
– (Staatsmann 3)
Politik (Charakter 6)
– (Fall 6)
– (Krieg 2)
Politiker (Idealismus 2)
– (Mikrophon)
– (öffentlich 4)
– (Staatsmann 1, 2)
Polizei (Helfer 2)
Pornograph (Klassiker)
Portemonnaie (Martha)
Porzellanladen (Elefant)
Post (küssen)
Posten (Quivive)
Pracht (Zaubernacht)
Praxis (Theorie 1, 2)
predigen (Menschheit 2)
– (Pastor)
– (Welt 13)
Prediger (Glaube 9)
Preis (Nachfrage)
– (Schütze)
– (Segen 2)
– (Zweck 1)
– (Zyniker)
preisen (nützen 1)
prellen (Wolf 3)
Premierenstimmung
  (Ehe 8)
Priester (Kirche 5)
Privileg (Freiheit 5)
Problem (Erziehung 1)
– (Kern 1)
– (Liebe 21)
– (regieren 2)
– (Reichtum 3)

Problematik (Hund 1)
Problemlösung
  (gordisch)
Proletariat (Diktatur 1)
proletarisch (Recht 10)
Prophet (Weltkind)
Prozession (Butler)
prüfen (Niere 2)
prügeln (zornig 1)
Pseudonym (Zufall 7)
Publikum (das Neue 2)
– (das Tiefste)
Pudel (Kern 1)
pumpen (Wirtschaft)
Punsch (Silvester 1)
Putz (Dame 2)
Putzfrau (Perle 1)
Pygmäe (Riese 5)

Q

Qual (Tantalus)
– (Wahl 2)
Quelle (Tag 9)
– (Weisheit 4)

R

Rache (Mütchen)
– (Philosophie 1)
– (Politik 2, 3)
Rachen (Schicksal 6)
rächen (Gott 6)
– (Schuld 1)
Rappe (Schuster 2)
rasieren (Mann 11)
rastlos (immerzu)
Rat (Pelz)
– (väterlich)
– (Zeit 2)
ratlos (Kuh 1)
– (wissen 5)
Rätsel (Gott 28)
– (Kinder 6)
– (Natur 5)
– (Tod 7)
– (Zufall 2)
rätselhaft (Sphinx)
Raubtier (zivilisiert 3)
Rauch (irdisch 3)
– (Name 2)
Raum (Hütte 1)
– (Strategie)
Rausch (brav 3)
Realität (Ideal 1)
Reben (Jammertal)
– (Keller)
Rechenspiel (Ehre 1)
Rechnung (Geschichte 3)
– (Riese 1)
recht (borniert)
– (Politik 10)

– (schlecht 1)
Recht (Einigkeit)
– (Freiheit 8)
– (Gewalt 1)
– (Gnade 2)
– (heiraten 1)
– (Jurist)
– (Macht 5)
– (Pflicht 5)
das Rechte (raten)
rechts (Hand 5)
– (wissen 4)
das Reelle (Liebe 35)
Rede (Arbeit 6)
– (Land 7)
– (Persönlichkeit 2)
– (Schweigen 2, 4)
– (Übel 5)
Redekunst (Weiber 3)
reden (Macht 4)
– (UNO)
redlich (Eindruck)
Redlichkeit (Treue 3)
Regel (Ausnahme 1, 2)
Regen (August 1)
– (Dezember 1)
– (Februar 2)
– (Gallus 2)
– (Georg 2)
– (Hundstage)
– (Johannes 2)
– (Kunigunde)
– (Magdalena)
– (Maria 1)
– (Oktober 4)
– (Sieben Brüder 1)
– (versprechen 2)
– (Wolfgang)
– (Wolke 1)
regieren (Mars)
– (Republik)
– (Schein 2)
Regierung (Opposition)
– (Revolution 2)
– (Wahl 1)
reibungslos (Schnürchen)
reich (ehrlich 2)
– (Schatz 2)
– (Tod 1)
– (Zoll)
der Reiche (Brosamen)
– (Kamel)
– (Mausoleum)
– (Toleranz 1)
Reichtum (Armut 5, 7)
– (Ruf 2)
– (Vornehmheit 3)
– (Zufriedenheit 4)
Reif (Frühlingsnacht)
Reife (Einfachheit)
Reifwerden (Ehe 4)
Reis (Paris 1)

Reisen (Bildung 3)
reisen (Enge)
Reiter (Regen 4)
– (Roß 2)
Religion (Glaube 15)
– (Kaufmann)
– (Opium)
– (Revolution 3)
– (Staatsreligion)
rennen (Squash)
Republikaner (Stahl 1)
reserviert (Nachtclub)
Resignation (la vie)
resignieren (Hopfen 2)
Rest (der Gottlose)
– (Schweigen 1)
retten (Freund 14)
– (Liebe 15)
– (rennen)
Retter (Sozialstaat)
Rettung
  (Entschlossenheit)
Reue (Verstand 6)
– (Wahn)
– (Zorn 13)
richten (Schein 1)
Richter (Gesetz 3)
– (Rechenschaft)
– (Sache 4)
richtig (Licht 4)
– (zusammen 1)
Richtung (Größe 1)
Riegel (Schloß)
Riese (Roland)
riesengroß (Zwerg)
Ring (Treue 2)
Risiko (Karte 1)
Ritter (C)
Rock (Hemd)
– (neu 3)
roh (Kraft 6)
Rolle (Welt 9)
Roman (Mann 13)
Romantik (blau 1)
romantisch (Poesie 3)
Rose (Leben 1)
– (Mädchen 2)
– (Schönheit 6)
– (zivilisiert 1)
Röslein (Knabe)
rosten (Liebe 3)
– (rasten)
Rubel (Tugend 9)
Rüben (Kraut 2)
Ruck (Ruhe 5)
Rücksicht (Entrüstung 3)
– (Prinzip 3)
rückwärts (Leben 12)
Ruhe (Arbeit 4)
– (Bürgerpflicht)
– (Glaube 6)
– (immerzu)

– (Seele 5)
– (Tod 4)
– (Zärtlichkeit)
Ruhekissen (Gewissen)
ruhen (Gipfel 4)
– (haben)
– (Stamm 1)
– (Wunder 4)
Ruhm (Frau 5)
– (Neid 1)
– (Tugend 2)
– (Unglück 1)
Rühren (menschlich 5)
Ruinen (das Alte)
rund (Ball)
Rüstung (Mißtrauen 2)
– (öffentlich 3)
Rutschbahn
  (Beziehungen)

S

Sache (Gedanke 2)
Sack (Esel 1)
– (Katze 1)
Sackgasse
  (Nationalismus 1)
säen (Schicksal 13)
– (Wind 7)
Saft (Blut 2)
sagen (denken 2)
– (Taktlosigkeit 1)
Salz (Ironie)
– (Tätigkeit)
Salzmandel
  (Willensstärke)
Samt (Thron 1)
Sänger (Höflichkeit 1)
– (Teufel 11)
Sarg (Nagel 2)
satt (Lorbeer 4)
– (Rede 5)
Sau (kannibalisch)
– (Perle 3)
– (Weib 4)
sauer (Apfel)
– (Leben 15)
Sauerkraut (Argwohn 2)
Sauerkohl (schwärmen)
Sauna (Squash)
sausen (Webstuhl)
Schabernack (Nase 1)
Schachbrett (Schicksal 3)
Schädel (Bruder 3)
Schaden (Freiheit 1)
– (nutzen 4)
Schadenfreude
  (Freude 7)
schadenfroh (Fäustchen)
schädigen
  (Straßenverkehr)
Schaf (Prophet 4)

– (Wolf 2)
Schaffen (Macht 10)
– (Weihe)
Schalk (Nacken)
Schall (Name 2)
Schalter (deutsch 2)
Scham (der Freie 2)
Schande (Mißerfolg)
– (fallen 1)
– (Horcher)
– (Lauscher)
schändlich (natürlich 2)
Schatten (Ereignis 2)
– (Licht 12)
– (Platz)
– (Ruhm 1, 7)
– (Sorge 9)
Schatz (Reichtum 1)
– (Ruf 1)
– (Wissen 3)
Schätzchen (Sache 7)
schätzen (Stück)
– (Tor 2)
Schauspiel (Götter 1)
Schauplatz (Welt 10)
Schauspieler (zivilisiert 1)
Schauspielerin (Starlet)
Scheck (Vorsatz 3)
Scheideweg (Herkules)
Schein (Recht 15)
scheinen (Macht 10)
– (sein 4)
scheitern (Trost 3)
Scheu (Verantwortung 1)
Schicklichkeit (Recht 4)
Schicksal (Brust 1)
– (Bücher 1)
– (Charakter 10)
– (eifersüchtig)
– (Einsamkeit 2)
– (Hobel)
– (Joch 2)
– (Karte 2)
– (Kreuz 1)
– (Macht 3)
– (Politik 4, 12)
– (Religion 4)
– (Zufall 2, 4)
Schiedsrichter
  (Demokratie 2)
schießen (Preuße 2)
Schiff (Ratte)
schimpfen (Rohrspatz)
Schirm (Bankier)
Schlachtfeld
  (Patriotismus 1)
Schlaf (Deutschland 2)
– (Sorgen 4)
– (Traum 1)
– (Wald 6)
schlafen (Fischer)
– (Hund 6)

– (Murmeltier)
– (Nacht 2)
– (Starlet)
– (träumen 2)
– (Verräter)
– (wohlbeleibt)
Schlafmittel
  (Fernsehen 4)
Schlange (heiraten 2)
schlau (gestern)
– (Kopf 3)
– (Quivive)
Schlauch (Wein 7)
schlecht (Geschichte 8)
– (Snob 1)
das Schlechte
  (das Echte 3)
– (Kritik 2)
schleichen (gehen)
Schleier (Gürtel 2)
– (Zufall 5)
schlimm (essen 4)
– (Regen 7)
Schluß (Weisheit 2)
Schlüssel (Teilnahme)
Schlüsselloch (Sorge 4)
Schmarotzertum
  (Vornehmheit 1)
Schmeichler (Hof 4)
Schmerz (Freude 6)
– (gebären)
– (Glück 8)
– (quälen 2)
schmieden (Eisen 2)
Schminke (Poesie 2)
schmutzig (still 1)
Schnabel (reden 1)
Schnee (Dorothee)
– (Eichel)
– (Februar 2)
– (Geduld 6)
– (Hornung 2)
– (September 4)
– (Simon)
Schneehut (Florian 1)
Schneide (Messer)
Schneider (herein)
schnell (Pistole 3)
Schnitter (Kilian)
– (Tod 5, 9)
Schnupfen (Meinung 1)
schön (Fräulein 1, 2)
– (Sigismund)
das Schöne
  (das Echte 3)
– (das Wahre 1)
Schönheit (Kraft 3)
die Schönste (Spieglein)
Schrecken (Ende 2)
– (panisch)
– (Qual 3)
– (Tarantel)

Schreckensnachricht
(Hiobsbotschaft)
schreiben (Talent 8)
Schritt (Gipfel 2)
– (Politik 13)
schüchtern (rühren 1)
Schuld (Lämmlein)
– (Sündenbock)
– (Wahrheit 19)
– (wohl)
schuldig (Verdacht)
Schuldigkeit (Mohr 1)
– (Pflicht 4)
Schule (lernen)
– (plaudern)
Schulfreund (Mann 12)
schwach (Tat 4)
– (Trotz)
– (Weib 11)
der Schwache (Eigensinn)
– (Einbildung 2)
– (Kraft 1)
Schwäche (Freund 8)
– (Undank 1)
Schwalbe (Maria 2, 5)
schwanken (Rohr)
schwankend (Gestalt 3)
schwarz (Schaf 1)
schwatzen (Loch 2)
Schwefel (Pech)
schweigen (Kavalier)
– (Geheimnis 1)
– (Maul)
– (Menschen 15)
– (Philosoph 1)
– (Politik 11)
– (Weib 1)
– (Zunge 2)
Schwein (das Reine 1)
Schweinespeck
(Lebenszweck)
Schweiß (Stirn 2)
– (Trainer)
schwer (leicht 2)
– (lieben 5)
– (Satire 1)
das Schwere
(das Echte 3)
– (Päckchen)
Schwert (Feder 1)
schwimmen (Fisch 2)
– (Strom)
Schwimmgürtel
(Philosophie 2)
schwierig (Nuß)
– (Vaterland 9)
Schwierigkeit (Tinte 2)
See (Ehe 9)
Seele (Augen 8)
– (Bekenntnis)
– (Bücher 4)
– (dulden 3)

– (Element 4)
– (Gedanke 5)
– (Grieche)
– (Herz 5)
– (Name 1)
– (Rache 4)
– (Religion 1)
– (Ruhe 3)
– (Schatz 1)
– (Sprache 9)
– (Zeremoniell 2)
Seelengröße
(Charakter 8)
Seewasser (Reichtum 2)
Segen (Gewinn 2)
– (oben 1)
– (Wolke 1)
Segel (Wind 6)
Segler (Wolke 2)
sehen (kommen 1)
Sehen (Schauen)
sehnen (Ägypten)
Seide (Jungfernkranz)
sein (denken 1)
– (Schein 5)
– (werden 2)
– (wissen 6)
– (zufrieden 2)
die Seinen (Schlaf 7)
– (Sorge 4)
Sekt (Redner)
Selbsterkenntnis
(Einsicht)
– (Weisheit 7)
Selbstgenügsamkeit
(Glück 15)
selbstverständlich
(Gesetz 1)
selig (Gefilde)
– (geistlich)
– (Glaube 8)
– (glauben 4, 5)
– (Herz 14)
– (Kind 5)
– (Leid 1)
– (die Sanftmütigen)
Seligkeit (Armut 9)
selten (Jubeljahre)
– (Rabe 1)
September (Juli 3)
sicher (Mittelweg 2)
– (Pflicht 2)
– (Vorsicht 2)
Sicherheit (Mißtrauen 1)
Sieb (Gedächtnis 3)
Sieg (Krieg 9)
– (Tod 11)
– (vergeben 1)
Siegel (Buch 1)
– (Vergangenheit 1)
siegen (kommen 1)
– (Unsinn 2)

Siele (Pferd 2)
Silber (Schweigen 2)
– (Weisheit 8)
singen (Gesang)
– (Gott 7)
– (die Jungen 2)
– (Vogel 4)
– (wachen 1)
Sinn (Rede 1, 3)
– (Spiel 1)
– (Weib 2)
– (Zeile)
Sinne (Kopf 5)
Sitte (Beispiel 2)
– (Geschwätz)
– (Land 9)
– (Vorurteil 2)
– (Zivilisation 1)
sittlich (Entrüstung 3)
– (Religion 1)
Sklave (Emanzipation)
– (Freiheit 6)
– (König 4)
– (Tyrann 3)
Sklaverei (Geld 4)
– (Liebe 29)
Skepsis (Begeisterung)
Socken (sein 2)
Sohle (Scheitel)
Sohn (taufen)
Soldat (Staatsbürger)
– (Vorsicht 3)
Solo (Liebe 38)
Sommer (Hornung 2)
– (Januar 1)
– (Maria 4)
– (März 3)
– (Märzenstaub)
– (Novemberdonner)
– (Schwalbe)
Sommertag (Fortuna)
Sonde (Zweifel 2)
Sonne (dulden 1)
– (Freude 8)
– (Hahn 6)
– (Licht 2)
– (das Neue 5)
– (Platz)
– (Regen 5)
– (Zorn 8)
Sonnenaufgang
(Publikum)
Sonnenschein (Regen 2)
Sonnenstrahl (Freude 4)
Sorgen (borgen)
sorglos (Abraham)
– (Gott 3)
– (Lilie)
Souffleur (Politik 5)
Späne (hobeln)
sparen (Kante)
sparsam (Brotkorb)

Spaß (Leben 30)
spät (zwölf 1)
Spatz (Kanone 3)
Speck (Made)
spenden (Sanftmut)
Spezialist (Experte)
Spiegel (Buch 2)
– (Satire 2)
– (Schauspieler 1)
– (Seele 3)
– (Sprichwort 2)
Spiel (Brot 2)
– (Glück 13)
– (Reise 1)
– (zornig 2)
Spielregeln
　(Demokratie 2)
spielen (Instrument)
Spielzeug (Bauer 1)
Spott (Schaden 2)
Sprache (Liebe 8)
– (Musik 2)
– (Philosophie 2)
– (Politik 1)
sprechen (Zarathustra)
springend (Punkt 1)
Spucke (Braunbier)
– (Geduld 5)
spucken (räuspern)
– (Wind 4)
Spur (errötend)
Staat (Anständigkeit 2)
– (Fürst)
– (Obrigkeit 2)
– (Verstaatlichung)
staatlich (menschlich 2)
Staatstheorie (Politiker 1)
Stab (Stecken)
– (Sträußchen)
Stachel (Tod 11)
Stadt (Umleitung)
Städtele (müssen)
Stand (Redlichkeit)
stark (Seele 8)
– (umbringen)
der Starke (Klang)
– (Kraft 1)
– (Quelle 2)
– (Schicksal 9)
– (Unrecht 1)
Statue (Aphorismus)
stehenbleiben (Punkt 2)
stehlen (Hirte)
– (Leben 14)
– (nehmen 1)
– (Pferd 6)
– (Rabe 2)
Stehler (Hehler)
Steigerung
　(Begehrlichkeit)
Stein (Glashaus)
– (Menschen 15)

– (Rose 7)
– (Sünde 1)
– (Tropfen 2)
sterben (Fremde)
– (Geist 1)
– (der Geizige)
– (Held 3)
– (Neapel)
– (Pan)
– (das Schöne 2)
– (Tapferkeit 2)
– (Umzug)
– (Vaterland 7)
– (Weg 2)
– (Zug)
der Sterbliche (Erlösung)
– (Freude 1)
Stern (Ideal 6)
– (Mond)
– (Sonne 4)
– (Zepter)
Sternenkreis (Weise)
Sternenzelt (Vater 1)
Steuer (Mann 4)
steuern (Brigg)
still (Ereignis 1)
– (Pan)
– (Schmerz 2)
– (Sternenhimmel)
– (Verstand 5)
Stille (Talent 7)
Stimme (das Lebende)
– (Natur 1, 4)
– (Ohr 1)
Stimmungsschwankung
　(lieben 4)
stinken (Eigenlob)
– (Geld 9)
Stoff (Mode 1)
– (wissenschaftlich)
Stolz (Mensch 27)
– (Roß 3)
– (Undankbarkeit)
Storch (Barthemä)
– (Paulus 3)
stören (Auge 3)
– (Nagel 2)
störend (Musik 4)
Strafe (Politik 2)
– (Rebellion)
strafen (Gott 6)
Strafpredigt (Philippika)
Straße (Geld 2)
– (Sprichwort 3)
Strahl (Rache 6)
Strand (Nordseeküste)
– (Saale)
– (Spree)
Streich (Schicksal 11)
– (Schnippchen)
– (sieben)
– (Tinte 1)

Streit (Gewitter)
– (Haussegen)
streiten (Geschmack 3)
Strick (Kapitalist)
Strom (Quelle 2)
– (Rhein 1)
studieren (Bauch)
– (probieren)
Studium (das Wahre 1)
stumm (Sorgen 6)
Stunde (der Glückliche)
– (Jahr)
– (Tat 2)
– (wichtig 1)
Sturm (Regen 5)
– (säen 2)
– (Wind 6)
suchen (bitten)
– (Tag 3)
– (Wahrheit 14)
– (Witz 1)
Süden (Nord)
– (Spanien)
Sünde (Alm)
– (faul)
– (Zorn 3)
sündigen (schlafen 4)
süß (Rache 10)
– (Vita)
Symbol (Sachertorte)

――――――――――

T

Tadel (Leviten)
tadeln (schmeicheln)
Tag (Abend 1, 4)
– (Gleichmaß)
– (Jammer 3)
– (leben 5)
– (morgen 1)
– (Nacht 1)
– (Plage)
– (Qual 1)
– (Rache 1, 3)
– (Regen 1)
– (Rom 3)
– (Rose 3)
– (Sonne 1)
– (Traumgespinst)
– (Ufer)
Tagebuch (Gedächtnis 6)
Tageslicht (Schatten 2)
Tagwerk (Othello)
Takt (Fehler 3)
– (Spötter 2)
taktlos (Elefant)
Taktlosigkeit (Frechheit)
taktvoll (Diplomatie)
Tal (Fall 1)
– (Hütte 3)
Talent (Charakter 7)
– (Genie 4)

– (Starlet)
Taler (Pfennig)
Tankstelle (Bibliothek)
Tanz (Kathrein 2)
– (Vulkan)
tanzen (Pfeife)
tapfer (Held 1)
Tasche (Gedächtnis 1)
Tat (Anfang 6)
– (Christ 1)
– (Gedanke 4)
– (Gott 20)
– (Rat 4)
– (Ruhm 1, 5)
– (Sprache 11)
– (Stunde 1)
– (Wort 8)
Taube (Spatz 1)
täuschen (Bauernfang)
– (Dunst)
– (Feder 2)
– (Licht 5)
– (Sand 2)
– (wahr 2)
sich täuschen (Rechnung)
das Tausendste
  (das Hunderste)
Tee (abwarten)
teilen (Raub)
telefonieren (Frau 7)
Tenor (C)
Terminologie (Soziologie)
teuer (Rat 2)
Teufel
  (Einkommensteuer)
– (Liebe 7)
– (Not 6)
– (reden 4)
– (Skrupel)
Text (Schlager)
Textilindustrie (Mode 1)
Theater (Fernsehen 2)
– (schlafen 3)
Thron (Waffe 3)
tief (still 1, 3)
– (Wasser 4)
Tiefe (Freundschaft 6)
– (Gemüt 3)
– (Wesen)
tiefgekühlt (Verehrung)
Tier (Früchte 2)
– (Mensch 7, 8)
– (quälen 2)
– (Religion 2)
Tisch (Land 8)
– (Mutter 2)
Tod (Ei 3)
– (fürchten 2)
– (getreu)
– (Gewinn 1)
– (glücklich 3)
– (Liebe 39)

– (Morgenrot)
– (Schlaf 1, 3)
– (treu)
– (umsonst)
– (unmodern)
– (Ypern)
todsicher (Uhr 7)
Toleranz (Fehler 3)
tolpatschig (Elefant)
Ton (Mensch 16)
– (wehe 3)
Töpfchen (Kröpfchen)
Tor (Brunnen)
– (Mohr 2)
Torero (Kampf 1)
Torheit (Alter 2)
– (Schildbürgerstreich)
töricht (Frauen 3)
– (Zukunft 4)
Tornister (Marschallstab)
tot (Gott 8)
– (Mann 7)
– (Punkt 2)
– (Sauerbrot)
– (Sklave 1)
– (Staatsmann 2)
– (Volk 1)
die Toten (die Lebenden)
töten (Buchstabe)
– (Kampf 2)
– (Patriotismus 2)
– (Seele 2)
Trägheit (Tugend 10)
tragisch (Optimist 2)
Tragödie (Menschen 28)
– (Welt 12)
Tränen (Brot 16)
– (lächeln 3)
– (Perle 2)
– (Schmerz 1, 4)
Trank (Helena)
Transpiration (Genie 5)
trauen (Dreißig)
– (Glück 7)
Trauer (Reue)
Trauerrand
  (Melancholie 2)
Traufe (Regen 7)
Traum (Leben 11)
– (Ruhm 7)
träumen (Menschen 4)
– (Theorie 2)
traurig (bedeuten)
– (Melancholie 1)
– (Ritter 2)
– (Trübsal 2)
– (Witz 2)
treu (Glaube 11)
– (Heimat 1)
– (Rhein 2)
– (untreu)
Treue (Mensch 6)

– (Nibelungentreue)
– (Politik 8)
– (Schönheit 3)
Tribunal (Szene)
Trieb (Not 3)
trinken (pünktlich)
– (Quelle 3)
– (Weisheit 4)
– (zufrieden 1)
Trinken (Charakter 2)
– (Essen 1)
Tritt (Schritt 4)
trocken (Schaf 2)
Tropfen (Stein 2)
Trost (Nacht 6)
trösten (Stecken)
Trubel (Jubel 2)
trüben (Wasser 6)
Trübsal (fröhlich 2)
trügen (Schein 3)
– (Sinn)
trügerisch (Weiberherz)
Trunkenheit (Jugend 4)
der Tüchtige (frei 3)
Tücke (Objekt)
Tugend (Armut 6)
– (Bosheit)
– (Energie)
– (Menschen 10)
– (Not 1)
– (Schönheit 8)
– (Unkraut 2)
– (wahrhaftig 1)
– (Zufriedenheit 5)
tugendsam (Weib 5)
tun (anwenden)
– (das Gute 3)
– (lassen 2)
– (Zeus 2)
Tun (Gebet 2)
Tulpe (Rose 7)
Tür (kehren)
turbulent (Taubenschlag)
Turnübung (Arm 2)
Tyrann (Dionys 2)

U

U (X)
Übel (Beelzebub)
– (Geiz)
– (Krieg 5)
– (Tod 6)
– (träumen 1)
übernehmen (Einladung)
Übelergehen (Hals 1)
üben (Gedächtnis 2)
– (Meister 2)
überall (nirgends)
Überfluß (genug 2)
– (Made)
überflüssig (Rad 1)

überglücklich (Himmel 5)
Überheblichkeit
 (Pharisäer)
überhören (Ohr 3, 4)
Übermensch (Mensch 21)
Übermut (Bäume 2)
– (Katze 3)
übermütig (Hafer)
Überraschung (Affe 1)
– (Pferd 4)
überstanden (Berg 2)
übertreiben (Kanone 3)
– (Rednerei)
Übertreibung (Bad 2)
– (Bogen 2)
– (Kirche 7)
– (Mücke)
überwinden
 (Vergangenheit 3)
Überwindung (Schatten 1)
überzeugt (Siegel)
Überzieher (Fleck)
übrigbleiben (Zeit 12)
Uhr (pünktlich)
– (Schlaf 6)
umbringen (Lebenslicht)
umgekehrt (Schuh)
umkommen (Gefahr 3)
– (Schwert 2)
sich umschauen (Töchter)
umstürzen (Angeln)
Umwelt (Mensch 13)
– (Narrheit 1)
Umweltschutz (Natur 2)
unangenehm (Apfel)
unaufhaltsam (Zeit 11)
unaussprechlich
 (Händedruck)
unbedeutend (Schulter)
unbegrenzt (Land 2)
unbekannt (böhmisch)
unbeliebt (madig 2)
unbeständig (eitel)
– (wetterwendisch)
unbewältigt
 (Vergangenheit 4)
undankbar (Mensch 20)
unedel (Rache 9)
unentdeckt (Land 3)
unendlich (Glück 1)
Unendlichkeit (Genie 3)
das Unerfüllte
 (das Erfüllte)
unerhört (Gipfel 1)
– (Tobak)
das Unerhörte
 (das Neue 6)
unfrei (Poesie 3)
Ungeduld (Geduld 3)
ungeniert (Ruf 4)
der Ungerechte (Sonne 3)
ungezogen (Zwiebel)

ungläubig (Gott 27)
Ungleichheit (Gleichheit)
Unglück (Charakter 9)
– (Entschlossenheit)
– (groß)
– (Kelch)
– (Liebe 28)
– (Schuld 2)
– (Tal 1)
– (Übermaß)
Unheil (Pandora)
Uniform (Staatsbürger)
Universum (Gedanke 1)
– (Mathematik)
Unkenntnis
 (Bewunderung)
– (Finsternis 2)
unkompliziert (Umstände)
unkritisch (Katze 1)
Unmäßigkeit (Genie 8)
unmöglich (Kanone 2)
– (Rippe)
– (Rose 4)
das Unmögliche (Idee 2)
unnötig (Zivilisation 4)
Unordnung (Sodom)
– (Tohuwabohu)
unrecht (Beleidigung 2)
Unrecht (Recht 1)
unredlich (Trübe 1)
Unruhe (Teufel 4)
Unschuld (Hände 1)
unschuldig (Wasser 6)
unsicher (Sand 1)
– (Streß)
– (Stuhl)
untätig (Tat 5)
Unterdrückung
 (Emanzipation)
– (Pantoffel)
untergehen (Tyrann 1)
unterhalten
 (Gesellschaft 2)
unterliegen (der Kürzere)
unterrichtet (regieren 1)
Unterscheidung (Spreu 1)
Unterschied (Kirche 6)
unterschiedslos (Kamm)
Unterstützung
 (Sprichwort 4)
untertan (Obrigkeit 3)
unterwegs (Landstreicher)
unverblümt (deutsch 1)
unvergleichlich (Neapel)
das Unvermeidliche
 (Religion 12)
– (Zieten)
unvermittelt (Tür 1)
unvermutet (Blitz 2)
unversöhnlich (Übel 9)
unverständlich
 (die Jungen 1)

– (Rätsel 2)
Unverständnis (hoch)
unvorbereitet (Stegreif)
unwandelbar
 (Wahrheit 3)
unwesentlich (Bart 1)
Unwetter (Neujahrstag)
unwissend (Dunkel 5)
– (Götter 2)
Unwissenheit
 (Gehorsam 5)
Unzufriedenheit
 (Fortschritt 2)
Urheber (Vater 4)
Ursache (Zufall 6)
– (Wirkung)
Urteil (Begriff)
– (Rat 5)
– (salomonisch)
– (Sinn)
– (Weib 12)
Urteilskraft
 (Geschmack 1)
Utopie (Fortschritt 1)

V

Vater (dunkel 3)
– (Geist 6)
– (Krieg 1)
– (Mütterchen)
– (taufen)
– (Torheit 1)
– (Wohnung)
Vaterland (Einigkeit)
– (Familie)
– (Gott 18)
– (Interesse)
– (Österreicher)
– (Patriotismus 1)
– (Prophet 1)
– (Segen 3)
– (Vater 10)
Veilchen (Lorbeer 1)
verachten (Meister 3)
Verachtung (Lachen 3)
verändern (Menschen 7)
– (Philosoph 2)
verantwortlich
 (Mensch 25)
Verantwortlichkeit
 (Freiheit 9)
– (Macht 8)
Verantwortung (Ethik)
– (Kappe 2)
verantwortungslos
 (der Intellektuelle 2)
verärgern (Strich)
verbinden (Hut 1)
verboten (Frucht 2)
– (Früchte 3)
Verbrechen (Rückgrat)

verbrennen (beten 3)
– (Bücher 3)
verdächtig (spanisch)
– (Wurm)
Verdauung (Glück 9)
verderben (Zorn 1)
verdienen (Regierung 1)
– (verkaufen)
verdorben (Gesetze 2)
sich vereinigen
  (Proletarier)
vereint (marschieren)
verflucht (Teufel 8)
das Vergangene (leben 6)
– (Übel 6)
Vergangenheit (alt 1)
– (Leben 12)
– (Schritt 2)
– (Zivilisation 1)
vergänglich
  (das Irdische 1)
– (Gleichnis)
vergeben (Vater 11)
vergeblich (Plan 2)
– (Tag 3)
– (Wind 5)
– (Windmühlenflügel)
vergessen (Gedächtnis 8)
– (glücklich 2)
– (Schwamm)
– (Sänger)
– (Tote 4)
– (das Verständliche)
Vergessenkönnen
  (Gedächtnis 4)
vergeßlich (Kopf 4)
vergeuden (Perle 3)
Vergleich (Eifersucht 2)
Vergnügen (Arbeit 3)
– (Enthaltsamkeit)
– (Liebe 29)
– (Melancholie 1)
– (Moralist 2)
vergnügt (Leben 30)
verheimlichen (Memoiren)
verhindern (Riegel)
verkauft (verraten)
sich verlassen (Treue 1)
Verlegenheit (Klemme)
verleugnen (Hahn 3)
verlieren (Kinder 1)
– (Verstand 7)
verloben (verlieben 1)
verlogen (Sache 6)
verloren (Paradies 2)
– (Sohn 1)
– (aufgeben)
Verlust (Weise 4)
vermehren (Angst 2)
Vermehrung (Beamter)
vermeidbar
  (Weltgeschichte 1)

Vermittler (Tod 8)
Vermögen (Geizhals 1)
vermuten (Wind 8)
vernagelt (Welt 17)
verneinen (Geist 5)
vernichten (Garaus)
– (Klinge)
Vernunft (Tradition)
– (Wahrheit 9)
– (Weiber 4)
vernünftig (Gehorsam 1)
Verpackung (Mode 2)
Verpestung
  (der Intellektuelle 2)
Verpflichtung (Gunst 3)
Verrat (Argwohn 1)
verraten (plaudern)
verrückt (Schraube)
– (Trost 4)
versäumen (Glück 18)
verschenken (Kaiser 7)
verschleudern
  (Linsengericht)
verschlimmern (Öl 4)
verschwenderisch (Rubel)
Verschwendung
  (Zeitverschwendung)
versöhnen (hängen)
Versöhnung (Religion 9)
verspäten
  (Pünktlichkeit 2)
verspätet (Kind 7)
versponnen (Welt 20)
verspotten (das Beste 2)
Verstand (Amt 3, 4)
– (Bildung 4)
– (Glück 17)
– (Liebe 13, 27)
– (Oper 2)
– (Zorn 10)
verstanden (Groschen 2)
verstehen (Licht 9)
– (Welt 19)
Verstellung
  (Selbstüberwindung)
verstimmt (Absicht)
Versuchung (Feigheit)
vertändeln (Weiber 2)
Verteidigung (Angriff)
Vertrag (vertrauen 1)
vertragen (Wahrheit 17)
vertrauen (Bedrängte)
– (Beten 2)
– (Gift 2)
– (Staatsmann 3)
Vertrauen (Glauben 2)
verurteilen
  (Menschen 14)
– (der Nächste 3)
verwandt (Seele 8)
verweht (Wind 10)
verweigern (abblitzen)

verweilen (Augenblick 3)
verwirren (Konzept)
verwöhnen (Hände 3)
Verworrenheit
  (Wahrheit 16)
verwunden (Wort 2)
Verwunderung (Neune)
verwünschen (Pfeffer)
verwünscht (Weiber 5)
verzagen (Häuflein)
verzeihen (bereuen)
– (verstehen 1)
verzichten (Rauch)
– (Vergnügen 6)
verzweifeln (hoffen 2)
Verzweiflung
  (Langeweile)
verzwickt (Hase 1)
Vetternwirtschaft (Papst)
Vieh (Weib 3)
viel (bringen)
– (Sand 3)
– (zutrauen)
Viktoria (Zahn 1)
Vogel (Christ 2)
– (fressen)
– (Psychotherapeut)
– (Süden)
– (Zauberfädchen)
Vogelhaus (Heirat)
Vöglein (Gipfel 4)
Volk (Demokratie 4)
– (Deutschland 4)
– (gaffen)
– (Geschichte 1)
– (hingehen)
– (Intoleranz 2)
– (Krethi)
– (Liebe 5)
– (Nationalismus 2)
– (öffentlich 3)
– (Opium)
– (Pflicht 1)
– (Poesie 3)
– (Reform)
– (regieren 1, 2)
– (Regierung 1)
– (Selbstbestimmungs-
  recht)
– (Signal)
– (taufen)
– (Tradition)
– (Unzufriedenheit)
– (Wissenschaft 4)
vollkommen (Glück 6, 19)
– (gut 1)
vollständig (Haut 1)
– (Kopf 6)
Vorahnung (Lunte)
voran (Esel 2)
vorbei (Zeiten 2)
Vorbereitung

(Improvisation)
Vorbote (Wunsch 3)
Vorfahre (Geizhals 2)
Vorhang (Ruhe 2)
vornehm (Gesellschaft 3)
Vornehmheit
  (Herzensgüte)
Vornehmste
  (Natürlichkeit)
Vorrang (Prä)
Vorsatz (Hölle 1)
Vorschlag (Tapet)
Vorsicht (klug 3)
– (Porzellankiste)
– (Tapferkeit 1)
– (Vertrauen 1)
vorsichtig (Weiser 2)
vorspiegeln (außen)
vortäuschen (Potemkin)
Vorteil (Nachsicht 2)
– (Oberhand)
– (Oberwasser)
vorwärts (Leben 12)

W

Wache (Schmiere)
Wacht (Rhein 2)
– (Steuermann)
Wächter (Cerberus)
– (Traum 1)
Wagen (Heinrich 1)
– (Kampf 3)
wagen (Gewinn 3)
– (Liebe 43)
– (retten)
Wahn (Gürtel 2)
– (Treue 5)
Wahnsinn (Zorn 12)
wahnsinnig (Vernunftehe)
Wahnsinnige (Genie 6)
wahr (reden 4)
– (traurig)
wahrhaft (wahr 2)
Wahrhaftigkeit (Politik 19)
– (Technik)
Wahrheit (Arznei 2)
– (Bilder 2)
– (Gebot)
– (Gott 5)
– (Irrtum 1)
– (Leben 13)
– (lügen 5, 7)
– (nackt 2)
– (Partei 3)
– (Sanftmut)
– (Überzeugung 2)
– (Utopie)
– (Weisheit 5)
– (Wein 5, 6)
Wald (Schiff 3)
– (Tal 2)

wallfahren (Leben 5)
Wanderer (Sparta)
wandern (Freude 8)
wankelmütig (Rohr)
wanken (Glaube 1)
Warnung (Menetekel)
warnen (Wunder 6)
Wasser (Balken)
– (Blut 1, 3)
– (Hals 4)
– (Mühle 1)
– (Rache 2)
– (still 1)
– (Welt 13)
Wasserglas (Sturm 1)
Wassertropfen (Ehrfurcht)
Wechsel (menschlich 3)
wecken (Hund 6)
weg (Prinzip 2)
weglaufen (Staub 2)
Weg (Rom 1)
– (Wille 5)
– (Willenskraft)
wehren (Ehre 7)
Weib (Geheimnis 2)
– (Gehorsam 4)
– (Gift 3)
– (Güter 1)
– (Schwachheit)
– (Wahrheit 1)
– (Wein 8)
Weibchen (Mädchen 1)
Weihnachten (Gallus 2)
– (Jakob 2)
– (Michael 3)
Weihnachtsgeschichte
  (Zeit 6)
Wein (Bacchus 1)
– (Dreikönig 1)
– (Freundschaft 2)
– (Jugend 4)
– (Juli 2)
– (Kunst 5)
– (Laurenz)
– (Leberwurst 1)
– (Markus)
– (Maria 3)
– (Martina)
– (Silvester 2)
– (Stephan)
– (Urban 2)
– (Veit)
– (Wahrheit 1)
– (Vinzenz 1)
– (Welt 13)
– (Zauberfädchen)
weinen (Liebe 1)
weise (betrügen 2)
– (das Dunkel 2)
– (reden 2)
– (Tor 4)
der Weise (Gedanken 1)

– (Narr 3)
Weisheit (regieren 5)
– (Sprichwort 3)
– (Zwang)
weiß (Rabe 1)
– (schwarz)
weit (Takt 1)
Weizen (Spreu 1)
welk (Lorbeer 3)
Wellen (Meer)
Welt (Apfelbäumchen)
– (Bretter 1, 2)
– (Brot 1)
– (Geld 8)
– (Gunst 7)
– (Heimat 2)
– (das Innerste)
– (Kinder 3)
– (Kuß)
– (Leben 18)
– (morgens)
– (Narr 4)
– (nichts 1)
– (nobel)
– (Nutzen)
– (Profit)
– (Proletarier 1)
– (rächen)
– (regieren 5)
– (Reich 2)
– (Schein 2, 6)
– (Schicksal 3)
– (Schuldigkeit)
– (Talent 7)
– (Teufel 7)
– (Tod 13)
– (Undank 3)
– (Verkehr)
– (vornehm)
– (Wald 6)
– (wesentlich)
Weltanschauung (dick)
Weltgeschichte
  (Buchdruck)
Weltlust (Christus 2)
Weltreligion
  (Wissenschaft 2)
Weltteil (Berlin 2)
wenig (ehrlich 7)
– (Tropfen 2)
werden (wissen 6)
Werk (Stirn 2)
– (Wort 9)
Werkzeug (Verstand 1)
Wert (Verlust 1)
– (Zyniker)
Wesen (Zahl)
Westen (das Neue 7)
– (Nord)
– (Zivilisation 2)
Wetter (Hahn 4)
wichtig (Liebe 41)

das Wichtigste (Geld 1)
Widerspruch
 (Tapferkeit 2)
Widerstandskraft (Gott 15)
wie (wann)
– (was)
Wiege (Formulare)
wiegen (leicht 1)
wiehern (Amtsschimmel)
wild (Wein 3)
Wille (frei 4)
– (Gabe 3)
– (Himmelreich)
– (Kraft 5)
– (Kultur 1)
– (Mensch 1)
willig (Gewalt 2)
– (Tor 2)
Wind (Mäntelchen)
– (Opportunismus)
– (Rohr)
– (säen 2)
– (Schicksal 10)
– (Silvester 2)
– (Spreu 2)
– (versprechen 2)
– (Vorteil)
Winter (Andreasnacht)
– (August 3)
– (Bartholomäus)
– (Clemens)
– (Dezember 3)
– (Dionys 1)
– (Dreikönig 2)
– (Elisabeth)
– (Fabian 1)
– (Frühling 2)
– (Januar 4)
– (Kathrein 1)
– (Lichtmeß)
– (Maria 2)
– (Martin 1, 2, 3)
– (Matthäus 2)
– (Michael 2)
– (Nikolaus)
– (November 2)
– (Oktober 1, 2)
– (Paulus 1)
– (September 1)
– (Sommer)
– (Ursula)
Winterschlaf (Krieg 3)
Winzer (Peter und Paul)
Wipfel (Gipfel 4)
wirklich (ideal)
Wirklichkeit (Idee 1)
– (Philosophie 1)
Wirkung (Ursache)
Wirt (Magen)
– (Rechnung)
Wirtschaft (Politik 12)
– (Sozialist)

Wirtshaus (Kirche 7)
wissen (alles 3)
– (anwenden)
– (Universalität)
Wissen (ahnen)
– (Glaube 5)
Wissenschaft (Leuchte)
– (Politik 6)
– (regieren 3)
– (Vernunft 1)
Witz (Weltgeschichte 3)
– (Zorn 5)
wo (wann)
Woge (Öl 2)
Wohlfahrt (Pflicht 1)
Wohlgefallen (Ehre 4)
– (Sohn 2)
Wohlleben (Taube)
Wohltat (Beleidigung 1)
wohnen (Gott 12)
Wolf (Prophet 4)
Wolke (versprechen 2)
Wolkendunst (Zeus 1)
Wolle (Geschrei)
wollen (anwenden)
Wonnemond
 (Wintersturm)
Wort (Anfang 5)
– (Christ 1)
– (Glaube 2, 9)
– (Jugend 5)
– (Mann 5)
– (Sowjetunion)
– (Tat 6)
– (Täter)
– (Unsterblichkeit 2)
– (überflüssig)
– (verwegen)
– (das Wahre 4)
Wörterbuch (Mann 5)
Wunde (Öl 3)
Wunder (Schönheit 4)
– (das Unmögliche 3)
– (Zeichen 1)
wunderlich (Welt 14)
sich wundern (Leben 27)
– (philosophieren)
Wunsch (fromm)
– (der Gesunde)
wünschen (arm 4)
Würde (Eifersucht 1)
– (Gentleman)
– (Zweck 1)
würdig (Lorbeerreis)
– (Lorbeerzweig)
Würze (Kürze)
Wurzel (Religion 3)
Wüste (Prediger 2)
– (Stimme 2)

___

Z

zagen (zittern)
Zahl (Legion)
Zähmung (Zivilisation 3)
Zahn (Auge 1)
– (Haare 3)
– (Haifisch)
Zahnpasta (Dementi 2)
zänkisch (Weib 10)
– (Xanthippe 1)
Zar (Himmel 1)
Zaubermacht (Liebe 4)
Zauberszene (Oper 2)
zaudern (bedenken)
Zaum (Zunge 2)
Zaunpfahl (Wink)
Zehen (Takt 3)
Zeichen (Schicksal 5)
Zeit (Alter 5)
– (Chronos)
– (Künstler 2)
– (Ordnung 1)
– (Rat 1)
– (Recht 11)
– (Sauseschritt)
– (schlafen 2)
– (Sitte 2)
– (sparen)
– (Strategie)
– (Verantwortung 1)
– (Wahrheit 4, 21)
– (Webstuhl)
– (Zeichen 2)
– (Zukunft 1)
Zeitalter (Schauspieler 1)
Zeitfrage (Charakter 3)
Zeitung (Politik 15)
Zepter (Blitz 1)
zerreißen (Wolf 3)
Zerstörung
 (Unsterbliche)
zerstreuen (Welt 2)
– (Wind 9)
Ziel (Erfolg 1)
– (reisen 5)
– (Schütze)
– (Staatsmann 1)
– (Weib 2)
Zier (Bescheidenheit 2)
Zigeuner (Liebe 12)
Zimmermann (Axt)
Zivilisation (Krieg 4)
Zorn (Charakter 2)
der Zornige (Sanftmut)
züchtigen (Kind 8)
Zufall (Tyrann 2)
– (Vorsehung)
– (wesentlich)
zufrieden (Geld 12)
– (Lorbeer 5)
– (Mutter 3)

zugenäht (verflucht 2)
Zugvogel (Michael 3)
zuhören (UNO)
Zukunft (alt 1)
– (Leben 2, 12)
– (Liebe 22)
– (Pessimist 2)
– (Schritt 2)
– (der Sterbliche)
– (Vergangenheit 2, 5)
– (Wasser 5)
zuletzt (lachen 2)
– (Toresschluß)

Zumutung (Glaube 13)
Zunge (Sachertorte)
– (Tod 13)
– (wahrhaftig 2)
zurückschlagen (Spieß)
zusammengehören
  (Deutschland 4)
Zuschauerraum
  (politisch 1)
zuverlässig (Pferd 6)
Zuversicht (Vorsicht 1)
zuviel (genug 1)
zuvorkommen (Wind 6)

Zweck (Mittel)
Zweifel (Skrupel)
– (Weisheit 10)
– (Wissen 2)
Zweige (fallen 2)
– (Glaube 14)
zweischneidig
  (Schwert 1)
Zwerg (Bürokratie 1)
Zwiespalt (Örindur)
Zwietracht
  (Eintracht 1, 2)